高职高专"十三五"创新型规划教材

U0608622

CAIJING FAGUI

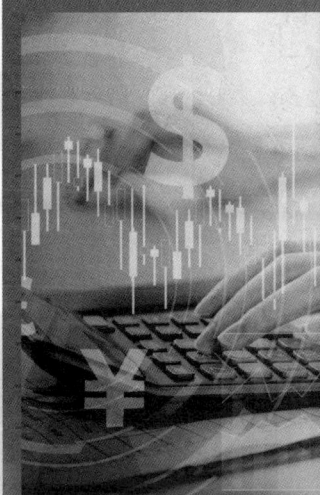

财经法规

主　编　陈　波　李文婷

副主编　彭　立　石　玲　周红波

北京
国家行政学院出版社

图书在版编目（CIP）数据

财经法规/陈波，李文婷主编.－北京：国家行政学院
出版社，2018.1

ISBN 978-7-5150-2105-8

Ⅰ. ①财⋯ Ⅱ. ①陈⋯ ②李⋯ Ⅲ. ①财政法－中国
－资格考试－自学参考资料②经济法－中国－资格考试－
自学参考资料③会计人员－职业道德－资格考试－自学参
考资料 Ⅳ. ①D922.2②F233

中国版本图书馆CIP数据核字(2018)第031165号

书　　　名	财经法规	
	CAIJING FAGUI	
作　　　者	陈　波　李文婷	
责任编辑	杨逢仪	
出版发行	国家行政学院出版社	
	（北京海淀区长春桥路6号100089）	
电　　　话	（010）68920640　68929037	
编 辑 部	（010）68928761　68929009	
网　　　址	http://cbs.nsa.gov.cn	
经　　　销	新华书店	
印　　　刷	北京合众伟业印刷有限公司	
版　　　次	2018年1月第1版	
印　　　次	2018年1月第1次印刷	
开　　　本	185毫米×260毫米　1/16	
印　　　张	21.5	
字　　　数	577千字	
书　　　号	ISBN 978-7-5150-2105-8	
定　　　价	49.00元	

目录 CONTENTS

前言 FOREWORD

中国国民经济和社会发展"十三五"规划纲要明确提出:"全面落实依法治国基本方略,完善中国特色社会主义法律体系,维护法制权威,推进财经法规的改革、公正廉洁执法,加强普法教育,形成人人学法守法的良好社会氛围,加快建设社会主义法治国家。"财经法规制度可以有效地保障党的路线、方针、政策在社会经济中贯彻、落实。

《财经法规》是职业院校会计专业的一门必修课,也是会计专业技术资格考试的一门考试课程。为适应高等职业技术院校应用型人才的培养需求,根据高职高专学生特点,以培养学生的职业素养为核心,通过教学中的理论与实践训练使学生掌握财经法律规定,紧扣高职高专财经法规教学目标,编者组织有丰富教学经验和会计实践工作经验的教师编写了这本《财经法规》。

本书以我国现行的财经法律法规为主要内容,在系统阐述财经法规等理论知识的基础上,参照2018年度初级会计专业技术资格考试大纲进行编写,涵盖了其中较多的知识点。本书包括会计法律制度、支付结算法律制度、税收法律制度、票据法律制度、劳动合同法律制度等内容。

本书可供高职高专院校、民办高校和本科院校举办的二级职业技术学院财经类专业学生使用,也可供从事财经法律和会计工作的人员以及其他参加初级会计专业技术资格考试的人员使用。

在本书的编写过程中,编者借鉴和参考了大量财经法律法规方面的文献资料,在此谨向各位作者表示深深的谢意。

由于时间和水平所限,书中难免存在不足之处,恳请读者批评指正,以便进一步修改完善。

编　者

目录 CONTENTS

第一章 总 论

💎 **知识要求**

1. 掌握法和法律、法律关系、法律事实、法的形式和分类
2. 掌握仲裁、民事诉讼
3. 掌握行政复议、行政诉讼
4. 熟悉法律部门与法律体系
5. 熟悉法律责任
6. 了解经济纠纷的概念与解决途径

第一节 法律基础

党的十九大报告明确提出："全面依法治国是中国特色社会主义的本质要求和重要保障。"坚持和发展中国特色社会主义，是改革开放以来我们党全部理论和实践的主题，也是习近平新时代中国特色社会主义思想的主题。将依法治国和中国特色社会主义联系起来，作为社会主义的一个本质要求，这是对依法治国的新定位。坚持依法治国、依法执政、依法行政共同推进，坚持法治国家、法治政府、法治社会一体建设，坚持依法治国和以德治国相结合，依法治国和依规治党有机统一，深化司法体制改革，提高全民族法治素养和道德素质。

会计人员在工作中经常会用到的法律制度包括会计法律制度、支付结算法律制度、税收法律制度、劳动合同与社会保险法律制度等，本书将对与会计工作密切相关的若干法律制度予以介绍。

一、法和法律

（一）法和法律的概念

1. 法的概念

法是由国家制定或认可，以权利义务为主要内容，由国家强制力保证实施的社会行为规范及其相应的规范性文件的总称。一般来说，调整人们行为的社会规范，有道德规范、宗教规范、纪律规范和法律规范。法律规范区别于其他社会规范的首要之处在于，它是由国家制定或认可的并由国家强制力保障实施的社会规范体系。

2. 法律的概念

法律一词可从狭义、广义两方面进行理解。狭义的法律专指拥有立法权的国家机关（国家立法机关）依照法定权限和程序制定颁布的规范性文件；广义的法律则指法的整体，即"法"。但在某些场合，"法"又和狭义的法律同义，如《中华人民共和国合同法》《中华人民共和国公司法》等。我国历史上很长一段时期，把法称为律，如"秦律""汉律""隋律""唐律""明律""大清律"等。近代才把法与律连用，称为法律。

（二）法的本质与特征

1. 法的本质

法是统治阶级的国家意志的体现。统治阶级的意志不是随心所欲、凭空产生的，而是由统治阶级的物质生活条件决定的，是社会客观需要的反映。并且法所体现的是统治阶级的整体意志，不是个别统治者的意志，也不是统治者个人意志的简单相加。法所体现的不是统治阶级意志的全部，而仅仅是上升为国家意志的那部分意志。

2. 法的特征

法作为一种特殊的行为规则和社会规范，不仅具有行为规则、社会规范的一般共性，还具有自己的特征。其特征主要有以下4个方面。

（1）法是经过国家制定或认可才得以形成的规范，具有国家意志性。统治阶级意志并不能直接形成为法，它必须通过一定的组织和程序，即通过统治阶级的国家制定或认可时，才能形成为法。制定、认可是国家创制法的两种方式，也是统治阶级把自己的意志变为国家意志的两条途径。法是通过国家制定和发布的，但并不是国家发布的任何文件都是法。首先，法是国家发布的规范性文件；其次，法是按照法定的职权和方式制定和发布的，有确定的表现形式。也就是说，法需要通过特定的国家机关，按照特定的方式，表现为特定的法律文件形式才能成立。

（2）法凭借国家强制力的保证而获得普遍遵行的效力，具有国家强制性。法是由国家强制力保障其实施的规范。法的强制性是由国家提供和保证的，因而与一般社会规范的强制性不同。其他社会规范虽然也有一定的强制性，如道德主要依靠社会舆论的强制，但这种强制不同于国家的强制。国家强制力是以国家的强制机构（如军队、警察、法庭、监狱）为后盾，和国家制裁相联系，表现为对违法者采取国家强制措施。

（3）法是确定人们在社会关系中的权利和义务的行为规范，具有规范性。法是调节人们行为的一种社会规范，具有能为人们提供一个行为模式、标准的属性（概括性）。法的主要内容是由规定权利、义务的条文构成的，法律通过规定人们的权利和义务来分配利益，从而影响人们的动机和行为，进而影响社会关系，实现统治阶级的意志和要求，维持社会秩序（利益导向性）。

（4）法是明确而普遍适用的规范，具有明确公开性和普遍约束性。法具有明确的内容，能使人们预知自己或他人一定行为的法律后果（可预测性）。法具有普遍适用性，凡是在国家权力管辖和法律调整的范围、期限内，对所有社会成员及其活动都普遍适用。

二、法律关系

（一）法律关系的概念

法律关系是法律规范在调整人们的行为过程中所形成的一种特殊的社会关系，即法律上的权利与义务关系。或者说，法律关系是指被法律规范所调整的权利与义务关系。社会关系是多种多样的，因而调整它的法律规范也是多种多样的，如调整因平等主体之间的人身关系和财产关系而形成的法律关系，称为民事法律关系；调整因行政管理关系而形成的法律关系，称为行政法律关系；调整因国家对经济活动的管理而产生的社会经济关系，称为经济法律关系。

（二）法律关系的要素

法律关系是由法律关系的主体、法律关系的内容和法律关系的客体三个要素构成的，缺少其中任何一个要素，都不能构成法律关系。

1. 法律关系的主体

（1）法律关系主体的概念。法律关系主体，是指参加法律关系，依法享有权利和承担义务的当事人。法律关系主体的数目因法律关系的具体情况而定，但任何一个法律关系至少要有两个主体，因为至少要有两个主体，才能在它们之间形成以权利和义务为内容的法律关系。

（2）法律关系主体的种类。什么人或者组织可以成为法律关系主体，是由一国法律规定和确认的。根据我国法律规定，能够参与法律关系的主体包括以下几类。

①自然人（公民）。所谓自然人，是指具有生命的个体的人。既包括中国公民，也包括居住在中国境内或在境内活动的外国公民和无国籍人。公民是各国法律关系的基本主体之一，是指具有一国国籍的自然人。

②组织（法人和非法人组织）。法人组织分为营利法人、非营利法人和特别法人。营利法人包括有限责任公司、股份有限公司和其他企业法人等。非营利法人包括事业单位、社会团体、基金会、社会服务机构等。其中机关法人、农村集体经济组织法人、城镇农村的合作经济组织法人、基层群众性自治组织法人为特别法人。非法人组织包括个人独资企业、合伙企业、不具有法人资格的专业服务机构等。

③国家。在特殊情况下，国家可以作为一个整体成为法律关系主体。如在国内，国家是国家财产所有权唯一和统一的主体；在国际上，国家作为主权者是国际公法关系的主体，也可以成为对外贸易关系中的债权人或债务人。

（3）法律关系的主体资格。法律关系的主体资格包括权利能力和行为能力两个方面。

①权利能力。权利能力是指法律关系主体能够参加某种法律关系，依法享有一定的权利和承担一定的义务的法律资格。或者说，权利能力就是自然人或组织能够成为法律关系主体的资格。它是任何个人或组织参加法律关系的前提条件。

公民权利能力依不同标准可以进行不同的分类。例如，根据享有权利能力的主体范围不同，可以分为一般权利能力和特殊权利能力。一般权利能力又称基本的权利能力，是一国所有公民均具有的权利能力，它是任何人取得公民法律资格的基本条件，不能被任意剥夺或解除。特殊权利能力是公民在特定条件下具有的法律资格，这种资格并不是每个公民都可以享有，而只授予某些特定的法律主体。如国家机关及其工作人员行使职权的资格，就是特殊的权利能力。另外，按照法律部门的不同，可以分为民事权利能力、政治权利能力、行政权利能力、劳动权利能力、诉讼权利能力等。

法人权利能力的范围则由法人成立的宗旨和业务范围决定，自法人成立时产生，至法人终止时消灭。

②行为能力。行为能力是指法律关系主体能够通过自己的行为实际取得权利和履行义务的能力。法人的行为能力和权利能力是一致的，同时产生、同时消灭。而自然人的行为能力不同，其具有行为能力必须先具有权利能力，但具有权利能力并不必然具有行为能力。确定自然人有无行为能

力，一看能否认识自己行为的性质、意义和后果；二看能否控制自己的行为并对自己的行为负责。我国将自然人民事行为能力划分为三类。

一是完全行为能力人，是指达到法定年龄、智力健全、能够对自己行为负完全责任的自然人。在民法上，18周岁以上的自然人是成年人，具有完全民事行为能力，可以独立进行民事活动，是完全民事行为能力人。16周岁以上的未成年人，以自己的劳动收入为主要生活来源的，视为完全民事行为能力人。

二是限制行为能力人，是指行为能力受到一定的限制，只有部分行为能力的自然人。在民法上，8周岁以上的未成年人，不能完全辨认自己行为的成年人为限制民事行为能力人。

三是无行为能力人，是指完全不能以自己的行为行使权利、履行义务的自然人。在民法上，不满8周岁的未成年人，8周岁以上的未成年人不能辨认自己行为的，不能辨认自己行为的成年人为无民事行为能力人。

从刑事责任能力分类来看，已满16周岁的人犯罪，应当负刑事责任。已满14周岁不满16周岁的人，犯故意杀人、故意伤害致人重伤或者死亡、强奸、抢劫、贩卖毒品、放火、爆炸、投毒罪的，应当负刑事责任。已满14周岁不满18周岁的人犯罪，应当从轻或者减轻处罚。已满75周岁的人故意犯罪的，可以从轻或者减轻处罚；过失犯罪的，应当从轻或者减轻处罚。精神病人在不能辨认或者不能控制自己行为的时候造成危害结果，经法定程序鉴定确认的，不负刑事责任，但是应当责令他的家属或者监护人严加看管和医疗；在必要的时候，由政府强制医疗。间歇性的精神病人在精神正常的时候犯罪，应当负刑事责任。尚未完全丧失辨认或者控制自己行为能力的精神病人犯罪的，应当负刑事责任，但是可以从轻或者减轻处罚。

2. 法律关系的内容

法律关系的内容是指法律关系主体所享有的权利和承担的义务。

法律权利是指法律关系主体依法享有的权益，表现为权利享有者依照法律规定有权自主决定做出或者不做出某种行为、要求他人做出或者不做出某种行为和一旦被侵犯，有权请求国家予以法律保护。依法享有权利的主体称为权利主体或权利人。如财产所有权人可以自主占有、使用其财产以获得收益；债权人有权请求债务人偿还债务。

法律义务是指法律关系主体依照法律规定所担负的必须做出某种行为或者不得做出某种行为的负担或约束。依法承担义务的主体称为义务主体或义务人。义务主体必须做出某种行为是指以积极的作为方式去履行义务，称为积极义务，如缴纳税款、履行兵役等。义务主体不得做出某种行为是指以消极的不作为方式去履行义务，称为消极义务，如不得毁坏公共财物，不得侵害他人生命健康权等。

3. 法律关系的客体

（1）法律关系客体的概念。法律关系客体是指法律关系主体的权利和义务所指向的对象。客体是确立权利与义务关系性质和具体内容的依据，也是确定权利行使与否和义务是否履行的客观标准。

（2）法律关系客体的内容和范围。法律关系客体的内容和范围是由法律规定的。法律关系客体应当具备的特征是：能为人类所控制并对人类有价值。在不同国家与不同历史时期，法律关系客体的具体内容及范围不同，并且随着经济、科技的发展，不断出现新的法律关系客体，如数据、网络虚拟财产。一般认为，法律关系的客体主要包括物、人身人格、非物质财富和行为四大类。

①物。物是指能满足人们需要，具有一定的稀缺性，并能为人们现实支配和控制的各种物质资

源。物可以是自然物，如土地、矿藏、水流、森林；也可以是人造物，如建筑、机器、各种产品等；还可以是财产物品的一般价值表现形式——货币及有价证券。物既可以是有体物也可以是无体物。有体物既可以是固定形态的，也可以是没有固定形态的，如天然气、电力等。无体物，如权利、数据信息等，依照相关法律的规定，也都可以作为物权客体。

②人身、人格。人身和人格分别代表着人的物质形态和精神利益，是人之为人的两个不可或缺的要素。一方面，人身和人格是生命权、身体权、健康权、姓名权、肖像权、名誉权、荣誉权、隐私权、婚姻自主权等人身权指向的客体。另一方面，人身和人格又是禁止非法拘禁他人、禁止对犯罪嫌疑人刑讯逼供、禁止侮辱或诽谤他人、禁止卖身为奴、禁止卖淫等法律义务所指向的客体。以人身、人格作为法律关系客体的范围，法律有严格的限制，人的整体只能是法律关系的主体，不能作为法律关系的客体。而人的部分是可以作为客体的"物"，如当人的头发、血液、骨髓、精子或其他器官从身体中分离出去，成为与身体相分的外部之物时，在某些情况下也可视为法律上的"物"。

③非物质财富，非物质财富也称精神产品或精神财富，包括知识产品和荣誉产品。知识产品也称智力成果，是指人们通过脑力劳动创造的能够带来经济价值的精神财富。如作品、发明、实用新型、外观设计、商标等。智力成果是一种精神形态的客体，是一种思想或者技术方案，不是物，但通常有物质载体，如书籍、图册、录像、录音等。荣誉产品是指人们在各种社会活动中所取得的物化或非物化的荣誉价值，如荣誉称号、奖章、奖品等。荣誉产品是荣誉权的法律关系客体。

④行为（行为结果）。行为，作为法律关系的客体不是指人们的一切行为，而是指法律关系的主体为达到一定目的所进行的作为（积极行为）或不作为（消极行为），是人的有意识的活动。如生产经营行为、经济管理行为、完成一定工作的行为和提供一定劳务的行为等。行为是行为过程与其结果的统一。

【例1-1·多选题】下列关于法律关系内容的表述中，不正确的有（　　）。

A．法律上的权利和义务，都受国家法律保障

B．在大多数民商法律关系中，一方为权利主体，另一方为义务主体

C．义务主体必须做出某种行为，是指以积极或者消极的作为方式去履行义务

D．没有无义务的权利，也没有无权利的义务

答案及解析：BC。选项B，在大多数民商法律关系中，任何一方既是权利主体，也是义务主体；选项C，义务主体必须做出某种行为是指以积极的作为方式去履行义务。

三、法律事实

任何法律关系的发生、变更和消灭，都要有法律事实的存在。法律事实是指由法律规范所确定的，能够产生法律后果，即能够直接引起法律关系发生、变更或者消灭的情况。法律规范和法律主体只是法律关系产生的抽象的、一般的前提，并不能直接引起法律关系的变化；法律事实则是法律关系产生的具体条件，只有当法律规范规定的法律事实发生时，才会引起法律关系的发生、变更和消灭。法律事实是法律关系发生、变更和消灭的直接原因。按照是否以当事人的意志为转移作标准，可以将法律事实划分为两大类：法律事件和法律行为。

（一）法律事件

法律事件是指不以当事人的主观意志为转移的，能够引起法律关系发生、变更和消灭的法定情况或者现象。

事件可以是自然现象，如地震、洪水、台风、森林大火等自然灾害或者生老病死、意外事故等；也可以是某些社会现象，如社会革命、战争、重大政策的改变等。这两种事件对于特定的法律关系主体（当事人）而言，都是不可避免，不以当事人的意志为转移的。自然灾害可引起保险赔偿关系的发生或合同关系的解除；人的出生可引起抚养关系、户籍管理关系的发生；人的死亡可引起抚养关系、婚姻关系、劳动合同关系的消灭，继承关系的发生；重大社会变迁与社会革命可引起整个社会关系状况的全面变动，进而导致国家法律关系的变化。由自然现象引起的事实又称自然事件、绝对事件；由社会现象引起的事实又称社会事件、相对事件。

（二）法律行为

法律行为是指以法律关系主体意志为转移，能够引起法律后果，即引起法律关系发生、变更和消灭的人们有意识的活动。

根据不同的标准，可以对法律行为作不同的分类。

1. 合法行为与违法行为

这是根据行为是否符合法律规范的要求，即行为的法律性质所作的分类。合法行为是指行为人所实施的具有一定的法律意义，与法律规范内容要求相符合的行为；违法行为是指行为人所实施的违反法律规范的内容要求、应受惩罚的行为。

2. 积极行为（作为）与消极行为（不作为）

这是根据行为的表现形式不同，对法律行为所作的分类。积极行为，又称作为，是指以积极、主动作用于客体的形式表现的，具有法律意义的行为；消极行为，又称不作为，则是指以消极的、抑制的形式表现的，具有法律意义的行为。

3. 意思表示行为与非表示行为

这是根据行为是否通过意思表示所作的分类。表示行为，是指行为人基于意思表示而做出的具有法律意义的行为；非表示行为，是指非经行为者意思表示而是基于某种事实状态即具有法律效果的行为，如拾得遗失物、发现埋藏物等。

4. 单方行为与多方行为

这是根据主体意思表示的形式所作的分类。单方行为，是指由法律主体一方的意思表示即可成立的法律行为，如遗嘱、行政命令等；多方行为，是指由两个或两个以上的多方法律主体意思表示一致而成立的法律行为，如合同行为等。

5. 要式行为与非要式行为

根据行为是否需要特定形式或实质要件，可以分为要式行为和非要式行为。要式行为，是指必须具备某种特定形式或程序才能成立的法律行为；非要式行为，是指无须特定形式或程序即能成立的法律行为。

6. 自主行为与代理行为

根据主体实际参与行为的状态，可以把法律行为分为自主行为和代理行为。自主行为，是指法律主体在没有其他主体参与的情况下以自己的名义独立从事的法律行为；代理行为是指法律主体根据法律授权或其他主体的委托而以被代理人的名义所从事的法律行为。

【例1-2·多选题】根据民事法律制度规定，属于法律行为的有（   ）。

A. 订立合同　　　B. 销售货物　　　C. 发生海啸　　　D. 签发支票

答案及解析：ABD。法律行为是指以法律关系主体意志为转移，能够引起法律后果，即引起法律关系发生、变更和消灭的人们有意识的活动。比如签订合同、签发票据的行为。

四、法的形式和分类

（一）法的形式

法的形式，即法学上所称的法的形式渊源，是指法的具体的表现形式，即法是由何种国家机关，依照什么方式或程序创制出来的，并表现为何种形式，具有何种效力等级的规范性法律文件。法的形式的种类，主要是依据创制法的国家机关不同、创制方式的不同而进行划分的。

1. 我国法的主要形式

（1）宪法。宪法由国家最高立法机关即全国人民代表大会制定，是国家的根本大法。宪法规定国家的基本制度和根本任务、公民的基本权利和义务，具有最高的法律效力，也具有最为严格的制定和修改程序。我国现行宪法是于1982年12月4日，第五届全国人民代表大会第五次会议通过的《中华人民共和国宪法》，全国人民代表大会分别于1988年、1993年、1999年、2004年四次以宪法修正案的形式对宪法做了修改和补充。

（2）法律。全国人民代表大会和全国人民代表大会常务委员会行使国家立法权。全国人民代表大会制定和修改刑事、民事、国家机构的和其他的基本法律。全国人民代表大会常务委员会制定和修改除应当由全国人民代表大会制定的法律以外的其他法律；在全国人民代表大会闭会期间，对全国人民代表大会制定的法律进行部分补充和修改，但是不得同该法律的基本原则相抵触。法律通常规定和调整国家、社会和公民生活中某一方面带根本性的社会关系或基本问题，其法律效力和地位仅次于宪法，是制定其他规范性文件的依据。下列事项只能制定法律：①国家主权的事项。②各级人民代表大会、人民政府、人民法院和人民检察院的产生、组织和职权。③民族区域自治制度、特别行政区制度、基层群众自治制度。④犯罪和刑罚。⑤对公民政治权利的剥夺、限制人身自由的强制措施和处罚。⑥税种的设立、税率的确定和税收征收管理等税收基本制度。⑦对非国有财产的征收、征用。⑧民事基本制度。⑨基本经济制度以及财政、海关、金融和外贸的基本制度。⑩诉讼和仲裁制度。⑪必须由全国人民代表大会及其常务委员会制定法律的其他事项。

（3）行政法规。行政法规是由国家最高行政机关即国务院在法定职权范围内为实施宪法和法律而制定、发布的规范性文件，通常冠以条例、办法、规定等名称，如国务院令第287号发布的《企业财务会计报告条例》。

（4）地方性法规、自治条例和单行条例。省、自治区、直辖市的人民代表大会及其常务委员会根据本行政区域的具体情况和实际需要，在不同宪法、法律、行政法规相抵触的前提下，可以制定地方性法规。

设区的市、自治州的人民代表大会及其常务委员会根据本市的具体情况和实际需要，在不同宪法，法律，行政法规和本省、自治区的地方性法规相抵触的前提下，可以对城乡建设与管理、环境保护、历史文化保护等方面的事项制定地方性法规，法律对设区的市制定地方性法规的事项另有规定的，从其规定。设区的市的地方性法规须报省、自治区的人民代表大会常务委员会批准后施行。

经济特区所在地的省、市的人民代表大会及其常务委员会根据全国人民代表大会的授权决定，制定法规，在经济特区范围内实施。

民族自治地方的人民代表大会有权依照当地民族的政治、经济和文化的特点，制定自治条例和单行条例。自治区的自治条例和单行条例，报全国人民代表大会常务委员会批准后生效。自治州、自治县的自治条例和单行条例，报省、自治区、直辖市的人民代表大会常务委员会批准后生效。自治条例和单行条例可以依照当地民族的特点，对法律和行政法规的规定做出变通规定，但不得违背法律或者行政法规的基本原则，不得对宪法和民族区域自治法的规定以及其他有关法律、行政法规专门就民族自治地方所作的规定做出变通规定。

（5）特别行政区的法。《宪法》第三十一条规定，国家在必要时得设立特别行政区。在特别行政区内实行的制度按照具体情况由全国人民代表大会以法律规定。从目前情况看，特别行政区实行不同于全国其他地区的经济、政治、法律制度，因而在立法权限和法律形式上也具有特殊性。全国人民代表大会制定的特别行政区基本法以及特别行政区依法制定并报全国人民代表大会常务委员会备案的、在该特别行政区内有效的规范性法律文件，属于特别行政区的法。如1990年4月4日，第七届全国人民代表大会第三次会议通过的《中华人民共和国香港特别行政区基本法》第八条规定："香港原有法律，即普通法、衡平法、条例、附属立法和习惯法，除同本法相抵触或经香港特别行政区的立法机关做出修改者外，予以保留。"关于在特别行政区实施的全国性法律，在基本法中则明确列出，并且规定全国性的法律除列于基本法附件者外，不在特别行政区实施；而列于基本法附件的法律，则由特别行政区在当地公布或者立法实施。

（6）规章。国务院各部、委员会、中国人民银行、审计署和具有行政管理职能的直属机构，可以根据法律和国务院的行政法规、决定、命令，在本部门的权限范围内，制定规章。没有法律或者国务院的行政法规、决定、命令的依据，部门规章不得设定减损公民、法人和其他组织权利或者增加其义务的规范，不得增加本部门的权力或者减少本部门的法定职责。

省、自治区、直辖市和设区的市、自治州的人民政府，可以根据法律，行政法规和本省、自治区、直辖市的地方性法规，制定规章。没有法律、行政法规、地方性法规的依据，地方政府规章不得设定减损公民、法人和其他组织权利或者增加其义务的规范。

（7）国际条约。国际条约属于国际法而不属于国内法的范畴，但我国签订和加入的国际条约对于我国的国家机关、社会团体、企业、事业单位和公民也有约束力，因此，这些条约就其具有与国内法同样的拘束力而言也是我国法律的形式之一，如《国际民用航空公约》。

2. 法律效力等级及其适用规则

（1）不同形式的规范性法律文件之间是有效力等级和位阶划分的，在适用时有不同的效力。居于效力等级上位的，称为上位法；居于效力等级下位的，称为下位法。上位法的效力优于下位法，即下位法与上位法冲突时，以上位法为据不再适用下位法（上位法优于下位法）。宪法具有最高的法律效力，一切法律、行政法规、地方性法规、自治条例和单行条例、规章都不得同宪法相抵触。法律的效力高于行政法规、地方性法规、规章。行政法规的效力高于地方性法规、规章。地方性法规的效力高于本级和下级地方政府的规章。省、自治区的人民政府制定的规章的效力高于本行政区域内的设区的市、自治州的人民政府制定的规章。

（2）自治条例和单行条例依法对法律、行政法规、地方性法规做变通规定的，在本自治地方适用自治条例和单行条例的规定（自治条例和单行条例的变通规定优先）。经济特区法规根据授权对法律、行政法规、地方性法规做变通规定的，在本经济特区适用经济特区法规的规定（经济特区法规的变通规定优先）。

（3）同一机关制定的法律、行政法规、地方性法规、自治条例和单行条例、规章，特别规定与一般规定不一致的，适用特别规定（特别法优于一般法）；新的规定与旧的规定不一致的，适用新的规定（新法优于旧法）。法律、行政法规、地方性法规、自治条例和单行条例、规章不溯及既往，但为了更好地保护公民、法人和其他组织的权利和利益而作的特别规定除外。

（4）法律之间对同一事项的新的一般规定与旧的特别规定不一致，不能确定如何适用时，由全国人民代表大会常务委员会裁决。行政法规之间对同一事项的新的一般规定与旧的特别规定不一致，不能确定如何适用时，由国务院裁决。地方性法规、规章之间不一致时，由有关机关依照规定的权限做出裁决；同一机关制定的新的一般规定与旧的特别规定不一致时，由制定机关裁决；地方性法规与部门规章之间对同一事项的规定不一致，不能确定如何适用时，由国务院提出意见，国务院认为应当适用地方性法规的，应当决定在该地方适用地方性法规的规定，认为应当适用部门规章的，应当提请全国人民代表大会常务委员会裁决；部门规章之间、部门规章与地方政府规章之间对同一事项的规定不一致时，由国务院裁决。根据授权制定的法规与法律不一致，不能确定如何适用时，由全国人民代表大会常务委员会裁决。

（二）法的分类

根据不同的标准，可以对法作不同的分类。

1. 成文法和不成文法

这是根据法的创制方式和发布形式所作的分类。成文法是指有权制定法律的国家机关，依照法定程序所制定的具有条文形式的规范性文件。不成文法是指国家机关认可的、不具有条文形式的习惯。不成文法也称习惯法。有的观点认为判例法也是不成文法。

2. 根本法和普通法

这是根据法的内容、效力和制定程序所作的分类。根本法就是宪法，宪法规定国家制度和社会制度的基本原则，具有最高的法律效力，是普通法立法的依据，因此，宪法的制定和修改通常需要经过比普通法更为严格的程序。普通法泛指宪法以外的所有法律，普通法根据宪法确认的原则就某个方面或某些方面的问题做出具体规定，效力低于宪法。

3. 实体法和程序法

这是根据法的内容所作的分类。实体法是指从实际内容上规定主体的权利和义务的法律，如民法、刑法、劳动法、行政法等。程序法是指为了保障实体权利和义务的实现而制定的关于程序方面的法律，如刑事诉讼法、民事诉讼法、行政诉讼法等。

4. 一般法和特别法

这是根据法的空间效力、时间效力或对人的效力所作的分类。一般法是指在一国领域内对一般公民、法人、组织和一般事项都普遍适用，而且在它被废除前始终有效的法律，如宪法、民法、刑法、民事诉讼法、刑事诉讼法等。特别法是指只在一国的特定地域内或只对特定主体或在特定时期内或对特定事项有效的法律。一般法与特别法的划分是相对的，如公司法相对于民法总则是特别法，相对于各具体企业法就是一般法。

5. 国际法和国内法

这是根据法的主体、调整对象和渊源所作的分类。国际法的主体主要是国家，调整的对象主要是国家间的相互关系，渊源主要是国际条约和各国公认的国际惯例，实施则以国家单独或集体的强制措施为保证。国内法的主体主要是该国的公民和社会组织，调整对象是该国内部的社会关系，渊源主要是该国立法机关颁布的规范性文件，实施则以该国的强制力加以保证。

6. 公法和私法

这种划分方法，始于古罗马法学家，在法学界中得到广泛应用，但划分公法和私法的标准却众说纷纭。比较普遍的说法是以法律运用的目的为划分的依据，即凡是以保护公共利益为目的的法律为公法，如宪法、行政法、刑法、诉讼法；凡是以保护私人利益为目的的法律为私法，如民法、商法。也有按法律所调整的社会关系的状况予以划分的，即凡是调整国家与国家之间关系的法律，国家与公民、国家和法人之间的权力与服从关系的法律，就是公法。凡是调整国家与公民或法人之间民事、经济关系的法律，就是私法。

五、法律部门与法律体系

（一）法律部门与法律体系的概念

法律部门又称部门法，是指根据一定标准和原则所划定的同类法律规范的总称。法律部门划分的标准，首先是法律调整的对象，即法律调整的社会关系，如调整行政主体与行政相对人之间行政管理关系的法律规范的总和构成行政法部门。其次是法律调整的方法，如民法和刑法，都调整人身关系和财产关系，但民法是以自行调节为主要方式，而刑法是以强制干预为主要调整方式，民法要求对损害予以财产赔偿，而刑法则对犯罪人处以严厉的人身惩罚。不过，法律部门的划分也不是绝对的，可以有不同的标准，可以交叉、重合，没有对错之分，只有方便与不方便、合理与不合理之分。

一个国家现行的法律规范分类组合为若干法律部门，由这些法律部门组成的具有内在联系的、互相协调的统一整体即为法律体系。

（二）我国现行的法律部门与法律体系

我国现行的法律体系大体可以划分为以下法律部门。

1. 宪法及宪法相关法

宪法是国家的根本法，宪法相关法是与宪法相配套、直接保障宪法实施和国家政权运作等方面的法律规范的总和，主要包括四个方面的法律。

（1）有关国家机构的产生、组织、职权和基本工作制度的法律。

（2）有关民族区域自治制度、特别行政区制度、基层群众自治制度的法律。

（3）有关维护国家主权、领土完整和国家安全的法律。

（4）有关保障公民基本政治权利的法律。

2. 民商法

民法、商法是规范民事、商事活动的法律规范的总称，所调整的是自然人、法人和其他组织之间以平等地位发生的各种社会关系（称为横向关系）。民法调整的是公民与公民之间、法人与法人之间、公民与法人之间的人身关系和财产关系。商法可以看作是民法中的一个特殊部分，是在民法基本原则的基础上适应现代商事活动的需要逐渐发展起来的，是调整平等主体之间的商事关系或商事行为的法律，主要包括公司、破产、证券、期货、保险、票据、海商等方面的法律。

3. 行政法

行政法是规范国家行政管理活动的法律规范的总称，包括有关行政管理主体、行政行为、行政程序、行政监督以及国家公务员制度等方面的法律规范。行政法调整的是行政机关与行政管理相对人（公民、法人和其他组织）之间因行政管理活动而发生的社会关系（称为纵向关系）。在这种管理与被管理的纵向法律关系中，行政机关与行政管理相对人的地位是不平等的，行政行为由行政机关单方面依法做出，不需要双方平等协商，如《中华人民共和国行政许可法》《中华人民共和国行政处罚法》。

4. 经济法

经济法是调整国家从社会整体利益出发对市场经济活动实行干预、管理、调控所产生的社会经济关系的法律规范的总称。经济法是在国家干预市场经济活动过程中逐渐发展起来的一个法律门类，一方面与行政法的联系很密切，另一方面又与民法、商法的联系很密切。经济法主要调整同时具有纵向因素和横向因素的法律关系，如财政法律关系、会计法律关系、税收法律关系等。

5. 社会法

社会法是调整有关劳动关系、社会保障和社会福利关系的法律规范的总称。社会法是在国家干预社会生活过程中逐渐发展起来的一个法律门类，所调整的是政府与社会之间、社会不同部分之间的法律关系，如《中华人民共和国劳动合同法》《中华人民共和国未成年人保护法》。

6. 刑法

刑法是规范犯罪、刑事责任和刑罚的法律规范的总称，也就是规定哪些行为是犯罪和应该负何种刑事责任，并给犯罪嫌疑人何种刑事处罚的法律。

7. 诉讼与非诉讼程序法

诉讼与非诉讼程序法是调整因诉讼活动和非诉讼活动而产生的社会关系的法律规范的总称。我国的诉讼制度分为刑事诉讼、民事诉讼、行政诉讼三种。非诉讼程序法是解决非诉讼案件的程序法。具体地说非诉讼程序法主要有《中华人民共和国人民调解法》《中华人民共和国仲裁法》（以下简称《仲裁法》）、《中华人民共和国公证法》（以下简称《公证法》）等。

第二节　经济纠纷的解决途径

一、经济纠纷的概念与解决途径

（一）经济纠纷的概念

经济纠纷是指市场经济主体之间因经济权利和经济义务的矛盾而引起的权益争议，包括平等主体之间涉及经济内容的纠纷和公民、法人或者其他组织作为行政管理相对人与行政机关之间因行政管理所发生的涉及经济内容的纠纷。

（二）经济纠纷的解决途径

在我国，解决经济纠纷的途径和方式主要有仲裁、民事诉讼、行政复议和行政诉讼。仲裁和民事诉讼适用于解决横向关系经济纠纷，即平等民事主体的当事人之间发生的经济纠纷。行政复议和行政诉讼适用于解决纵向关系经济纠纷，即行政管理相对人和行政机关之间发生的经济纠纷。

二、仲裁

（一）仲裁的概念和特征

1. 仲裁的概念

仲裁是指由经济纠纷的各方当事人共同选定仲裁机构，对纠纷依法定程序做出具有约束力的裁决的活动。

2. 仲裁的特征

从仲裁的概念可以看出，仲裁具有三个要素或者特征。

（1）仲裁以双方当事人自愿协商为基础。

（2）仲裁由双方当事人自愿选择的中立第三者（仲裁机构）进行裁判。仲裁机构是民间性的组织，不是国家的行政机关或司法机关，对经济纠纷案件没有强制管辖权。

（3）仲裁裁决对双方当事人都具有约束力。

1994年8月31日，第八届全国人民代表大会常务委员会第九次会议通过，历经2009年、2017年两次修正的《仲裁法》，是仲裁活动进行的基本法律依据。

（二）仲裁的适用范围

（1）平等主体的公民、法人和其他组织之间发生的合同纠纷和其他财产权益纠纷，可以仲裁。

（2）下列纠纷不能提请仲裁。

①婚姻、收养、监护、扶养、继承纠纷。

②依法应当由行政机关处理的行政争议。

（3）下列仲裁不适用《仲裁法》，不属于《仲裁法》所规定的仲裁范围，而由别的法律予以调整。

①劳动争议的仲裁。

②农业集体经济组织内部的农业承包合同纠纷的仲裁。

（三）仲裁的基本原则

1. 自愿原则

当事人采用仲裁方式解决纠纷，应当双方自愿，达成仲裁协议。没有仲裁协议，一方申请仲裁的，仲裁委员会不予受理。

2. 依据事实和法律，公平合理地解决纠纷的原则

仲裁要坚持以事实为根据，以法律为准绳的原则，在法律没有规定或者规定不完备的情况下，仲裁庭可以按照公平合理的一般原则来解决纠纷。

3. 独立仲裁原则

仲裁机关不依附于任何机关而独立存在，仲裁依法独立进行，不受任何行政机关、社会团体和个人的干涉。

4. 一裁终局原则

仲裁实行一裁终局的制度，即仲裁庭做出的仲裁裁决为终局裁决。裁决做出后，当事人就同一纠纷再申请仲裁或者向人民法院起诉的，仲裁委员会或者人民法院不予受理。

（四）仲裁机构

仲裁机构主要是指仲裁委员会。仲裁委员会是有权对当事人提交的经济纠纷进行审理和裁决的机构。仲裁委员会可以在直辖市和省、自治区人民政府所在地的市设立，也可以根据需要在其他设区的市设立，不按行政区划层层设立。仲裁委员会独立于行政机关，与行政机关没有隶属关系。仲裁委员会之间也没有隶属关系。

（五）仲裁协议

1.仲裁协议的概念

仲裁协议是指双方当事人自愿把他们之间可能发生或者已经发生的经济纠纷提交仲裁机构裁决的书面约定，仲裁协议应当以书面形式订立。口头达成仲裁的意思表示无效。

2.仲裁协议的内容

仲裁协议包括合同中订立的仲裁条款和以其他书面方式在纠纷发生前或者纠纷发生后达成的请求仲裁的协议。仲裁协议应当具有下列内容。

（1）请求仲裁的意思表示。

（2）仲裁事项。

（3）选定的仲裁委员会。

仲裁协议对仲裁事项或者仲裁委员会没有约定或者约定不明确的，当事人可以补充协议；达不成补充协议的，仲裁协议无效。

3.仲裁协议的效力

仲裁协议一经依法成立，即具有法律约束力。仲裁协议独立存在，合同的变更、解除、终止或者无效，不影响仲裁协议的效力。

仲裁庭有权确认合同的效力，当事人对仲裁协议的效力有异议的，可以请求仲裁委员会做出决定或者请求人民法院做出裁定。一方请求仲裁委员会做出决定，另一方请求人民法院做出裁定的，由人民法院裁定。当事人对仲裁协议的效力有异议，应当在仲裁庭首次开庭前提出。

当事人达成仲裁协议，一方向人民法院起诉未声明有仲裁协议，人民法院受理后，另一方在首次开庭前提交仲裁协议的，人民法院应当驳回起诉，但仲裁协议无效的除外；另一方在首次开庭前未对人民法院受理该案提出异议的，视为放弃仲裁协议，人民法院应当继续审理。

【例1-3·单选题】甲、乙因买卖货物发生合同纠纷，甲向法院提起诉讼。首次开庭审理前，乙提出双方签有仲裁协议，应通过仲裁方式解决。对该案件的下列处理方式中，符合法律规定的是（ ）。

A.仲裁协议有效，法院驳回甲的起诉

B.仲裁协议无效，法院继续审理

C.由甲、乙协商确定纠纷的解决方式

D.视为甲、乙已放弃仲裁协议，法院继续审理

答案及解析：A。当事人达成仲裁协议，一方向人民法院起诉未声明有仲裁协议，人民法院受理后，另一方在首次开庭前提交仲裁协议的，人民法院应当驳回起诉。

【例1-4·多选题】根据《仲裁法》的规定，下列关于仲裁协议效力的表述中，正确的有（ ）。

A.合同的变更、解除、终止或者无效，不影响仲裁协议的效力

B．当事人口头达成的仲裁协议有效

C．仲裁协议对仲裁事项或者仲裁委员会没有约定或者约定不明确，当事人又达不成补充协议的，仲裁协议无效

D．当事人对仲裁协议的效力有异议的，可以请求人民法院做出裁定

答案及解析：ACD。选项B，仲裁协议应当以书面形式订立，口头达成仲裁的意思表示无效。

（六）仲裁裁决

仲裁不实行级别管辖和地域管辖，仲裁委员会应当由当事人协议选定。仲裁庭可以由3名仲裁员或者1名仲裁员组成。由3名仲裁员组成的，设首席仲裁员。当事人约定由3名仲裁员组成仲裁庭的，应当各自选定或者各自委托仲裁委员会主任指定1名仲裁员，第3名仲裁员由当事人共同选定或者共同委托仲裁委员会主任指定。第3名仲裁员是首席仲裁员。当事人约定由1名仲裁员成立仲裁庭的，应当由当事人共同选定或者共同委托仲裁委员会主任指定。当事人没有在仲裁规则规定的期限内约定仲裁庭的组成方式或者选定仲裁员的，由仲裁委员会主任指定。仲裁庭组成后，仲裁委员会应当将仲裁庭的组成情况书面通知当事人。

仲裁员有下列情形之一的，必须回避，当事人也有权提出回避申请。

（1）是本案当事人或者当事人、代理人的近亲属。

（2）与本案有利害关系。

（3）与本案当事人、代理人有其他关系，可能影响公正仲裁的。

（4）私自会见当事人、代理人，或者接受当事人、代理人的请客送礼的。

仲裁应当开庭进行。当事人协议不开庭的，仲裁庭可以根据仲裁申请书、答辩书以及其他材料做出裁决。所谓开庭审理，是指在仲裁庭的主持下，在双方当事人和其他仲裁参与人的参加下，按照法定程序，对案件进行审理并做出裁决的方式。

仲裁不公开进行。当事人协议公开的，可以公开进行，但涉及国家秘密的除外。所谓不公开进行，是指仲裁庭在审理案件时不对社会公开，不允许群众旁听，也不允许新闻记者采访和报道。

当事人申请仲裁后，可以自行和解。达成和解协议的，可以请求仲裁庭根据和解协议做出裁决书，也可以撤回仲裁申请。当事人达成和解协议，撤回仲裁申请后反悔的，可以根据仲裁协议申请仲裁。

仲裁庭在做出裁决前，可以先行调解。当事人自愿调解的，仲裁庭应当调解。调解不成的，应当及时做出裁决。调解达成协议的，仲裁庭应当制作调解书或者根据协议的结果制作裁决书。调解书与裁决书具有同等法律效力。

调解书经双方当事人签收后，即发生法律效力。在调解书签收前当事人反悔的，仲裁庭应当及时做出裁决。

裁决应当按照多数仲裁员的意见做出，少数仲裁员的不同意见可以记入笔录。仲裁庭不能形成多数意见时，裁决应当按照首席仲裁员的意见做出。裁决书自做出之日起发生法律效力。

当事人应当履行裁决。一方当事人不履行的，另一方当事人可以依照《中华人民共和国民事诉讼法》（以下简称《民事诉讼法》）的有关规定向人民法院申请执行，受申请的人民法院应当执行。

三、民事诉讼

诉讼是指国家审判机关即人民法院，依照法律规定，在当事人和其他诉讼参与人的参加下，依

法解决讼争的活动。平等主体当事人之间发生经济纠纷提起诉讼，适用《民事诉讼法》解决纷争。1991年4月9日，第七届全国人民代表大会第四次会议通过，历经2007年、2012年、2017年三次修正的《民事诉讼法》，是民事诉讼活动进行的法律依据。

（一）民事诉讼的适用范围

公民之间、法人之间、其他组织之间以及他们相互之间因财产关系和人身关系发生纠纷，可以提起民事诉讼。

适用于《民事诉讼法》的案件主要有以下几类。

（1）因民法、婚姻法、收养法、继承法等调整的平等主体之间的财产关系和人身关系发生的民事案件，如合同纠纷、房产纠纷、侵害名誉权纠纷等案件。

（2）因经济法、劳动法调整的社会关系发生的争议，法律规定适用民事诉讼程序审理的案件，如劳动合同纠纷案件等。

（3）适用特别程序审理的选民资格案件和宣告公民失踪、死亡等非诉讼案件。

（4）按照督促程序解决的债务案件。

（5）按照公示催告程序解决的宣告票据和有关事项无效的案件。

（二）审判制度

1．合议制度

合议制度是指由3名以上审判人员组成审判组织，代表法院行使审判权，对案件进行审理并做出裁判的制度。合议制度是相对于独任制度而言的，独任制度是指由1名审判员独立地对案件进行审理和裁判的制度。法院审理第一审民事案件，除适用简易程序、特别程序（选民资格案件及重大、疑难的案件除外）、督促程序、公示催告程序审理的民事案件由审判员1人独任审理外，一律由审判员、陪审员共同组成合议庭或者由审判员组成合议庭；选民资格案件或者重大、疑难的案件，由审判员组成合议庭。法院审理第二审民事案件，由审判员组成合议庭。合议庭的成员，应当是3人以上的单数。

2．回避制度

回避制度是指参与某案件民事诉讼活动的审判人员、书记员、翻译人员、鉴定人、勘验人是案件的当事人或者当事人、诉讼代理人的近亲属，或者与案件有利害关系，或者与案件当事人、诉讼代理人有其他关系，可能影响对案件公正审理的，应当自行回避，当事人有权用口头或者书面方式申请他们回避。上述人员接受当事人、诉讼代理人请客送礼，或者违反规定会见当事人、诉讼代理人的，当事人有权要求他们回避（上述人员的行为应当依法追究法律责任）。

3．公开审判制度

公开审判制度是指法院的审判活动依法向社会公开的制度。法律规定，法院审理民事或行政案件，除涉及国家秘密、个人隐私或者法律另有规定的以外，应当公开进行。离婚案件，涉及商业秘密的案件，当事人申请不公开审理的，可以不公开审理。公开审理案件，应当在开庭前公告当事人姓名、案由和开庭的时间、地点，以便群众旁听。公开审判包括审判过程公开和审判结果公开两项内容。不论案件是否公开审理，一律公开宣告判决。

4．两审终审制度

两审终审制度是指一个诉讼案件经过两级法院审判后即终结的制度。根据《中华人民共和国人民法院组织法》的规定，我国法院分为四级：最高人民法院、高级人民法院、中级人民法院、基层人民法院。除最高人民法院外，其他各级法院都有自己的上一级法院。按照两审终审制，一个案件经第一审法院审判后，当事人如果不服，有权在法定期限内向上一级法院提起上诉，由该上一级法院进行第二审。二审法院的判决、裁定是终审的判决、裁定。

根据《民事诉讼法》的规定，两审终审制度的例外有：

（1）适用特别程序、督促程序、公示催告程序和简易程序中的小额诉讼程序审理的案件，实行一审终审。

（2）最高人民法院所做的一审判决、裁定，为终审判决、裁定。

对终审判决、裁定，当事人不得上诉。如果发现终审裁判确有错误，可以通过审判监督程序予以纠正。

（三）诉讼管辖

诉讼管辖是指各级法院之间以及不同地区的同级法院之间，受理第一审民事案件、经济纠纷案件的职权范围和具体分工。管辖可以按照不同标准做多种分类，其中最重要、最常用的是级别管辖和地域管辖。

1. 级别管辖

级别管辖是根据案件性质、案情繁简、影响范围，来确定上、下级法院受理第一审案件的分工和权限。大多数民事案件均归基层人民法院管辖。

2. 地域管辖

各级法院的辖区和各级行政区划是一致的。地域管辖是按照地域标准，即按照法院的辖区和民事案件的隶属关系，确定同级法院之间受理第一审民事案件的分工和权限。地域管辖又分为一般地域管辖、特殊地域管辖和专属管辖等。

（1）一般地域管辖。一般地域管辖是按照当事人所在地与法院辖区的隶属关系来确定案件管辖法院，也叫普通管辖。通常实行"原告就被告"原则，即由被告住所地人民法院管辖；被告住所地与经常居住地不一致的，由经常居住地人民法院管辖。但对不在中华人民共和国领域内居住的人和对下落不明或者宣告失踪的人提起的有关身份关系的诉讼，对被采取强制性教育措施或者被监禁的人提起的诉讼，由原告住所地人民法院管辖；原告住所地与经常居住地不一致的，由原告经常居住地人民法院管辖。

（2）特殊地域管辖。特殊地域管辖是以诉讼标的所在地、法律事实所在地为标准确定管辖法院，也称特别管辖。《民事诉讼法》规定了10种属于特殊地域管辖的诉讼。

①因合同纠纷提起的诉讼，由被告住所地或者合同履行地人民法院管辖。

②因保险合同纠纷提起的诉讼，由被告住所地或者保险标的物所在地人民法院管辖。

③因票据纠纷提起的诉讼，由票据支付地或者被告住所地人民法院管辖。

④因公司设立、确认股东资格、分配利润、解散等纠纷提起的诉讼，由公司住所地人民法院管辖。

⑤因铁路、公路、水上、航空运输和联合运输合同纠纷提起的诉讼，由运输始发地、目的地或者被告住所地人民法院管辖。

⑥因侵权行为提起的诉讼，由侵权行为地（包括侵权行为实施地、侵权结果发生地）或者被告住所地人民法院管辖。信息网络侵权行为实施地包括实施被诉侵权行为的计算机设备所在地，侵权

结果地包括被侵权人住所地。因产品、服务质量不合格造成他人财产、人身损害提起的诉讼，产品制造地、产品销售地、服务提供地、侵权行为地和被告住所地人民法院均有管辖权。

⑦因铁路、公路、水上和航空事故请求损害赔偿提起的诉讼，由事故发生地或者车辆、船舶最先到达地、航空器最先降落地或者被告住所地人民法院管辖。

⑧因船舶碰撞或者其他海事损害事故请求损害赔偿提起的诉讼，由碰撞发生地、碰撞船舶最先到达地、加害船舶被扣留地或者被告住所地人民法院管辖。

⑨因海难救助费用提起的诉讼，由救助地或者被救助船舶最先到达地人民法院管辖。

⑩因共同海损提起的诉讼，由船舶最先到达地、共同海损理算地或者航程终止地的人民法院管辖。

（3）专属管辖。专属管辖是指法律强制规定某类案件必须由特定的人民法院管辖，其他人民法院无权管辖，当事人也不得协议变更的管辖。专属管辖的案件主要有三类。

①因不动产纠纷提起的诉讼，由不动产所在地人民法院管辖。

②因港口作业中发生纠纷提起的诉讼，由港口所在地人民法院管辖。

③因继承遗产纠纷提起的诉讼，由被继承人死亡时住所地或者主要遗产所在地人民法院管辖。

（4）协议管辖。协议管辖又称合意管辖或者约定管辖，是指双方当事人在合同纠纷或者其他财产权益纠纷发生之前或发生之后，以协议的方式选择解决他们之间纠纷的管辖人民法院。合同或者其他财产权益纠纷的当事人可以书面协议选择被告住所地、合同履行地、合同签订地、原告住所地、标的物所在地等与争议有实际联系的地点的人民法院管辖，但不得违反《民事诉讼法》对级别管辖和专属管辖的规定。

（5）两个以上人民法院都有管辖权时管辖的确定（共同管辖和选择管辖）。两个以上人民法院都有管辖权（共同管辖）的诉讼，原告可以向其中一个人民法院起诉（选择管辖）；原告向两个以上有管辖权的人民法院起诉的，由最先立案的人民法院管辖。

【例1-5】北京的甲公司和长沙的乙公司在上海签订买卖合同。合同约定，甲公司向乙公司提供一批货物，双方应在厦门交货付款。双方就合同纠纷管辖权未作约定。其后，甲公司依约交货，但乙公司拒绝付款。经交涉无效，甲公司准备对乙公司提起诉讼。根据规定，因合同纠纷引起的诉讼，由被告住所地（长沙）或合同履行地（厦门）人民法院共同管辖。

【例1-6·单选题】根据民事诉讼法律制度的规定，下列法院中，对公路运输合同纠纷案件不享有管辖权的是（　　）。

A. 原告住所地法院　　　　　　　　B. 被告住所地法院

C. 运输目的地法院　　　　　　　　D. 运输始发地法院

答案及解析：A。因公路运输纠纷提起的诉讼，由运输始发地、目的地或者被告住所地法院管辖。

（四）诉讼时效

1. 诉讼时效的概念

诉讼时效是指权利人在法定期间内不行使权利而失去诉讼保护的制度。诉讼时效期间是指权利人请求法院或仲裁机关保护其民事权利的法定期间。

诉讼时效期间届满，权利人丧失的是胜诉权，即丧失依诉讼程序强制义务人履行义务的权利；权利人的实体权利并不消灭，债务人自愿履行的，不受诉讼时效限制。

诉讼时效的期间、计算方法以及中止、中断的事由，由法律规定，当事人约定无效。

人民法院不得主动适用诉讼时效的规定。

2．诉讼时效期间的具体规定

（1）普通诉讼时效期间。根据《民法总则》的规定，向人民法院请求保护民事权利的诉讼时效期间为3年。法律另有规定的，依照其规定。

（2）最长诉讼时效期间。诉讼时效期间自权利人知道或者应当知道权利受到损害以及义务人之日起计算。法律另有规定的，依照其规定。但是自权利受到损害之日起超过20年的，人民法院不予保护；有特殊情况的，人民法院可以根据权利人的申请决定延长。

【例1-7】1993年3月1日晚，张某被人打伤。经长时间的访查，于2013年6月30日，张某掌握确凿的证据证明将其打伤的是李某。经交涉无结果后，向法院提起诉讼，对此法院不予受理。

3．诉讼时效期间的中止

在诉讼时效期间的最后6个月内，因下列障碍，不能行使请求权的，诉讼时效中止。

（1）不可抗力。

（2）无民事行为能力人或者限制民事行为能力人没有法定代理人，或者法定代理人死亡、丧失民事行为能力、丧失代理权。

（3）继承开始后未确定继承人或者遗产管理人。

（4）权利人被义务人或者其他人控制。

（5）其他导致权利人不能行使请求权的障碍。

自中止时效的原因消除之日起满6个月，诉讼时效期间届满。

4．诉讼时效的中断

有下列情形之一的，诉讼时效中断，从中断、有关程序终结时起，诉讼时效期间重新计算。

（1）权利人向义务人提出履行请求的。

（2）义务人同意履行义务的。

（3）权利人提起诉讼或者申请仲裁的。

（4）与提起诉讼或者申请仲裁具有同等效力的其他情形。

5．不适用诉讼时效的情形

下列请求权不适用诉讼时效的规定。

（1）请求停止侵害、排除妨碍、消除危险。

（2）不动产物权和登记的动产物权的权利人请求返还财产。

（3）请求支付抚养费、赡养费或者扶养费。

（4）依法不适用诉讼时效的其他请求权。

（五）判决和执行

1．调解

人民法院审理民事案件，根据当事人自愿的原则，在事实清楚的基础上，分清是非，进行调解。当事人一方或者双方坚持不愿调解的，应当及时裁判。人民法院审理离婚案件，应当进行调解，但不应久调不决。适用特别程序、督促程序、公示催告程序的案件，婚姻等身份关系确认案件以及其他根据案件性质不能调解的案件，不得调解。

除特别情况外，调解达成协议，人民法院应当制作调解书。调解书应当写明诉讼请求、案件的事实和调解结果。调解书由审判人员、书记员署名，加盖人民法院印章，送达双方当事人。调解书经双方当事人签收后，即具有法律效力。

2. 判决

当事人不服地方人民法院第一审判决的，有权在判决书送达之日起15日内向上一级法院提起上诉。最高人民法院的一审判决，以及依法不准上诉或者超过上诉期没有上诉的一审判决，是发生法律效力的判决。第二审法院的判决是终审的判决，也就是发生法律效力的判决。

3. 执行

发生法律效力的民事判决、裁定，当事人必须履行。一方拒绝履行的，对方当事人可以向人民法院申请执行，也可以由审判员移送执行员执行。

调解书和其他应当由人民法院执行的法律文书，当事人必须履行。一方拒绝履行的，对方当事人可以向人民法院申请执行。

对于发生法律效力的民事判决、裁定，以及刑事判决、裁定中的财产部分，由第一审法院或者与第一审人民法院同级的被执行的财产所在地人民法院执行；法律规定由人民法院执行的其他法律文书，则由被执行人住所地或者被执行的财产所在地人民法院执行。

四、行政复议

行政复议是指国家行政机关在依照法律、法规的规定履行对社会的行政管理职责过程中，作为行政管理主体的行政机关一方与作为行政管理相对人的公民、法人或者其他组织一方，对于法律规定范围内的具体行政行为发生争议，由行政管理相对人向做出具体行政行为的行政机关的上一级行政机关或者法律规定的其他行政机关提出申请，由该行政机关对引起争议的具体行政行为进行审查，并做出相应决定的一种行政监督活动。行政复议是现代国家保护公民免受行政机关具体行政行为不法侵害的一种重要的法律制度。1999年4月29日，第九届全国人民代表大会常务委员会第九次会议通过的《中华人民共和国行政复议法》（以下简称《行政复议法》），是行政复议活动进行的基本法律依据。

（一）行政复议范围

公民、法人或者其他组织认为行政机关的具体行政行为侵犯其合法权益，符合《行政复议法》规定范围的，可以申请行政复议。

1. 可以申请行政复议的事项

《行政复议法》规定，有下列情形之一的公民、法人或者其他组织可以申请行政复议。

（1）对行政机关做出的警告、罚款、没收违法所得、没收非法财物、责令停产停业、暂扣或者吊销许可证、暂扣或者吊销执照、行政拘留等行政处罚决定不服的。

（2）对行政机关做出的限制人身自由或者查封、扣押、冻结财产等行政强制措施决定不服的。

（3）对行政机关做出的有关许可证、执照、资质证、资格证等证书变更、中止、撤销的决定不服的。

（4）对行政机关做出的关于确认土地、矿藏、水流、森林、山岭、草原、荒地、滩涂、海域等自然资源的所有权或者使用权的决定不服的。

（5）认为行政机关侵犯其合法的经营自主权的。

（6）认为行政机关变更或者废止农业承包合同，侵犯其合法权益的。

（7）认为行政机关违法集资、征收财物、摊派费用或者违法要求履行其他义务的。

（8）认为符合法定条件，申请行政机关颁发许可证、执照、资质证、资格证等证书，或者申请行政机关审批、登记有关事项，行政机关没有依法办理的。

（9）申请行政机关履行保护人身权利、财产权利、受教育权利的法定职责，行政机关没有依法履行的。

（10）申请行政机关依法发放抚恤金、社会保险金或者最低生活保障费，行政机关没有依法发放的。

（11）认为行政机关的其他具体行政行为侵犯其合法权益的。

公民、法人或者其他组织认为行政机关的具体行政行为所依据的下列规定不合法，在对具体行政行为申请行政复议时，可以一并向行政复议机关提出对该规定的审查申请：①国务院部门的规定。②县级以上地方各级人民政府及其工作部门的规定。③乡、镇人民政府的规定。前面所列规定不含国务院部、委员会规章和地方人民政府规章。规章的审查依照法律、行政法规办理。

2. 行政复议的排除事项

下列事项不能申请行政复议。

（1）不服行政机关做出的行政处分或者其他人事处理决定，可依照有关法律、行政法规的规定提出申诉。

（2）不服行政机关对民事纠纷做出的调解或者其他处理，可依法申请仲裁或者向法院提起诉讼。

【例1-8·单选题】根据《行政复议法》的规定，下列情形中，不属于行政复议范围的是（　　）。

A．某公司不服税务局对其做出的罚款决定

B．某公司不服工商局对其做出的吊销营业执照决定

C．某公司不服公安局对其做出的查封财产决定

D．某行政机关公务员不服单位对其做出的记过处分决定

答案及解析：D。不服行政机关做出的行政处分或其他人事处理决定的，不属于行政复议范围。

（二）行政复议申请和受理

公民、法人或者其他组织认为具体行政行为侵犯其合法权益的，可以自知道该具体行政行为之日起60日内提出行政复议申请；但是法律规定的申请期限超过60日的除外。因不可抗力或者其他正当理由耽误法定申请期限的，申请期限自障碍消除之日起继续计算。

申请人申请行政复议，可以书面申请，也可以口头申请。口头申请的，行政复议机关应当当场记录申请人的基本情况、行政复议请求、申请行政复议的主要事实、理由和时间。

公民、法人或者其他组织向人民法院提起行政诉讼，人民法院已经依法受理的，不得申请行政复议。

行政复议机关受理行政复议申请，不得向申请人收取任何费用。

行政复议期间具体行政行为不停止执行。但是，有下列情形之一的，可以停止执行。

（1）被申请人认为需要停止执行的。

（2）行政复议机关认为需要停止执行的。

（3）申请人申请停止执行，行政复议机关认为其要求合理，决定停止执行的。

（4）法律规定停止执行的。

【例1-9·单选题】2017年9月1日，某行政机关对A公司做出责令停产停业的决定，并于当日以信函方式寄出，A公司于9月5日收到该信函。根据规定，A公司如对行政机关的决定不服，提出行政复议申请的时间是（　　）。

A．9月1日至9月30日

B．9月1日至10月30日

C．9月5日至10月4日

D．9月5日至11月4日

答案及解析：D。当事人认为具体行政行为侵犯其合法权益的，可以自知道该具体行政行为之日起60日内提出行政复议申请。A公司于9月5日收到该信函，则9月5日为知道该具体行为之日，所以提出申请的时间是9月5日至11月4日。

（三）行政复议参加人和行政复议机关

1．行政复议参加人

行政复议参加人包括申请人、被申请人和第三人。

申请行政复议的公民、法人或者其他组织是申请人，做出具体行政行为的行政机关是被申请人。同申请行政复议的具体行政行为有利害关系的其他公民、法人或者其他组织，可以作为第三人参加行政复议。

2．行政复议机关

履行行政复议职责的行政机关是行政复议机关。行政复议机关负责法制工作的机构具体办理行政复议事项，称为行政复议机构。

（1）对县级以上地方各级人民政府工作部门的具体行政行为不服的，由申请人选择，可以向该部门的本级人民政府申请行政复议，也可以向上一级主管部门申请行政复议。

对海关、金融、国税、外汇管理等实行垂直领导的行政机关和国家安全机关的具体行政行为不服的，向上一级主管部门申请行政复议。

（2）对地方各级人民政府的具体行政行为不服的，向上一级人民政府申请行政复议。对省、自治区人民政府依法设立的派出机关所属的县级地方人民政府的具体行政行为不服的，向该派出机关申请行政复议。

（3）对国务院部门或者省、自治区、直辖市人民政府的具体行政行为不服的，向做出该具体行政行为的国务院部门或者省、自治区、直辖市人民政府申请行政复议。对行政复议决定不服的，可以向人民法院提起行政诉讼；也可以向国务院申请裁决，国务院依照《行政复议法》的规定做出最终裁决。

（四）行政复议决定

行政复议原则上采取书面审查的方法，但是申请人提出要求或者行政复议机关负责法制工作的机构认为有必要时，可以向有关组织和人员调查情况，听取申请人、被申请人和第三人的意见。书面方式，是指行政复议机关根据书面材料查清案件事实并做出行政复议决定。书面审理的特点，是排除当事人的言辞辩论，当事人以书面形式提出自己的申请意见和答辩意见，以书面形式提交和运用证据。

行政复议的举证责任，由被申请人承担。

行政复议机关应当自受理申请之日起60日内做出行政复议决定；但是法律规定的行政复议期限

少于60日的除外。情况复杂，不能在规定期限内做出行政复议决定的，经行政复议机关的负责人批准，可以适当延长，并告知申请人和被申请人，但延长期限最多不得超过30日。

行政复议机构应当对被申请人做出的具体行政行为进行审查，提出意见，经行政复议机关的负责人同意或者集体讨论通过后，按照下列规定做出行政复议决定。

（1）具体行政行为认定事实清楚，证据确凿，适用依据正确，程序合法，内容适当的，决定维持。

（2）被申请人不履行法定职责的，决定其在一定期限内履行。

（3）具体行政行为有下列情形之一的，决定撤销、变更或者确认该具体行政行为违法：①主要事实不清、证据不足的。②适用依据错误的。③违反法定程序的。④超越或者滥用职权的。⑤具体行政行为明显不当的。决定撤销或者确认该具体行政行为违法的，可以责令被申请人在一定期限内重新做出具体行政行为。

被申请人不按照法律规定提出书面答复，提交当初做出具体行政行为的证据、依据和其他有关材料的，视为该具体行政行为没有证据、依据，决定撤销该具体行政行为。

行政复议机关责令被申请人重新做出具体行政行为的，被申请人不得以同一事实和理由做出与原具体行政行为相同或者基本相同的具体行政行为。

行政复议机关做出行政复议决定，应当制作行政复议决定书，并加盖印章。行政复议决定书一经送达，即发生法律效力。

五、行政诉讼

行政诉讼是指公民、法人或者其他组织认为行政机关或法律、法规授权的组织的行政行为侵犯其合法权益，依法向人民法院请求司法保护，人民法院通过对被诉行政行为的合法性进行审查，在双方当事人和其他诉讼参与人的参与下，对该行政争议进行审理和裁判的司法活动。1989年4月4日，由第七届全国人民代表大会第二次会议通过，2014年11月1日，第十二届全国人民代表大会常务委员会第十一次会议第一次修正，2017年6月27日，第十二届全国人民代表大会常务委员会第二十八次会议第二次修正的《中华人民共和国行政诉讼法》（以下简称《行政诉讼法》），是行政诉讼的法律依据。在我国，行政诉讼与刑事诉讼、民事诉讼并称为"三大诉讼"，是国家诉讼制度的基本形式之一。行政诉讼也是行政法制监督的一种特殊形式。

（一）行政诉讼的适用范围

公民、法人或者其他组织认为行政机关和行政机关工作人员的行政行为侵犯其合法权益，有权向人民法院提起行政诉讼。此处所称的行政行为，包括法律、法规、规章授权的组织做出的行政行为。

法院受理公民、法人和其他组织提起的下列行政诉讼。

（1）对行政拘留、暂扣或者吊销许可证和执照、责令停产停业、没收违法所得、没收非法财物、罚款、警告等行政处罚不服的。

（2）对限制人身自由或者对财产的查封、扣押、冻结等行政强制措施和行政强制执行不服的。

（3）申请行政许可，行政机关拒绝或者在法定期限内不予答复，或者对行政机关做出的有关行政许可的其他决定不服的。

（4）对行政机关做出的关于确认土地、矿藏、水流、森林、山岭、草原、荒地、滩涂、海域等自然资源的所有权或者使用权的决定不服的。

（5）对征收、征用决定及其补偿决定不服的。

（6）申请行政机关履行保护人身权、财产权等合法权益的法定职责，行政机关拒绝履行或者不予答复的。

（7）认为行政机关侵犯其经营自主权或者农村土地承包经营权、农村土地经营权的。

（8）认为行政机关滥用行政权力排除或者限制竞争的。

（9）认为行政机关违法集资、摊派费用或者违法要求履行其他义务的。

（10）认为行政机关没有依法支付抚恤金、最低生活保障待遇或者社会保险待遇的。

（11）认为行政机关不依法履行、未按照约定履行或者违法变更、解除政府特许经营协议、土地房屋征收补偿等协议的。

（12）认为行政机关侵犯其他人身权、财产权等合法权益的。

人民法院不受理公民、法人或者其他组织对下列事项提起的诉讼。

（1）国防、外交等国家行为。

（2）行政法规、规章或者行政机关制定、发布的具有普遍约束力的决定、命令。

（3）行政机关对行政机关工作人员的奖惩、任免等决定。

（4）法律规定由行政机关最终裁决的行政行为。

（二）诉讼管辖

1．级别管辖

基层人民法院管辖第一审行政案件。

中级人民法院管辖下列第一审行政案件。

（1）对国务院部门或者县级以上地方人民政府所做的行政行为提起诉讼的案件。

（2）海关处理的案件。

（3）本辖区内重大、复杂的案件。

（4）其他法律规定由中级人民法院管辖的案件。

2．地域管辖

行政案件由最初做出行政行为的行政机关所在地人民法院管辖。经复议的案件，也可以由复议机关所在地人民法院管辖。

经最高人民法院批准，高级人民法院可以根据审判工作的实际情况，确定若干人民法院跨行政区域管辖行政案件。

对限制人身自由的行政强制措施不服提起的诉讼，由被告所在地或者原告所在地人民法院管辖。

因不动产提起的行政诉讼，由不动产所在地人民法院管辖。

（三）起诉和受理

对属于人民法院受案范围的行政案件，公民、法人或者其他组织可以先向行政机关申请复议，对复议决定不服的，再向人民法院提起诉讼；也可以直接向人民法院提起诉讼。

公民、法人或者其他组织申请行政复议，行政复议机关已经依法受理的，或者法律、法规规定应当先向行政复议机关申请行政复议决定、对行政复议决定不服再向人民法院提起行政诉讼的，在法定行政复议期限内不得向人民法院提起行政诉讼。

法律、法规规定应当先向行政复议机关申请行政复议，对行政复议决定不服再向人民法院提起行政诉讼的，行政复议机关决定不予受理或者受理后超过行政复议期限不作答复的，公民、法人或者其他组织可以自收到不予受理决定书之日起或者行政复议期满之日起15日内，依法向人民法院提起行政诉讼。

公民、法人或者其他组织直接向人民法院提起诉讼的，应当自知道或者应当知道做出行政行为之日起6个月内提出。法律另有规定的除外。因不动产提起诉讼的案件自行政行为做出之日起超过20年，其他案件自行政行为做出之日起超过5年提起诉讼的，人民法院不予受理。

公民、法人或者其他组织申请行政机关履行保护其人身权、财产权等合法权益的法定职责，行政机关在接到申请之日起两个月内不履行的，公民、法人或者其他组织可以向人民法院提起诉讼。法律、法规对行政机关履行职责的期限另有规定的，从其规定。公民、法人或者其他组织在紧急情况下请求行政机关履行保护其人身权、财产权等合法权益的法定职责，行政机关不履行的，提起诉讼不受前款规定期限的限制。

起诉应当向人民法院递交起诉状，并按照被告人数提出副本。书写起诉状确有困难的，可以口头起诉，由人民法院记入笔录，出具注明日期的书面凭证，并告知对方当事人。

人民法院在接到起诉状时对符合本法规定的起诉条件的，应当登记立案。对当场不能判定是否符合本法规定的起诉条件的，应当接收起诉状，出具注明收到日期的书面凭证，并在7日内决定是否立案。不符合起诉条件的，做出不予立案的裁定。裁定书应当载明不予立案的理由。原告对裁定不服的，可以提起上诉。

公民、法人或者其他组织认为行政行为所依据的国务院部门和地方人民政府及其部门制定的规范性文件不合法，在对行政行为提起诉讼时，可以一并请求对该规范性文件进行审查。前款规定的规范性文件不含规章。

（四）审理和判决

人民法院公开审理行政案件，但涉及国家秘密、个人隐私和法律另有规定的除外。涉及商业秘密的案件，当事人申请不公开审理的，可以不公开审理。

当事人认为审判人员、书记员、翻译人员、鉴定人、勘验人与本案有利害关系或者有其他关系可能影响公正审判，有权申请上述人员回避。上述人员认为自己与本案有利害关系或者有其他关系，应当申请回避。

人民法院审理行政案件，不适用调解。但是，行政赔偿、补偿以及行政机关行使法律、法规规定的自由裁量权的案件可以调解。

人民法院审理行政案件，以法律和行政法规、地方性法规为依据。地方性法规适用于本行政区域内发生的行政案件。人民法院审理民族自治地方的行政案件，并以该民族自治地方的自治条例和单行条例为依据。人民法院审理行政案件，参照规章。

当事人不服人民法院第一审判决的，有权在判决书送达之日起15日内向上一级人民法院提起上诉。当事人不服人民法院第一审裁定的，有权在裁定书送达之日起10日内向上一级人民法院提起上诉。逾期不提起上诉的，人民法院的第一审判决或者裁定发生法律效力。

第三节　法律责任

一、法律责任的概念

法律责任概念可以从正反两个方面理解，即积极意义（正面）的法律责任与消极意义（反面）的法律责任。积极意义上的法律责任是指所有组织和个人都有遵守法律的义务，即将法律责任与法律义务含义等同，也称广义的法律责任。现行立法所用的法律责任是一种消极意义上的法律责任，是指法律关系主体由于违反法定的义务而应承受的不利的法律后果，也称狭义的法律责任。

二、法律责任的种类

根据我国法律的有关规定，可将法律责任分为民事责任、行政责任和刑事责任三种，也有人将民事责任和行政责任中的经济内容部分称为经济责任。

（一）民事责任

民事责任是指由于民事违法、违约行为或根据法律规定所应承担的不利民事法律后果。根据《民法总则》的规定，承担民事责任的方式主要有以下十一种。

（1）停止侵害。适用于侵权行为正在进行或仍在延续中，受害人可依法要求侵害人立即停止其侵害行为。

（2）排除妨碍。不法行为人实施的侵害行为使受害人无法行使或不能正常行使自己的财产权利、人身权利的，受害人有权请求排除妨碍。

（3）消除危险。行为人的行为对他人人身和财产安全造成威胁，或存在着侵害他人人身或者财产的可能，他人有权要求行为人采取有效措施消除危险。

（4）返还财产。不法行为人非法占有财产，权利人有权要求其返还。

（5）恢复原状。恢复权利被侵害前的原有状态。

（6）修理、重作、更换。将被损害的财产通过修理、重新制作或者更换损坏的部分，使财产恢复到原有正常状态。

（7）继续履行。行为人不履行或不当履行合同义务，另一方合同当事人有权要求违反合同义务的行为人承担继续履行合同义务的责任。

（8）赔偿损失。行为人因违反合同或者侵权行为而给他人造成损害，应以其财产赔偿受害人所受的损失。

（9）支付违约金。行为人因违反合同规定的义务，而应按照合同的约定，向权利人支付一定数额的货币作为违约的惩罚。

（10）消除影响、恢复名誉。行为人因其侵害了公民或者法人的人格、名誉而应承担的，在影响所及的范围内消除不良后果、将受害人的名誉恢复到未受侵害时的状态。

（11）赔礼道歉。违法行为人向受害人公开认错，表示歉意的责任形式既可以由加害人向受害人口头表示，也可以由加害人以写道歉书的形式进行。

以上承担民事责任的方式，可以单独适用，也可以合并适用。

（二）行政责任

行政责任是指违反法律、法规规定的单位和个人所应承受的由国家行政机关或国家授权单位对其依行政程序所给予的制裁，行政责任包括行政处罚和行政处分。

1. 行政处罚

行政处罚是指行政主体对行政相对人违反行政法律规范尚未构成犯罪的行为所给予的法律制裁。行政处罚分为人身自由罚（行政拘留）、行为罚（责令停产停业、吊销暂扣许可证和执照）、财产罚（罚款、没收财物）和声誉罚（警告）等多种形式。根据《行政处罚法》的规定，行政处罚的具体种类有以下几种。

（1）警告，这是行政主体对违法者实施的一种书面形式的谴责和告诫。

（2）罚款，是指行政主体强制违法相对方承担金钱给付义务的处罚形式。

（3）没收违法所得、没收非法财物，是由行政主体实施的将行政违法行为人的违法收入、物品或者其他非法占有的财物收归国家所有的处罚方式。

（4）责令停产停业，是限制违法相对方从事生产、经营活动的处罚形式。一般常附有限期整顿的要求，如果受罚人在限期内纠正了违法行为，则可恢复生产、营业。

（5）暂扣或者吊销许可证、暂扣或者吊销执照，是禁止违法相对方从事某种特许权利或资格的处罚，行政主体依法收回或暂扣违法者已获得的从事某种活动的权利或资格的证书。吊销许可证、执照是对违法者从事某种活动或者其享有的某种资格的彻底取消；而暂扣许可证和执照，则是中止行为人从事某项活动的资格，待行为人改正以后或经过一定期限后再发还。

（6）行政拘留，是对违反治安管理的人，依法在短期内限制其人身自由的处罚。

（7）法律、行政法规规定的其他行政处罚。

2. 行政处分

行政处分是指对违反法律规定的国家机关工作人员或被授权、委托的执法人员所实施的内部制裁措施。

根据《公务员法》对因违法、违纪，应当承担纪律责任的公务员给予的行政处分种类有：警告、记过、记大过、降级、撤职、开除六类。

（三）刑事责任

刑事责任是指犯罪人因实施犯罪行为所应承受的由国家审判机关（法院）依照刑事法律给予的制裁后果，是法律责任中最严厉的责任形式。刑事责任主要通过刑罚而实现，刑罚分为主刑和附加刑两类。

1. 主刑

主刑是对犯罪分子适用的主要刑罚方法，包括：

（1）管制，是对犯罪分子不实行关押，但是限制其一定的自由，交由公安机关管束和监督的刑罚方法。期限为3个月以上2年以下。

（2）拘役，是剥夺犯罪分子短期的人身自由的刑罚方法，由公安机关就近执行。期限为1个月以上6个月以下。

（3）有期徒刑，是剥夺犯罪分子一定期限的人身自由，实行劳动改造的刑罚方法。除特殊情况外，有期徒刑的期限为6个月以上15年以下。

（4）无期徒刑，是剥夺犯罪分子终身自由，实行劳动改造的刑罚方法。

（5）死刑，是剥夺犯罪分子生命的刑罚方法。死刑只适用于罪行极其严重的犯罪分子。对于应当判处死刑的犯罪分子，如果不是必须立即执行的，可以判处死刑同时宣告缓期2年执行。

2．附加刑

附加刑是补充、辅助主刑适用的刑罚方法。附加刑可以附加于主刑之后作为主刑的补充，同主刑一起适用；也可以独立适用。包括：

（1）罚金，是强制犯罪分子或者犯罪的单位向国家缴纳一定数额金钱的刑罚方法。

（2）剥夺政治权利，是剥夺犯罪分子参加国家管理和政治活动权利的刑罚方法。剥夺的具体政治权利是指选举权和被选举权；言论、出版、集会、结社、游行、示威自由的权利；担任国家机关职务的权利；担任国有公司、企业、事业单位和人民团体领导职务的权利。

（3）没收财产，是指将犯罪分子个人所有财产的一部分或者全部，强制无偿地收归国有的刑罚方法。

（4）驱逐出境，是强迫犯罪的外国人、离开中国国（边）境的刑罚方法。

一人犯数罪的，除判处死刑和无期徒刑的以外，应当在总和刑期以下、数刑中最高刑期以上，酌情决定执行的刑罚。但是管制最高不能超过3年；拘役最高不能超过1年；有期徒刑总和刑期不满35年的，最高不能超过20年；总和刑期在35年以上的，最高不能超过25年。数罪中有判处附加刑的，附加刑仍须执行，其中附加刑种类相同的，合并执行，种类不同的，分别执行。

第二章　会计法律制度

知识要求

1. 掌握会计核算、会计档案管理、会计监督
2. 掌握会计机构、会计岗位的设置
3. 熟悉会计职业道德的概念和主要内容
4. 熟悉违反会计法律制度的法律责任
5. 了解会计法律制度的概念、适用范围和会计工作管理体制
6. 了解代理记账

第一节　会计法律制度概述

一、会计法律制度的概念

会计法律制度，是指国家权力机关和行政机关制定的关于会计工作的法律、法规、规章和规范性文件的总称，简称会计法规。会计法律制度是调整会计关系的法律规范。会计关系是指会计机构和会计人员在办理会计事务过程中，以及国家在管理会计工作过程中发生的经济关系。在一个单位，会计关系的主体为会计机构和会计人员，客体为与会计工作相关的具体事务。

为规范会计行为，保证会计工作的有序进行，国家陆续颁布了一系列会计法律、法规和规章，如1985年1月21日通过的《中华人民共和国会计法》（以下简称《会计法》），1990年12月31日发布的《总会计师条例》，2000年6月21日发布的《企业财务会计报告条例》，2016年2月16日发布的《代理记账管理办法》，2015年12月11日发布的《会计档案管理办法》，2008年5月22日发布的《企业内部控制基本规范》，1996年6月17日发布的《会计基础工作规范》，以及《企业会计准则》及其解释等。这些构成了我国会计法律制度的主要内容。

二、会计法律制度的适用范围

国家机关、社会团体、公司、企业、事业单位和其他组织（以下统称单位）办理会计事务必须依照《会计法》办理。

《会计法》规定，国家实行统一的会计制度。国家统一的会计制度由国务院财政部门根据《会计法》制定并公布。国家统一的会计制度，是指国务院财政部门根据《会计法》制定的关于会计核算、会计监督、会计机构和会计人员以及会计工作管理的制度。

三、会计工作管理体制

（一）会计工作的行政管理

会计工作的主管部门，是指代表国家对会计工作行使管理职能的政府部门。《会计法》规定："国务院财政部门主管全国的会计工作。县级以上地方各级人民政府财政部门管理本行政区域内的会计工作。"

（二）单位内部的会计工作管理

单位负责人对本单位的会计工作和会计资料的真实性、完整性负责。

单位负责人是指单位法定代表人或者法律、行政法规规定代表单位行使职权的主要负责人。单位负责人应当保证会计机构、会计人员依法履行职责，不得授意、指使、强令会计机构、会计人员违法办理会计事项。

第二节　会计核算与监督

一、会计核算

会计核算，是以货币为主要计量单位，运用专门的会计方法，对生产经营活动或预算执行过程及其结果进行连续、系统、全面的记录，计算，分析，定期编制并提供财务会计报告和其他一系列内部管理所需的会计资料，为经营决策和宏观经济管理提供依据的一项会计活动。会计核算是会计工作的基本职能之一，是会计工作的重要环节。

（一）会计核算基本要求

1. 依法建账

（1）各单位都应当按照《会计法》的规定设置会计账簿，进行会计核算。

（2）设置会计账簿的种类和具体要求，应当符合《会计法》、会计法规和国家统一的会计制度的规定。

（3）各单位发生的各项经济业务事项应当统一进行会计核算，不得违反规定私设会计账簿进行登记、核算。

2. 根据实际发生的经济业务进行会计核算

《会计法》规定，各单位必须根据实际发生的经济业务事项进行会计核算，填制会计凭证，登记会计账簿，编制财务会计报告。会计核算以实际发生的经济业务为依据，体现了会计核算的真实性和客观性要求。其具体要求是，根据实际发生的经济业务，取得可靠的凭证，并据此登记账簿，编制财务会计报告，形成符合质量标准的会计资料（会计信息）。

3. 保证会计资料的真实和完整

会计资料，主要是指会计凭证、会计账簿、财务会计报告等会计核算专业资料，它是会计核算的重要成果，是投资者做出投资决策，经营者进行经营管理，国家进行宏观调控的重要依据。会计资料的真实性，主要是指会计资料所反映的内容和结果，应当同单位实际发生的经济业务的内容及其结果相一致。会计资料的完整性，主要是指构成会计资料的各项要素都必须齐全，以使会计资料如实、全面地记录和反映经济业务发生情况，便于会计资料使用者全面、准确地了解经济活动情况。会计资料的真实性和完整性，是会计资料最基本的质量要求，是会计工作的生命，各单位必须保证所提供的会计资料真实和完整。

造成会计资料不真实、不完整的原因可能是多方面的，但伪造、变造会计资料是重要手段之一。伪造会计资料，包括伪造会计凭证和会计账簿，是以虚假的经济业务为前提来编制会计凭证和会计账簿，旨在以假充真；变造会计资料，包括变造会计凭证和会计账簿，是用涂改、挖补等手段来改变会计凭证和会计账簿的真实内容，以歪曲事实真相。伪造、变造会计资料，其结果是造成会计资料失实、失真，误导会计资料的使用者，损害投资者、债权人、国家和社会公众利益。因此，《会计法》规定，任何单位或者个人不得以任何方式授意、指使、强令会计机构、会计人员伪造、变造会计凭证、会计账簿和其他会计资料，提供虚假财务会计报告。任何单位和个人不得伪造、变造会计凭证、会计账簿及其他会计资料，不得提供虚假的财务会计报告。

【例2-1·多选题】下列各项中，属于变造会计凭证行为的有（   ）。

A. 某公司为一客户虚开假发票一张，并按票面金额的10%收取好处费

B. 某业务员将购货发票上的金额50万元，用"消字灵"修改为80万元报账

C. 某企业出纳将一张报销凭证上的金额7 000元涂改为9 000元

D. 购货部门转来一张购货发票，原金额计算有误，出票单位已做更正并加盖出票单位公章

答案及解析：BC。变造会计凭证的行为，是指采取涂改、挖补以及其他方式改变会计凭证真实内容的行为。选项A，属于伪造会计凭证的行为；选项D，属于更正有误，不属于变造会计凭证。

4. 正确采用会计处理方法

会计处理方法是指在会计核算中所采用的具体方法。采用不同的会计处理方法，或者在不同会计期间采用不同的会计处理方法，都会影响会计资料的一致性和可比性，进而影响会计资料的使用。因此，《会计法》和国家统一的会计制度规定，各单位采用的会计处理方法，前后各期应当一致，不得随意变更；确有必要变更的，应当按照国家统一的会计制度的规定变更，并将变更的原因、情况及影响在财务会计报告中说明。

5. 正确使用会计记录文字

会计记录文字是在进行会计核算时，为记载经济业务发生情况和辅助说明会计数字所体现的经济内涵而使用的文字。根据《会计法》的规定，会计记录的文字应当使用中文。在民族自治地方，会计记录可以同时使用当地通用的一种民族文字。在中国境内的外商投资企业、外国企业和其他外国组织的会计记录可以同时使用一种外国文字。

6. 使用电子计算机进行会计核算必须符合法律规定

使用电子计算机进行会计核算，即会计电算化，是将以电子计算机为主的当代电子和信息技术应用于会计工作的简称，是采用电子计算机替代手工记账、算账、报账，以及对会计资料进行电子化分析和利用的现代记账手段。

为保证计算机生成的会计资料真实、完整和安全，《会计法》对会计电算化做出如下规定：一是用电子计算机进行会计核算的单位，其使用的会计软件必须符合国家统一的会计制度的规定；二是使用电子计算机生成的会计凭证、会计账簿、财务会计报告和其他会计资料，必须符合国家统一的会计制度的规定；三是使用电子计算机进行会计核算的，其会计账簿的登记、更正，应当符合国家统一的会计制度的规定。

（二）会计核算的内容

会计核算的内容，是指应当进行会计核算的经济业务事项。根据《会计法》的规定，对下列经济业务事项，应当办理会计手续，进行会计核算。

1. 款项和有价证券的收付

款项的收付，主要包括货币资金的收入、转存、付出、结存等。有价证券的收付，主要包括有价证券的购入、无偿取得、债务重组取得；有价证券的有偿转让、抵债、对外投资、捐赠；有价证券的利息和股利、溢价与折价的摊销；有价证券的期末结存、减值等。

2. 财物的收发、增减和使用

财物的收发、增减和使用，包括存货，固定资产，投资，无形资产等的购入、自行建造、无偿取得、债务重组取得、融资租入、接受捐赠、出售、转让、抵债、无偿调出、捐赠、减值等。

3. 债权、债务的发生和结算

债权的发生和结算，主要包括债权的收回及孳息、债务重组、债权减值等。

债务的发生和结算，主要包括债权人变更、债务的偿还及孳息、债务重组及免偿等。

4. 资本、基金的增减

资本、基金的增减，主要包括实收资本（股本）、资本公积、盈余公积、基金等的增减变动。如实收资本（股本）的取得和企业增资、减资；资本公积的形成、转增资本；基金的提取、转入、使用和给付等。

5. 收入、支出、费用、成本的计算

收入的计算，如商品销售收入、提供劳务收入、让渡资产使用权收入等主营业务收入；材料销售收入，代购、代销、代加工、代管、代修收入和出租收入等其他业务收入；投资收益，补贴收入，固定资产盘盈、处置固定资产净收益、出售无形资产收益、罚款收益等营业外收入；以前年度损益调整等的确认与结转。

支出、费用、成本的计算，如生产成本的汇集、分配与结转；销售费用、管理费用和财务费用等的汇集与结转；主营业务税金及附加、出售无形资产损失、债务重组损失、计提的固定资产减值准备、捐赠支出等的确认与结转。

6. 财务成果的计算和处理

财务成果的计算和处理，如将收入和相配比的成本、费用、支出转入本年利润，计算利润总额；将所得税转入本年利润，计算净利润；年终结转本年利润；所得税的计提、缴纳、返还和余额结转，递延税款的余额调整等。

7. 其他事项

需要办理会计手续、进行会计核算的其他事项。

（三）会计年度

会计年度，是指以年度为单位进行会计核算的时间区间，是反映单位财务状况、核算经营成果的时间界限。根据《会计法》的规定，我国是以公历年度为会计年度，即以每年公历的1月1日起至12月31日止为一个会计年度，每一个会计年度还可以按照公历日期具体划分为半年度、季度、月度。

（四）记账本位币

记账本位币，是指日常登记账簿和编制财务会计报告用以计量的货币，也就是单位进行会计核算业务时所使用的货币。根据《会计法》的规定，会计核算以人民币为记账本位币。人民币是我国的法定货币，在我国境内具有广泛的流通性。以人民币作为记账本位币，具有广泛的适应性，便于会计信息口径的一致。

随着我国对外改革开放，外商投资企业在我国得到迅速发展，同时我国向外国的投资和对外贸易也日渐增多，这就涉及两种或两种以上货币的业务往来，而且在一些单位的日常经营活动中，人民币以外的其他货币收支逐步占主导地位。为了便于这些单位对外开展业务，简化会计核算手续，方便我国境内财务会计报告使用者的阅读和使用，《会计法》规定，业务收支以人民币以外的货币为主的单位，可以选定其中一种货币作为记账本位币，但是编报的财务会计报告应当折算为人民币。

（五）会计凭证和会计账簿

1. 会计凭证

会计凭证，是指具有一定格式、用以记录经济业务事项发生和完成情况，明确经济责任，并作为记账凭证的书面证明，是会计核算的重要会计资料，各单位在按照《会计法》和《会计基础工作规范》的有关规定办理会计手续、进行会计核算时，必须以会计凭证为依据。会计凭证按其来源和用途，分为原始凭证和记账凭证两种。

（1）原始凭证填制的基本要求。原始凭证，又称单据，是指在经济业务发生时，由业务经办人员直接取得或者填制。用以表明某项经济业务已经发生或完成情况，并明确有关经济责任的一种原始凭据，如发票。原始凭证是会计核算的原始依据，来源于实际发生的经济业务事项。原始凭证种类很多，既有来自单位外部的，也有单位自制的；既有国家统一印制的具有固定格式的发票，也有由发生经济业务事项双方认可并自行填制的凭据等。

会计机构、会计人员必须按照国家统一的会计制度的规定对原始凭证进行审核，对不真实、不合法的原始凭证有权不予接受，并向单位负责人报告；对记载不准确、不完整的原始凭证予以退回，并要求按照国家统一的会计制度的规定更正、补充。原始凭证记载的各项内容均不得涂改；原始凭证有错误的，应当由出具单位重开或者更正，更正处应当加盖出具单位印章。原始凭证金额有错误的，应当由出具单位重开，不得在原始凭证上更正。

（2）记账凭证填制的基本要求。记账凭证，亦称传票，是指对经济业务事项按其性质加以归类，确定会计分录，并据以登记会计账簿的凭证。它具有分类归纳原始凭证和满足登记会计账簿需要的作用。

记账凭证应当根据经过审核的原始凭证及有关资料编制。除部分转账业务以及结账、更正错误外，记账凭证必须附有原始凭证并注明所附原始凭证的张数；一张原始凭证所列的支出需要由两个以上的单位共同负担时，应当由保存该原始凭证的单位开具原始凭证分割单给其他应负担的单位。

2. 会计账簿

（1）会计账簿的种类。会计账簿，是指全面记录和反映一个单位经济业务事项，把大量分散的数据或者资料进行归类整理，逐步加工成有用会计信息的簿籍，它是编制财务会计报告的重要依据。会计账簿的种类主要有。

①总账，也称总分类账，是根据会计科目开设的账簿，用于分类登记单位的全部经济业务事项，提供资产、负债、所有者权益、费用、成本、收入等总括核算的资料。总账一般有订本账和活页账两种。

②明细账，也称明细分类账，是根据总账科目所属的明细科目设置的，用于分类登记某一类经济业务事项，提供有关明细核算资料，明细账通常使用活页账。

③日记账，是一种特殊的时序明细账，它是按照经济业务事项发生的时间先后顺序，逐日逐笔地进行登记的账簿。包括现金日记账和银行存款日记账。日记账通常使用订本账。

④其他辅助账簿，也称备查账簿，是为备忘备查而设置的。在会计实务中，主要包括各种租借设备、物资的辅助登记或有关应收、应付款项的备查簿，担保、抵押备查簿等。

（2）登记会计账簿的基本要求。对于会计账簿的登记，各单位应当按照《会计法》和国家统一的会计制度的规定，遵循以下要求：①必须依据经过审核的会计凭证登记会计账簿。②登记会计账簿必须按照记账规则进行，包括会计账簿应当按照连续编号的页码顺序登记；会计账簿记录发生错误或者隔页、缺号、跳行的，应当按照国家统一的会计制度规定的方法更正，并由会计人员和会计机构负责人（会计主管人员）在更正处盖章等。③任何单位都不得在法定会计账簿之外私设会计账簿。

（六）财务会计报告

财务会计报告，也称财务报告，是指单位对外提供的、反映单位某一特定日期财务状况和某一会计期间经营成果、现金流量等会计信息的文件。编制财务会计报告，是对单位会计核算工作的全面总结，也是及时提供真实、完整会计资料的重要环节，因此必须严格财务会计报告的编制程序和质量要求。

1. 企业财务会计报告的构成

企业财务会计报告包括会计报表、会计报表附注和财务情况说明书。会计报表应当包括资产负债表、利润表、现金流量表及相关附表。企业财务会计报告按编制时间分为年度、半年度、季度和月度财务会计报告。季度、月度财务会计报告通常仅指会计报表，会计报表至少应当包括资产负债表和利润表。国家统一的会计制度规定季度、月度财务会计报告需要编制会计报表附注的，从其规定。

2. 企业财务会计报告的对外提供

企业对外提供的财务会计报告反映的会计信息应当真实、完整。企业应当依照法律、行政法规和国家统一的会计制度有关财务会计报告提供期限的规定，及时对外提供财务会计报告。企业对外提供的财务会计报告应当由企业负责人和主管会计工作的负责人、会计机构负责人（会计主管人员）签名并盖章。设置总会计师的企业，还应由总会计师签名并盖章。

国有企业、国有控股或者占主导地位的企业，应当至少每年一次向本企业的职工代表大会公布财务会计报告，并重点说明下列事项：①反映与职工利益密切相关的信息，包括管理费用的构成情况，企业管理人员工资、福利和职工工资、福利费的发放、使用和结余情况，公益金的提取及使用情况，利润分配的情况以及其他与职工利益相关的信息。②内部审计发现的问题及纠正情况。③注册会计师审计的情况。④国家审计机关发现的问题及纠正情况。⑤重大的投资、融资和资产处置决策及其原因的说明等。⑥需要说明的其他重要事项。

企业应依照《企业财务会计报告条例》的规定向有关各方提供财务会计报告，其编制基础、编制依据、编制原则和方法应当一致，不得提供与编制基础、编制依据、编制原则和方法不同的财务会计报告。财务会计报告须经注册会计师审计的，企业应当将注册会计师及其会计师事务所出具的审计报告随同财务会计报告一并对外提供。

接受企业财务会计报告的组织或者个人，在企业财务会计报告未正式对外披露前，应当对其内容保密。

【例2-2·单选题】根据《会计法》的相关规定，下列关于单位有关负责人在财务会计报告上签章的做法中正确的是（   ）。

A．签名

B．加盖单位公章

C．签名或加盖单位公章

D．签名并加盖个人名章

答案及解析：D。对外提供的财务会计报告应当由单位负责人和主管会计工作的负责人、会计机构负责人（会计主管人员）签名并盖章；设置总会计师的单位，还须由总会计师签名并盖章。

（七）账务核对及财产清查

1．账务核对

账务核对，又称账账核对、账表核对、账证核对或对账，是保证会计账簿记录质量的重要程序。《会计法》规定，各单位应当定期将会计账簿记录与实物、款项及有关资料相互核对，保证会计账簿记录与实物及款项的实有数额相符、会计账簿记录与会计凭证的有关内容相符、会计账簿之间相对应的记录相符、会计账簿记录与会计报表的有关内容相符。

2．财产清查

财产清查，是会计核算工作的一项重要程序，特别是在编制年度财务会计报告之前，必须进行财产清查，并对账实不符等问题根据国家统一的会计制度的规定进行会计处理，以保证财务会计报告反映的会计信息真实、完整。

财产清查制度是通过定期或不定期、全面或部分地对各项财产物资进行实地盘点和对库存现金、银行存款、债权债务进行清查核实的一种制度。通过清查，可以发现财产管理工作中存在的问题，以便查清原因，改善经营管理，保护财产的完整和安全；可以确定各项财产的实存数，以便查明实存数与账面数是否相符，并查明不符的原因和责任，制定相应措施，做到账实相符，保证会计资料的真实性。

二、会计档案管理

会计档案是记录和反映经济业务事项的重要史料和证据。《会计法》和《会计基础工作规范》对会计档案管理做出了原则性规定；由财政部、国家档案局发布，自2016年1月1日起施行的《会计档案管理办法》对会计档案管理有关内容做出了具体规定。单位应当加强会计档案管理工作，建立和完善会计档案的收集、整理、保管、利用和鉴定销毁等管理制度，采取可靠的安全防护技术和措施，保证会计档案的真实、完整、可用、安全。

（一）会计档案的概念

会计档案是指单位在进行会计核算等过程中接收或形成的，记录和反映单位经济业务事项的，具有保存价值的文字、图表等各种形式的会计资料，包括通过计算机等电子设备形成、传输和存储的电子会计档案。各单位的预算、计划、制度等文件材料属于文书档案，不属于会计档案。

（二）会计档案的归档

1. 会计档案的归档范围

下列会计资料应当进行归档。

（1）会计凭证，包括原始凭证、记账凭证。

（2）会计账簿类，包括总账、明细账、日记账、固定资产卡片及其他辅助性账簿。

（3）财务会计报告类，包括月度、季度、半年度财务会计报告和年度财务会计报告。

（4）其他会计资料，包括银行存款余额调节表、银行对账单、纳税申报表、会计档案移交清册、会计档案保管清册、会计档案销毁清册、会计档案鉴定意见书及其他具有保存价值的会计资料。

【例2-3·多选题】下列各项中，属于会计档案的有（　　）。

A. 会计档案鉴定意见书　　　　　　B. 银行对账单

C. 纳税申报表　　　　　　　　　　D. 预算计划书

答案及解析：ABC。预算计划书属于文书档案，不是会计档案。

2. 会计档案的归档要求

（1）同时满足下列条件的，单位内部形成的属于归档范围的电子会计资料可仅以电子形式保存，形成电子会计档案：①形成的电子会计资料来源真实有效，由计算机等电子设备形成和传输。②使用的会计核算系统能够准确、完整、有效接收和读取电子会计资料，能够输出符合国家标准归档格式的会计凭证、会计账簿、财务会计报表等会计资料，设定了经办、审核、审批等必要的审签程序。③使用的电子档案管理系统能够有效接收、管理、利用电子会计档案，符合电子档案的长期保管要求，并建立了电子会计档案与相关联的其他纸质会计档案的检索关系。④采取有效措施，防止电子会计档案被篡改。⑤建立电子会计档案备份制度，能够有效防范自然灾害、意外事故和人为破坏的影响。⑥形成的电子会计资料不属于具有永久保存价值或者其他重要保存价值的会计档案。满足上述条件，单位从外部接收的电子会计资料附有符合《中华人民共和国电子签名法》规定的电子签名的，可仅以电子形式归档保存，形成电子会计档案。

（2）单位的会计机构或会计人员所属机构（以下统称单位会计管理机构）按照归档范围和归档要求，负责定期将应当归档的会计资料整理立卷，编制会计档案保管清册。

（3）当年形成的会计档案，在会计年度终了后，可由单位会计管理机构临时保管一年，再移交单位档案管理机构保管。因工作需要确需推迟移交的，应当经单位档案管理机构同意。单位会计管理机构临时保管会计档案最长不超过3年。临时保管期间，会计档案的保管应当符合国家档案管理的有关规定，且出纳人员不得兼管会计档案。

（三）会计档案的移交和利用

1. 会计档案的移交

单位会计管理机构在办理会计档案移交时，应当编制会计档案移交清册，并按照国家档案管理的有关规定办理移交手续。

纸质会计档案移交时应当保持原卷的封装。电子会计档案移交时应当将电子会计档案及其元数据一并移交，且文件格式应当符合国家档案管理的有关规定，特殊格式的电子会计档案应当与其读取平台一并移交。

单位档案管理机构接收电子会计档案时，应当对电子会计档案的准确性、完整性、可用性、安全性进行检测，符合要求的才能接收。

2. 会计档案的利用

单位应当严格按照相关制度利用会计档案，在进行会计档案查阅、复制、借出时履行登记手续，严禁篡改和损坏。

单位保存的会计档案一般不得对外借出。确因工作需要且根据国家有关规定必须借出的，应当严格按照规定办理相关手续，会计档案借用单位应当妥善保管和利用借入的会计档案，确保借入会计档案的安全完整，并在规定时间内归还。

（四）会计档案的保管期限

会计档案保管期限分为永久、定期两类。会计档案的保管期限是从会计年度终了后的第一天算起。永久，即是指会计档案须永久保存；定期，是指会计档案保存应达到法定的时间，定期保管期限一般分为10年和30年。《会计档案管理办法》规定的会计档案保管期限为最低保管期限。《会计档案管理办法》规定的各类会计档案具体保管期限见表2-1、表2-2。

表2-1　企业和其他组织会计档案保管期限表

序号	档案名称	保管期限	备注
一	会计凭证		
1	原始凭证	30年	
2	记账凭证	30年	
二	会计账簿		
3	总账	30年	
4	明细账	30年	

序号	档案名称	保管期限	备注
5	日记账	30年	
6	固定资产卡片		固定资产报废清理后保管5年
7	其他辅助性账簿	30年	
三	财务会计报告		
8	月度、季度、半年度财务会计报告	10年	
9	年度财务会计报告	永久	
四	其他会计资料		
10	银行存款余额调节表	10年	
11	银行对账单	10年	
12	纳税申报表	10年	
13	会计档案移交清册	30年	
14	会计档案保管清册	永久	
15	会计档案销毁清册	永久	
16	会计档案鉴定意见书	永久	

表2-2 财政总预算、行政单位、事业单位和税收会计档案保管期限表

序号	档案名称	保管期限			备注
		财政总预算	行政单位事业单位	税收会计	
一	会计凭证类				
1	国家金库编送的各种报表及进库退库凭证	10年		10年	
2	各收入机关编送的报表	10年			
3	行政单位和事业单位的各种会计凭证		15年		包括：原始凭证、记账凭证和传票汇总表
4	各种完税凭证和缴、退库凭证			15年	缴款书存根联在销号后保管2年
5	财政总预算拨款凭证及其他会计凭证	15年			包括：拨款凭证和其他会计凭证
6	农牧业税结算凭证			15年	

续表

序 号	档 案 名 称	保 管 期 限			备 注
		财政总预算	行政单位事业单位	税收会计	
二	会计账簿类				
7	日记账			15年	
8	总账	15年	15年	15年	
9	税收日记账（总账）和税收票证分类出纳账		25年		
10	明细分类、分户账或登记簿		15年	15年	
11	现金出纳账、银行存款账		25年	25年	
12	行政单位和事业单位固定资产明细账（卡片）				行政单位和事业单位固定资产报废清理后保管5年
三	财务报告类				
13	财政总预算	永久			
14	行政单位和事业单位决算	10年	永久		
15	税收年报（决算）	10年		永久	
16	国家金库年报（决算）	10年			
17	基本建设拨、贷款年报（决算）	10年			
18	财政总预算会计旬报	3年			所属单位报送的保管2年
19	财政总预算会计月、季度报表	5年			所属单位报送的保管2年
20	行政单位和事业单位会计月季度报表	5年			所属单位报送的保管2年
21	税收会计报表（包括票证根数）			10年	电报保管1年，所属税务机关报送的保管3年
四	其他类				
22	会计移交清册	15年	15年	15年	
23	会计档案保管清册	永久	永久	永久	
24	会计档案销毁清册	永久	永久	永久	

注：税务机关的经费会计档案保管期限，按行政单位会计档案保管期限规定办理。

【例2-4·多选题】下列各项会计档案中，保管期限为30年的有（   ）。

A．半年度财务会计报告   B．原始凭证

C．日记账   D．年度财务会计报告

答案及解析：BC。选项A，保管10年；选项D，应永久保存。

（五）会计档案的鉴定和销毁

1．会计档案的鉴定

单位应当定期对已到保管期限的会计档案进行鉴定，并形成会计档案鉴定意见书。经鉴定，仍需继续保存的会计档案，应当重新划定保管期限；对保管期满，确无保存价值的会计档案，可以销毁。会计档案鉴定工作应当由单位档案管理机构牵头，组织单位会计、审计、纪检监察等机构或人员共同进行。

2．会计档案的销毁

经鉴定可以销毁的会计档案，销毁的基本程序和要求是：

（1）单位档案管理机构编制会计档案销毁清册，列明拟销毁会计档案的名称、卷号、册数、起止年度、档案编号、应保管期限、已保管期限和销毁时间等内容。

（2）单位负责人、档案管理机构负责人、会计管理机构负责人、档案管理机构经办人、会计管理机构经办人在会计档案销毁清册上签署意见。

（3）单位档案管理机构负责组织会计档案销毁工作，并与会计管理机构共同派员监销。监销人在会计档案销毁前应当按照会计档案销毁清册所列内容进行清点核对；在会计档案销毁后，应当在会计档案销毁清册上签名或盖章。

电子会计档案的销毁还应当符合国家有关电子档案的规定，并由单位档案管理机构、会计管理机构和信息系统管理机构共同派员监销。

3．不得销毁的会计档案

保管期满但未结清的债权债务原始凭证和涉及其他未了事项的会计凭证不得销毁，纸质会计档案应当单独抽出立卷，电子会计档案单独转存，保管到未了事项完结时为止。单独抽出立卷或转存的会计档案，应当在会计档案鉴定意见书、会计档案销毁清册和会计档案保管清册中列明。

（六）特殊情况下的会计档案处置

1．单位分立情况下的会计档案处置

单位分立后原单位存续的，其会计档案应交由分立后的存续方统一保管，其他方可以查阅、复制与其业务相关的会计档案。单位分立后原单位解散的，其会计档案应当经各方协商后由其中一方代管或按照国家档案管理的有关规定处置，各方可以查阅、复制与其业务相关的会计档案。

单位分立中未结清的会计事项所涉及的会计凭证，应当单独抽出由业务相关方保存，并按照规定办理交接手续。

单位因业务移交其他单位办理所涉及的会计档案，应当由原单位保管，承接业务单位可以查阅、复制与其业务相关的会计档案。对其中未结清的会计事项所涉及的会计凭证，应当单独抽出由承接业务单位保存，并按照规定办理交接手续。

2．单位合并情况下的会计档案处置

单位合并后原各单位解散或者一方存续其他方解散的，原各单位的会计档案应当由合并后的单

位统一保管。单位合并后原各单位仍存续的，其会计档案仍应当由原各单位保管。

3. 建设单位项目建设会计档案的交接

建设单位在项目建设期间形成的会计档案，需要移交给建设项目接受单位的，应当在办理竣工财务决算后及时移交，并按照规定办理交接手续。

4. 单位之间交接会计档案的手续

单位之间交接会计档案时，交接双方应当办理会计档案交接手续。移交会计档案的单位，应当编制会计档案移交清册，列明应当移交的会计档案名称、卷号、册数、起止年度、档案编号、应保管期限和已保管期限等内容。交接会计档案时，交接双方应当按照会计档案移交清册所列内容逐项交接，并由交接双方的单位有关负责人负责监督，交接完毕后，交接双方经办人和监督人应当在会计档案移交清册上签名或盖章。电子会计档案应当与其元数据一并移交，特殊格式的电子会计档案应当与其读取平台一并移交。档案接受单位应当对保存电子会计档案的载体及其技术环境进行检验，确保所接收电子会计档案的准确、完整、可用和安全。

三、会计监督

会计监督是会计的基本职能之一，是对经济活动的本身进行检查监督，借以控制经济活动，使经济活动能够根据一定的方向、目标、计划，遵循一定的原则正常进行。会计监督可分为单位内部监督、政府监督和社会监督。

（一）单位内部会计监督

单位内部会计监督制度，是指为了保护其资产的安全、完整，保证其经营活动符合国家法律、法规和内部有关管理制度，提高经营管理水平和效率，而在单位内部采取的一系列相互制约、相互监督的制度与方法。

1. 单位内部会计监督的概念

单位内部会计监督是指各单位的会计机构、会计人员依据法律、法规、制度规定，通过会计手段对本单位经济活动的合法性、合理性和有效性进行监督。内部会计监督的主体是各单位的会计机构、会计人员，内部会计监督的对象是单位的经济活动。

2. 单位内部会计监督的要求

单位内部会计监督的内容十分广泛，涉及人、财、物等诸多方面，各单位应当根据实际情况建立、健全本单位内部会计监督制度。

会计机构、会计人员对违反《会计法》和国家统一的会计制度规定的会计事项，有权拒绝办理或者按照职权予以纠正。发现会计账簿记录与实物、款项及有关资料不相符的，按照国家统一的会计制度的规定有权自行处理的，应当及时处理；无权处理的，应当立即向单位负责人报告，请求查明原因，做出处理。单位负责人应保证会计机构、会计人员依法履行职责，不得授意、指使、强令会计机构、会计人员违法办理会计事项。

3. 单位内部控制制度

（1）内部控制的概念与原则。内部控制是指单位为实现控制目标，通过制定制度、实施措施和执行程序，对经济活动的风险进行防范和管控。

单位建立与实施内部控制，应当遵循下列原则：①全面性原则，指内部控制应当贯穿单位经济活动的决策、执行和监督全过程。②重要性原则，指在全面控制的基础上，应当关注单位重要经济活动和经济活动的重大风险。③制衡性原则，指内部控制应当在治理结构、机构设置及权责分配、业务流程等方面形成相互制约、相互监督。④适应性原则，指内部控制应当符合国家有关规定和单位的实际情况，并随着情况的变化及时加以调整。⑤成本效益原则，这是指企业内部控制应当权衡实施成本与预期效益，以适当的成本实现有效控制。

小企业建立与实施内部控制，应当遵循下列原则：①风险导向原则，内部控制应当以防范风险为出发点，重点关注对实现内部控制目标造成重大影响的风险领域。②适应性原则，内部控制应当与企业发展阶段、经营规模、管理水平等相适应，并随着情况的变化及时加以调整。③实质重于形式原则，内部控制应当注重实际效果，而不局限于特定的表现形式和实现手段。④成本效益原则，内部控制应当权衡实施成本与预期效益，以合理的成本实现有效控制。

（2）企业内部控制措施。

①不相容职务分离控制。要求企业全面系统地分析、梳理业务流程中所涉及的不相容职务，实施相应的分离措施，形成各司其职、各负其责、相互制约的工作机制。所谓不相容职务是指那些如果由一个人担任，既可能发生错误和舞弊行为，又可能掩盖其错误和弊端行为的职务。不相容职务主要包括：授权批准与业务经办、业务经办与会计记录、会计记录与财产保管、业务经办与稽核检查、授权批准与稽核检查等。

②授权审批控制。要求企业根据常规授权和特别授权的规定，明确各岗位办理业务和事项的权限范围、审批程序和相应责任。

③会计系统控制。会计系统控制要求企业严格执行国家统一的会计准则制度，加强会计基础工作，明确会计凭证、会计账簿和财务会计报告的处理程序，保证会计资料真实完整。

④财产保护控制。要求企业建立财产日常管理和定期清查制度，采取财产记录、实物保管、定期盘点、账实核对等措施，确保财产安全。

⑤预算控制。要求企业实施全面预算管理制度，明确各责任单位在预算管理中的职责权限，规范预算的编制、审定、下达和执行程序，强化预算约束。

⑥运营分析控制。要求企业建立运营情况分析制度，经理层应当综合运用生产、购销、投资、筹资、财务等方面的信息，通过因素分析、对比分析、趋势分析等方法，定期开展运营情况分析，发现存在的问题，及时查明原因并加以改进。

⑦绩效考评控制。要求企业建立和实施绩效考评制度，科学设置考核指标体系，对企业内部各责任单位和全体员工的业绩进行定期考核和客观评价，将考核结果作为确定员工薪酬以及职务晋升、评优、降级、调岗、辞退等的依据。

（3）行政事业单位内部控制方法。

①不相容岗位相互分离。合理设置内部控制关键岗位，明确划分职责权限，实施相应的分离措施，形成相互制约、相互监督的工作机制。

②内部授权审批控制。明确各岗位办理业务和事项的权限范围、审批程序和相关责任，建立重大事项集体决策和会签制度。相关工作人员应当在授权范围内行使职权、办理业务。

③归口管理。根据本单位实际情况，按照权责对等的原则，采取成立联合工作小组并确定牵头部门或牵头人员等方式，对有关经济活动实行统一管理。

④预算控制。强化对经济活动的预算约束，使预算管理贯穿于单位经济活动的全过程。

⑤财产保护控制。建立资产日常管理制度和定期清查机制，采取资产记录、实物保管、定期盘

点、账实核对等措施，确保资产安全完整。

⑥会计控制。建立健全本单位财会管理制度，加强会计机构建设，提高会计人员业务水平，强化会计人员岗位责任制，规范会计基础工作，加强会计档案管理，明确会计凭证、会计账簿和财务会计报告处理程序。

⑦单据控制。要求单位根据国家有关规定和单位的经济活动业务流程，在内部管理制度中明确界定各项经济活动所涉及的表单和票据，要求相关工作人员按照规定填制、审核、归档、保管单据。

⑧信息内部公开。建立健全经济活动相关信息内部公开制度，根据国家有关规定和单位的实际情况，确定信息内部公开的内容、范围、方式和程序。

（二）会计工作的政府监督

1. 会计工作政府监督的概念

会计工作的政府监督，主要是指财政部门代表国家对各单位和单位中相关人员的会计行为实施的监督检查，以及对发现的违法会计行为实施行政处罚。这里所说的财政部门，是指国务院财政部门、国务院财政部门的派出机构和县级以上人民政府财政部门。

此外，《会计法》规定，除财政部门外，审计、税务、人民银行、证券监管、保险监管等部门依照有关法律、行政法规规定的职责和权限，可以对有关单位的会计资料实施监督检查。

2. 财政部门会计监督的主要内容

财政部门对各单位是否依法设置会计账簿；会计凭证、会计账簿、财务会计报告和其他会计资料是否真实、完整；会计核算是否符合《会计法》和国家统一的会计制度的规定；从事会计工作的人员是否具备专业能力、遵守职业道德等情况实施会计监督。

根据《会计法》的规定，财政部门在对各单位会计凭证、会计账簿、财务会计报告和其他会计资料的真实性、完整性实施监督检查中，发现重大违法嫌疑时，国务院财政部门及其派出机构可以向与被监督单位有经济业务往来的单位和被监督单位开立账户的金融机构查询有关情况，有关单位和金融机构应予以支持。

依法对有关单位的会计资料实施监督检查的部门及其工作人员对在监督检查中知悉的国家秘密和商业秘密负有保密的义务。

（三）会计工作的社会监督

1. 会计工作社会监督的概念

会计工作的社会监督，主要是指由注册会计师及其所在的会计师事务所等中介机构接受委托，依法对单位的经济活动进行审计，出具审计报告，发表审计意见的一种监督制度。

根据《会计法》的规定，法律、行政法规规定须经注册会计师进行审计的单位，应当向受委托的会计师事务所如实提供会计凭证、会计账簿、财务会计报告和其他会计资料以及有关情况。任何单位或者个人不得以任何方式要求或者示意注册会计师及其所在的会计师事务所出具不实或者不当的审计报告。

《会计法》规定，任何单位和个人对违反《会计法》和国家统一的会计制度规定的行为，有权检举。这是为了充分发挥社会各方面的力量，鼓励任何单位和个人检举违法会计行为，也属于会计工作社会监督的范畴。

2. 注册会计师审计报告

（1）审计报告的概念和要素。审计报告，是指注册会计师根据审计准则的规定，在执行审计工作的基础上，对被审计单位财务报表发表审计意见的书面文件。注册会计师应当就财务报表是否在所有重大方面按照适用的财务报告编制基础编制，并实现公允反映形成审计意见。

审计报告应当包括下列要素：标题；收件人；引言段；管理层对财务报表的责任段；注册会计师的责任段；审计意见段；注册会计师的签名和盖章；会计师事务所的名称、地址和盖章；报告日期。

（2）审计报告的种类和审计意见的类型。审计报告分为标准审计报告和非标准审计报告。

标准审计报告，是指不含有说明段、强调事项段、其他事项段或其他任何修饰性用语的无保留意见的审计报告。包含其他报告责任段，但不含有强调事项段或其他事项段的无保留意见的审计报告也被视为标准审计报告。

非标准审计报告，是指带强调事项段或其他事项段的无保留意见的审计报告和非无保留意见的审计报告。非无保留意见，包括保留意见、否定意见和无法表示意见三种类型。

无保留意见，是指当注册会计师认为财务报表在所有重大方面按照适用的财务报告编制基础编制，并实现公允反映时发表的审计意见。

当存在下列情形之一时，注册会计师应当在审计报告中发表非无保留意见：①根据获取的审计证据，得出财务报表整体存在重大错报的结论。②无法获取充分、适当的审计证据，不能得出财务报表整体不存在重大错报的结论。

当存在下列情形之一时，注册会计师应当发表保留意见：①在获取充分、适当的审计证据后，注册会计师认为错报单独或汇总起来对财务报表影响重大，但不具有广泛性。②注册会计师无法获取充分、适当的审计证据以作为形成审计意见的基础，但认为未发现的错报（如存在）对财务报表可能产生的影响重大，但不具有广泛性。

在获取充分、适当的审计证据以作为形成审计意见的基础，但认为未发现的错报（如存在）对财务报表可能产生的影响重大且具有广泛性，注册会计师应当发表否定意见。

如果无法获取充分、适当的审计证据以作为形成审计意见的基础，但认为未发现的错报（如存在）对财务报表可能产生的影响重大且具有广泛性，注册会计师应当发表无法表示意见。在极其特殊的情况下，可能存在多个不确定事项。尽管注册会计师对每个单独的不确定事项获取了充分、适当的审计证据，但由于不确定事项之间可能存在相互影响，以及可能对财务报表产生累积影响，注册会计师不可能对财务报表形成审计意见。在这种情况下，注册会计师应当发表无法表示意见。

第三节　会计机构和会计人员

一、会计机构

会计机构，是指各单位办理会计事务的职能部门，根据《会计法》的规定，各单位应当根据会计业务的需要，设置会计机构，或者在有关机构中设置会计人员并指定会计主管人员；不具备设置条件的，应当委托经批准从事会计代理记账业务的中介机构代理记账。

二、代理记账

代理记账，是指代理记账机构接受委托办理会计业务。代理记账机构是指依法取得代理记账资格，从事代理记账业务的机构。

（一）代理记账机构的审批

除会计师事务所以外的机构从事代理记账业务，应当经县级以上人民政府财政部门（以下简称审批机关）批准，领取由财政部统一规定样式的代理记账许可证书。具体审批机关由省、自治区、直辖市、计划单列市人民政府财政部门确定。

会计师事务所及其分所可以依法从事代理记账业务。

（二）代理记账的业务范围

代理记账机构可以接受委托办理下列业务。

（1）根据委托人提供的原始凭证和其他资料，按照国家统一的会计制度的规定进行会计核算，包括审核原始凭证、填制记账凭证、登记会计账簿、编制财务会计报告等。

（2）对外提供财务会计报告。

（3）向税务机关提供税务资料。

（4）委托人委托的其他会计业务。

（三）委托人、代理记账机构及其从业人员各自的义务

（1）委托人委托代理记账机构代理记账，应当在相互协商的基础上，订立书面委托合同。委托合同除应具备法律规定的基本条款外，应当明确下列内容：①双方对会计资料真实性、完整性各自应当承担的责任。②会计资料传递程序和签收手续。③编制和提供财务会计报告的要求。④会计档案的保管要求及相应的责任。⑤终止委托合同应当办理的会计交接事宜。

（2）委托人应当履行下列义务：①对本单位发生的经济业务事项，应当填制或者取得符合国家统一的会计制度规定的原始凭证。②应当配备专人负责日常货币收支和保管。③及时向代理记账机构提供真实、完整的原始凭证和其他相关资料。④对于代理记账机构退回的，要求按照国家统一的会计制度规定进行更正、补充的原始凭证，应当及时予以更正、补充。

（3）代理记账机构及其从业人员应当履行下列义务：①遵守有关法律、法规和国家统一的会计制度的规定，按照委托合同办理代理记账业务。②对在执行业务中知悉的商业秘密予以保密。③对委托人要求其做出不当的会计处理，提供不实的会计资料，以及其他不符合法律、法规和国家统一的会计制度行为的，予以拒绝。④对委托人提出的有关会计处理相关问题予以解释。代理记账机构为委托人编制的财务会计报告，经代理记账机构负责人和委托人负责人签名并盖章后，按照有关法律、法规和国家统一的会计制度的规定对外提供。

三、会计岗位的设置

（一）会计工作岗位设置要求

会计工作岗位，是指一个单位会计机构内部根据业务分工而设置的职能岗位。根据《会计基础工作规范》的要求，各单位应当根据会计业务需要设置会计工作岗位。会计工作岗位一般可分为：

总会计师、会计机构负责人或者会计主管人员、出纳、财产物资核算、工资核算、成本费用核算、财务成果核算、资金核算、往来结算、总账报表、稽核、档案管理等。开展会计电算化和管理会计的单位，可以根据需要设置相应工作岗位，也可以与其他工作岗位相结合。

会计工作岗位，可以一人一岗、一人多岗或者一岗多人。但出纳人员不得兼任稽核、会计档案保管和收入、支出、费用、债权债务账目的登记工作。会计人员的工作岗位应当有计划地进行轮换。档案管理部门的人员管理会计档案，不属于会计岗位。会计人员应当具备从事会计工作所需要的专业能力，遵守职业道德。

会计机构负责人或会计主管人员，是在一个单位内具体负责会计工作的中层领导人员。担任单位会计机构负责人（会计主管人员）的，应当具备会计师以上专业技术职务资格或者从事会计工作3年以上经历。

因有提供虚假财务会计报告，做假账，隐匿或者故意销毁会计凭证、会计账簿、财务会计报告，贪污、挪用公款，职务侵占等与会计职务有关的违法行为被依法追究刑事责任的人员，不得再从事会计工作。

（二）会计人员回避制度

国家机关、国有企业、事业单位任用会计人员应当实行回避制度。单位领导人的直系亲属不得担任本单位的会计机构负责人、会计主管人员。会计机构负责人、会计主管人员的直系亲属不得在本单位会计机构中担任出纳工作。需要回避的直系亲属为：夫妻关系、直系血亲关系、三代以内旁系血亲以及配偶亲关系。

（三）会计工作交接

会计工作交接，是指会计人员工作调动或因故离职时与接管人员办理交接手续的一种工作程序。办理好会计工作交接，有利于分清移交人员和接管人员的责任，可以使会计工作前后衔接，保证会计工作顺利进行。

会计人员调动工作、离职或者因病暂时不能工作，应与接管人员办清交接手续。一般会计人员办理交接手续，由会计机构负责人（会计主管人员）监交；会计机构负责人（会计主管人员）办理交接手续，由单位负责人负责监交，必要时主管单位可以派人会同监交。

移交人员在办理移交时，要按移交清册逐项移交；接替人员要逐项核对点收区交接完毕后，交接双方和监交人要在移交清册上签名或者盖章，并应在移交清册上注明：单位名称，交接日期，交接双方和监交人的职务、姓名，移交清册页数以及需要说明的问题和意见等。移交清册一般应当填制一式三份，交接双方各执一份，存档一份。

接替人员应当继续使用移交的会计账簿，不得自行另立新账，以保持会计记录的连续性。

移交人员对所移交的会计凭证、会计账簿、会计报表和其他有关资料的合法性、真实性承担法律责任。

（四）会计专业职务与会计专业技术资格

1. 会计专业职务

根据1986年4月，中央职称改革工作领导小组转发财政部制定的《会计专业职务试行条例》的规定，会计专业职务分为高级会计师、会计师、助理会计师和会计员。其中，高级会计师为高级职务，会计师为中级职务，助理会计师和会计员为初级职务。

根据2017年1月中共中央办公厅、国务院办公厅印发《关于深化职称制度改革的意见》，要健全职称层级设置。各职称系列均设置初级、中级、高级职称，其中高级职称分为正高级和副高级，初级职称分为助理级和员级，可根据需要仅设置助理级。目前未设置正高级职称的职称系列均设置到正高级，以拓展专业技术人才职业发展空间。

2. 会计专业技术资格

会计专业技术资格，是指担任会计专业职务的任职资格。

会计专业技术资格分为初级资格、中级资格和高级资格三个级别。目前，初级、中级会计资格实行全国统一考试制度，高级会计师资格实行考试与评审相结合制度。

通过全国统一考试取得初级或中级会计专业技术资格的会计人员，表明其已具备担任相应级别会计专业技术职务的任职资格。用人单位可根据工作需要和德才兼备的原则，从获得会计专业技术资格的会计人员中择优录取。对于已取得中级会计资格并符合国家有关规定的，可聘任会计师职务；对于已取得初级会计资格的人员，如具备大专毕业且担任会计员职务满2年，或中专毕业担任会计员职务满4年，或者不具备规定学历的，担任会计员职务满5年，并符合国家有关规定的，可聘任助理会计师职务。不符合以上条件的人员，可聘任会计员职务。

（五）会计专业技术人员继续教育

根据《专业技术人员继续教育规定》，国家机关、企业、事业单位以及社会团体等组织（以下称用人单位）的专业技术人员应当适应岗位需要和职业发展的要求，积极参加继续教育，完善知识结构、增强创新能力、提高专业水平。用人单位应当保障专业技术人员参加继续教育的权利。

继续教育工作实行统筹规划、分级负责、分类指导的管理体制。

继续教育内容包括公需科目和专业科目。公需科目包括专业技术人员应当普遍掌握的法律法规、理论政策、职业道德、技术信息等基本知识。专业科目包括专业技术人员从事专业工作应当掌握的新理论、新知识、新技术、新方法等专业知识。

专业技术人员参加继续教育的时间，每年累计不少于90学时，其中，专业科目一般不少于总学时的2/3。

用人单位应当建立本单位专业技术人员继续教育与使用、晋升相衔接的激励机制，把专业技术人员参加继续教育情况作为专业技术人员考核评价、岗位聘用的重要依据。

（六）总会计师

总会计师是主管本单位会计工作的行政领导，是单位行政领导成员，是单位会计工作的主要负责人，全面负责单位的财务会计管理和经济核算，参与单位的重大经营决策活动，是单位主要行政领导人的参谋和助手。国有的和国有资产占控股地位或者主导地位的大、中型企业必须设置总会计师，其他单位可以根据业务需要，自行决定是否设置总会计师。

第四节 会计职业道德

一、会计职业道德的概念

（一）会计职业道德的定义

会计职业道德，是指在会计职业活动中应当遵循的、体现会计职业特征、调整会计职业关系的职业行为准则和规范。

（二）会计法律与会计职业道德的联系与区别

1. 会计法律制度与会计职业道德的联系

会计职业道德是对会计法律制度的重要补充，会计法律制度是对会计职业道德的最低要求。会计职业道德与会计法律制度在内容上相互渗透、相互吸收；在作用上相互补充、相互协调。

2. 会计法律制度与会计职业道德的区别

（1）性质不同。会计法律制度通过国家行政权力强制执行，具有很强的他律性；会计职业道德依靠会计从业人员的自觉性，具有很强的自律性。

（2）作用范围不同。会计法律制度侧重于调整会计人员的外在行为和结果的合法化，具有较强的客观性；会计职业道德不仅调整会计人员的外在行为，还调整会计人员内在的精神世界。

（3）表现形式不同。会计法律制度是通过一定的程序由国家立法部门或行政管理部门制定、颁布的，其表现形式是具体的、明确的、正式形成文字的成文规定。而会计职业道德出自于会计人员的职业生活和职业实践，其表现形式既有成文的规范，也有不成文的规范。

（4）实施保障机制不同。会计法律制度依靠国家强制力保证其贯彻执行，会计职业道德主要依靠道德教育、社会舆论、传统习俗和道德评价来实现。

（5）评价标准不同。会计法律制度以法律规定为评价标准，会计职业道德以道德评价为标准。

二、会计职业道德的主要内容

会计职业道德主要包括：爱岗敬业、诚实守信、廉洁自律、客观公正、坚持准则、提高技能、参与管理、强化服务八个方面内容。

1. 爱岗敬业

要求会计人员正确认识会计职业，树立职业荣誉感；热爱会计工作，敬重会计职业；安心工作，任劳任怨；严肃认真，一丝不苟；忠于职守，尽职尽责。

2. 诚实守信

要求会计人员做老实人，说老实话，办老实事，不搞虚假；保密守信，不为利益所诱惑；执业谨慎，信誉至上。

3. 廉洁自律

要求会计人员树立正确的人生观和价值观；公私分明、不贪不占；遵纪守法，一生正气。"廉洁"就是不贪污钱财，不收受贿赂，保持清白。"自律"是指按照一定的标准，自己约束自己、自己压制自己的言行和思想的过程。自律的核心是用道德观念自觉抵制自己的不良欲望。对于整天与钱财打交道的会计人员来说，经常会受到财、权的诱惑，如果职业道德观念不强、自律意志薄弱，很容易成为权、财的奴隶，走向犯罪的深渊。

4. 客观公正

要求会计人员端正态度，依法办事；实事求是，不偏不倚；如实反映，保持应有的独立性。

5. 坚持准则

要求会计人员熟悉国家法律、法规和国家统一的会计制度，始终坚持按法律、法规和国家统一的会计制度的要求进行会计核算，实施会计监督。会计人员在实际工作中，应当以准则作为自己的行动指南，在发生道德冲突时，应坚持准则，维护国家利益、社会公众利益和正常的经济秩序。

6. 提高技能

要求会计人员具有不断提高会计专业技能的意识和愿望；具有勤学苦练的精神和科学的学习方法，刻苦钻研，不断进取，提高业务水平。

7. 参与管理

要求会计人员在做好本职工作的同时，努力钻研业务，全面熟悉本单位经营活动和业务流程，主动提出合理化建议，积极参与管理，使管理活动更有针对性和实效性。

8. 强化服务

要求会计人员树立服务意识，提高服务质量，努力维护和提升会计职业的良好社会形象。

第五节　违反会计法律制度的法律责任

违反会计法律制度应当承担的法律责任，在《会计法》及相关法律、法规、规章中都做出了相应的规定。本节主要介绍《会计法》对会计违法行为法律责任的规定。

一、违反国家统一的会计制度行为的法律责任

违反《会计法》规定，有下列行为之一的，由县级以上人民政府财政部门责令限期改正，可以对单位并处3 000元以上5万元以下的罚款；对其直接负责的主管人员和其他直接责任人员，可以处2 000元以上2万元以下的罚款；属于国家工作人员的，还应当由其所在单位或者有关单位依法给予行政处分；构成犯罪的，依法追究刑事责任。

（1）不依法设置会计账簿的。

（2）私设会计账簿的。

（3）未按照规定填制、取得原始凭证或者填制、取得的原始凭证不符合规定的。

（4）以未经审核的会计凭证为依据登记会计账簿或者登记会计账簿不符合规定的。

（5）随意变更会计处理方法的。

（6）向不同的会计资料使用者提供的财务会计报告编制依据不一致的。

（7）未按照规定使用会计记录文字或者记账本位币的。

（8）未按照规定保管会计资料，致使会计资料毁损、灭失的。

（9）未按照规定建立并实施单位内部会计监督制度或者拒绝依法实施的监督或者不如实提供有关会计资料及有关情况的。

（10）任用会计人员不符合《会计法》规定的。

会计人员有上述所列行为之一，情节严重的，5年内不得从事会计工作。

有关法律对上述所列行为的处罚另有规定的，依照有关法律的规定办理。

二、伪造、变造会计凭证、会计账簿，编制虚假财务会计报告行为的法律责任

伪造、变造会计凭证、会计账簿，编制虚假财务会计报告，构成犯罪的，依法追究刑事责任。尚不构成犯罪的，由县级以上人民政府财政部门予以通报，可以对单位并处5 000元以上10万元以下的罚款；对其直接负责的主管人员和其他直接责任人员，可以处3 000元以上5万元以下的罚款；属于国家工作人员的，还应当由其所在单位或者有关单位依法给予撤职直至开除的行政处分；其中的会计人员，5年内不得从事会计工作。

三、隐匿或者故意销毁依法应当保存的会计凭证、会计账簿、财务会计报告行为的法律责任

隐匿或者故意销毁依法应当保存的会计凭证、会计账簿、财务会计报告，构成犯罪的，依法追究刑事责任。尚不构成犯罪的，由县级以上人民政府财政部门予以通报，可以对单位并处5 000元以上10万元以下的罚款；对其直接负责的主管人员和其他直接责任人员，可以处3 000元以上5万元以下的罚款；属于国家工作人员的，还应当由其所在单位或者有关单位依法给予撤职直至开除的行政处分；其中的会计人员，5年内不得从事会计工作。

根据《刑法》第一百六十二条第二款的规定，隐匿或者故意销毁依法应当保存的会计凭证、会计账簿、财务会计报告，情节严重的，处5年以下有期徒刑或者拘役，并处或者单处2万元以上20万元以下罚金。单位犯前款罪的，对单位判处罚金，并对其直接负责的主管人员和其他直接责任人员，依照前款的规定处罚。

四、授意、指使、强令会计机构、会计人员及其他人员伪造、变造会计凭证、会计账簿，编制虚假财务会计报告或者隐匿、故意销毁依法应当保存的会计凭证、会计账簿、财务会计报告行为的法律责任

授意、指使、强令会计机构、会计人员及其他人员伪造、变造会计凭证、会计账簿，编制虚假财务会计报告或者隐匿、故意销毁依法应当保存的会计凭证、会计账簿、财务会计报告，构成犯罪的，依法追究刑事责任。尚不构成犯罪的，可以处5 000元以上5万元以下的罚款；属于国家工作人员的，还应当由其所在单位或者有关单位依法给予降级、撤职、开除的行政处分。

五、单位负责人对依法履行职责、抵制违反《会计法》规定行为的会计人员实行打击报复的法律责任

单位负责人对依法履行职责、抵制违反《会计法》规定行为的会计人员以降级、撤职、调离工作岗位、解聘或者开除等方式实行打击报复，构成犯罪的，依法追究刑事责任。尚不构成犯罪的，

由其所在单位或者有关单位依法给予行政处分。对受打击报复的会计人员，应当恢复其名誉和原有职务、级别。

根据《刑法》第二百五十五条规定，公司、企业、事业单位、机关、团体的领导人，对依法履行职责、抵制违反《会计法》行为的会计人员实行打击报复，情节恶劣的，处3年以下有期徒刑或者拘役。

六、财政部门及有关行政部门工作人员职务违法行为的法律责任

财政部门及有关行政部门的工作人员在实施监督管理中滥用职权、玩忽职守、徇私舞弊或者泄露国家秘密、商业秘密，构成犯罪的，依法追究刑事责任。尚不构成犯罪的，依法给予行政处分。

收到对违反《会计法》和国家统一的会计制度行为检举的部门及负责处理检举的部门，将检举人姓名和检举材料转给被检举单位和被检举人个人的，由所在单位或者有关单位依法给予行政处分。

第三章　劳动合同与社会保险法律制度

第一节　劳动合同法律制度

一、劳动关系与劳动合同

（一）劳动关系与劳动合同的概念与特征

1. 劳动关系与劳动合同的概念

劳动关系是指劳动者与用人单位依法签订劳动合同而在劳动者与用人单位之间产生的法律关系。劳动者接受用人单位的管理，从事用人单位安排的工作，成为用人单位的成员，从用人单位领取劳动报酬和受劳动保护。

劳动合同是劳动者和用人单位之间依法确立劳动关系，明确双方权利义务的协议。

国家为规范劳动关系，陆续颁布了一系列法律、法规和规章。如《中华人民共和国劳动法》（以下简称《劳动法》）、《中华人民共和国劳动合同法》（以下简称《劳动合同法》）、《中华人民共和国劳动争议调解仲裁法》（以下简称《调解仲裁法》）、《中华人民共和国劳动合同法实施条例》（以下简称

《劳动合同法实施条例》)、《职工带薪年休假条例》等，这些法律、法规构成了我国劳动法或称劳动合同法律制度的主要内容。

2. 劳动关系的特征

与一般的民事关系不同，劳动关系有其自身的特征。

（1）劳动关系的主体具有特定性。劳动关系主体的一方是劳动者，另一方是用人单位。

（2）劳动关系的内容具有较强的法定性，劳动合同涉及财产和人身关系，劳动者在签订劳动合同后，就会隶属于用人单位，受到用人单位的管理。为保护处于弱势的劳动者的权益，法律规定了较多的强制性规范，当事人签订劳动合同不得违反强制性规定，否则无效。

（3）劳动者在签订和履行劳动合同时的地位是不同的。劳动者与用人单位在签订劳动合同时，遵循平等、自愿、协商一致的原则，双方的法律地位是平等的；一旦双方签订了劳动合同，在履行劳动合同的过程中，用人单位和劳动者就具有了支配与被支配、管理与服从的从属关系。

（二）《劳动合同法》的适用范围

中华人民共和国境内的企业、个体经济组织、民办非企业单位等组织（以下称用人单位）与劳动者建立劳动关系，订立、履行、变更、解除或者终止劳动合同，适用《劳动合同法》。依法成立的会计师事务所、律师事务所等合伙组织和基金会，也属于《劳动合同法》规定的用人单位。

国家机关、事业单位、社会团体和与其建立劳动关系的劳动者，订立、履行、变更、解除或者终止劳动合同，依照《劳动合同法》执行。

地方各级人民政府及县级以上人民政府有关部门为安置就业困难人员提供的给予岗位补贴和社会保险补贴的公益性岗位，其劳动合同不适用《劳动合同法》有关无固定期限劳动合同的规定以及支付经济补偿的规定。

二、劳动合同的订立

（一）劳动合同订立的概念和原则

劳动合同的订立是指劳动者和用人单位经过相互选择与平等协商，就劳动合同的各项条款达成一致意见，并以书面形式明确规定双方权利、义务的内容，从而确立劳动关系的法律行为。

订立劳动合同，应当遵循合法、公平、平等自愿、协商一致、诚实信用的原则。

（二）劳动合同订立的主体

1. 劳动合同订立主体的资格要求

（1）劳动者有劳动权利能力和行为能力。《劳动法》规定，禁止用人单位招用未满16周岁的未成年人。文艺、体育和特种工艺单位招用未满16周岁的未成年人，必须依照国家有关规定，履行审批手续，并保障其接受义务教育的权利。

劳动者就业，不因民族、种族、性别、宗教信仰不同而受歧视。妇女享有与男子平等的就业权利。在录用职工时，除国家规定的不适合妇女的工种或者岗位外，不得以性别为由拒绝录用妇女或者提高对妇女的录用标准。残疾人、少数民族人员、退出现役的军人的就业，法律、法规有特别规定的，从其规定。

（2）用人单位有用人权利能力和行为能力。用人单位是指具有用人权利能力和用人行为能力，运用劳动力组织生产劳动，且向劳动者支付工资等劳动报酬的单位。

用人单位设立的分支机构，依法取得营业执照或者登记证书的，可以作为用人单位与劳动者订立劳动合同；未依法取得营业执照或者登记证书的，受用人单位委托可以与劳动者订立劳动合同。

2. 劳动合同订立主体的义务

（1）用人单位的义务和责任。用人单位招用劳动者时，应当如实告知劳动者工作内容、工作条件、工作地点、职业危害、安全生产状况、劳动报酬，以及劳动者要求了解的其他情况。

用人单位招用劳动者，不得扣押劳动者的居民身份证和其他证件，不得要求劳动者提供担保或者以其他名义向劳动者收取财物。

用人单位违反《劳动合同法》规定，扣押劳动者居民身份证等证件的，由劳动行政部门责令限期退还劳动者本人，并依照有关法律规定给予处罚。用人单位以担保或者其他名义向劳动者收取财物的，由劳动行政部门责令限期退还劳动者本人，并以每人500元以上2 000元以下的标准处以罚款；给劳动者造成损害的，应当承担赔偿责任。

（2）劳动者的义务。用人单位有权了解劳动者与劳动合同直接相关的基本情况，劳动者应当如实说明。

（三）劳动关系建立的时间

用人单位自用工之日起即与劳动者建立劳动关系。用人单位与劳动者在用工前订立劳动合同的，劳动关系自用工之日起建立。

用人单位应当建立职工名册备查。职工名册应当包括劳动者姓名、性别、公民身份号码、户籍地址及现住址、联系方式、用工形式、用工起始时间、劳动合同期限等内容。

用人单位违反《劳动合同法》有关建立职工名册规定的，由劳动行政部门责令限期改正；逾期不改正的，由劳动行政部门处2 000元以上2万元以下的罚款。

（四）劳动合同订立的形式

1. 书面形式

建立劳动关系，应当订立书面劳动合同。已建立劳动关系，未同时订立书面劳动合同的，应当自用工之日起1个月内订立书面劳动合同。

实践中，有的用人单位和劳动者虽已建立劳动关系，但却迟迟未能订立书面劳动合同，不利于劳动关系的法律保护，为此《劳动合同法》及其实施条例区分不同情况进行规范。

（1）自用工之日起1个月内，经用人单位书面通知后，劳动者不与用人单位订立书面劳动合同的，用人单位应当书面通知劳动者终止劳动关系，无须向劳动者支付经济补偿，但是应当依法向劳动者支付其实际工作时间的劳动报酬。

（2）用人单位自用工之日起超过1个月不满1年未与劳动者订立书面劳动合同的，应当向劳动者每月支付2倍的工资，并与劳动者补订书面劳动合同；劳动者不与用人单位订立书面劳动合同的，用人单位应当书面通知劳动者终止劳动关系，并支付经济补偿。用人单位向劳动者每月支付2倍工资的起算时间为用工之日起满1个月的次日，截止时间为补订书面劳动合同的前一日。

（3）用人单位自用工之日起满1年未与劳动者订立书面劳动合同的，自用工之日起满1个月的次日至满1年的前一日应当向劳动者每月支付2倍的工资，并视为自用工之日起满1年的当日已经与劳动者订立无固定期限劳动合同，应当立即与劳动者补订书面劳动合同。

（4）用人单位违反《劳动合同法》规定不与劳动者订立无固定期限劳动合同的，自应当订立无固定期限劳动合同之日起向劳动者每月支付2倍的工资。

2. 口头形式

非全日制用工双方当事人可以订立口头协议。

非全日制用工，是指以小时计酬为主，劳动者在同一用人单位一般平均每日工作时间不超过4小时，每周工作时间累计不超过24小时的用工形式。

从事非全日制用工的劳动者可以与一个或者一个以上用人单位订立劳动合同；但是，后订立的劳动合同不得影响先订立的劳动合同的履行。非全日制用工双方当事人不得约定试用期。

非全日制用工双方当事人任何一方都可以随时通知对方终止用工。终止用工，用人单位不向劳动者支付经济补偿。

非全日制用工小时计酬标准不得低于用人单位所在地人民政府规定的最低小时工资标准。用人单位可以按小时、日或周为单位结算工资，但非全日制用工劳动报酬结算支付周期最长不得超过15日。

【例3-1·单选题】2014年3月1日，甲公司与韩某签订劳动合同，约定合同期限1年，试用期1个月，每月15日发放工资。韩某3月10日上岗工作。甲公司与韩某建立劳动关系的起始时间是（　　）。

A. 2014年3月1日   B. 2014年3月10日

C. 2014年3月15日   D. 2014年4月10日

答案及解析：B。根据规定，用人单位自用工之日起即与劳动者建立劳动关系。

（五）劳动合同的效力

1. 劳动合同的生效

劳动合同由用人单位与劳动者协商一致，并经用人单位与劳动者在劳动合同文本上签字或者盖章生效。劳动合同文本由用人单位和劳动者各执一份。

如果用人单位不履行劳动合同，没有给劳动者提供约定的工作岗位，劳动者可以要求用人单位提供约定的工作岗位或者承担违约责任；如果劳动者不履行劳动合同，用人单位可以要求劳动者提供约定的劳动或者承担违约责任。如果因一方不履行劳动合同，造成另一方损失的，违约方还要赔偿对方相应的损失。

2. 无效劳动合同

无效劳动合同是指由用人单位和劳动者签订成立，而国家不予承认其法律效力的劳动合同。劳动合同虽然已经成立，但因违反了平等自愿、协商一致、诚实信用、公平等原则和法律、行政法规的强制性规定，可使其全部或者部分条款归于无效。

下列劳动合同无效或者部分无效。

（1）以欺诈、胁迫的手段或者乘人之危，使对方在违背真实意思的情况下订立或者变更劳动合同的。

（2）用人单位免除自己的法定责任、排除劳动者权利的。

（3）违反法律、行政法规强制性规定的。

对劳动合同的无效或者部分无效有争议的，由劳动争议仲裁机构或者人民法院确认。

3. 无效劳动合同的法律后果

无效劳动合同，从订立时起就没有法律约束力，劳动合同部分无效，不影响其他部分效力的，其他部分仍然有效。

劳动合同被确认无效，劳动者已付出劳动的，用人单位应当向劳动者支付劳动报酬。劳动报酬的数额，参照本单位相同或者相近岗位劳动者的劳动报酬确定。

劳动合同被确认无效，给对方造成损害的，有过错的一方应当承担赔偿责任。

【例3-2·多选题】张某2016年8月进入甲公司工作，公司按月支付工资，至年底公司尚未与张某签订劳动合同，关于公司与张某之间劳动关系的下列表述中，正确的有（　　）。

A. 公司与张某之间可视为不存在劳动关系

B. 公司与张某之间可视为已订立无固定期限劳动合同

C. 公司应与张某补订劳动合同，并支付工资补偿

D. 张某可与公司终止劳动关系，公司应支付经济补偿

答案及解析：CD。选项A，用人单位自用工之日起即与劳动者建立劳动关系；选项B，用人单位自用工之日起满1年未与劳动者订立书面劳动合同的，视为自用工之日起满1年的当日已经与劳动者订立无固定期限劳动合同；选项C，用人单位自用工之日起超过1个月不满1年未与劳动者订立书面劳动合同的，应当向劳动者每月支付2倍的工资，并与劳动者补订书面劳动合同；选项D，劳动者不与用人单位订立书面劳动合同的，用人单位应当书面通知劳动者终止劳动关系，并支付经济补偿。

三、劳动合同的主要内容

（一）劳动合同必备条款

劳动合同必备条款是指劳动合同必须具备的内容。劳动合同应当具备以下条款。

1. 用人单位的名称、住所和法定代表人或者主要负责人

用人单位的名称是指用人单位注册登记时所登记的名称，是代表用人单位的符号。用人单位的住所是用人单位发生法律关系的中心区域。劳动合同文本中要标明用人单位的具体地址，用人单位有两个办事机构的，以主要办事机构所在地为住所。具有法人资格的用人单位，要注明单位的法定代表人；不具有法人资格的用人单位，必须在劳动合同中写明该单位的主要负责人。

2. 劳动者的姓名、住址和居民身份证或者其他有效身份证件号码

劳动者的姓名以户籍登记，即以身份证上所载为准。劳动者的住址，以其户籍所在的居住地为住址，其经常居住地与户籍所在地不一致的，以经常居住地为住址。

3. 劳动合同期限

劳动合同分为固定期限劳动合同、无固定期限劳动合同和以完成一定工作任务为期限的劳动合同。

（1）固定期限劳动合同，是指用人单位与劳动者约定合同终止时间的劳动合同。具体是指劳动合同双方当事人在劳动合同中明确规定了合同效力的起始和终止的时间。劳动合同期限届满，劳动关系即告终止。如果双方协商一致，还可以续订劳动合同，延长期限。

（2）以完成一定工作任务为期限的劳动合同，是指用人单位与劳动者约定以某项工作的完成为合同期限的劳动合同。一般在以下几种情况下，用人单位与劳动者可以签订以完成一定工作任务为期限的劳动合同：①以完成单项工作任务为期限的劳动合同；②以项目承包方式完成承包任务的劳动合同；③因季节原因临时用工的劳动合同；④其他双方约定的以完成一定工作任务为期限的劳动合同。

（3）无固定期限劳动合同，是指用人单位与劳动者约定无确定终止时间的劳动合同。这里所说

的无确定终止时间，是指劳动合同没有一个确切的终止时间，劳动合同的期限长短不能确定，但并不是没有终止时间。只要没有出现法律规定的条件或者双方约定的条件，双方当事人就要继续履行劳动合同规定的义务。一旦出现了法律规定的情形，无固定期限劳动合同也同样能够解除。

有下列情形之一，劳动者提出或者同意续订、订立劳动合同的，除劳动者提出订立固定期限劳动合同外，应当订立无固定期限劳动合同。

①劳动者在该用人单位连续工作满10年的。连续工作满10年的起始时间，应当自用人单位用工之日起计算，包括《劳动合同法》施行前的工作年限。劳动者非因本人原因从原用人单位被安排到新用人单位工作的，劳动者在原用人单位的工作年限合并计算为新用人单位的工作年限。原用人单位已经向劳动者支付经济补偿的，新用人单位在依法解除、终止劳动合同计算支付经济补偿的工作年限时，不再计算劳动者在原用人单位的工作年限。

②用人单位初次实行劳动合同制度或者国有企业改制重新订立劳动合同时，劳动者在该用人单位连续工作满10年且距法定退休年龄不足10年的。

③连续订立2次固定期限劳动合同，且劳动者没有下述情形，续订劳动合同的。

a.严重违反用人单位的规章制度的。

b.严重失职，营私舞弊，给用人单位造成重大损害的。

c.劳动者同时与其他用人单位建立劳动关系，对完成本单位的工作任务造成严重影响，或者经用人单位提出，拒不改正的。

d.劳动者以欺诈、胁迫的手段或者乘人之危，使用人单位在违背真实意思的情况下订立或者变更劳动合同，致使劳动合同无效的。

e.被依法追究刑事责任的。

f.劳动者患病或者非因工负伤，在规定的医疗期满后不能从事原工作，也不能从事由用人单位另行安排的工作的。

g.劳动者不能胜任工作，经过培训或者调整工作岗位，仍不能胜任工作的。

连续订立固定期限劳动合同的次数，应当自《劳动合同法》2008年1月1日施行后续订固定期限劳动合同时开始计算。

另外，用人单位自用工之日起满1年不与劳动者订立书面劳动合同的，视为用人单位自用工之日起满1年的当日已经与劳动者订立无固定期限劳动合同。

地方各级人民政府及县级以上地方人民政府有关部门为安置就业困难人员提供的给予岗位补贴和社会保险补贴的公益性岗位，其劳动合同不适用《劳动合同法》有关无固定期限劳动合同的规定。

4. 工作内容和工作地点

工作内容包括劳动者从事劳动的工种、岗位和劳动定额、产品质量标准的要求等。这是劳动者判断自己是否胜任该工作、是否愿意从事该工作的关键信息。

工作地点是指劳动者可能从事工作的具体地理位置。劳动者为用人单位提供劳动是在工作地点，劳动者生活是在居住地点，这两个地方的距离，决定着劳动者上下班所需时间，进而影响劳动者的生活，关系到劳动者的切身利益。这也是劳动者判断是否订立劳动合同必不可少的信息，是用人单位必须告知劳动者的内容。

5. 工作时间和休息休假

（1）工作时间。工作时间通常是指劳动者在一昼夜或一周内从事生产或工作的时间。换言之，是劳动者每天应工作的时数或每周应工作的天数。目前我国实行的工时制度主要有标准工时制、不定时工作制和综合计算工时制三种类型。

①标准工时制，也称标准工作日，是指法律统一规定的劳动者从事工作或劳动的时间。国家实行劳动者每日工作8小时、每周工作40小时的标准工时制度。有些企业因工作性质和生产特点不能实行标准工时制度，应保证劳动者每天工作不超过8小时，每周工作不超过40小时，每周至少休息1天。

用人单位由于生产经营需要，经与工会和劳动者协商后可以延长工作时间，一般每日不得超过1小时；因特殊原因需要延长工作时间的，在保障劳动者身体健康的条件下延长工作时间，每日不得超过3小时，每月不得超过36小时。但对于发生自然灾害、事故或者因其他原因，威胁劳动者生命健康和财产安全，需要紧急处理的；生产设备、交通运输线路、公共设施发生故障，影响生产和公众利益，必须及时抢修的；以及法律、行政法规规定的其他情形，延长工作时间不受上述规定的限制。

②不定时工作制，也称无定时工作制、不定时工作日，是指没有固定工作时间限制的工作制度，主要适用于一些因工作性质或工作条件不受标准工作时间限制的工作岗位。

③综合计算工时制，也称综合计算工作日，是指用人单位根据生产和工作的特点，分别以周、月、季、年等为周期，综合计算劳动者工作时间，但其平均日工作时间和平均周工作时间仍与法定标准工作时间基本相同的一种工时形式。

对于因工作性质或生产特点的限制，实行不定时工作制或综合计算工时制等其他工作和休息办法的职工，企业应根据国家有关规定，在保障职工身体健康并充分听取职工意见的基础上，采取集中工作、集中休息、轮休调休、弹性工作时间等适当的工作和休息方式，确保职工的休息、休假权利和生产、工作任务的完成。

（2）休息、休假。休息是指劳动者在任职期间，在国家规定的法定工作时间以外，无须履行劳动义务而自行支配的时间，包括工作日内的间歇时间、工作日之间的休息时间和公休日（周休息日，是职工工作满一个工作周以后的休息时间）。

休假是指劳动者无须履行劳动义务且一般有工资保障的法定休息时间，如：①法定假日，是指由法律统一规定的用以开展纪念、庆祝活动的休息时间，包括元旦、春节、清明节、劳动节、端午节、中秋节、国庆节等。②年休假，是指职工工作满一定年限，每年可享有的保留工作岗位、带薪连续休息的时间。

《职工带薪年休假条例》规定，机关、团体、企业、事业单位、民办非企业单位、有雇工的个体工商户等单位的职工连续工作1年以上的，享受带薪年休假（以下简称年休假）。职工在年休假期间享受与正常工作期间相同的工资收入。职工累计工作已满1年不满10年的，年休假5天；已满10年不满20年的，年休假10天；已满20年的，年休假15天。国家法定休假日、休息日不计入年休假的假期。单位应根据生产、工作的具体情况，并考虑职工本人意愿，统筹安排职工年休假。年休假在1个年度内可以集中安排，也可以分段安排，一般不跨年度安排。单位因生产、工作特点确有必要跨年度安排职工年休假的，可以跨1个年度安排。

但当职工有下列情形之一时，不享受当年的年休假：①职工依法享受寒暑假，其休假天数多于年休假天数的。②职工请事假累计20天以上且单位按照规定不扣工资的。③累计工作满1年不满10年的职工，请病假累计两个月以上的。④累计工作满10年不满20年的职工，请病假累计3个月以上的。⑤累计工作满20年以上的职工，请病假累计4个月以上的。

根据《企业职工带薪年休假实施办法》，职工新进用人单位且符合享受带薪年休假条件的，当年度年休假天数按照在本单位剩余日历天数折算确定，折算后不足1整天的部分不享受年休假。

6. 劳动报酬

（1）劳动报酬与支付。劳动报酬是指用人单位根据劳动者劳动的数量和质量，以货币形式支付给劳动者的工资。这是劳动者为用人单位提供劳动获得的直接回报，是劳动者提供劳动的直接目的，是劳动者的生活来源。

根据国家有关规定，工资应当以法定货币支付，不得以实物及有价证券替代货币支付。工资必须在用人单位与劳动者约定的日期支付。如遇节假日或休息日，则应提前在最近的工作日支付。工资至少每月支付一次，实行周、日、小时工资制的可按周、日、小时支付工资。对完成一次性临时劳动或某项具体工作的劳动者，用人单位应按有关协议或合同规定在其完成劳动任务后即支付工资。

用人单位应当依法支付劳动者在法定休假日和婚丧假期间以及依法参加社会活动期间的工资。在部分公民放假的节日期间（如妇女节、青年节），对参加社会活动或单位组织庆祝活动和照常工作的职工，单位应支付工资报酬，但不支付加班工资。如果该节日恰逢星期六、星期日，单位安排职工加班工作，则应当依法支付休息日的加班工资。

用人单位在劳动者完成劳动定额或规定的工作任务后，根据实际需要安排劳动者在法定标准工作时间以外工作的，应当按照下列标准支付高于劳动者正常工作时间工资的工资报酬：①用人单位依法安排劳动者在日标准工作时间以外延长工作时间的，按照不低于劳动合同规定的劳动者本人小时工资标准的150%支付劳动者工资。②用人单位依法安排劳动者在休息日工作，而又不能安排补休的，按照不低于劳动合同规定的劳动者本人日或小时工资标准的200%支付劳动者工资。③用人单位依法安排劳动者在法定休假节日工作的，按照不低于劳动合同规定的劳动者本人日或小时工资标准的300%支付劳动者工资。

实行计件工资的劳动者，在完成计件定额任务后，由用人单位安排延长工作时间的，根据上述原则，分别按照不低于其本人法定工作时间计件单价的150%、200%、300%支付其工资。

用人单位安排加班不支付加班费的，由劳动行政部门责令限期支付加班费；逾期不支付的，责令用人单位按应付金额50%以上100%以下的标准向劳动者加付赔偿金。

经劳动行政部门批准实行综合计算工时工作制的，其综合计算工作时间超过法定标准工作时间的部分，应视为延长工作时间，按上述规定支付劳动者延长工作时间的工资。

实行不定时工作制度的劳动者，不执行上述规定。

（2）最低工资制度。《劳动法》规定，国家实行最低工资保障制度。最低工资的具体标准由省、自治区、直辖市人民政府规定，报国务院备案。用人单位支付劳动者的工资不得低于当地最低工资标准。

最低工资标准是指劳动者在法定工作时间或依法签订的劳动合同约定的工作时间内提供了正常劳动的前提下，用人单位依法应支付的最低劳动报酬。最低工资不包括延长工作时间的工资报酬，以货币形式支付的住房补贴和用人单位支付的伙食补贴，中班、夜班、高温、低温、井下、有毒、有害等特殊工作环境和劳动条件下的津贴，国家法律、法规、规章规定的社会保险福利待遇。

劳动合同履行地与用人单位注册地不一致的，有关劳动者的最低工资标准、劳动保护、劳动条件、职业危害防护和本地区上年度职工月平均工资标准等事项，按照劳动合同履行地的有关规定执行；用人单位注册地的有关标准高于劳动合同履行地的有关标准，且用人单位与劳动者约定按照用人单位注册地的有关规定执行的，从其约定。

因劳动者本人原因给用人单位造成经济损失的，用人单位可按照劳动合同的约定要求其赔偿经济损失。经济损失的赔偿，可从劳动者本人的工资中扣除。但每月扣除的部分不得超过劳动者当月工资的20%。若扣除后的剩余工资部分低于当地月最低工资标准，则按最低工资标准支付。

用人单位低于当地最低工资标准支付劳动者工资的，由劳动行政部门责令限期支付其差额部分；逾期不支付的，责令用人单位按应付金额50%以上100%以下的标准向劳动者加付赔偿金。

7. 社会保险

社会保险包括基本养老保险、基本医疗保险、失业保险、工伤保险等。参加社会保险、缴纳社会保险费是用人单位与劳动者的法定义务，双方都必须履行。

8. 劳动保护、劳动条件和职业危害防护

劳动保护是指用人单位保护劳动者在工作过程中不受伤害的具体措施。劳动条件是指用人单位为劳动者提供正常工作所必需的条件，包括劳动场所和劳动工具。职业危害防护是用人单位对工作过程中可能产生的影响劳动者身体健康的危害的防护措施，劳动保护、劳动条件和职业危害防护，是劳动合同中保护劳动者身体健康和安全的重要条款。

9. 法律、法规规定应当纳入劳动合同的其他事项

用人单位提供的劳动合同文本未载明《劳动合同法》规定的劳动合同必备条款或者用人单位未将劳动合同文本交付劳动者的，由劳动行政部门责令改正；给劳动者造成损害的，应当承担赔偿责任。

（二）劳动合同约定条款

除劳动合同必备条款外，用人单位与劳动者还可以在劳动合同中约定试用期、培训、保守秘密、补充保险和福利待遇等其他事项。但约定事项不能违反法律、行政法规的强制性规定，否则该约定无效。

1. 试用期

试用期是指用人单位和劳动者双方为相互了解、确定对方是否符合自己的招聘条件或求职意愿而约定的考察期间。在劳动合同中约定试用期，一方面，可以维护用人单位的利益，使用人单位有时间考察劳动者是否与录用要求相一致，是否适合其工作岗位，避免用人单位遭受不必要的损失；另一方面，可以维护新招收职工的利益，使被录用的职工能够通过具体的工作来考察感受用人单位的工作内容、劳动条件、劳动报酬等是否符合劳动合同的规定。

（1）试用期期限。根据《劳动合同法》的规定，劳动合同期限3个月以上不满1年的，试用期不得超过1个月；劳动合同期限1年以上不满3年的，试用期不得超过两个月；3年以上固定期限和无固定期限的劳动合同，试用期不得超过6个月。这里的1年以上包括1年，3年以上包括3年。

同一用人单位与同一劳动者只能约定一次试用期。以完成一定工作任务为期限的劳动合同或者劳动合同期限不满3个月的，不得约定试用期，试用期包含在劳动合同期限内。劳动合同仅约定试用期的，试用期不成立，该期限为劳动合同期限。

用人单位违反规定与劳动者约定试用期的，由劳动行政部门责令改正；违法约定的试用期已经履行的，由用人单位以劳动者试用期满月工资为标准，按已经履行的超过法定试用期的期间向劳动者支付赔偿金。

（2）试用期工资。劳动者在试用期的工资不得低于本单位相同岗位最低档工资或者劳动合同约

定工资的80%，并不得低于用人单位所在地的最低工资标准。劳动合同约定工资，是指该劳动者与用人单位订立的劳动合同中约定的劳动者试用期满后的工资。

2. 服务期

（1）服务期的适用范围。服务期是指劳动者因享受用人单位给予的特殊待遇而做出的关于劳动履行期限的承诺。《劳动合同法》规定，用人单位为劳动者提供专项培训费用，对其进行专业技术培训的，可以与该劳动者订立协议，约定服务期。

用人单位与劳动者约定服务期的，不影响按照正常的工资调整机制提高劳动者在服务期期间的劳动报酬。

劳动合同期满，但是用人单位与劳动者约定的服务期尚未到期的，劳动合同应当续延至服务期满；双方另有约定的，从其约定。

（2）劳动者违反服务期约定的违约责任。劳动者违反服务期约定的，应当按照约定向用人单位支付违约金。违约金的数额不得超过用人单位提供的培训费用。用人单位要求劳动者支付的违约金不得超过服务期尚未履行部分所应分摊的培训费用。

培训费用包括用人单位为了对劳动者进行专业技术培训而支付的有凭证的培训费用、培训期间的差旅费用以及因培训产生的用于该劳动者的其他直接费用。

一般而言，只有劳动者在服务期内提出与用人单位解除劳动关系时，用人单位才可以要求其支付违约金。不过，为了防止可能出现规避赔偿责任的情况，如果劳动者因下列违纪等重大过错行为而被用人单位解除劳动关系的，用人单位仍有权要求其支付违约金。

①劳动者严重违反用人单位的规章制度的。

②劳动者严重失职，营私舞弊，给用人单位造成重大损害的。

③劳动者同时与其他用人单位建立劳动关系，对完成本单位的工作任务造成严重影响，或者经用人单位提出，拒不改正的。

④劳动者以欺诈、胁迫的手段或者乘人之危，使用人单位在违背真实意思的情况下订立或者变更劳动合同的。

⑤劳动者被依法追究刑事责任的。

（3）劳动者解除劳动合同不属于违反服务期约定的情形。用人单位与劳动者约定了服务期，劳动者依照下述情形的规定解除劳动合同的，不属于违反服务期的约定，用人单位不得要求劳动者支付违约金。

①用人单位未按照劳动合同约定提供劳动保护或者劳动条件的。

②用人单位未及时足额支付劳动报酬的。

③用人单位未依法为劳动者缴纳社会保险费的。

④用人单位的规章制度违反法律、法规的规定，损害劳动者权益的。

⑤用人单位以欺诈、胁迫的手段或者乘人之危，使劳动者在违背真实意思的情况下订立或者变更劳动合同的。

⑥用人单位在劳动合同中免除自己的法定责任、排除劳动者权利的。

⑦用人单位违反法律、行政法规强制性规定的。

⑧法律、行政法规规定劳动者可以解除劳动合同的其他情形。

3. 保守商业秘密和竞业限制

（1）关于保守商业秘密和竞业限制的规定。商业秘密，是指不为公众所知悉、能为权利人带来经济利益，具有实用性并经权利人采取保密措施的技术信息和经营信息，包括非专利技术和经营信息两部分。用人单位与劳动者可以在劳动合同中约定保守用人单位的商业秘密和与知识产权相关的保密事项。

竞业限制又称竞业禁止，是对与权利人有特定关系的义务人的特定竞争行为的禁止。在用人单位和劳动者之间的劳动关系解除和终止后，限制劳动者一定时期的择业权，对因此约定给劳动者造成的损害，用人单位给予劳动者相应的经济补偿。

《劳动合同法》规定，对负有保密义务的劳动者，用人单位可以在劳动合同或者保密协议中与劳动者约定竞业限制条款，并约定在解除或者终止劳动合同后，在竞业限制期限内按月给予劳动者经济补偿。劳动者违反竞业限制约定的，应当按照约定向用人单位支付违约金。

竞业限制的人员限于用人单位的高级管理人员、高级技术人员和其他负有保密义务的人员，而不是所有的劳动者，竞业限制的范围、地域、期限由用人单位与劳动者约定，竞业限制的约定不得违反法律、法规的规定。

在解除或者终止劳动合同后，竞业限制人员到与本单位生产或者经营同类产品、从事同类业务的有竞争关系的其他用人单位工作，或者自己开业生产或者经营同类产品。

从事同类业务的竞业限制期限，不得超过2年。

（2）对竞业限制的司法解释。针对司法实践中出现的关于竞业限制和经济补偿的各种争议，《最高人民法院关于审理劳动争议案件适用法律若干问题的解释（四）》对如何适用竞业限制条款处理争议作了如下说明。

①当事人在劳动合同或者保密协议中约定了竞业限制，但未约定解除或者终止劳动合同后给予劳动者经济补偿，劳动者履行了竞业限制义务，要求用人单位按照劳动者在劳动合同解除或者终止前12个月平均工资的30%按月支付经济补偿的，人民法院应予支持。前述规定的月平均工资的30%低于劳动合同履行地最低工资标准的，按照劳动合同履行地最低工资标准支付。

②当事人在劳动合同或者保密协议中约定了竞业限制和经济补偿，当事人解除劳动合同时，除另有约定外，用人单位要求劳动者履行竞业限制义务，或者劳动者履行了竞业限制义务后要求用人单位支付经济补偿的，人民法院应予支持。

③当事人在劳动合同或者保密协议中约定了竞业限制和经济补偿，劳动合同解除或者终止后，因用人单位的原因导致3个月未支付经济补偿，劳动者请求解除竞业限制约定的，人民法院应予支持。

④在竞业限制期限内，用人单位请求解除竞业限制协议时，人民法院应予支持。在解除竞业限制协议时，劳动者请求用人单位额外支付劳动者3个月的竞业限制经济补偿的，人民法院应予支持。

⑤劳动者违反竞业限制约定，向用人单位支付违约金后，用人单位要求劳动者按照约定继续履行竞业限制义务的，人民法院应予支持。

【例3-3·不定项选择题】2012年2月，赵某到甲公司应聘，甲公司与赵某签订了4年期劳动合同。合同约定试用期为5个月，另外还约定：公司可以根据需要调整职工劳动岗位，职工不服从调整的，应向公司支付违约金2万元。

2013年8月，公司决定出资4万元为赵某提供专项培训费用，将其派往某专业机构进行技术培训，赵某表示同意。甲公司要求赵某签订培训协议，约定服务期2年；同时约定，如果赵某违反服务期的约定，应向公司支付违约金3万元。

2014年8月，赵某因准备出国，提出解除劳动合同。甲公司同意解除劳动合同，但要求赵某支付服务期违约金3万元。赵某同意支付服务期违约金，但认为数额应当是2万元。已知，赵某在到甲公司工作之前，实际工作年限5年。

要求：根据上述资料，分析回答下列小题。

（1）下列关于劳动合同中的约定，说法不正确的是（   ）。

A．关于试用期的约定符合劳动合同法的规定

B．劳动合同为4年的，试用期不得超过3个月

C．合同中关于公司调整岗位职工不服从调整应支付违约金的约定，不符合劳动合同法的规定

D．如果赵某不服从公司调整其劳动岗位的决定，需要根据合同规定支付违约金2万元

答案及解析：BD。选项B，3年以上固定期劳动合同，试用期不得超过6个月；选项D，禁止用人单位对劳动合同服务期和竞业禁止之外的其他事项约定劳动者承担违约金责任。

（2）根据《劳动合同法》的规定，关于服务期的下列表述中，正确的是（   ）。

A．公司可以和赵某约定服务期

B．公司与赵某约定服务期的时间和违约金的金额符合劳动合同法的规定

C．服务期的时间可以比劳动合同期期限长

D．服务期的时间必须比劳动合同的期限短

答案及解析：ABC。选项A，根据规定，用人单位为劳动者提供专项培训费用，对其进行专业技术培训的，可以与该劳动者订立协议，约定服务期。选项B，劳动者违反服务期约定的，应当按照约定向用人单位支付违约金，违约金的数额不得超过用人单位提供的培训费用；选项CD，服务期的时间可以比劳动合同期限长，劳动合同期满，但是服务期尚未到期的，劳动合同应当延续至服务期满。

（3）假设赵某2013年10月因病住院，则其可以享受的法定医疗期是（   ）个月。

A．1   B．3   C．6   D．12

答案及解析：B。实际工作年限10年以下的，在本单位工作年限5年以下的，医疗期为3个月。

（4）关于赵某提出解除劳动合同后，支付违约金的说法中正确的是（   ）。

A．甲公司可以要求赵某支付违约金

B．甲公司要求赵某支付违约金3万元符合规定

C．赵某支付的违约金应当为2万元

D．赵某不应当支付违约金

答案及解析：AC。服务期违约金数额最多是2万元。根据规定，对已经履行部分服务期限的，用人单位要求劳动者支付的违约金不得超过服务期尚未履行部分所应分摊的培训费用。本题中，尚未履行的服务期是1年，应分摊的培训费用＝4÷2×1＝2。

四、劳动合同的履行和变更

（一）劳动合同的履行

劳动合同的履行是指劳动合同生效后，当事人双方按照劳动合同的约定，完成各自承担的义务和实现各自享受的权利，使当事人双方订立合同的目的得以实现的法律行为。

1. 用人单位与劳动者应当按照劳动合同的约定，全面履行各自的义务

（1）用人单位应当按照劳动合同约定和国家规定，向劳动者及时足额支付劳动报酬，用人单位拖欠或者未足额支付劳动报酬的，劳动者可以依法向当地人民法院申请支付令，人民法院应当依法

发出支付令。

用人单位未按照劳动合同的约定或者国家规定及时足额支付劳动者劳动报酬的，由劳动行政部门责令限期支付；逾期不支付的，责令用人单位按应付金额50%以上100%以下的标准向劳动者加付赔偿金。

（2）用人单位应当严格执行劳动定额标准，不得强迫或者变相强迫劳动者加班。用人单位安排加班的，应当按照国家有关规定向劳动者支付加班费。

（3）劳动者拒绝用人单位管理人员违章指挥、强令冒险作业的，不视为违反劳动合同。劳动者对危害生命安全和身体健康的劳动条件，有权对用人单位提出批评、检举和控告。

（4）用人单位变更名称、法定代表、主要负责人或者投资人等事项，不影响劳动合同的履行。

（5）用人单位发生合并或者分立等情况，原劳动合同继续有效，劳动合同由承继其权利和义务的用人单位继续履行。

2. 用人单位应当依法建立和完善劳动规章制度，保障劳动者享有劳动权利、履行劳动义务

劳动规章制度是用人单位制定的组织劳动过程和进行劳动管理的规则和制度的总称。主要包括劳动合同管理、工资管理、社会保险福利待遇、工时休假、职工奖惩，以及其他劳动管理规定。合法有效的劳动规章制度是劳动合同的组成部分，对用人单位和劳动者均具有法律约束力。

用人单位在制定、修改或者决定有关劳动报酬、工作时间、休息休假、劳动安全卫生、保险福利、职工培训、劳动纪律以及劳动定额管理等直接涉及劳动者切身利益的规章制度和重大事项时，应当经职工代表大会或者全体职工讨论，提出方案和意见，与工会或者职工代表平等协商确定。

在规章制度和重大事项决定实施过程中，工会或者职工认为不适当的，有权向用人单位提出，通过协商予以修改完善。

用人单位应当将直接涉及劳动者切身利益的规章制度和重大事项决定公示，或者告知劳动者，如果用人单位的规章制度未经公示或者未对劳动者告知，该规章制度对劳动者不生效。公示或告知可以采用张贴通告、员工手册送达、会议精神传达等方式。

用人单位直接涉及劳动者切身利益的规章制度违反法律、法规规定的，由劳动行政部门责令改正，给予警告；给劳动者造成损害的，应当承担赔偿责任。

（二）劳动合同的变更

劳动合同的变更是指劳动合同依法订立后，在合同尚未履行或者尚未履行完毕之前，经用人单位和劳动者双方当事人协商同意，对劳动合同内容作部分修改、补充或者删减的法律行为。

用人单位与劳动者协商一致，可以变更劳动合同约定的内容。变更劳动合同，应当采用书面形式。变更后的劳动合同文本由用人单位和劳动者各执一份。

变更劳动合同未采用书面形式，但已经实际履行了口头变更的劳动合同超过1个月，且变更后的劳动合同内容不违反法律、行政法规、国家政策以及公序良俗，当事人以未采用书面形式为由主张劳动合同变更无效的，人民法院不予支持。

五、劳动合同的解除和终止

（一）劳动合同的解除

1. 劳动合同解除的概念

劳动合同解除是指在劳动合同订立后，劳动合同期限届满之前，因双方协商提前结束劳动关

系，或因出现法定的情形，一方单方通知对方结束劳动关系的法律行为。劳动合同解除分为协商解除和法定解除两种情况。

2．协商解除

协商解除，又称合意解除、意定解除，是指劳动合同订立后，双方当事人因某种原因，在完全自愿的基础上协商一致，提前终止劳动合同，结束劳动关系。《劳动合同法》规定，用人单位与劳动者协商一致，可以解除劳动合同。

由用人单位提出解除劳动合同而与劳动者协商一致的，必须依法向劳动者支付经济补偿；由劳动者主动辞职而与用人单位协商一致解除劳动合同的，用人单位无须向劳动者支付经济补偿。

3．法定解除

法定解除是指在出现国家法律、法规或劳动合同规定的可以解除劳动合同的情形时，不需当事人协商一致，一方当事人即可决定解除劳动合同，劳动合同效力可以自然终止或由单方提前终止。在这种情况下，主动解除劳动合同的一方一般负有主动通知对方的义务。法定解除又可分为劳动者的单方解除和用人单位的单方解除。

（1）劳动者可单方面解除劳动合同的情形。

①劳动者提前通知解除劳动合同的情形。

a.劳动者提前30日以书面形式通知用人单位解除劳动合同。

b.劳动者在试用期内提前3日通知用人单位解除劳动合同。

在这两种情形下，劳动者不能获得经济补偿。如果劳动者没有履行通知程序，则属于违法解除，因此对用人单位造成损失的，劳动者应对用人单位的损失承担赔偿责任。

②劳动者可随时通知解除劳动合同的情形。

a.用人单位未按照劳动合同约定提供劳动保护或者劳动条件的。

b.用人单位未及时足额支付劳动报酬的。

c.用人单位未依法为劳动者缴纳社会保险费的。

d.用人单位的规章制度违反法律、法规的规定，损害劳动者权益的。

e.用人单位以欺诈、胁迫的手段或者乘人之危，使劳动者在违背真实意思的情况下订立或者变更劳动合同的。

f.用人单位在劳动合同中免除自己的法定责任、排除劳动者权利的。

g.用人单位违反法律、行政法规强制性规定的。

h.法律、行政法规规定劳动者可以解除劳动合同的其他情形。

用人单位有上述情形的，劳动者可随时通知用人单位解除劳动合同。用人单位需向劳动者支付经济补偿。

③劳动者不需事先告知用人单位即可解除劳动合同的情形。

a.用人单位以暴力、威胁或者非法限制人身自由的手段强迫劳动者劳动的。

b.用人单位违章指挥、强令冒险作业危及劳动者人身安全的。

用人单位有上述两种情形的，劳动者可以立即解除劳动合同，不需事先告知用人单位，用人单位需向劳动者支付经济补偿。

（2）用人单位可单方面解除劳动合同的情形。

①因劳动者过错解除劳动合同的情形。

a.劳动者在试用期间被证明不符合录用条件的。

b.劳动者严重违反用人单位的规章制度的。

c.劳动者严重失职，营私舞弊，给用人单位造成重大损害的。

d.劳动者同时与其他用人单位建立劳动关系，对完成本单位的工作任务造成严重影响，或者经用人单位提出，拒不改正的。

e.劳动者以欺诈、胁迫的手段或者乘人之危，使用人单位在违背真实意思的情况下订立或者变更劳动合同的。

f.劳动者被依法追究刑事责任的。

在上述情形下，用人单位可随时通知劳动者解除劳动关系，不需向劳动者支付经济补偿。

②无过失性解除劳动合同的情形。无过失性解除劳动合同，是指由于劳动者非过失性原因和客观情况的需要而导致劳动合同无法履行时，用人单位可以在提前通知劳动者或者额外支付劳动者一个月工资后，单方解除劳动合同。

a.劳动者患病或者非因工负伤，在规定的医疗期满后不能从事原工作，也不能从事由用人单位另行安排的工作的。

b.劳动者不能胜任工作，经过培训或者调整工作岗位，仍不能胜任工作的。

c.劳动合同订立时所依据的客观情况发生重大变化，致使劳动合同无法履行，经用人单位与劳动者协商，未能就变更劳动合同内容达成协议的。

在上述情形下，用人单位提前30日以书面形式通知劳动者本人或者额外支付劳动者1个月工资后，可以解除劳动合同。用人单位选择额外支付劳动者1个月工资解除劳动合同的，其额外支付的工资应当按照该劳动者上1个月的工资标准确定。用人单位还应当向劳动者支付经济补偿。

③经济性裁员的情形。经济性裁员是指用人单位由于经营不善等经济性原因，解雇多个劳动者。根据《劳动合同法》的规定，用人单位有下列情形之一，需要裁减人员20人以上或者裁减不足20人但占企业职工总数10%以上的，用人单位提前30日向工会或者全体职工说明情况，听取工会或者职工的意见后，裁减人员方案经向劳动行政部门报告，可以裁减人员。

a.依照企业破产法规定进行重整的。

b.生产经营发生严重困难的。

c.企业转产、重大技术革新或者经营方式调整，经变更劳动合同后，仍需裁减人员的。

d.其他因劳动合同订立时所依据的客观经济情况发生重大变化，致使劳动合同无法履行的。

在上述情形下解除劳动合同，用人单位应当向劳动者支付经济补偿。

裁减人员时，应当优先留用下列人员：与本单位订立较长期限的固定期限劳动合同的；与本单位订立无固定期限劳动合同的；家庭无其他就业人员，有需要扶养的老人或者未成年人的。

用人单位裁减人员后，在6个月内重新招用人员的，应当通知被裁减的人员，并在同等条件下优先招用被裁减的人员。

（3）工会在解除劳动合同中的监督作用。用人单位单方解除劳动合同，应当事先将理由通知工会。用人单位违反法律、行政法规规定或者劳动合同约定的，工会有权要求用人单位纠正。用人单位应当研究工会的意见，并将处理结果书面通知工会。

【例3-4·多选题】根据劳动合同法律制度的规定，因下列情形解除劳动合同的，用人单位应向劳动者支付经济补偿的有（　　　）。

A．劳动者不能胜任工作，经过培训或者调整工作岗位，仍不能胜任工作的

B．用人单位未按照劳动合同约定提供劳动保护或者劳动条件的

C. 劳动者同时与其他用人单位建立劳动关系，经用人单位提出，拒不改正的

D. 用人单位未及时足额支付劳动报酬的

答案及解析：ABD。选项C，用人单位可以随时通知解除劳动合同，无须支付经济补偿。

（二）劳动合同的终止

1. 劳动合同终止的概念

劳动合同终止是指用人单位、劳动者之间的劳动关系因某种法律事实的出现而自动归于消灭，或导致劳动关系的继续履行成为不可能而不得不消灭的情形。劳动合同终止一般不涉及用人单位与劳动者的意思表示，只要法定事实出现情况下都会导致双方劳动关系的消灭。

2. 劳动合同终止的情形

（1）劳动合同期满的。

（2）劳动者开始依法享受基本养老保险待遇的。

（3）劳动者达到法定退休年龄的。

（4）劳动者死亡，或者被人民法院宣告死亡或者宣告失踪的。

（5）用人单位被依法宣告破产的。

（6）用人单位被吊销营业执照、责令关闭、撤销或者用人单位决定提前解散的。

（7）法律、行政法规规定的其他情形。

用人单位与劳动者不得约定上述情形之外的其他劳动合同终止条件。

（三）对劳动合同解除和终止的限制性规定

一般劳动合同期满，劳动合同就终止，但也有例外。根据《劳动合同法》的规定，劳动者有下列情形之一的，用人单位既不得解除劳动合同，也不得终止劳动合同，劳动合同应当续延至相应的情形消失时终止。

（1）从事接触职业病危害作业的劳动者未进行离岗前职业健康检查，或者疑似职业病病人在诊断或者医学观察期间的。

（2）在本单位患职业病或者因工负伤并被确认丧失或者部分丧失劳动能力的。

（3）患病或者非因工负伤，在规定的医疗期内的。

（4）女职工在孕期、产期、哺乳期的。

（5）在本单位连续工作满15年，且距法定退休年龄不足5年的。

（6）法律、行政法规规定的其他情形。

上述第2项"丧失或者部分丧失劳动能力的"劳动者的劳动合同的终止，按照国家有关工伤保险的规定执行。

（四）劳动合同解除和终止的经济补偿

1. 经济补偿的概念

劳动合同法律关系中的经济补偿，是指按照劳动合同法律制度的规定，在劳动者无过错的情况下，用人单位与劳动者解除或者终止劳动合同时，应给予劳动者的经济上的补助，也称经济补偿金。

经济补偿金与违约金、赔偿金是不同的。

经济补偿金是法定的，主要是针对劳动关系的解除和终止，在劳动者无过错的情况下，用人单

位应给予劳动者一定数额的经济上的补偿。

违约金是约定的，是指劳动者违反了服务期和竞业限制的约定而向用人单位支付的违约补偿。《劳动合同法》第二十五条明确规定，禁止用人单位对劳动合同服务期和竞业限制之外的其他事项与劳动者约定由劳动者承担违约金。

赔偿金是指用人单位和劳动者由于自己的过错给对方造成损害时，所应承担的不利的法律后果。

经济补偿金的支付主体是用人单位，违约金的支付主体是劳动者，赔偿金的支付主体则既可能是用人单位，也可能是劳动者。

2．用人单位应当向劳动者支付经济补偿的情形

（1）劳动者符合随时通知解除和不需事先通知即可解除劳动合同规定情形而解除劳动合同的。

（2）由用人单位提出解除劳动合同并与劳动者协商一致而解除劳动合同的。

（3）用人单位符合提前30日以书面形式通知劳动者本人或者额外支付劳动者1个月工资后，可以解除劳动合同规定情形而解除劳动合同的。

（4）用人单位符合可裁减人员规定而解除劳动合同的。

（5）除用人单位维持或者提高劳动合同约定条件续订劳动合同，劳动者不同意续订的情形外，劳动合同期满终止固定期限劳动合同的。

（6）用人单位被依法宣告破产或者被吊销营业执照、责令关闭、撤销或者用人单位决定提前解散而终止劳动合同的。

（7）以完成一定工作任务为期限的劳动合同因任务完成而终止的。

（8）法律、行政法规规定的其他情形。

3．经济补偿的支付

经济补偿，根据劳动者在用人单位的工作年限和工资标准来计算具体金额，并以货币形式支付给劳动者。

经济补偿金的计算公式为：

经济补偿金＝劳动合同解除或终止前劳动者在本单位的工作年限×每工作1年应得的经济补偿

或者简写为：　　　　　　　　　　经济补偿金＝工作年限×月工资

（1）关于补偿年限的计算标准。根据《劳动合同法》的规定，经济补偿按劳动者在本单位工作的年限，每满1年支付1个月工资的标准向劳动者支付。6个月以上不满1年的，按1年计算；不满6个月的，向劳动者支付半个月工资的经济补偿。

劳动者非因本人原因从原用人单位被安排到新用人单位工作的，劳动者在原用人单位的工作年限合并计入新用人单位的工作年限。原用人单位已经向劳动者支付经济补偿的，新用人单位在依法解除、终止劳动合同计算支付经济补偿的工作年限时，不再计算劳动者在原用人单位的工作年限。

（2）关于补偿基数的计算标准。

①月工资是指劳动者在劳动合同解除或者终止前12个月的平均工资。月工资按照劳动者应得工资计算，包括计时工资或者计件工资以及奖金、津贴和补贴等货币性收入。劳动者工作不满12个月的，按照实际工作的月数计算平均工资。

②劳动者在劳动合同解除或者终止前12个月的平均工资低于当地最低工资标准的，按照当地最

低工资标准计算。即：

$$经济补偿金＝工作年限×月最低工资标准$$

③劳动者月工资高于用人单位所在直辖市、设区的市级人民政府公布的本地区上年度职工月平均工资3倍的，向其支付经济补偿的标准按职工月平均工资3倍的数额支付，向其支付经济补偿的年限最高不超过12年。

即：经济补偿金＝工作年限（最高不超过12年）×当地上年度职工月平均工资3倍

（3）关于补偿年限和基数的特殊计算。《劳动合同法》施行之日已存续的劳动合同，在《劳动合同法》施行后解除或者终止，依照《劳动合同法》规定应当支付经济补偿的，经济补偿年限自《劳动合同法》施行之日（2008年1月1日）起计算；《劳动合同法》施行前按照当时有关规定，用人单位应当向劳动者支付经济补偿的，按照当时有关规定执行。也就是经济补偿的计发办法分两段计算：2008年1月1日前的，按当时当地的有关规定执行；2008年1月1日以后的，按新法执行。两段补偿合并计算。

【例3-5·单选题】2014年4月1日，吴某到甲公司担任高级技术人员，月工资15 000元，2014年7月1日，吴某得知公司未依法给他缴纳基本养老保险，随后通知甲公司解除劳动合同，并要求支付补偿。已知甲公司所在地上年度职工月平均工资为4 000元。则下列说法正确的是（　　）。

A．甲公司向吴某支付补偿6 000元

B．甲公司无须补偿

C．甲公司向吴某补偿7 500元

D．甲公司向吴某补偿2 000元

答案及解析：A。工作期间不满6个月的，按照半个月的工资作为经济补偿金；劳动者月工资高于用人单位所在直辖市、设区的市级人民政府公布的本地区上年度职工月平均工资3倍的，向其支付经济补偿的标准按职工月平均工资3倍的数额支付。所以本题甲公司应向吴某支付经济补偿金为：4 000×3×0.5＝6 000（元）。

（五）劳动合同解除和终止的法律后果及双方义务

（1）劳动合同解除和终止后，用人单位和劳动者双方不再履行劳动合同，劳动关系消灭。劳动者应当按照双方约定，办理工作交接。

（2）劳动合同解除或终止的，用人单位应当在解除或者终止劳动合同时出具解除或者终止劳动合同的证明，并在15日内为劳动者办理档案和社会保险关系转移手续。用人单位出具的解除、终止劳动合同的证明，应当写明劳动合同期限、解除或者终止劳动合同的日期、工作岗位、在本单位的工作年限。用人单位对已经解除或者终止的劳动合同的文本，至少保存2年备查。

用人单位未向劳动者出具解除或者终止劳动合同的书面证明，由劳动行政部门责令改正；给劳动者造成损害的，应当承担赔偿责任。

劳动者依法解除或者终止劳动合同，用人单位扣押劳动者档案或者其他物品的，由劳动行政部门责令限期退还劳动者本人，并以每人500元以上2 000元以下的标准处以罚款；给劳动者造成损害的，应当承担赔偿责任。

（3）用人单位应当在解除或者终止劳动合同时向劳动者支付经济补偿的，在办结工作交接时支付。

解除或者终止劳动合同，用人单位未依照《劳动合同法》的规定向劳动者支付经济补偿的，由劳动行政部门责令限期支付经济补偿；逾期不支付的，责令用人单位按应付金额50%以上100%以下的标准向劳动者加付赔偿金。

（4）用人单位违反规定解除或者终止劳动合同，劳动者要求继续履行劳动合同的，用人单位应当继续履行；劳动者不要求继续履行劳动合同或者劳动合同已经不能继续履行的，用人单位应当依照《劳动合同法》规定的经济补偿标准的2倍向劳动者支付赔偿金。用人单位支付了赔偿金的，不再支付经济补偿。赔偿金的计算年限自用工之日起计算。

（5）劳动者违反《劳动合同法》规定解除劳动合同，给用人单位造成损失的，应当承担赔偿责任。

六、集体合同与劳务派遣

（一）集体合同

1. 集体合同的概念和种类

（1）集体合同的概念。集体合同是工会代表企业职工一方与企业签订的以劳动报酬、工作时间、休息休假、劳动安全卫生、保险福利等为主要内容的书面协议。尚未建立工会的用人单位，可以由上级工会指导劳动者推举的代表与用人单位订立集体合同。

（2）专项集体合同，企业职工一方与用人单位可以订立劳动安全卫生、女职工权益保护、工资调整机制等专项集体合同。

（3）行业性集体合同、区域性集体合同。在县级以下区域内，建筑业、采矿业、餐饮服务业等行业可以由工会与企业方面代表订立行业性集体合同，或者订立区域性集体合同。

2. 集体合同的订立

集体合同内容由用人单位和职工各自派出集体协商代表通过集体协商（会议）的方式协商确定。集体协商双方的代表人数应当对等，每方至少3人，并各确定1名首席代表。

经双方协商代表协商一致的集体合同草案或专项集体合同草案应当提交职工代表大会或者全体职工讨论。职工代表大会或者全体职工讨论集体合同草案，应当有2/3以上职工代表或者职工出席，且须经全体职工代表半数以上或者全体职工半数以上同意，方获通过。集体合同草案或专项集体合同草案经职工代表大会或者职工大会通过后，由集体协商双方首席代表签字。

集体合同订立后，应当报送劳动行政部门；劳动行政部门自收到集体合同文本之日起15日内未提出异议的，集体合同即行生效。

集体合同中劳动报酬和劳动条件等标准不得低于当地人民政府规定的最低标准；用人单位与劳动者订立的劳动合同中劳动报酬和劳动条件等标准不得低于集体合同规定的标准。

依法订立的集体合同对用人单位和劳动者具有约束力。行业性、区域性集体合同对当地本行业、本区域的用人单位和劳动者具有约束力。

3. 集体合同纠纷和法律救济

用人单位违反集体合同，侵犯职工劳动权益的，工会可以依法要求用人单位承担责任；因履行集体合同发生争议，经协商解决不成的，工会可以依法申请仲裁、提起诉讼。

（二）劳务派遣

1．劳务派遣的概念和特征

劳务派遣是指由劳务派遣单位与劳动者订立劳动合同，与用工单位订立劳务派遣协议，将被派遣劳动者派往用工单位给付劳务。劳动合同关系存在于劳务派遣单位与被派遣劳动者之间，但劳动力给付的事实则发生于被派遣员工与用工单位之间，也即劳动力的雇佣与劳动力使用分离，被派遣劳动者不与用工单位签订劳动合同、发生劳动关系，而是与派遣单位存在劳动关系。这是劳务派遣最显著的特征。

2．劳务派遣的适用范围

劳动合同用工是我国企业的基本用工形式，劳务派遣用工是补充形式，只能在临时性、辅助性或者替代性的工作岗位上实施。临时性工作岗位是指存续时间不超过6个月的岗位；辅助性工作岗位是指为主营业务岗位提供服务的非主营业务岗位；替代性工作岗位是指用工单位的劳动者因脱产学习、休假等原因无法工作的一定期间内，可以由其他劳动者替代工作的岗位。

用工单位应当严格控制劳务派遣用工数量，使用的被派遣劳动者数量不得超过其用工总量的10%。该用工总量是指用工单位订立劳动合同人数与使用的被派遣劳动者人数之和。

用人单位不得设立劳务派遣单位向本单位或者所属单位派遣劳动者。用工单位不得将被派遣劳动者再派遣到其他用人单位。劳务派遣单位不得以非全日制用工形式招用被派遣劳动者。

3．劳务派遣单位、用工单位与劳动者的权利和义务

劳务派遣单位是用人单位，应当履行用人单位对劳动者的义务。劳务派遣单位与被派遣劳动者订立的劳动合同，除应当载明劳动合同必备的条款外，还应当载明被派遣劳动者的用工单位以及派遣期限、工作岗位等情况。劳务派遣单位应当与被派遣劳动者订立2年以上的固定期限劳动合同，按月支付劳动报酬；被派遣劳动者在无工作期间，劳务派遣单位应当按照所在地人民政府规定的最低工资标准，向其按月支付报酬。

接受以劳务派遣形式用工的单位是用工单位。劳务派遣单位派遣劳动者应当与用工单位订立劳务派遣协议。劳务派遣协议应当约定派遣岗位和人员数量、派遣期限、劳动报酬和社会保险费的数额与支付方式以及违反协议的责任。用工单位应当根据工作岗位的实际需要与劳务派遣单位确定派遣期限，不得将连续用工期限分割订立数个短期劳务派遣协议。

劳务派遣单位应当将劳务派遣协议的内容告知被派遣劳动者，不得克扣用工单位按照劳务派遣协议支付给被派遣劳动者的劳动报酬。劳务派遣单位和用工单位不得向被派遣劳动者收取费用。

被派遣劳动者享有与用工单位的劳动者同工同酬的权利。用工单位应当按照同工同酬原则，对被派遣劳动者与本单位同类岗位的劳动者实行相同的劳动报酬分配办法。用工单位无同类岗位劳动者的，参照用工单位所在地相同或者相近岗位劳动者的劳动报酬确定。

被派遣劳动者有权在劳务派遣单位或者用工单位依法参加或者组织工会，维护自身的合法权益。

【例3-6·单选题】根据劳动合同法律制度的规定，下列关于劳务派遣用工形式的表述中，不正确的是（　　）。

A．被派遣劳动者在无工作期间，劳务派遣单位应当按照所在地人民政府规定的最低工资标准，向其按月支付报酬

B．劳务派遣单位可与被派遣劳动者订立1年期劳动合同

C．用人单位不得设立劳务派遣单位向本单位或者所属单位派遣劳动者

D．被派遣劳动者享有与用工单位的劳动者同工同酬的权利

答案及解析：B。劳务派遣单位应当与被派遣劳动者订立2年以上的固定期限劳动合同，按月支付劳动报酬。

七、劳动争议的解决

（一）劳动争议及解决方法

1．劳动争议的概念及适用范围

劳动争议是指劳动关系当事人之间因实现劳动权利、履行劳动义务发生分歧而引起的争议，也称劳动纠纷、劳资争议，包括：

（1）因确认劳动关系发生的争议。

（2）因订立、履行、变更、解除和终止劳动合同发生的争议。

（3）因除名、辞退和辞职、离职发生的争议。

（4）因工作时间、休息休假、社会保险、福利、培训以及劳动保护发生的争议。

（5）因劳动报酬、工伤医疗费、经济补偿或者赔偿金等发生的争议。

（6）法律、法规规定的其他劳动争议。

【例3-7·多选题】下列情形中，属于劳动争议范围的有（　　　）。

A．张某离职后，要求单位支付经济补偿被拒绝

B．王某要求公司增加劳动保护用品被拒绝

C．李某向银行提出以承包的小卖部抵押贷款被拒绝

D．刘某因工伤致残后，要求企业增加赔偿金数额被拒绝

答案及解析：ABD。选项C，不是劳动关系当事人，不属于劳动争议。

2．劳动争议的解决原则和方法

（1）劳动争议解决的基本原则。解决劳动争议，应当根据事实，遵循合法、公正、及时、着重调解的原则，依法保护当事人的合法权益。

（2）劳动争议解决的基本方法。劳动争议解决的方法有协商、调解、仲裁和诉讼。发生劳动争议，劳动者可以与用人单位协商，也可以请工会或者第三方共同与用人单位协商，达成和解协议；当事人不愿协商、协商不成或者达成和解协议后不履行的，可以向调解组织申请调解；不愿调解、调解不成或者达成调解协议后不履行的，可以向劳动争议仲裁机构申请仲裁；对仲裁裁决不服的，除《调解仲裁法》另有规定的以外，可以向人民法院提起诉讼。

劳动争议的调解是指在劳动争议调解组织的主持下，在双方当事人自愿的基础上，通过宣传法律、法规、规章和政策，劝导当事人化解矛盾，自愿就争议事项达成协议，使劳动争议及时得到解决的一种活动。

劳动仲裁是指劳动争议仲裁机构对劳动争议当事人争议的事项，根据劳动法律、法规、规章和政策等的规定，依法做出裁决，从而解决劳动争议的一项劳动法律制度。

劳动仲裁不同于一般经济纠纷的仲裁，除法律依据和适用范围不同外，还有以下几点区别。

①申请程序不同：一般经济纠纷的仲裁，当事人必须在事先或事后达成仲裁协议，才能据此向仲裁机构提出仲裁申请；而劳动争议的仲裁，则不要求当事人达成仲裁协议，只要一方当事人提出申

请，有关仲裁机构即可受理。②裁决的效力不同。一般经济纠纷的仲裁实行"一裁终局"制度，即仲裁裁决做出后，当事人就同一纠纷再申请仲裁或者向人民法院起诉的，仲裁委员会或者人民法院不予受理；而劳动争议仲裁，当事人对裁决不服的，除《调解仲裁法》规定的几类特殊劳动争议外，可以向人民法院起诉，因此，劳动争议的裁决一般不是终局的。

用人单位违反国家规定，拖欠或者未足额支付劳动报酬，或者拖欠工伤医疗费、经济补偿或者赔偿金的，劳动者可以向劳动行政部门投诉，劳动行政部门应当依法处理。

（3）举证责任。发生劳动争议，当事人对自己提出的主张，有责任提供证据。与争议事项有关的证据属于用人单位掌握管理的，用人单位应当提供；用人单位不提供的，应承担不利后果。在法律没有具体规定，按照上述原则也无法确定举证责任承担时，仲裁庭可以根据公平原则和诚实信用原则，综合当事人举证能力等因素确定举证责任的承担。

（二）劳动调解

1. 劳动争议调解组织

可受理劳动争议的调解组织有：

（1）企业劳动争议调解委员会。企业劳动争议调解委员会由职工代表和企业代表组成。职工代表由工会成员担任或者由全体职工推举产生，企业代表由企业负责人指定，企业劳动争议调解委员会主任由工会成员或者双方推举的人员担任。

（2）依法设立的基层人民调解组织。

（3）在乡镇、街道设立的具有劳动争议调解职能的组织。

2. 劳动调解程序

（1）当事人申请劳动争议调解可以书面申请，也可以口头申请。口头申请的，调解组织应当当场记录申请人基本情况、申请调解的争议事项、理由和时间。

（2）调解劳动争议，应当充分听取双方当事人对事实和理由的陈述，耐心疏导，帮助其达成协议。

（3）经调解达成协议的，应当制作调解协议书，调解协议书由双方当事人签名或者盖章，经调解员签名并加盖调解组织印章后生效。调解协议书对双方当事人具有约束力，当事人应当履行。

自劳动争议调解组织收到调解申请之日起15日内未达成调解协议的，当事人可以依法申请仲裁。

（4）达成调解协议后，一方当事人在协议约定期限内不履行调解协议的，另一方当事人可以依法申请仲裁。因支付拖欠劳动报酬、工伤医疗费、经济补偿或者赔偿金事项达成调解协议，用人单位在协议约定期限内不履行的，劳动者可以持调解协议书依法向人民法院申请支付令，人民法院应当依法发出支付令。

（三）劳动仲裁

1. 劳动仲裁机构、劳动仲裁参加人和劳动仲裁管辖

（1）劳动仲裁机构。劳动仲裁机构是劳动人事争议仲裁委员会（以下简称仲裁委员会）。仲裁委员会按照统筹规划、合理布局和适应实际需要的原则设立，不按行政区划层层设立。仲裁委员会下设实体化的办事机构，称为劳动人事争议仲裁院（以下简称仲裁院）。

劳动争议仲裁不收费。仲裁委员会的经费由财政予以保障。

（2）劳动仲裁参加人。

①当事人。发生劳动争议的劳动者和用人单位为劳动争议仲裁案件的双方当事人。

劳务派遣单位或者用工单位与劳动者发生劳动争议的，劳务派遣单位和用工单位为共同当事人。劳动者与个人承包经营者发生争议，依法向仲裁委员会申请仲裁的，应当将发包的组织和个人承包经营者作为共同当事人。

发生争议的用人单位未办理营业执照、被吊销营业执照、营业执照到期继续经营、被责令关闭、被撤销以及用人单位解散、歇业，不能承担相关责任的，应当将用人单位和其出资人、开办单位或者主管部门作为共同当事人。

②当事人代表。发生争议的劳动者一方在10人以上，并有共同请求的，劳动者可以推举1至5名代表人参加仲裁活动。

因履行集体合同发生的劳动争议，经协商解决不成的，工会可以依法申请仲裁；尚未建立工会的，由上级工会指导劳动者推举产生的代表依法申请仲裁。

代表人参加仲裁的行为对其所代表的当事人发生效力，但代表人变更、放弃仲裁请求或者承认对方当事人的仲裁请求，进行和解，必须经被代表的当事人同意。

③第三人。与劳动争议案件的处理结果有利害关系的第三人，可以申请参加仲裁活动或者由仲裁委员会通知其参加仲裁活动。

④代理人。当事人可以委托代理人参加仲裁活动。委托他人参加仲裁活动，应当向仲裁委员会提交有委托人签名或者盖章的委托书，委托书应当载明委托事项和权限。

丧失或者部分丧失民事行为能力的劳动者，由其法定代理人代为参加仲裁活动；无法定代理人的，由仲裁委员会为其指定代理人。劳动者死亡的，由其近亲属或者代理人参加仲裁活动。

（3）劳动争议仲裁案件的管辖。仲裁委员会负责管辖本区域内发生的劳动争议。劳动争议由劳动合同履行地或者用人单位所在地的仲裁委员会管辖。双方当事人分别向劳动合同履行地和用人单位所在地的仲裁委员会申请仲裁的，由劳动合同履行地的仲裁委员会管辖。有多个劳动合同履行地的，由最先受理的仲裁委员会管辖。劳动合同履行地不明确的，由用人单位所在地的仲裁委员会管辖。案件受理后，劳动合同履行地或者用人单位所在地发生变化的，不改变争议仲裁的管辖。

2．申请和受理

（1）仲裁时效。

①劳动争议申请仲裁的时效期间为1年。仲裁时效期间从当事人知道或者应当知道其权利被侵害之日起计算。劳动关系存续期间因拖欠劳动报酬发生争议的，劳动者申请仲裁不受1年仲裁时效期间的限制；但是，劳动关系终止的，应当自劳动关系终止之日起1年内提出。

②仲裁时效的中断。劳动仲裁时效，因当事人一方向对方当事人主张权利（一方当事人通过协商、申请调解等方式向对方当事人主张权利的）；或者向有关部门请求权利救济（一方当事人通过向有关部门投诉，向仲裁委员会申请仲裁，向人民法院起诉或者申请支付令等方式请求权利救济的）；或者对方当事人同意履行义务而中断，从中断时起，仲裁时效期间重新计算，这里的中断时起，应理解为中断事由消除时起。如权利人申请调解的，经调解达不成协议的，应自调解不成之日起重新计算；如达成调解协议，自义务人应当履行义务的期限届满之日起计算。

③仲裁时效的中止。因不可抗力或者有其他正当理由（无民事行为能力或者限制民事行为能力劳动者的法定代理人未确定等），当事人不能在仲裁时效期间申请仲裁的，仲裁时效中止。从中止时效的原因消除之日起，仲裁时效期间继续计算。

【例3-8·多选题】王某于2011年6月2日进入A公司工作，当年公司承接一项工程，为保证工程进度，王某连续加班三个月。但公司一直未向其支付加班费。2014年9月14日王某离职，并要求A公司支付当年的加班费，A公司拒绝支付，王某申请劳动仲裁，则下列关于仲裁时效的认识正确的有（　　）。

A. 劳动争议申请仲裁的时效期间为1年，从当事人知道或者应当知道其权利被侵害之日起计算

B. 王某针对本案中的争议事项申请仲裁不受1年仲裁时效期间的限制

C. 王某应在2015年9月14日前向劳动争议仲裁委员会申请仲裁

D. 因不可抗力王某不能在仲裁时效期间申请仲裁的，仲裁时效中断

答案及解析：ABC。选项A，劳动争议申请仲裁的时效期间为1年。仲裁时效期间从当事人知道或者应当知道其权利被侵害之日起计算；选项B，劳动关系存续期间因拖欠劳动报酬发生争议的，劳动者申请仲裁不受1年仲裁时效期间的限制；选项C，应当自劳动关系终止之日起1年内提出；选项D，仲裁时效，因当事人一方向对方当事人主张权利，或者向有关部门请求权利救济，或者对方当事人同意履行义务而中断。从中断时起，仲裁时效期间重新计算。因不可抗力或者其他正当理由，当事人不能在仲裁时效期间申请仲裁的，仲裁时效中止。

（2）仲裁申请。申请人申请仲裁应当提交书面仲裁申请，并按照被申请人人数提交副本。仲裁申请书应当载明下列事项。

①劳动者的姓名、性别、出生日期，身份证号码、住所、通信地址和联系电话，用人单位的名称、住所、通信地址、联系电话和法定代表人或者主要负责人的姓名、职务。

②仲裁请求和所根据的事实、理由。

③证据和证据来源，证人姓名和住所。

书写仲裁申请确有困难的，可以口头申请，由仲裁委员会记入笔录，经申请人签名、盖章或者捺印确认。

（3）仲裁受理。仲裁委员会收到仲裁申请之日起5日内，认为符合受理条件的，应当予以受理，并向申请人出具受理通知书；认为不符合受理条件的，向申请人出具不予受理通知书。

对仲裁委员会逾期未做出决定或者决定不予受理的，申请人可以就该争议事项向人民法院提起诉讼。

仲裁委员会受理仲裁申请后，应当在5日内将仲裁申请书副本送达被申请人。被申请人收到仲裁申请书副本后，应当在10日内向仲裁委员会提交答辩书。仲裁委员会收到答辩书后，应当在5日内将答辩书副本送达申请人。被申请人未提交答辩书的，不影响仲裁程序的进行。

3. 开庭和裁决

（1）仲裁基本制度。

①仲裁公开原则及例外。劳动争议仲裁公开进行，但当事人协议不公开或者涉及商业秘密和个人隐私的，经相关当事人书面申请，仲裁委员会应当不公开审理。

②仲裁庭制。仲裁委员会裁决劳动争议案件实行仲裁庭制，仲裁庭由3名仲裁员组成，设首席仲裁员，简单劳动争议案件可以由1名仲裁员独任仲裁。

③回避制度。仲裁员有下列情形之一的，应当回避，当事人也有权以口头或者书面方式提出回避申请：一是本案当事人或者当事人、代理人的近亲属的。二是与本案有利害关系的。三是与本案当事人、代理人有其他关系，可能影响公正裁决的。四是私自会见当事人、代理人，或者接受当事人、代理人请客送礼的。

（2）仲裁开庭程序。仲裁委员会应当在受理仲裁申请之日起5日内组成仲裁庭，并将仲裁庭的组成情况书面通知当事人。仲裁庭应当在开庭5日前，将开庭日期、地点书面通知双方当事人。当事人有正当理由的，可以在开庭3日前请求延期开庭。是否延期，由仲裁委员会根据实际情况决定。

申请人收到书面开庭通知，无正当理由拒不到庭或者未经仲裁庭同意中途退庭的，可以按撤回仲裁申请处理；申请人重新申请仲裁的，仲裁委员会不予受理。被申请人收到书面开庭通知，无正当理由拒不到庭或者未经仲裁庭同意中途退庭的，仲裁庭可以继续开庭审理，并缺席裁决。

开庭审理中，仲裁员应当听取申请人的陈述和被申请人的答辩，主持庭审调查、质证和辩论、征询当事人最后意见，并进行调解。

仲裁庭裁决劳动争议案件，应当自仲裁委员会受理仲裁申请之日起45日内结束。案情复杂需要延期的，经仲裁委员会主任批准，可以延期并书面通知当事人，但是延长期限不得超过15日，逾期未做出仲裁裁决的，当事人可以就该劳动争议事项向人民法院提起诉讼。

上述规定中的"3日""5日""10日"指工作日，"15日""45日"指自然日。

（3）仲裁裁决。

①裁决的原则。裁决应当按照多数仲裁员的意见做出，少数仲裁员的不同意见应当记入笔录。仲裁庭不能形成多数意见时，裁决应当按照首席仲裁员的意见做出。裁决书应当载明仲裁请求、争议事实、裁决理由、裁决结果、当事人权利和裁决日期。裁决书由仲裁员签名，加盖劳动争议仲裁委员会印章，对裁决持不同意见的仲裁员，可以签名，也可以不签名。

仲裁庭裁决劳动争议案件时，其中一部分事实已经清楚，可以就该部分先行裁决。

②一裁终局的案件。下列劳动争议，除《调解仲裁法》另有规定的外，仲裁裁决为终局裁决，裁决书自做出之日起发生法律效力。

a.追索劳动报酬、工伤医疗费、经济补偿或者赔偿金，不超过当地月最低工资标准12个月金额的争议。如果仲裁裁决涉及数项，对单项裁决数额不超过当地最低工资标准12个月金额的事项，应当适用终局裁决。

上述经济补偿包括《劳动合同法》规定的竞业限制期限内给予的经济补偿、解除或者终止劳动合同的经济补偿等；赔偿金包括《劳动合同法》规定的未签订书面劳动合同的第2倍工资、违法约定试用期的赔偿金、违法解除或者终止劳动合同的赔偿金等。

b.因执行国家的劳动标准在工作时间、休息休假、社会保险等方面发生的争议。

仲裁庭裁决案件时，裁决内容同时涉及终局裁决和非终局裁决的，应当分别制作裁决书，并告知当事人相应的救济权利。

（4）仲裁裁决的撤销。用人单位有证据证明上述一裁终局的裁决有下列情形之一，可以自收到仲裁裁决书之日起30日内向仲裁委员会所在地的中级人民法院申请撤销裁决。

①适用法律、法规确有错误的。

②劳动争议仲裁委员会无管辖权的。

③违反法定程序的。

④裁决所根据的证据是伪造的。

⑤对方当事人隐瞒了足以影响公正裁决的证据的。

⑥仲裁员在仲裁该案时有索贿受贿、徇私舞弊、枉法裁决行为的。

人民法院经组成合议庭审查核实裁决有上述规定情形之一的，应当裁定撤销。

4. 执行

（1）仲裁庭对追索劳动报酬、工伤医疗费、经济补偿或者赔偿金的案件，根据当事人的申请，可以裁决先予执行，移送人民法院执行。

仲裁庭裁决先予执行的，应当符合下列条件：①当事人之间权利义务关系明确。②不先予执行将严重影响申请人的生活。

劳动者申请先予执行的，可以不提供担保。

（2）当事人对发生法律效力的调解书、裁决书，应当依照规定的期限履行。一方当事人逾期不履行的，另一方当事人可以依照《民事诉讼法》的有关规定向人民法院申请执行。受理申请的人民法院应当依法执行。

（四）劳动诉讼

1. 劳动诉讼的提起

（1）对仲裁委员会不予受理或者逾期未做出决定的，申请人可以就该劳动争议事项向人民法院提起诉讼。

（2）劳动者对劳动争议的终局裁决不服的，可以自收到仲裁裁决书之日起15日内向人民法院提起诉讼。

（3）当事人对终局裁决情形之外的其他劳动争议案件的仲裁裁决不服的，可以自收到仲裁裁决书之日起15日内提起诉讼。

（4）终局裁决被人民法院裁定撤销的，当事人可以自收到裁定书之日起15日内就该劳动争议事项向人民法院提起诉讼。

2. 劳动诉讼程序

劳动诉讼依照《民事诉讼法》的规定执行。

八、违反劳动合同法律制度的法律责任

（一）用人单位违反《劳动合同法》的法律责任

1. 用人单位规章制度违反法律规定的法律责任

（1）用人单位直接涉及劳动者切身利益的规章制度违反法律、法规规定的，由劳动行政部门责令改正，给予警告；给劳动者造成损害的，应当承担赔偿责任。

（2）用人单位违反《劳动合同法》有关建立职工名册规定的，由劳动行政部门责令限期改正；逾期不改正的，由劳动行政部门处2 000元以上2万元以下的罚款。

2. 用人单位订立劳动合同违反法律规定的法律责任

（1）用人单位提供的劳动合同文本未载明劳动合同必备条款或者用人单位未将劳动合同文本交付劳动者的，由劳动行政部门责令改正；给劳动者造成损害的，应当承担赔偿责任。

（2）用人单位自用工之日起超过1个月不满1年未与劳动者订立书面劳动合同的，应当向劳动者每月支付2倍的工资。

（3）用人单位违反《劳动合同法》规定不与劳动者订立无固定期限劳动合同的，自应当订立无固定期限劳动合同之日起向劳动者每月支付2倍的工资。

（4）用人单位违反《劳动合同法》规定与劳动者约定试用期的，由劳动行政部门责令改正；违法约定的试用期已经履行的，由用人单位以劳动者试用期满月工资为标准，按已经履行的超过法定试用期的期间向劳动者支付赔偿金。

（5）用人单位违反《劳动合同法》规定，扣押劳动者居民身份证等证件的，由劳动行政部门责令限期退还劳动者本人，并依照有关法律规定给予处罚。

（6）用人单位违反《劳动合同法》规定，以担保或者其他名义向劳动者收取财物的，由劳动行政部门责令限期退还劳动者本人，并以每人500元以上2 000元以下的标准处以罚款；给劳动者造成损害的，应当承担赔偿责任。

（7）劳动合同依照法律规定被确认无效，给劳动者造成损害的，用人单位应当承担赔偿责任。

3. 用人单位履行劳动合同违反法律规定的法律责任

（1）用人单位有下列情形之一的，依法给予行政处罚；构成犯罪的，依法追究刑事责任；给劳动者造成损害的，应当承担赔偿责任。

①以暴力、威胁或者非法限制人身自由的手段强迫劳动的。

②违章指挥或者强令冒险作业危及劳动者人身安全的。

③侮辱、体罚、殴打、非法搜查或者拘禁劳动者的。

④劳动条件恶劣、环境污染严重，给劳动者身心健康造成严重损害的。

（2）用人单位有下列情形之一的，由劳动行政部门责令限期支付劳动报酬、加班费；劳动报酬低于当地最低工资标准的，应当支付其差额部分；逾期不支付的，责令用人单位按应付金额50%以上100%以下的标准向劳动者加付赔偿金。

①未按照劳动合同的约定或者国家规定及时足额支付劳动者劳动报酬的。

②低于当地最低工资标准支付劳动者工资的。

③安排加班不支付加班费的。

（3）用人单位依照《劳动合同法》规定应当向劳动者每月支付2倍的工资或者应当向劳动者支付赔偿金而未支付的，劳动行政部门应当责令用人单位支付。

4. 用人单位违反法律规定解除和终止劳动合同的法律责任

（1）用人单位违反《劳动合同法》规定解除或者终止劳动合同的，应当依照《劳动合同法》规定的经济补偿标准的2倍向劳动者支付赔偿金。

（2）用人单位解除或者终止劳动合同，未依照《劳动合同法》规定向劳动者支付经济补偿的，由劳动行政部门责令限期支付经济补偿；逾期不支付的，责令用人单位按应付金额50%以上100%以下的标准向劳动者加付赔偿金。

（3）用人单位违反《劳动合同法》规定未向劳动者出具解除或者终止劳动合同的书面证明，由劳动行政部门责令改正；给劳动者造成损害的，应当承担赔偿责任。

（4）劳动者依法解除或者终止劳动合同，用人单位扣押劳动者档案或者其他物品的，由劳动行政部门责令限期退还劳动者本人，并以每人500元以上2 000元以下的标准处以罚款；给劳动者造成损害的，应当承担赔偿责任。

5. 其他法律责任

（1）用人单位招用与其他用人单位尚未解除或者终止劳动合同的劳动者，给其他用人单位造成损失的，应当承担连带赔偿责任。

（2）劳务派遣单位、用工单位违反《劳动合同法》有关劳务派遣规定的，由劳动行政部门责令限期改正；逾期不改正的，以每人5 000元以上1万元以下的标准处以罚款，对劳务派遣单位，吊销其劳务派遣业务经营许可证；用工单位给被派遣劳动者造成损害的，劳务派遣单位与用工单位承担连带赔偿责任。

（3）对不具备合法经营资格的用人单位的违法犯罪行为，依法追究法律责任；劳动者已经付出劳动的，该单位或者其出资人应当依照《劳动合同法》的有关规定向劳动者支付劳动报酬、经济补偿、赔偿金；给劳动者造成损害的，应当承担赔偿责任。

（4）个人承包经营违反《劳动合同法》规定招用劳动者，给劳动者造成损害的，发包的组织与个人承包经营者承担连带赔偿责任。

（二）劳动者违反劳动合同法律制度的法律责任

（1）劳动合同被确认无效，给用人单位造成损失的，有过错的劳动者应当承担赔偿责任。

（2）劳动者违反《劳动合同法》规定解除劳动合同，给用人单位造成损失的，应当承担赔偿责任。

（3）劳动者违反劳动合同中约定的保密义务或者竞业限制，劳动者应当按照劳动合同的约定，向用人单位支付违约金。给用人单位造成损失的，应当承担赔偿责任。

（4）劳动者违反培训协议，未满服务期解除或者终止劳动合同的，或者因劳动者严重违纪，用人单位与劳动者解除约定服务期的劳动合同的，劳动者应当按照劳动合同的约定，向用人单位支付违约金。

第二节　社会保险法律制度

一、社会保险概述

社会保险，是指国家依法建立的，由国家、用人单位和个人共同筹集资金、建立基金，使个人在年老（退休）、患病、工伤（因工伤残或者患职业病）、失业、生育等情况下获得物质帮助和补偿的一种社会保障制度，这种保障是依靠国家立法强制实行的社会化保险。所谓社会化保险，一是指资金来源的社会化，社会保险基金中既有用人单位和个人缴纳的保险费，也有国家财政给予的补助；二是指管理的社会化，国家设置专门机构，实行统一规划和管理，统一承担保险金的发放等。

《劳动法》规定，国家发展社会保险，建立社会保险制度，设立社会保险基金。2010年10月28日，第十一届全国人民代表大会常务委员会第十七次会议审议通过《中华人民共和国社会保险法》（以下简称《社会保险法》）。国务院、人力资源和社会保障部发布了一系列单行条例和规定，如1999年1月22日，国务院令第258号发布的《失业保险条例》；2003年4月27日国务院令第375号发布，2010年12月20日修订的《工伤保险条例》；2011年6月29日，人力资源和社会保障部令第13号发布的《实施〈中华人民共和国社会保险法〉若干规定》等。这些构成了我国社会保险法律制度的主要内容。

目前我国的社会保险项目主要包括基本养老保险、基本医疗保险、工伤保险、失业保险和生育保险。国务院办公厅于2017年1月19日印发了《生育保险和职工基本医疗保险合并实施试点方案》，在2017年6月底前启动生育保险和职工基本医疗保险合并实施试点工作，试点在12个试点城市行政区域开展，期限为1年左右。

二、基本养老保险

（一）基本养老保险的含义

基本养老保险制度，是指缴费达到法定期限并且个人达到法定退休年龄后，国家和社会提供物质帮助以保证因年老而退出劳动领域者稳定、可靠的生活来源的社会保险制度。基本养老保险是社会保险体系中最重要、实施最广泛的一项制度。

（二）基本养老保险的覆盖范围

1. 基本养老保险制度组成

根据《社会保险法》的规定，基本养老保险制度由三个部分组成：职工基本养老保险制度、新型农村社会养老保险制度（以下简称新农保）、城镇居民社会养老保险制度（以下简称城居保）。省、自治区、直辖市人民政府根据实际情况，可以将城镇居民社会养老保险和新型农村社会养老保险合并实施。国务院于2014年2月26日，发布了《关于建立统一的城乡居民基本养老保险制度的意见》（国发〔2014〕8号），决定将新农保和城居保两项制度合并实施，在全国范围内建立统一的城乡居民基本养老保险制度。年满16周岁（不含在校学生），非国家机关和事业单位工作人员及不属于职工基本养老保险制度覆盖范围的城乡居民，可以在户籍地参加城乡居民养老保险。本章除特别说明外，基本养老保险均指职工基本养老保险。

2. 职工基本养老保险

职工基本养老保险费的征缴范围：国有企业、城镇集体企业、外商投资企业、城镇私营企业和其他城镇企业及其职工，实行企业化管理的事业单位及其职工。这是基本养老保险的主体部分。基本养老保险费由用人单位和职工共同缴纳。

无雇工的个体工商户、未在用人单位参加基本养老保险的非全日制从业人员以及其他灵活就业人员可以参加基本养老保险，由个人缴纳基本养老保险费。

公务员和参照公务员管理的工作人员养老保险的办法由国务院规定——国务院于2015年1月14日发布了《关于机关事业单位工作人员养老保险制度改革的决定》（国发〔2015〕2号），改革现行机关事业单位工作人员退休保障制度，逐步建立独立于机关事业单位之外、资金来源多渠道、保障方式多层次、管理服务社会化的养老保险体系。对于按照《公务员法》管理的单位、参照《公务员法》管理的机关（单位）、事业单位及其编制内的工作人员，实行社会统筹与个人账户相结合的基本养老保险制度。

（三）职工基本养老保险基金的组成和来源

基本养老保险基金由用人单位和个人缴费以及政府补贴等组成。基本养老保险实行社会统筹与个人账户相结合，基本养老金由统筹养老金和个人账户养老金组成。

养老保险社会统筹，是指统收养老保险缴费和统支养老金，确保收支平衡的公共财务系统。用人单位应当按照国家规定的本单位职工工资总额的比例缴纳基本养老保险费，记入基本养老保险统筹基金。职工按照国家规定的本人工资的比例缴纳基本养老保险费，记入个人账户，基本养老保险基金出现支付不足时，政府给予补贴。

无雇工的个体工商户、未在用人单位参加基本养老保险的非全日制从业人员以及其他灵活就业人员参加基本养老保险的，应当按照国家规定缴纳基本养老保险费，分别记入基本养老保险统筹基金和个人账户。

个人账户不得提前支取，记账利率不得低于银行定期存款利率，免征利息税，参加职工基本养老保险的个人死亡后，其个人账户中的余额可以全部依法继承。

个人跨统筹地区就业的，其基本养老保险关系随本人转移，缴费年限累计计算。个人达到法定退休年龄时，基本养老金分段计算、统一支付。

（四）职工基本养老保险费的缴纳与计算

1. 单位缴费

按照现行政策，从2016年5月1日起，企业职工基本养老保险单位缴费比例超过企业工资总额20%的省（区、市），将单位缴费比例降至20%；单位缴费比例为20%且2015年底企业职工基本养老保险基金累计结余可支付月数高于9个月的省（区、市），可以阶段性将单位缴费比例降至19%，降低费率的期限暂按2年执行。具体方案由各省（区、市）确定。

2. 个人缴费

按照现行政策，职工个人按照本人缴费工资的8%缴费，记入个人账户。缴费工资，也称缴费工资基数，一般为职工本人上一年度月平均工资（有条件的地区也可以本人上月工资收入为个人缴费工资基数）。月平均工资按照国家统计局规定列入工资总额统计的项目计算，包括工资、奖金、津贴、补贴等收入，不包括用人单位承担或者支付给员工的社会保险费、劳动保护费、福利费、用人单位与员工解除劳动关系时支付的一次性补偿以及计划生育费用等其他不属于工资的费用。新招职工（包括研究生、大学生、大中专毕业生等）以起薪当月足月工资收入作为缴费工资基数；从第二年起，按上一年应发工资的月平均工资作为缴费工资基数，即：

$$个人养老账户月存储额＝本人月缴费工资×8\%$$

本人月平均工资低于当地职工月平均工资60%的，按当地职工月平均工资的60%作为缴费基数。本人月平均工资高于当地职工月平均工资300%的，按当地职工月平均工资的300%作为缴费基数，超过部分不计入缴费工资基数，也不计入计发养老金的基数。个人缴费不计征个人所得税，在计算个人所得税的应税收入时，应当扣除个人缴纳的养老保险费。

城镇个体工商户和灵活就业人员的缴费基数为当地上年度在岗职工月平均工资，缴费比例为20%，其中8%记入个人账户。

【例3-9·单选题】甲公司职工孙某已参加职工基本养老保险，月工资15 000元。已知甲公司所在地职工月平均工资为4 000元，月最低工资标准为2 000元。计算甲公司每月应从孙某工资中扣缴基本养老保险费的下列算式中，正确的是（　　）。

A. 15 000×8%=1 200（元）　　　　　　B. 4 000×3×8%=960（元）

C. 2 000×3×8%=480（元）　　　　　　D. 4 000×8%=320（元）

答案及解析：B。职工个人按照本人缴费工资的8%缴费。本人月平均工资高于当地职工月工资300%的，按当地职工月工资的300%作为缴费基数。在本题中，孙某应当缴纳的基本养老保险费为4 000×3×8%=960（元）。

（五）职工基本养老保险享受条件与待遇

1. 职工基本养老保险享受条件

（1）年龄条件：达到法定退休年龄。目前国家实行的法定的企业职工退休年龄是男年满60周岁，女工人年满50周岁，女干部年满55周岁；从事井下、高温、高空、特别繁重体力劳动或其他有害身体健康工作的，退休年龄男年满55周岁，女年满45周岁；因病或非因工致残，由医院证明并经劳动鉴定委员会确认完全丧失劳动能力的，退休年龄为男年满50周岁，女年满45周岁。

（2）缴费条件：累计缴费满15年。参加职工基本养老保险的个人，达到法定退休年龄时累计缴费满15年的，按月领取基本养老金。

2. 职工基本养老保险待遇

（1）职工基本养老金。对符合基本养老保险享受条件的人员，国家按月支付基本养老金。

（2）丧葬补助金和遗属抚恤金。参加基本养老保险的个人，因病或者非因工死亡的，其遗属可以领取丧葬补助金和抚恤金，所需资金从基本养老保险基金中支付。

但如果个人死亡同时符合领取基本养老保险丧葬补助金、工伤保险丧葬补助金和失业保险丧葬补助金条件的，其遗属只能选择领取其中的一项。

（3）病残津贴。参加基本养老保险的个人，在未达到法定退休年龄时因病或者非因工致残完全丧失劳动能力的，可以领取病残津贴。所需资金从基本养老保险基金中支付。

三、基本医疗保险

（一）基本医疗保险的含义

基本医疗保险制度，是指按照国家规定缴纳一定比例的医疗保险费，参保人因患病和意外伤害而就医诊疗，由医疗保险基金支付其一定医疗费用的社会保险制度。

（二）基本医疗保险的覆盖范围

1. 职工基本医疗保险

职工应当参加职工基本医疗保险，由用人单位和职工按照国家规定共同缴纳基本医疗保险费。职工基本医疗保险费的征缴范围：国有企业、城镇集体企业、外商投资企业、城镇私营企业和其他城镇企业及其职工，国家机关及其工作人员，事业单位及其职工，民办非企业单位及其职工，社会团体及其专职人员。

无雇工的个体工商户、未在用人单位参加基本医疗保险的非全日制从业人员以及其他灵活就业人员可以参加职工基本医疗保险，由个人按照国家规定缴纳基本医疗保险费。

2. 城乡居民基本医疗保险

国务院于2016年1月3日发布的《关于整合城乡居民基本医疗保险制度的意见》规定：整合城镇居民基本医疗保险和新型农村合作医疗两项制度，建立统一的城乡居民基本医疗保险制度。城乡居民基本医疗保险制度覆盖范围包括现有城镇居民基本医疗保险制度和新型农村合作医疗所有应参保（含）人员，即覆盖除职工基本医疗保险应参保人员以外的其他所有城乡居民，统一保障待遇。

（三）职工基本医疗保险费的缴纳

基本医疗保险与基本养老保险一样采用"统账结合"模式，即分别设立社会统筹基金和个人账户基金，基本医疗保险基金由统筹基金和个人账户构成。

1. 单位缴费

由统筹地区统一确定适合当地经济发展水平的基本医疗保险单位缴费率，一般为职工工资总额的6%左右。用人单位缴纳的基本医疗保险费分为两部分，一部分用于建立统筹基金，一部分划入个人账户。

2. 基本医疗保险个人账户的资金来源

（1）个人缴费部分。由统筹地区统一确定适合当地职工负担水平的基本医疗保险个人缴费率，一般为本人工资收入的2%。

（2）用人单位缴费的划入部分。由统筹地区根据个人医疗账户的支付范围和职工年龄等因素确定用人单位所缴医疗保险费划入个人医疗账户的具体比例，一般为30%左右。

3. 基本医疗保险关系转移接续制度

个人跨统筹地区就业的，其基本医疗保险关系随本人转移，缴费年限累计计算。

4. 退休人员基本医疗保险费的缴纳

参加职工基本医疗保险的个人，达到法定退休年龄时累计缴费达到国家规定年限的，退休后不再缴纳基本医疗保险费，按照国家规定享受基本医疗保险待遇；未达到国家规定缴费年限的，可以缴费至国家规定年限。目前对最低缴费年限没有全国统一的规定，由各统筹地区根据本地情况确定。

（四）职工基本医疗费用的结算

参保人员符合基本医疗保险药品目录、诊疗项目、医疗服务设施标准以及急诊、抢救的医疗费用，按照国家规定从基本医疗保险基金中支付。参保人员医疗费用中应当由基本医疗保险基金支付的部分，由社会保险经办机构与医疗机构、药品经营单位直接结算。目前各地对职工基本医疗保险费用结算的方式并不一致。要享受基本医疗保险待遇一般要符合以下条件。

（1）参保人员必须到基本医疗保险的定点医疗机构就医、购药或定点零售药店购买药品。

（2）参保人员在看病就医过程中所发生的医疗费用必须符合基本医疗保险药品目录、诊疗项目、医疗服务设施标准的范围和给付标准。

参保人员符合基本医疗保险支付范围的医疗费用中，在社会医疗统筹基金起付标准以上与最高支付限额以下的费用部分，由社会医疗统筹基金按一定比例支付。

起付标准，又称起付线，一般为当地职工年平均工资的10%左右。最高支付限额，又称封顶线，一般为当地职工年平均工资的6倍左右。支付比例一般为90%。

参保人员符合基本医疗保险支付范围的医疗费用中，在社会医疗统筹基金起付标准以下的费用部分，由个人账户资金支付或个人自付；统筹基金起付线以上至封顶线以下的费用部分，个人也要承担一定比例的费用，一般为10%，可由个人账户支付也可自付。参保人员在封顶线以上的医疗费用部分，可以通过单位补充医疗保险或参加商业保险等途径解决。

（五）基本医疗保险基金不支付的医疗费用

下列医疗费用不纳入基本医疗保险基金支付范围。

（1）应当从工伤保险基金中支付的。

（2）应当由第三人负担的。

（3）应当由公共卫生负担的。

（4）在境外就医的。

医疗费用应当由第三人负担，第三人不支付或者无法确定第三人的，由基本医疗保险基金先行支付。基本医疗保险基金先行支付后，有权向第三人追偿。

（六）医疗期

医疗期是指企业职工因患病或非因工负伤停止工作，治病休息，但不得解除劳动合同的期限。

1. 医疗期期间

企业职工因患病或非因工负伤，需要停止工作，进行医疗时，根据本人实际参加工作年限和在本单位工作年限，给予3个月到24个月的医疗期。

（1）实际工作年限10年以下的，在本单位工作年限5年以下的为3个月；5年以上的为6个月。

（2）实际工作年限10年以上的，在本单位工作年限5年以下的为6个月；5年以上10年以下的为9个月；10年以上15年以下的为12个月；15年以上20年以下的为18个月；20年以上的为24个月。

2. 医疗期的计算方法

医疗期3个月的按6个月内累计病休时间计算；6个月的按12个月内累计病休时间计算；9个月的按15个月内累计病休时间计算；12个月的按18个月内累计病休时间计算；18个月的按24个月内累计病休时间计算；24个月的按30个月内累计病休时间计算，即医疗期的计算从病休第一天开始，累计计算。例如，1名应享受3个月医疗期的职工，如果从2016年3月15日起第一次病休，则该职工医疗期应在3月15日至9月14日6个月内的时间段确定，假设到7月20日，该职工已累计病休3个月，即视为医疗期满。若该职工在7月21日至9月14日之间再次病休，就无法享受医疗期待遇。

病休期间，公休、假日和法定节日包括在内，对某些患特殊疾病（如癌症、精神病、瘫痪等）的职工，在24个月内尚不能痊愈的，经企业和劳动主管部门批准，可以适当延长医疗期。

3. 医疗期内的待遇

企业职工在医疗期内，其病假工资、疾病救济费和医疗待遇按照有关规定执行。病假工资或疾病救济费可以低于当地最低工资标准支付，但最低不能低于最低工资标准的80%。医疗期内不得解除劳动合同。如医疗期内遇合同期满，则合同必须续延至医疗期满，职工在此期间仍然享受医疗期内待遇。对医疗期满尚未痊愈者，或者医疗期满后，不能从事原工作，也不能从事用人单位另行安排的工作，被解除劳动合同的，用人单位需按经济补偿规定给予其经济补偿。

四、工伤保险

（一）工伤保险的含义

工伤保险，是指劳动者在职业工作中或规定的特殊情况下遭遇意外伤害或职业病，导致暂时或永久丧失劳动能力以及死亡时，劳动者或其遗属能够从国家和社会获得物质帮助的社会保险制度。

（二）工伤保险费的缴纳和工伤保险基金

1. 工伤保险费的缴纳

职工应当参加工伤保险，由用人单位缴纳工伤保险费，职工不缴纳工伤保险费。

中华人民共和国境内的企业、事业单位、社会团体、民办非企业单位、基金会、律师事务所、会计师事务所等组织和有雇工的个体工商户（以下统称用人单位）应当依照《工伤保险条例》的规定参加工伤保险，为本单位全部职工或者雇工（以下称职工）缴纳工伤保险费。用人单位职工均有依照规定享受工伤保险待遇的权利。

用人单位应当按照本单位职工工资总额，根据社会保险经办机构确定的费率按时足额缴纳工伤保险费。用人单位缴纳工伤保险费的数额为本单位职工工资总额乘以单位缴费费率之积。工资总额，是指用人单位直接支付给本单位全部职工的劳动报酬总额。

对难以按照工资总额缴纳工伤保险费的行业，其缴纳工伤保险费的具体方式，由国务院社会保险行政部门规定。例如，建筑施工企业可以实行以建筑施工项目为单位，按照项目工程总造价的一定比例，计算缴纳工伤保险费。商贸、餐饮、住宿、美容美发、洗浴以及文体娱乐等小型服务业企业以及有雇工的个体工商户，可以按照营业面积的大小核定应参保人数，按照所在统筹地区上一年度职工月平均工资的一定比例和相应的费率，计算缴纳工伤保险费；也可以按照营业额的一定比例计算缴纳工伤保险费，小型矿山企业可以按照总产量、吨矿工资含量和相应的费率计算缴纳工伤保险费。

2．工伤保险基金

工伤保险基金由用人单位缴纳的工伤保险费、工伤保险基金的利息和依法纳入工伤保险基金的其他资金构成。

工伤保险基金存入社会保障基金财政专户，用于《工伤保险条例》规定的工伤保险待遇，劳动能力鉴定，工伤预防的宣传、培训等费用，以及法律、法规规定的用于工伤保险的其他费用的支付。

任何单位或者个人不得将工伤保险基金用于投资运营、兴建或者改建办公场所、发放奖金，或者挪作其他用途。

（三）工伤认定与劳动能力鉴定

1．工伤认定

（1）应当认定工伤的情形。职工有下列情形之一的，应当认定为工伤。

①在工作时间和工作场所内，因工作原因受到事故伤害的。

②工作时间前后在工作场所内，从事与工作有关的预备性或者收尾性工作受到事故伤害的。

③在工作时间和工作场所内，因履行工作职责受到暴力等意外伤害的。

④患职业病的。

⑤因工外出期间，由于工作原因受到伤害或者发生事故下落不明的。

⑥在上下班途中，受到非本人主要责任的交通事故或者城市轨道交通、客运轮渡、火车事故伤害的。

⑦法律、行政法规规定应当认定为工伤的其他情形。

（2）视同工伤的情形。职工有下列情形之一的，视同工伤。

①在工作时间和工作岗位，突发疾病死亡或者在48小时之内经抢救无效死亡的。

②在抢险救灾等维护国家利益、公共利益活动中受到伤害的。

③职工原在军队服役，因战、因公负伤致残，已取得革命伤残军人证，到用人单位后旧伤复发的。

（3）不认定为工伤的情形。职工有下列情形之一导致本人在工作中伤亡的，不得认定为工伤。

①故意犯罪。

②醉酒或者吸毒。

③自残或者自杀。

④法律、行政法规规定的其他情形。

【例3-10·单选题】下列情形中，不可以认定为工伤的是（　　）。

A．在工作时间和工作岗位，突发疾病死亡或者在48小时之内经抢救无效死亡的

B．在抢险救灾等维护国家利益、公共利益活动中受到伤害的

C．职工原在军队服役，因战、因公负伤致残，已取得革命伤残军人证，到用人单位后旧伤复发的

D．因吸毒过量导致死亡的

答案及解析：D。职工因下列情形之一导致本人在工作中伤亡的，不认定为工伤。

（1）故意犯罪。

（2）醉酒或者吸毒。

（3）自残或者自杀。

（4）法律、行政法规规定的其他情形。

2．劳动能力鉴定

职工发生工伤，经治疗伤情相对稳定后存在残疾、影响劳动能力的，应当进行劳动能力鉴定。劳动能力鉴定是指劳动功能障碍程度和生活自理障碍程度的等级鉴定。

劳动功能障碍分为十个伤残等级，最重的为一级，最轻的为十级；生活自理障碍分为三个等级：生活完全不能自理、生活大部分不能自理和生活部分不能自理。劳动能力鉴定标准由国务院社会保险行政部门会同国务院卫生行政部门等部门制定。

自劳动能力鉴定结论做出之日起1年后，工伤职工或者其近亲属、所在单位或者经办机构认为伤残情况发生变化的，可以申请劳动能力复查鉴定。

（四）工伤保险待遇

职工因工作原因受到事故伤害或者患职业病，且经工伤认定的，享受工伤保险待遇；其中，经劳动能力鉴定丧失劳动能力的，享受伤残待遇。

1．工伤医疗待遇

职工因工作遭受事故伤害或者患职业病进行治疗，享受工伤医疗待遇。包括：

（1）治疗工伤的医疗费用（诊疗费、药费、住院费）。职工治疗工伤应当在签订服务协议的医疗机构就医，情况紧急时可以先到就近的医疗机构急救。治疗工伤所需费用符合工伤保险诊疗项目目录、工伤保险药品目录、工伤保险住院服务标准的，从工伤保险基金支付。

（2）住院伙食补助费、交通食宿费。职工住院治疗工伤的伙食补助费，以及经医疗机构出具证明，报经办机构同意，工伤职工到统筹地区以外就医所需的交通、食宿费用按标准从工伤保险基金支付。

（3）康复性治疗费。工伤职工到签订服务协议的医疗机构进行工伤康复的费用，符合规定的，从工伤保险基金支付。

（4）停工留薪期工资福利待遇。职工因工作遭受事故伤害或者患职业病需要暂停工作接受工伤医疗的，在停工留薪期内，原工资福利待遇不变，由所在单位按月支付。停工留薪期一般不超过12个月。伤情严重或者情况特殊，经设区的市级劳动能力鉴定委员会确认，可以适当延长，但延长不得超过12个月。工伤职工评定伤残等级后，停止享受停工留薪期待遇，按照规定享受伤残待遇。工

伤职工在停工留薪期满后仍需治疗的，继续享受工伤医疗待遇。生活不能自理的工伤职工在停工留薪期需要护理的，由所在单位负责。

但工伤职工治疗非因工伤引发的疾病，不享受工伤医疗待遇，按照基本医疗保险办法处理。

2．辅助器具装配费

工伤职工因日常生活或者就业需要，经劳动能力鉴定委员会确认，可以安装假肢、矫形器、假眼、假牙和配置轮椅等辅助器具，所需费用按照国家规定的标准从工伤保险基金支付。

3．伤残待遇

经劳动能力鉴定委员会鉴定，评定伤残等级的工伤职工，享受伤残待遇。其中包括：

（1）生活护理费。工伤职工已经评定伤残等级并经劳动能力鉴定委员会确认需要生活护理的，从工伤保险基金按月支付生活护理费。

（2）一次性伤残补助金。职工因工致残被鉴定为一级至十级伤残的，从工伤保险基金按伤残等级支付一次性伤残补助金。

（3）伤残津贴。职工因工致残被鉴定为一级至四级伤残的，保留劳动关系，退出工作岗位，从工伤保险基金中按月支付伤残津贴，伤残津贴实际金额低于当地最低工资标准的，由工伤保险基金补足差额。职工因工致残被鉴定为五级、六级伤残的，保留与用人单位的劳动关系，由用人单位安排适当工作。难以安排工作的，由用人单位按月发给伤残津贴。伤残津贴实际金额低于当地最低工资标准的，由用人单位补足差额。

（4）一次性工伤医疗补助金和一次性伤残就业补助金。五级、六级伤残，经工伤职工本人提出，可以与用人单位解除或者终止劳动关系；七级至十级伤残，劳动、聘用合同期满终止，或者职工本人提出解除劳动、聘用合同的，由工伤保险基金支付一次性工伤医疗补助金，由用人单位支付一次性伤残就业补助金。一次性工伤医疗补助金和一次性伤残就业补助金的具体标准由省、自治区、直辖市人民政府规定。

4．工亡待遇

职工因工死亡，或者伤残职工在停工留薪期内因工伤导致死亡的，其近亲属按照规定从工伤保险基金领取丧葬补助金、供养亲属抚恤金和一次性工亡补助金。

（1）丧葬补助金，为6个月的统筹地区上年度职工月平均工资。

（2）供养亲属抚恤金，按照职工本人工资的一定比例发给由因工死亡职工生前提供主要生活来源、无劳动能力的亲属。供养亲属的具体范围由国务院社会保险行政部门规定。

（3）一次性工亡补助金，标准为上一年度全国城镇居民人均可支配收入的20倍。

一至四级伤残职工在停工留薪期满后死亡的，其近亲属可以享受丧葬补助金、供养亲属抚恤金待遇，不享受一次性工亡补助金待遇。

（五）工伤保险待遇负担

1．工伤保险基金

因工伤发生的下列费用，按照国家规定从工伤保险基金中支付。

（1）治疗工伤的医疗费用和康复费用。

（2）住院伙食补助费。

（3）到统筹地区以外就医的交通食宿费。

（4）安装配置伤残辅助器具所需费用。

（5）生活不能自理的，经劳动能力鉴定委员会确认的生活护理费。

（6）一次性伤残补助金和一至四级伤残职工按月领取的伤残津贴。

（7）终止或者解除劳动合同时，应当享受的一次性医疗补助金。

（8）因工死亡的，其遗属领取的丧葬补助金、供养亲属抚恤金和因工死亡补助金。

（9）劳动能力鉴定费。

2. 用人单位

因工伤发生的下列费用，按照国家规定由用人单位支付。

（1）治疗工伤期间的工资福利。

（2）五级、六级伤残职工按月领取的伤残津贴。

（3）终止或者解除劳动合同时，应当享受的一次性伤残就业补助金。

（六）特别规定

（1）工伤保险中所称的本人工资，是指工伤职工因工作遭受事故伤害或者患职业病前12个月平均月缴费工资，本人工资高于统筹地区职工平均工资300%的，按照统筹地区职工平均工资的300%计算；本人工资低于统筹地区职工平均工资60%的，按照统筹地区职工平均工资的60%计算。

（2）工伤职工有下列情形之一的，停止享受工伤保险待遇。

①丧失享受待遇条件的。

②拒不接受劳动能力鉴定的。

③拒绝治疗的。

（3）工伤职工符合领取基本养老金条件的，停发伤残津贴，享受基本养老保险待遇。基本养老保险待遇低于伤残津贴的，由工伤保险基金补足差额。

（4）职工所在用人单位未依法缴纳工伤保险费，发生工伤事故的，由用人单位支付工伤保险待遇。用人单位不支付的，从工伤保险基金中先行支付，由用人单位偿还。用人单位不偿还的，社会保险经办机构可以追偿。

（5）由于第三人的原因造成工伤，第三人不支付工伤医疗费用或者无法确定第三人的，由工伤保险基金先行支付。工伤保险基金先行支付后，有权向第三人追偿。

（6）职工（包括非全日制从业人员）在两个或者两个以上用人单位同时就业的，各用人单位应当分别为职工缴纳工伤保险费。职工发生工伤，由职工受到伤害时工作的单位依法承担工伤保险责任。

五、失业保险

（一）失业保险的含义

失业是指处于法定劳动年龄阶段的劳动者，有劳动能力和劳动愿望，但却没有劳动岗位的一种状态。失业保险是指国家通过立法强制实行的，由社会集中建立基金，保障因失业而暂时中断生活来源的劳动者的基本生活，并通过职业培训、职业介绍等措施促进其再就业的社会保险制度。

（二）失业保险费的缴纳

职工应当参加失业保险，由用人单位和职工按照国家规定共同缴纳失业保险费。失业保险费的征缴范围：国有企业、城镇集体企业、外商投资企业、城镇私营企业和其他城镇企业（统称城镇企业）及其职工，事业单位及其职工。

根据《失业保险条例》的规定，城镇企业、事业单位按照本单位工资总额的2%缴纳失业保险费，职工按照本人工资的1%缴纳失业保险费。根据人力资源和社会保障部、财政部于2015年2月27日发布的《关于调整失业保险费率有关问题的通知》，从2015年3月1日起，失业保险费率暂由现行条例规定的3%降至2%。2016年4月14日，人力资源和社会保障部、财政部发布的《关于阶段性降低社会保险费率的通知》规定：从2016年5月1日起，失业保险总费率在2015年已降低1个百分点基础上可以阶段性降至1%~1.5%，其中个人费率不超过0.5%，降低费率的期限暂按2年执行。2017年2月16日，人力资源和社会保障部、财政部发布的《关于阶段性降低失业保险费率有关问题的通知》规定：从2017年1月1日起，失业保险总费率为1.5%的省（区、市），可以将总费率降至1%，降低费率的期限执行至2018年4月30日。在省（区、市）行政区域内，单位及个人的费率应当统一，个人费率不得超过单位费率。具体方案由各省（区、市）研究确定。

职工跨统筹地区就业的，其失业保险关系随本人转移，缴费年限累计计算。

（三）失业保险待遇

1. 失业保险待遇的享受条件

失业人员符合下列条件的，可以申请领取失业保险金并享受其他失业保险待遇。

（1）失业前用人单位和本人已经缴纳失业保险费满1年的。

（2）非因本人意愿中断就业的，包括劳动合同终止；用人单位解除劳动合同；被用人单位开除、除名和辞退；因用人单位过错由劳动者解除劳动合同；法律、法规、规章规定的其他情形。

（3）已经进行失业登记，并有求职要求的。

【例3-11·单选题】下列人员可以享受失业保险金的是（　　）。

A. 张某大学毕业2年，一直没有找到工作

B. 李某因为不满单位的加班制度，而在6个月前辞职

C. 陈某工作多年，因所在单位经营不善而破产后失业

D. 王某到了法定年龄而办理了退休

答案及解析：C。享受失业保险待遇的人员只限定为就业转失业的人员，而且必须是非自愿性失业的劳动者。

2. 失业保险金的领取期限

用人单位应当及时为失业人员出具终止或者解除劳动关系的证明，并将失业人员的名单自终止或者解除劳动关系之日起15日内告知社会保险经办机构。失业人员应当持本单位为其出具的终止或者解除劳动关系的证明，及时到指定的公共就业服务机构办理失业登记，失业人员凭失业登记证明和个人身份证明，到社会保险经办机构办理领取失业保险金的手续。失业保险金领取期限自办理失业登记之日起计算。

失业人员失业前用人单位和本人累计缴费满1年不足5年的，领取失业保险金的期限最长为12个月；累计缴费满5年不足10年的，领取失业保险金的期限最长为18个月；累计缴费10年以上的，领取失业保险金的期限最长为24个月。重新就业后，再次失业的，缴费时间重新计算，领取失业保险金的期限与前次失业应当领取而尚未领取的失业保险金的期限合并计算，最长不超过24个月。失业人员因当期不符合失业保险金领取条件的，原有缴费时间予以保留，重新就业并参保的，缴费时间累计计算。

3．失业保险金的发放标准

失业保险金的标准，不得低于城市居民最低生活保障标准。一般也不高于当地最低工资标准，具体数额由省、自治区、直辖市人民政府确定。

4．失业保险待遇

（1）失业保险金。

（2）领取失业保险金期间享受基本医疗保险待遇。

失业人员在领取失业保险金期间，参加职工基本医疗保险，享受基本医疗保险待遇。失业人员应当缴纳的基本医疗保险费从失业保险基金中支付，个人不缴纳基本医疗保险费。

（3）领取失业保险金期间的死亡补助。

失业人员在领取失业保险金期间死亡的，参照当地对在职职工死亡的规定，向其遗属发给一次性丧葬补助金和抚恤金。所需资金从失业保险基金中支付。

个人死亡同时符合领取基本养老保险丧葬补助金、工伤保险丧葬补助金和失业保险丧葬补助金条件的，其遗属只能选择领取其中的一项。

（4）职业介绍与职业培训补贴。

失业人员在领取失业保险金期间，应当积极求职，接受职业介绍和职业培训。失业人员接受职业介绍、职业培训的补贴由失业保险基金按照规定支付。补贴的办法和标准由省、自治区、直辖市人民政府规定。

（5）国务院规定或者批准的与失业保险有关的其他费用。

（四）停止领取失业保险金及其他失业保险待遇的情形

失业人员在领取失业保险金期间有下列情形之一的，停止领取失业保险金，并同时停止享受其他失业保险待遇。

（1）重新就业的。

（2）应征服兵役的。

（3）移居境外的。

（4）享受基本养老保险待遇的。

（5）无正当理由，拒不接受当地人民政府指定部门或者机构介绍的适当工作或者提供的培训的。

六、社会保险费征缴与管理

（一）社会保险登记

1．用人单位的社会保险登记

根据《人力资源和社会保障部办公厅关于做好企业"五证合一"社会保险登记工作的通知》（人社厅发〔2016〕130号），从2016年10月1日起，在工商部门登记的企业和农民专业合作社（以下统称"企业"）按照"五证合一、一照一码"登记制度进行社会保险登记证管理。新成立的企业在办理工商注册登记时，同步完成企业的社会保险登记。国家机关、事业单位、社会团体等未纳入"五证合一、一照一码"登记制度管理的单位仍按原办法，到社会保险经办机构办理社会保险登记，由社会保险经办机构核发社会保险登记证，并逐步采用统一社会信用代码进行登记证管理。

2．个人的社会保险登记

用人单位应当自用工之日起30日内为其职工向社会保险经办机构申请办理社会保险登记。

自愿参加社会保险的无雇工的个体工商户、未在用人单位参加社会保险的非全日制从业人员以及其他灵活就业人员，应当向社会保险经办机构申请办理社会保险登记。

（二）社会保险费缴纳

1．用人单位缴纳义务

用人单位应当自行申报、按时足额缴纳社会保险费，非因不可抗力等法定事由不得缓缴、减免。

职工应当缴纳的社会保险费由用人单位代扣代缴，用人单位应当按月将缴纳社会保险费的明细情况告知本人。

无雇工的个体工商户、未在用人单位参加社会保险的非全日制从业人员以及其他灵活就业人员，可以直接向社会保险费征收机构缴纳社会保险费。

2．社会保险费征收机构的权利义务

社会保险费征收机构应当依法按时足额征收社会保险费，并将缴费情况定期告知用人单位和个人。

用人单位未按规定申报应当缴纳的社会保险费数额的，按照该单位上月缴费额的110%确定应当缴纳数额；缴费单位补办申报手续后，由社会保险费征收机构按照规定结算。

用人单位未按时足额缴纳社会保险费的，由社会保险费征收机构责令其限期缴纳或者补足。用人单位逾期仍未缴纳或者补足社会保险费的，社会保险费征收机构可以向银行和其他金融机构查询其存款账户；并可以申请县级以上有关行政部门做出划拨社会保险费的决定，书面通知其开户银行或者其他金融机构划拨社会保险费。用人单位账户余额少于应当缴纳的社会保险费的，社会保险费征收机构可以要求该用人单位提供担保，签订延期缴费协议。用人单位未足额缴纳社会保险费且未提供担保的，社会保险费征收机构可以申请人民法院扣押、查封、拍卖其价值相当于应当缴纳社会保险费的财产，以拍卖所得抵缴社会保险费。

（三）社会保险基金管理

社会保险基金按照社会保险险种分别建账，分账核算，执行国家统一的会计制度。社会保险基金专款专用，任何组织和个人不得侵占或者挪用。

社会保险基金存入财政专户，按照统筹层次设立预算，通过预算实现收支平衡。社会保险基金预算按照社会保险项目分别编制。县级以上人民政府在社会保险基金出现支付不足时，给予补贴。社会保险经办机构应当定期向社会公布参加社会保险情况以及社会保险基金的收入、支出、结余和收益情况。

社会保险基金在保证安全的前提下，按照国务院规定投资运营实现保值增值。不得违规投资运营，不得用于平衡其他政府预算，不得用于兴建、改建办公场所和支付人员经费、运行费用、管理费用，或者违反法律、行政法规规定挪作其他用途。

七、违反社会保险法律制度的法律责任

（一）用人单位违反社会保险法的法律责任

（1）用人单位不办理社会保险登记的，由社会保险行政部门责令限期改正；逾期不改正的，对用人单位处应缴社会保险费数额1倍以上3倍以下的罚款，对其直接负责的主管人员和其他直接责任人员处500元以上3 000元以下的罚款。

（2）用人单位未按时足额缴纳社会保险费的，由社会保险费征收机构责令限期缴纳或者补足，并自欠缴之日起，按日加收0.05%的滞纳金；逾期仍不缴纳的，由有关行政部门处欠缴数额1倍以上3倍以下的罚款。

（3）用人单位拒不出具终止或者解除劳动关系证明的，由劳动行政部门责令改正；给劳动者造成损害的，应当承担赔偿责任。

（二）骗保行为的法律责任

（1）以欺诈、伪造证明材料或者其他手段骗取社会保险待遇的，由社会保险行政部门责令退回骗取的社会保险金，处骗取金额2倍以上5倍以下的罚款。

（2）社会保险经办机构以及医疗机构、药品经营单位等社会保险服务机构以欺诈、伪造证明材料或者其他手段骗取社会保险基金支出的，由社会保险行政部门责令退回骗取的社会保险金，处骗取金额2倍以上5倍以下的罚款；属于社会保险服务机构的，解除服务协议；直接负责的主管人员和其他直接责任人员有执业资格的，依法吊销其执业资格。

（三）社会保险经办机构、社会保险费征收机构、社会保险服务机构等机构的法律责任

（1）社会保险经办机构及其工作人员有下列行为之一的，由社会保险行政部门责令改正；给社会保险基金、用人单位或者个人造成损失的，依法承担赔偿责任；对直接负责的主管人员和其他直接责任人员依法给予处分。

①未履行社会保险法定职责的。

②未将社会保险基金存入财政专户的。

③克扣或者拒不按时支付社会保险待遇的。

④丢失或者篡改缴费记录、享受社会保险待遇记录等社会保险数据、个人权益记录的。

⑤有违反社会保险法律、法规的其他行为的。

（2）社会保险费征收机构擅自更改社会保险费缴费基数、费率，导致少收或者多收社会保险费的，由有关行政部门责令其追缴应当缴纳的社会保险费或者退还不应当缴纳的社会保险费；对直接负责的主管人员和其他直接责任人员依法给予处分。

（3）违反《社会保险法》规定，隐匿、转移、侵占、挪用社会保险基金或者违规投资运营的，由社会保险行政部门、财政部门、审计机关责令追回；有违法所得的，没收违法所得；对直接负责的主管人员和其他直接责任人员依法给予处分。

（4）社会保险行政部门和其他有关行政部门、社会保险经办机构、社会保险费征收机构及其工作人员泄露用人单位和个人信息的，对直接负责的主管人员和其他直接责任人员依法给予处分；给用人单位或者个人造成损失的，应当承担赔偿责任。

（5）国家工作人员在社会保险管理、监督工作中滥用职权、玩忽职守、徇私舞弊的，依法给予处分。

（6）违反《社会保险法》规定，构成犯罪的，依法追究刑事责任。

第四章 支付结算法律制度

1. 掌握银行结算账户的管理
2. 掌握票据的概念与特征、票据权利与责任、票据行为、票据追索
3. 掌握银行汇票、商业汇票、银行本票、支票
4. 掌握银行卡账户和交易、银行卡计息与收费
5. 掌握汇兑、委托收款
6. 熟悉支付结算的原则、支付结算的基本要求
7. 熟悉银行结算账户的开立、变更和撤销
8. 熟悉各类银行结算账户的开立和使用
9. 熟悉托收承付、预付卡
10. 熟悉结算纪律、违反支付结算法律制度的法律责任
11. 了解支付结算的概念和支付结算的工具
12. 了解银行结算账户的概念和种类
13. 了解银行卡的概念和分类、银行卡清算市场、银行卡收单
14. 了解网上银行、第三方支付
15. 了解国内信用证

第一节 支付结算概述

一、支付结算的概念

支付结算是指单位、个人在社会经济活动中使用票据、银行卡和汇兑、托收承付、委托收款等结算方式进行货币给付及其资金清算的行为。支付结算作为社会经济金融活动的重要组成部分，其主要功能是完成资金从一方当事人向另一方当事人的转移。

银行、城市信用合作社、农村信用合作社（以下统称"银行"）以及单位（含个体工商户）和个人是办理支付结算的主体，其中，银行是支付结算和资金清算的中介机构。未经中国人民银行批准的非银行金融机构和其他单位不得作为中介机构办理支付结算业务。

现行的适用支付结算的法律、行政法规以及部门规章和政策性规定主要有：《中华人民共和国票据法》《票据管理实施办法》《支付结算办法》《中国人民银行银行卡业务管理办法》《人民币银行结算账户管理办法》《异地托收承付结算办法》等。

凡是与支付结算的各种结算方式有关的法律、法规、规章、规定以及中国人民银行的有关政策性文件都是支付结算必须遵循的规定。

【例4-1·判断题】支付结算是指单位、个人在社会经济活动中使用票据、银行卡、发票和汇兑等结算方式进行货币给付及其资金清算的行为。

答案及解析：错误。支付结算是指单位、个人在社会经济活动中使用票据、银行卡和汇兑、托收承付、委托收款等结算方式进行货币给付及其资金清算的行为。无"发票"。

二、支付结算的工具

我国目前使用的人民币非现金支付工具主要包括"三票一卡"和结算方式。"三票一卡"是指汇票、本票、支票和银行卡；结算方式是指汇兑、托收承付和委托收款。票据和汇兑是我国经济活动中不可或缺的重要支付工具，被广大单位和个人广泛使用，并在大额支付中占据主导地位；银行卡已成为我国个人使用最频繁的支付工具，在小额支付中占据主导地位；托收承付使用量越来越少。随着经济的日趋活跃，商业预付卡与国内信用证等其他支付工具也得到快速发展。近年来，随着互联网技术的纵深发展，网上银行、第三方支付等电子化支付方式产生并得到快速发展。我国已形成了以票据和银行卡为主体、以电子支付为发展方向的非现金支付工具体系。

三、支付结算的原则

支付结算的原则是指单位、个人和银行在进行支付结算活动时必须遵循的行为准则。根据我国相关规定，支付结算应当遵守以下原则。

（一）恪守信用，履约付款原则

根据该原则，各单位之间、单位与个人之间发生交易往来，产生支付结算行为时，结算当事人必须依照双方约定的民事法律关系内容依法承担义务和行使权利，严格遵守信用，履行付款义务，特别是应当按照约定的付款金额和付款日期进行支付。结算双方办理款项收付完全建立在自觉自愿、相互信用的基础上。

（二）谁的钱进谁的账，由谁支配原则

根据该原则，银行在办理结算时，必须按照存款人的委托，将款项支付给其指定的收款人；对存款人的资金，除国家法律另有规定外，必须由其自由支配。这一原则主要在于维护存款人对存款资金的所有权，保证其对资金支配的自主权。

（三）银行不垫款原则

银行在办理结算过程中，只负责办理结算当事人之间的款项划拨，不承担垫付任何款项的责任。这一原则主要在于划清银行资金与存款人资金的界限，保护银行资金的所有权和安全，有利于促使单位和个人直接对自己的债权债务负责。

四、支付结算的基本要求

（1）单位、个人和银行办理支付结算，必须使用按中国人民银行统一规定印制的票据凭证和结算凭证。

（2）单位、个人和银行应当按照《人民币银行结算账户管理办法》的规定开立、使用账户。在银行开立存款账户的单位和个人办理支付结算，账户内须有足够的资金保证支付。银行依法为单位、个人在银行开立的存款账户内的存款保密，维护其资金的自主支配权。除国家法律、行政法规另有规定外，银行不得为任何单位或者个人查询账户情况，不得为任何单位或者个人冻结、扣划款项，不得停止单位、个人存款的正常支付。

（3）票据和结算凭证上的签章和其他记载事项应当真实，不得伪造、变造。所谓"伪造"，是指无权限人假冒他人或者虚构他人名义签章的行为，例如，伪造出票签章、背书签章、承兑签章和保证签章等。所谓"变造"，是指无权更改票据内容的人，对票据上签章以外的记载事项加以改变的行为。变造票据的方法多是在合法票据的基础上，对票据加以剪接、挖补、覆盖、涂改，从而非法改变票据的记载事项。伪造、变造票据属于欺诈行为，应追究其刑事责任。出票金额、出票日期、收款人名称不得更改，更改的票据无效；更改的结算凭证，银行不予受理。对票据和结算凭证上的其他记载事项，原记载人可以更改，更改时应当由原记载人在更改处签章证明。

【例4-2·多选题】根据票据法律制度的规定，下列各项中，属于变造票据的有（　　）。

A．变更票据金额　　　　　　　　　B．变更票据上的到期日

C．变更票据上的签章　　　　　　　D．变更票据上的付款日

答案及解析：ABD。票据变造，是指无权更改票据内容的人，对票据上签章以外的记载事项加以改变的行为。票据变造不包括更改票据上的签章，选项C属于伪造票据。

（4）填写各种票据和结算凭证应当规范。填写票据和结算凭证，必须做到要素齐全、数字正确、字迹清晰、不错漏、不潦草，防止涂改。规范填写票据和结算凭证时应注意以下事项。

①关于收款人名称。单位和银行的名称应当记载全称或者规范化简称。规范化简称应当具有排他性，与全称在实质上具有同一性，例如，"中国银行业监督管理委员会"的规范化简称为"银监会"。

②关于出票日期。票据的出票日期必须使用中文大写。为防止变造票据的出票日期，在填写月、日时，月为"壹""贰"和"壹拾"的，日为"壹"至"玖"和"壹拾""贰拾""叁拾"的，应在其前加"零"；日为"拾壹"至"拾玖"的，应在其前加"壹"。如1月15日，应写成"零壹月壹拾伍日"；再如10月20日，应写成"零壹拾月零贰拾日"。

③关于金额。票据和结算凭证金额以中文大写和阿拉伯数码同时记载，二者必须一致，二者不一致的票据无效；二者不一致的结算凭证银行不予受理。

【例4-3·单选题】某单位出纳在10月20日填写支票的出票日期，下列填写正确的是（　　）。

A．零拾月零贰拾日　　　　　　　　B．零壹拾月贰拾日

C．零壹拾月零贰拾日　　　　　　　D．拾月零贰拾日

答案：C。

（5）票据和结算凭证上的签章，为签名、盖章或者签名加盖章。单位、银行在票据上的签章和单位在结算凭证上的签章，为该单位、银行的盖章加其法定代表人或其授权的代理人的签名或盖

章。个人在票据和结算凭证上的签章，应为该个人本人的签名或盖章。

第二节　银行结算账户

一、银行结算账户的概念和种类

银行结算账户是指银行为存款人开立的办理资金收付结算的活期存款账户。其中"银行"是指在中国境内经批准经营支付结算业务的银行业金融机构；"存款人"是指在中国境内开立银行结算账户的机关、团体、部队、企业、事业单位、其他组织（以下统称"单位"）、个体工商户和自然人。

银行结算账户按存款人不同分为单位银行结算账户和个人银行结算账户。存款人以单位名称开立的银行结算账户为单位银行结算账户。单位银行结算账户按用途分为基本存款账户、一般存款账户、专用存款账户、临时存款账户。个体工商户凭营业执照以字号或经营者姓名开立的银行结算账户纳入单位银行结算账户管理。存款人凭个人身份证件以自然人名称开立的银行结算账户为个人银行结算账户。

财政部门为实行财政国库集中支付的预算单位在商业银行开设的零余额账户按基本存款账户或专用存款账户管理。预算单位未开立基本存款账户，或者原基本存款账户在国库集中支付改革后已按照财政部门的要求撤销的，经同级财政部门批准，预算单位零余额账户作为基本存款账户管理。除上述情况外，预算单位零余额账户作为专用存款账户管理。

二、银行结算账户的开立、变更和撤销

（一）银行结算账户的开立

存款人应在注册地或住所地开立银行结算账户。符合异地（跨省、市、县）开户条件的，也可以在异地开立银行结算账户。开立银行结算账户应遵循存款人自主原则，除国家法律、行政法规和国务院规定外，任何单位和个人不得强令存款人到指定银行开立银行结算账户。

存款人申请开立银行结算账户时，应填制开立银行结算账户申请书。开立单位银行结算账户时，应填写"开立单位银行结算账户申请书"，并加盖单位公章和法定代表人（单位负责人）或其授权代理人的签名或者盖章。存款人有组织机构代码、上级法人或主管单位的，应在"开立单位银行结算账户申请书"上如实填写相关信息。存款人有关联企业的，应填写"关联企业登记表"。申请开立个人银行结算账户时，存款人应填写"开立个人银行结算账户申请书"，并加盖个人签章。

银行应对存款人的开户申请书填写的事项和相关证明文件的真实性、完整性、合规性进行认真审查。开户申请书填写的事项齐全，符合开立核准类账户条件的，银行应将存款人的开户申请书、相关的证明文件和银行审核意见等开户资料报送中国人民银行当地分支行，经其核准并核发开户许可证后办理开户手续。需要中国人民银行核准的账户包括：基本存款账户、临时存款账户（因注册验资和增资验资开立的除外）、预算单位专用存款账户和合格境外机构投资者在境内从事证券投资开立的人民币特殊账户和人民币结算资金账户。

符合开立一般存款账户、其他专用存款账户和个人银行结算账户条件的，银行应办理开户手续，并于开户之日起5个工作日内向中国人民银行当地分支行备案。上述结算账户统称备案类结算账

户。备案类结算账户的变更和撤销也应于两个工作日内，通过账户管理系统向中国人民银行当地分支行报备。

中国人民银行当地分支行应于两个工作日内，对开户银行报送的核准类账户的开户资料的合规性予以审核。符合开户条件的，予以核准，颁发基本（或临时、专用）存款账户开户许可证；不符合开户条件的，应在开户申请书上签署意见，连同有关证明文件一并退回报送银行，由报送银行转送存款人。

开户许可证是中国人民银行依法准予申请人在银行开立核准类银行结算账户的行政许可证件，是核准类银行结算账户合法性的有效证明。开户许可证有正本和副本之分，正本由申请人保管；副本由申请人开户银行留存。

开立银行结算账户时，银行应与存款人签订银行结算账户管理协议，明确双方的权利与义务。对存在法定代表人或者负责人对单位经营规模及业务背景等情况不清楚、注册地和经营地均在异地等情况的单位，银行应当与其法定代表人或者负责人面签银行结算账户管理协议，并留存视频、音频资料等，开户初期原则上不开通非柜面业务，待后续了解后再审慎开通。银行为存款人开通非柜面转账业务时，双方应签订协议，约定非柜面渠道向非同名银行账户和支付账户转账的日累计限额、笔数和年累计限额等，超出限额和笔数的，应到银行柜面办理。银行应建立存款人预留签章卡片，并将签章式样和有关证明文件的原件或复印件留存归档。存款人为单位的，其预留签章为该单位的公章或财务专用章加其法定代表人（单位负责人）或其授权的代理人的签名或者盖章。存款人为个人的，其预留签章为该个人的签名或者盖章。

存款人在申请开立单位银行结算账户时，其申请开立的银行结算账户的账户名称、出具的开户证明文件上记载的存款人名称，以及预留银行签章中公章或财务专用章的名称应保持一致，但下列情况除外。

（1）因注册验资开立的临时存款账户，其账户名称为工商行政管理部门核发的"企业名称预先核准通知书"或政府有关部门批文中注明的名称，其预留银行签章中公章或财务专用章的名称应是存款人与银行在银行结算账户管理协议中约定的出资人名称。

（2）预留银行签章中公章或财务专用章的名称依法可使用简称的，账户名称应与其保持一致。

（3）没有字号的个体工商户开立的银行结算账户，其预留签章中公章或财务专用章应是"个体户"字样加营业执照上载明的经营者的签字或盖章。

存款人开立单位银行结算账户，自正式开立之日起3个工作日后，方可使用该账户办理付款业务。但注册验资的临时存款账户转为基本存款账户和因借款转存开立的一般存款账户除外。对于核准类银行结算账户，"正式开立之日"为中国人民银行当地分支行的核准日期；对于非核准类银行结算账户，"正式开立之日"是开户银行为存款人办理开户手续的日期。

（二）银行结算账户的变更

变更是指存款人的账户信息资料发生变化或改变。根据账户管理的要求，存款人变更账户名称、单位的法定代表人或主要负责人、地址等其他开户资料后，应及时向开户银行办理变更手续，填写变更银行结算账户申请书。属于申请变更单位银行结算账户的，应加盖单位公章和法定代表人（单位负责人）或其授权代理人的签名或者盖章；属于申请变更个人银行结算账户的，应加盖其个人签章。

存款人更改名称，但不改变开户银行及账号的，应于5个工作日内向开户银行提出银行结算账户的变更申请，并出具有关部门的证明文件。

单位的法定代表人或主要负责人、住址以及其他开户资料发生变更时，应于5个工作日内书面通知开户银行并提供有关证明。

属于变更开户许可证记载事项的，存款人办理变更手续时，应交回开户许可证，由中国人民银行当地分支行换发新的开户许可证。

（三）银行结算账户的撤销

撤销是指存款人因开户资格或其他原因终止银行结算账户使用的行为。存款人申请撤销银行结算账户时，应填写撤销银行结算账户申请书。属于申请撤销单位银行结算账户的，应加盖单位公章和法定代表人（单位负责人）或其授权代理人的签名或者盖章；属于申请撤销个人银行结算账户的，应加其个人签章。银行在收到存款人撤销银行结算账户的申请后，对于符合销户条件的，应在两个工作日内办理撤销手续。

存款人撤销银行结算账户，必须与开户银行核对银行结算账户存款余额，交回各种重要空白票据及结算凭证和开户许可证，银行核对无误后方可办理销户手续。

有下列情形之一的，存款人应向开户银行提出撤销银行结算账户的申请。

（1）被撤并、解散、宣告破产或关闭的。

（2）注销、被吊销营业执照的。

（3）因迁址需要变更开户银行的。

（4）其他原因需要撤销银行结算账户的。

存款人有以上第（1）项、第（2）项情形的，应于5个工作日内向开户银行提出撤销银行结算账户的申请。撤销银行结算账户时，应先撤销一般存款账户、专用存款账户、临时存款账户，将账户资金转入基本存款账户后，方可办理基本存款账户的撤销。银行得知存款人有第（1）项、第（2）项情形的，存款人超过规定期限未主动办理撤销银行结算账户手续的，银行有权停止其银行结算账户的对外支付。存款人因以上第（3）项、第（4）项情形撤销基本存款账户后，需要重新开立基本存款账户的，应在撤销其原基本存款账户后10日内申请重新开立基本存款账户。

存款人尚未清偿其开户银行债务的，不得申请撤销该银行结算账户。对于按照账户管理规定应撤销而未办理销户手续的单位银行结算账户，银行通知该单位——银行结算账户的存款人自发出通知之日起30日内办理销户手续，逾期视同自愿销户，未划转款项列入久悬未取专户管理。存款人撤销核准类银行结算账户时，应交回开户许可证。

三、各类银行结算账户的开立和使用

（一）基本存款账户

1. 基本存款账户的概念

基本存款账户是存款人因办理日常转账结算和现金收付需要开立的银行结算账户。

下列存款人，可以申请开立基本存款账户。企业法人；非法人企业；机关、事业单位；团级（含）以上军队、武警部队及分散执勤的支（分）队；社会团体；民办非企业组织；异地常设机构；外国驻华机构；个体工商户；居民委员会、村民委员会、社区委员会；单位设立的独立核算的附属机构，包括食堂、招待所、幼儿园；其他组织，即按照现行的法律、行政法规规定可以成立的组织，如业主委员会、村民小组等组织。

2. 开户证明文件

（1）企业法人，应出具企业法人营业执照正本。

（2）非法人企业，应出具企业营业执照正本。

（3）机关和实行预算管理的事业单位，应出具政府人事部门或编制委员会的批文或登记证书和财政部门同意其开户的证明，因年代久远、批文丢失等原因无法提供政府人事部门或编制委员会的批文或登记证书的，凭上级单位或主管部门出具的证明及财政部门同意其开户的证明开立基本存款账户。机关和实行预算管理的事业单位出具的政府人事部门或编制委员会的批文或登记证书上，有两个或两个以上的名称的，可以分别开立基本存款账户。非预算管理的事业单位，应出具政府人事部门或编制委员会的批文或登记证书。

（4）军队、武警团级（含）以上单位以及有关边防、分散执勤的支（分）队，应出具军队军级以上单位财务部门、武警总队财务部门的开户证明。

（5）社会团体，应出具社会团体登记证书，宗教组织还应出具宗教事务管理部门的批文或证明。

（6）民办非企业组织，应出具民办非企业登记证书。

（7）外地常设机构，应出具其驻在地政府主管部门的批文。对于已经取消对外地常设机构审批的省（市），应出具派出地政府部门的证明文件。

（8）外国驻华机构，应出具国家有关主管部门的批文或证明；外资企业驻华代表处、办事处，应出具国家登记机关颁发的登记证。

（9）个体工商户，应出具个体工商户营业执照正本。

（10）居民委员会、村民委员会、社区委员会，应出具其主管部门的批文或证明。

（11）单位附属独立核算的食堂、招待所、幼儿园，应出具其主管部门的基本存款账户开户许可证和批文。

（12）按照现行法律法规规定可以成立的业主委员会、村民小组等组织，应出具政府主管部门的批文。

3. 基本存款账户的使用

基本存款账户是存款人的主办账户，一个单位只能开立一个基本存款账户。存款人日常经营活动的资金收付及其工资、奖金和现金的支取，应通过基本存款账户办理。

【例4-4·单选题】根据支付结算法律的规定，关于基本存款账户的下列表述中，不正确的是（　　）。

A. 基本存款账户可以办理现金支取业务

B. 一个单位只能开立一个基本存款账户

C. 单位设立的独立核算的附属机构不得开立基本存款账户

D. 基本存款账户是存款人的主办账户

答案及解析：C。单位设立的独立核算的附属机构，包括食堂、招待所、幼儿园，可以申请开立基本存款账户。

（二）一般存款账户

1. 一般存款账户的概念

一般存款账户是存款人因借款或其他结算需要，在基本存款账户开户银行以外的银行营业机构开立的银行结算账户。

2．开户证明文件

存款人申请开立一般存款账户，应向银行出具其开立基本存款账户规定的证明文件、基本存款账户开户许可证和下列证明文件。

（1）存款人因向银行借款需要，应出具借款合同。

（2）存款人因其他结算需要，应出具有关证明。

3．一般存款账户的使用

一般存款账户用于办理存款人借款转存、借款归还和其他结算的资金收付。一般存款账户可以办理现金缴存，但不得办理现金支取。

（三）专用存款账户

1．专用存款账户的概念

专用存款账户是存款人按照法律、行政法规和规章，对其特定用途资金进行专项管理和使用而开立的银行结算账户。

2．适用范围

专用存款账户适用于对下列资金的管理和使用。

（1）基本建设资金。

（2）更新改造资金。

（3）粮、棉、油收购资金。

（4）证券交易结算资金。

（5）期货交易保证金。

（6）信托基金。

（7）政策性房地产开发资金。

（8）单位银行卡备用金。

（9）住房基金。

（10）社会保障基金。

（11）收入汇缴资金和业务支出资金。

（12）党、团、工会设在单位的组织机构经费。

（13）其他需要专项管理和使用的资金。

3．开户证明文件

存款人申请开立专用存款账户，应向银行出具其开立基本存款账户规定的证明文件、基本存款账户开户许可证和下列证明文件。

（1）基本建设资金、更新改造资金、政策性房地产开发资金、住房基金、社会保障基金，应出具主管部门批文。

（2）粮、棉、油收购资金，应出具主管部门批文。

（3）单位银行卡备用金，应按照中国人民银行批准的银行卡章程的规定出具有关证明和资料。

（4）证券交易结算资金，应出具证券公司或证券管理部门的证明。

（5）期货交易保证金，应出具期货公司或期货管理部门的证明。

（6）收入汇缴资金和业务支出资金，应出具基本存款账户存款人有关的证明。

（7）党、团、工会设在单位的组织机构经费，应出具该单位或有关部门的批文或证明。

（8）其他按规定需要专项管理和使用的资金，应出具有关法规、规章或政府部门的有关文件。

对于合格境外机构投资者在境内从事证券投资开立的人民币特殊账户和人民币结算资金账户，均纳入专用存款账户管理。其开立人民币特殊账户时应出具国家外汇管理部门的批复文件；开立人民币结算资金账户时，应出具证券管理部门的证券投资业务许可证。

4. 专用存款账户的使用

（1）单位银行卡账户的资金（备用金）必须由其基本存款账户转账存入。该账户不得办理现金收付业务。

（2）证券交易结算资金、期货交易保证金和信托基金专用存款账户不得支取现金。

（3）基本建设资金、更新改造资金、政策性房地产开发资金账户需要支取现金的，应在开户时报中国人民银行当地分支行批准。

（4）粮、棉、油收购资金，社会保障基金，住房基金和党、团、工会经费等专用存款账户支取现金应按照国家现金管理的规定办理。银行应按照国家对粮、棉、油收购资金使用管理的规定加强监督，不得办理不符合规定的资金收付和现金支取。

（5）收入汇缴资金和业务支出资金，是指基本存款账户存款人附属的非独立核算单位或派出机构发生的收入和支出的资金。收入汇缴账户除向其基本存款账户或预算外资金财政专用存款户划缴款项外，只收不付，不得支取现金。业务支出账户除从其基本存款账户拨入款项外，只付不收，其现金支取必须按照国家现金管理的规定办理。

（四）预算单位零余额账户

（1）预算单位使用财政性资金，应当按照规定的程序和要求，向财政部门提出设立零余额账户的申请，财政部门同意预算单位开设零余额账户后通知代理银行。

（2）代理银行根据《人民币银行结算账户管理办法》的规定，具体办理开设预算单位零余额账户业务，并将所开账户的开户银行名称、账号等详细情况书面报告财政部门和中国人民银行，并由财政部门通知一级预算单位。

（3）预算单位根据财政部门的开户通知，具体办理预留印鉴手续。印鉴卡内容如有变动，预算单位应及时通过一级预算单位向财政部门提出变更申请，办理印鉴卡更换手续。

（4）一个基层预算单位开设一个零余额账户。

（5）预算单位零余额账户用于财政授权支付，可以办理转账、提取现金等结算业务，可以向本单位按账户管理规定保留的相应账户划拨工会经费、住房公积金及提租补贴，以及财政部门批准的特殊款项，不得违反规定向本单位其他账户和上级主管单位及所属下级单位账户划拨资金。

（五）临时存款账户

1. 临时存款账户的概念

临时存款账户是指存款人因临时需要并在规定期限内使用而开立的银行结算账户。

2. 适用范围

（1）设立临时机构，例如，工程指挥部、筹备领导小组、摄制组等。

（2）异地临时经营活动，例如，建筑施工及安装单位等在异地的临时经营活动。

（3）注册验资、增资。

（4）军队、武警单位承担基本建设或者异地执行作战、演习、抢险救灾、应对突发事件等临时任务。

3．开户证明文件

（1）临时机构，应出具其驻在地主管部门同意设立临时机构的批文。

（2）异地建筑施工及安装单位，应出具其营业执照正本或其隶属单位的营业执照正本，以及施工及安装地建设主管部门核发的许可证或建筑施工及安装合同。外国及港、澳、台建筑施工及安装单位，应出具行业主管部门核发的资质准入证明。

（3）异地从事临时经营活动的单位，应出具其营业执照正本以及临时经营地工商行政管理部门的批文。

（4）境内单位在异地从事临时活动的，应出具政府有关部门批准其从事该项活动的证明文件。

（5）境外（含港、澳、台地区）机构在境内从事经营活动的，应出具政府有关部门批准其从事该项活动的证明文件。

（6）军队、武警单位因执行作战、演习、抢险救灾、应对突发事件等任务需要开立银行账户时，开户银行应当凭军队、武警团级以上单位后勤（联勤）部门出具的批件或证明，先予开户并同时启用，后补办相关手续。

（7）注册验资资金，应出具工商行政管理部门核发的企业名称预先核准通知书或有关部门的批文。

（8）增资验资资金，应出具股东会或董事会决议等证明文件。

上述第（2）、（3）、（4）、（8）项还应出具基本存款账户开户许可证，外国及港、澳、台地区建筑施工及安装单位除外。

4．临时存款账户的使用

临时存款账户用于办理临时机构以及存款人临时经营活动发生的资金收付。临时存款账户应根据有关开户证明文件确定的期限或存款人的需要确定其有效期限，最长不得超过2年。临时存款账户支取现金，应按照国家现金管理的规定办理。注册验资的临时存款账户在验资期间只收不付。

（六）个人银行结算账户

1．个人银行结算账户的概念

个人银行结算账户是指存款人因投资、消费、结算等需要而凭个人身份证件以自然人名称开立的银行结算账户。个人银行账户分为Ⅰ类银行账户、Ⅱ类银行账户和Ⅲ类银行账户（以下分别简称"Ⅰ类户、Ⅱ类户和Ⅲ类户"）。银行可通过Ⅰ类为存款人提供存款、购买投资理财产品等金融产品、转账、消费和缴费支付、支取现金等服务。Ⅱ类户可以办理存款、购买投资理财产品等金融产品、限额消费和缴费、限额向非绑定账户转出资金业务，可以配发银行卡实体卡片。经银行柜面、自助设备加以银行工作人员现场面对面确认身份的Ⅱ类户，还可以办理存取现金、非绑定账户资金转入业务。非绑定账户转入资金、存入现金日累计限额合计为1万元、年累计限额合计为20万元；消费和缴费、向非绑定账户转出资金、取出现金日累计限额合计为1万元、年累计限额合计为20万元。银行可以向Ⅱ类户发放本银行贷款资金并通过Ⅱ类户还款，发放贷款和贷款资金归还，不受转账限额规定。Ⅲ类户可以办理限额消费和缴费、限额向非绑定账户转出资金业务。经银行柜面、自助设备加以银行工作人员现场面对面确认身份的Ⅲ类户，还可以办理非绑定账户资金转入业务。其中，Ⅲ类户账户余额不得超过1 000元；非绑定账户资金转入日累计限额为5 000元、年累计限额为10万元；消费和缴费支付、向非绑定账户转出资金日累计限额合计为5 000元、年累计限额合计为10万元。

2. 开户方式

（1）柜面开户。通过柜面受理银行账户开户申请的，银行可为开户申请人开立Ⅰ类户、Ⅱ类户和Ⅲ类户。

（2）自助机具开户。通过远程视频柜员机和智能柜员机等自助机具受理银行账户开户申请，银行工作人员现场核验开户申请人身份信息的，银行可为其开立Ⅰ类户；银行工作人员未现场核验开户申请人身份信息的，银行可为其开立Ⅱ类户或Ⅲ类户。

（3）电子渠道开户。通过网上银行和手机银行等电子渠道受理银行账户开户申请的，银行可为开户申请人开立Ⅱ类户或Ⅲ类户。银行通过电子渠道非面对面为个人开立Ⅱ类户或Ⅲ类户时，应当向绑定账户开户行验证Ⅱ类户或Ⅲ类户与绑定账户为同一人开立，绑定账户为本人Ⅰ类户或者信用卡账户，不得绑定非银行支付机构开立的支付账户进行身份验证。开户时，银行应当要求开户申请人登记验证的手机号码与绑定账户使用的手机号码保持一致。

开户申请人开立个人银行账户或者办理其他个人银行账户业务，原则上应当由开户申请人本人亲自办理；符合条件的，可以由他人代理办理。他人代理开立个人银行账户的，代理人应出具代理人、被代理人的有效身份证件以及合法的委托书等。银行认为有必要的，应要求代理人出具证明代理关系的公证书。存款人开立代发工资、教育、社会保障（如社保、医保、军保）、公共管理（如公共事业、拆迁、捐助、助农扶农）等特殊用途个人银行账户时，可由所在单位代理办理。单位代理个人开立银行账户的，应提供单位证明材料、被代理人有效身份证件的复印件或影印件。单位代理开立的个人银行账户，在被代理人持本人有效身份证件到开户银行办理身份确认、密码设（重）置等激活手续前，该银行账户只收不付。无民事行为能力或限制民事行为能力的开户申请人，由法定代理人或者人民法院、有关部门依法指定的人员代理办理。因身患重病、行动不便、无自理能力等无法自行前往银行的存款人办理挂失、密码重置、销户等业务时，银行可采取上门服务方式办理，也可由配偶、父母或成年子女凭合法的委托书、代理人与被代理人的关系证明文件、被代理人所在社区居委会（村民委员会）及以上组织或县级以上医院出具的特殊情况证明代理办理。

3. 开户证明文件

根据个人银行账户实名制的要求，存款人申请开立个人银行账户时，应向银行出具本人有效身份证件，银行通过有效身份证件仍无法准确判断开户申请人身份的，应要求其出具辅助身份证明材料。

有效身份证件包括：

（1）在中华人民共和国境内已登记常住户口的中国公民为居民身份证；不满16周岁的，可以使用居民身份证或户口簿。

（2）香港、澳门特别行政区居民为港澳居民往来内地通行证。

（3）台湾地区居民为台湾居民来往大陆通行证。

（4）国外的中国公民为中国护照。

（5）外国公民为护照或者外国人永久居留证（外国边民，按照边贸结算的有关规定办理）。

（6）法律、行政法规规定的其他身份证明文件。

辅助身份证明材料包括但不限于：

（1）中国公民为户口簿、护照、机动车驾驶证、居住证、社会保障卡、军人和武装警察身份证件、公安机关出具的户籍证明、工作证。

（2）香港、澳门特别行政区居民为香港、澳门特别行政区居民身份证。

（3）台湾地区居民为在台湾居住的有效身份证明。

（4）定居国外的中国公民为定居国外的证明文件。

（5）外国公民为外国居民身份证、使领馆人员身份证件或者机动车驾驶证等其他带有照片的身份证件。

（6）完税证明、水电煤缴费单等税费凭证。

军人、武装警察尚未领取居民身份证的，除出具军人和武装警察身份证件外，还应出具军人保障卡或所在单位开具的尚未领取居民身份证的证明材料。

4．个人银行结算账户的使用

个人银行结算账户用于办理个人转账收付和现金存取。下列款项可以转入个人银行结算账户。

（1）工资、奖金收入。

（2）稿费、演出费等劳务收入。

（3）债券、期货、信托等投资的本金和收益。

（4）个人债权或产权转让收益。

（5）个人贷款转存。

（6）证券交易结算资金和期货交易保证金。

（7）继承、赠与款项。

（8）保险理赔、保费退还等款项。

（9）纳税退还。

（10）农、副、矿产品销售收入。

（11）其他合法款项。

单位从其银行结算账户支付给个人银行结算账户的款项，每笔超过5万元（不包含5万元）的，应向其开户银行提供下列付款依据。

（1）代发工资协议和收款人清单。

（2）奖励证明。

（3）新闻出版、演出主办等单位与收款人签订的劳务合同或支付给个人款项的证明。

（4）证券公司、期货公司、信托投资公司、奖券发行或承销部门支付或退还给自然人款项的证明。

（5）债权或产权转让协议。

（6）借款合同。

（7）保险公司的证明。

（8）税收征管部门的证明。

（9）农、副、矿产品购销合同。

（10）其他合法款项的证明。

从单位银行结算账户支付给个人银行结算账户的款项应纳税的，税收代扣单位付款时应向其开户银行提供完税证明。

当个人持出票人为单位的支票向开户银行委托收款，将款项转入其个人银行结算账户的，或个人持申请人为单位的银行汇票和银行本票向开户银行提示付款，将款项转入其个人银行结算账户的，个人应出具上述第（1）至（10）项中规定的有关收款依据。存款人应对其提供的收款依据或付款依据的真实性、合法性负责。

从单位银行结算账户向个人银行结算账户支付款项单笔超过5万元人民币时，付款单位若在付款用途栏或备注栏注明事由，可不再另行出具付款依据，但付款单位应对支付款项事由的真实性、合法性负责。

（七）异地银行结算账户

1．异地银行结算账户的概念

异地银行结算账户，是存款人在其注册地或住所地行政区域之外（跨省、市、县）开立的银行结算账户。

2．适用范围

（1）营业执照注册地与经营地不在同一行政区域（跨省、市、县）需要开立基本存款账户的。

（2）办理异地借款和其他结算需要开立一般存款账户的。

（3）存款人因附属的非独立核算单位或派出机构发生的收入汇缴或业务支出需要开立专用存款账户的。

（4）异地临时经营活动需要开立临时存款账户的。

（5）自然人根据需要在异地开立个人银行结算账户的。

3．开户证明文件

存款人需要在异地开立单位银行结算账户，除出具开立基本存款账户、一般存款账户、专用存款账户和临时存款账户规定的有关证明文件和基本存款账户开户许可证外，还应出具下列相应的证明文件。

（1）异地借款的存款人在异地开立一般存款账户的，应出具在异地取得贷款的借款合同。

（2）因经营需要在异地办理收入汇缴和业务支出的存款人在异地开立专用存款账户的，应出具隶属单位的证明。

存款人需要在异地开立个人银行结算账户，应出具在住所地开立账户所需的证明文件。

各类银行账户的相关规定见表4-1。

表4-1 银行结算账户的种类及其规定

账户的种类	使用范围	其他说明
基本存款账户	日常经营活动的资金收付及其工资、奖金和现金收取	一个单位只能开立一个基本存款账户
一般存款账户	办理存款人借款转存、借款归还和其他结算的资金收付	不得办理现金支取
专用存款账户	基本建设资金等需要专项管理和使用的资金	单位银行卡账户的资金必须由基本存款账户转入，该账户不得办理现金收付
预算单位零余额账户	用于财政授权支付，可以办理转账、提取现金等结算业务	一个基层预算单位开设一个零余额账户
临时存款账户	设立临时机构，异地临时经营活动	有效期最长不得超过2年

续表

账户的种类	使用范围	其他说明
个人银行结算账户	办理存款，购买金融产品，限额消费、缴费等业务	
异地银行结算账户	异地业务	

四、银行结算账户的管理

（一）银行结算账户的实名制管理

（1）存款人应以实名开立银行结算账户，并对其出具的开户（变更、撤销）申请资料实质内容的真实性负责，法律、行政法规另有规定的除外。

（2）存款人应按照账户管理规定使用银行结算账户办理结算业务，不得出租、出借银行结算账户，不得利用银行结算账户套取银行信用或进行洗钱活动。

（二）银行结算账户变更事项的管理

存款人申请临时存款账户展期，变更、撤销单位银行结算账户以及补（换）发开户许可证时，可由法定代表人或单位负责人直接办理，也可授权他人办理。由法定代表人或单位负责人直接办理的，除出具相应的证明文件外，还应出具法定代表人或单位负责人的身份证件；授权他人办理的，除出具相应的证明文件外，还应出具法定代表人或单位负责人的身份证件及其出具的授权书，以及被授权人的身份证件。

（三）存款人预留银行签章的管理

（1）单位遗失预留公章或财务专用章的，应向开户银行出具书面申请、开户许可证、营业执照等相关证明文件；更换预留公章或财务专用章时，应向开户银行出具书面申请、原预留公章或财务专用章等相关证明文件。单位存款人申请更换预留公章或财务专用章但无法提供原预留公章或财务专用章的，应向开户银行出具原印鉴卡片、开户许可证、营业执照正本、司法部门的证明等相关证明文件。单位存款人申请变更预留公章或财务专用章，可由法定代表人或单位负责人直接办理，也可授权他人办理。由法定代表人或单位负责人直接办理的，除出具相应的征明文件外，还应出具法定代表人或单位负责人的身份证件；授权他人办理的，除出具相应的证明文件外，还应出具法定代表人或单位负责人的身份证件及其出具的授权书，以及被授权人的身份证件。

（2）个人遗失或更换预留个人印章或更换签字人时，应向开户银行出具经签名确认的书面申请，以及原预留印章或签字人的个人身份证件。银行应留存相应的复印件，并凭此办理预留银行签章的变更。单位存款人申请更换预留个人签章，可由法定代表人或单位负责人直接办理，也可授权他人办理。由法定代表人或单位负责人直接办理的，应出具加盖该单位公章的书面申请以及法定代表人或单位负责人的身份证件。授权他人办理的，应出具加盖该单位公章的书面申请、法定代表人或单位负责人的身份证件及其出具的授权书、被授权人的身份证件。无法出具法定代表人或单位负责人的身份证件的，应出具加盖该单位公章的书面申请、该单位出具的授权书以及被授权人的身份证件。

（四）银行结算账户的对账管理

银行结算账户的存款人应与银行按规定核对账务。存款人收到对账单或对账信息后，应及时核对账务并在规定期限内向银行发出对账回单或确认信息。

第三节 票据

一、票据的概念与特征

（一）票据的含义和种类

票据的概念有广义和狭义之分，广义上的票据包括各种有价证券和凭证，如股票、企业债券、发票、提单等；狭义上的票据，即我国《票据法》中规定的"票据"，包括汇票、银行本票和支票，是指由出票人签发的、约定自己或者委托付款人在见票时或指定的日期向收款人或持票人无条件支付一定金额的有价证券。

（二）票据当事人

票据当事人是指在票据法律关系中享有票据权利、承担票据义务的当事人，也称票据法律关系主体。票据当事人分为基本当事人和非基本当事人。票据基本当事人是指在票据做成和交付时就已经存在的当事人，包括出票人、付款人和收款人三种。汇票和支票的基本当事人有出票人、收款人与付款人；本票的基本当事人有出票人与收款人。

1. 基本当事人

（1）出票人，是指依法定方式签发票据并将票据交付给收款人的人。银行汇票的出票人为银行；商业汇票的出票人为银行以外的企业和其他组织；银行本票的出票人为出票银行；支票的出票人，为在银行开立支票存款账户的企业、其他组织和个人。

（2）收款人，是指票据正面记载的到期后有权收取票据所载金额的人。

（3）付款人，是指由出票人委托付款或自行承担付款责任的人。商业承兑汇票的付款人是合同中应给付款项的一方当事人，也是该汇票的承兑人；银行承兑汇票的付款人是承兑银行；支票的付款人是出票人的开户银行；本票的付款人是出票人。

2. 非基本当事人

非基本当事人是指在票据做成并交付后，通过一定的票据行为加入票据关系而享有一定权利、承担一定义务的当事人，包括承兑人、背书人、被背书人、保证人等。

（1）承兑人，是指接受汇票出票人的付款委托，同意承担支付票款义务的人，是汇票主债务人。

（2）背书人与被背书人。背书人是指在转让票据时，在票据背面或粘单上签字或盖章，并将该票据交付给受让人的票据收款人或持有人。被背书人是指被记名受让票据或接受票据转让的人。背书后，被背书人成为票据新的持有人，享有票据的所有权利。

（3）保证人，是指为票据债务提供担保的人，由票据债务人以外的第三人担当。保证人在被保证人不能履行票据付款责任时，以自己的金钱履行票据付款义务，然后取得持票人的权利，向票据债务人追索。

（三）票据的特征和功能

1. 票据的特征

（1）票据是"完全有价证券"，即票据权利完全证券化，票据权利与票据本身融为一体、不可分离，也就是说，票据权利的产生、行使、转让和消灭都离不开票据。完全有价证券这一特征可以通过票据的"设权证券""提示证券""交付证券"和"缴回证券"等特征来体现。

首先，票据权利的产生必须通过做成票据，即必须通过票据行为——出票来创设，从这一意义上说，票据又是"设权证券"。

其次，票据权利的享有必须以占有票据为前提，为了证明占有的事实以行使票据权利，必须提示票据，从这一意义上说，票据又是"提示证券"。

再次，票据权利的转让必须交付票据，从这一意义上说，票据又是"交付证券"。

最后，票据权利实现之后，应将票据缴回付款人，付款人因付款而免责，以消灭票据权利义务关系或者付款人再行使追索权，从这一意义上说，票据又是"缴回证券"，被追索人清偿债务时，持票人应当交出票据和有关拒绝证明。

（2）票据是"文义证券"，即票据上的一切票据权利义务必须严格依照票据记载的文义而定，文义之外的任何理由、事项均不得作为根据，即使文义记载有错，也不得用票据之外的其他证明方法变更或补充。

（3）票据是"无因证券"，即票据如果符合《票据法》规定的条件，票据权利就成立，持票人不必证明取得票据的原因，仅以票据文义请求履行票据权利。但当票据债务人根据《票据法》第十二条的规定，认为持票人是以欺诈、偷盗或者胁迫等手段取得票据，或者明知有上述情形出于恶意取得票据，或者因为重大过失取得票据，持票人应当对自己持票的合法性负责举证。

（4）票据是"金钱债权证券"，即票据上体现的权利性质是财产权而不是其他权利，财产权的内容是请求支付一定的金钱而不是物品。

（5）票据是"要式证券"，即票据的制作、形式、文义都有规定的格式和要求，必须符合《票据法》的规定。

（6）票据是"流通证券"，即票据可以流通转让，只有流通转让，票据的功能才能充分发挥，衔接企业的产供销活动，畅通经济金融运行，因此，票据贵在流通。与一般财产权相比，票据权利的转让灵活简便，无须通知债务人，通过背书行为直接转让。

2. 票据的功能

（1）支付功能，即票据可以充当支付工具，代替现金使用。对于当事人来讲，用票据支付可以消除现金携带的不便，克服点钞的麻烦，节省计算现金的时间。

（2）汇兑功能，即票据可以代替货币在不同地方之间运送，方便异地之间的支付。如果异地之间使用大额货币，需要运送或携带，不仅费时费力，而且也不安全。拿着一张票据到异地支付，相对而言既安全又方便。

（3）信用功能，即票据当事人可以凭借自己的信誉，将未来才能获得的金钱作为现在的金钱来使用。例如，甲企业购买乙企业货物，甲企业暂时款项不足，便凭借自己的信誉签发了一张以"乙企业"为收款人、以自己的开户银行为付款人，约定3个月后付款的票据给乙企业。此时，甲企业实际上是将3个月后才能筹足的款项用于现在使用。

（4）结算功能，即债务抵销功能。简单的结算是互有债务的双方当事人各签发一张本票，待两张本票都到到期日可以相互抵销债务。若有差额，由一方以现金支付。

（5）融资功能，即融通资金或调度资金。票据的融资功能是通过票据的贴现、转贴现和再贴现实现的。

二、票据权利与责任

（一）票据权利的概念和分类

票据权利是指票据持票人向票据债务人请求支付票据金额的权利，包括付款请求权和追索权。

付款请求权是指持票人向汇票的承兑人、本票的出票人、支票的付款人出示票据要求付款的权利，是第一顺序权利。行使付款请求权的持票人可以是票据记载的收款人或最后的被背书人；担负付款义务的主要是主债务人。

票据追索权是指票据当事人行使付款请求权遭到拒绝或有其他法定原因存在时，向其前手请求偿还票据金额及其他法定费用的权利，是第二顺序权利。行使追索权的当事人除票据记载的收款人和最后被背书人外，还可能是代为清偿票据债务的保证人、背书人。

持票人可以不按照票据债务人的先后顺序，对其中任何一人、数人或者全体行使追索权。持票人对票据债务人中的一人或者数人已经进行追索的，对其他票据债务人仍可以行使追索权。被追索人清偿债务后，与持票人享有同一权利。

【例4-5·单选题】根据支付结算法律制度的规定，关于票据追索权行使的下列表述中，正确的是（　　）。

A．持票人不得在票据到期前追索

B．持票人应当向票据的出票人、背书人、承兑人和保证人同时追索

C．持票人在行使追索权时，应当提供被拒绝承兑或拒绝付款的有关证明

D．持票人应当按照票据的承兑人、背书人、保证人和出票人的顺序行使追索权

答案及解析：C。选项A，在票据到到期日前，出现特定情形的，持票人可以行使追索权；选项BD，持票人行使追索权，可以不按照票据债务人的先后顺序，对其中任何一人、数人或者全体行使追索权。

（二）票据权利的取得

1．基本规定

签发、取得和转让票据，应当遵守诚实信用的原则，具有真实的交易关系和债权债务关系。票据的取得，必须给付对价，即应当给付票据双方当事人认可的相对应的代价。但也有例外的情形，即如果是因为税收、继承、赠与可以依法无偿取得票据的，则不受给付对价的限制，但是所享有的票据权利不得优于其前手的权利。

2．取得票据享有票据权利的情形

（1）依法接受出票人签发的票据。

（2）依法接受背书转让的票据。

（3）因税收、继承、赠与可以依法无偿取得的票据。

取得票据不享有票据权利的情形。

（1）以欺诈、偷盗或者胁迫等手段取得票据的，或者明知有上述情形，出于恶意取得票据的。

（2）持票人因重大过失取得不符合《票据法》规定的票据的。

（三）票据权利的行使与保全

票据权利的行使，是指持票人请求票据的付款人支付票据金额的行为，例如，行使付款请求权以获得票款，行使追索权以请求清偿法定的金额和费用等。票据权利的保全，是指持票人为了防止票据权利的丧失而采取的措施，例如，依据《票据法》的规定，按照规定期限提示承兑、要求承兑人或付款人提供拒绝承兑或拒绝付款的证明以保全追索权等。

票据权利的保全行为大都又是票据权利的行使行为，所以《票据法》通常都将二者一并进行规定。票据权利行使和保全的方法通常包括"按期提示"和"依法证明"两种。"按期提示"是指要按照规定的期限向票据债务人提示票据，包括提示承兑或提示付款，以及时保全或行使追索权。例如，《票据法》第四十条规定，"汇票未按照规定期限提示承兑的，持票人丧失对其前手的追索权"；第七十九条规定，"本票的持票人未按照规定期限提示见票的，丧失对出票人以外的前手的追索权"。"依法证明"是指持票人为了证明自己曾经依法行使票据权利而遭拒绝或者根本无法行使票据权利而以法律规定的时间和方式取得相关的证据，例如，《票据法》第六十五条规定："持票人不能出示拒绝证明、退票理由书或者未按照规定期限提供其他合法证明的，丧失对其前手的追索权。"

对于票据权利行使和保全的地点和时间，《票据法》统一规定为："持票人对票据债务人行使票据权利，或者保全票据权利，应当在票据当事人的营业场所和营业时间内进行，票据当事人无营业场所的，应当在其住所进行。"

（四）票据权利丧失补救

票据丧失是指票据因灭失（如不慎被烧毁）、遗失（如不慎丢失）、被盗等原因而使票据权利人脱离其对票据的占有。票据一旦丧失，票据的债权人不采取措施补救就不能阻止债务人向拾获者履行义务，从而造成正当票据权利人经济上的损失，因此，需要进行票据丧失的补救。票据丧失后，可以采取挂失止付、公示催告和普通诉讼三种形式进行补救。

1. 挂失止付

挂失止付是指失票人将丧失票据的情况通知付款人或代理付款人，由接受通知的付款人或代理付款人审查后暂停支付的一种方式。只有确定付款人或代理付款人的票据丧失时才可进行挂失止付，具体包括已承兑的商业汇票、支票、填明"现金"字样和代理付款人的银行汇票以及填明"现金"字样的银行本票四种。挂失止付并不是票据丧失后采取的必经措施，而只是一种暂时的预防措施，最终要通过申请公示催告或提起普通诉讼来补救票据权利。具体程序为：

（1）申请。失票人需要挂失止付的，应填写挂失止付通知书并签章。挂失止付通知书应当记载下列事项：①票据丧失的时间、地点、原因。②票据的种类、号码、金额、出票日期、付款日期、付款人名称、收款人名称。③挂失止付人的姓名、营业场所或者住所以及联系方法。欠缺上述记载事项之一的，银行不予受理。

（2）受理。付款人或者代理付款人收到挂失止付通知书后，查明挂失票据确未付款时，应立即暂停支付。付款人或者代理付款人自收到挂失止付通知书之日起12日内没有收到人民法院的止付通知书的，自第13日起，不再承担止付责任，持票人提示付款即依法向持票人付款。付款人或者代理付款人在收到挂失止付通知书之前，已经向持票人付款的，不再承担责任。但是，付款人或者代理付款人以恶意或者重大过失付款的除外。

2．公示催告

公示催告是指在票据丧失后由失票人向人民法院提出申请，请求人民法院以公告方式通知不确定的利害关系人限期申报权利，逾期未申报者，则权利失效，而由法院通过除权判决宣告所丧失的票据无效的制度或程序。根据《票据法》的规定，失票人应当在通知挂失止付后的3日内，也可以在票据丧失后，依法向票据支付地人民法院申请公示催告。申请公示催告的主体必须是可以背书转让的票据的最后持票人。具体程序为：

（1）申请。失票人申请公示催告的，应填写公示催告申请书，申请书应当载明下列内容：①票面金额。②出票人、持票人、背书人。③申请的理由、事实。④通知票据付款人或者代理付款人挂失止付的时间。⑤付款人或者代理付款人的名称、通信地址、电话号码等。

（2）受理。人民法院决定受理公示催告申请，应当同时通知付款人及代理付款人停止支付，并自立案之日起3日内发出公告，催促利害关系人申报权利。付款人或者代理付款人收到人民法院发出的止付通知，应当立即停止支付，直至公示催告程序终结，非经发出止付通知的人民法院许可，擅自解付的，不得免除票据责任。例如，某基层法院在人民法院报上刊登一则公示催告，公告甲银行网点承兑的一张200万元的银行承兑汇票丢失，公告期间为2016年7月1日至9月1日；6月3日，该网点突然收到异地乙银行网点发来的该银行承兑汇票的委托收款，此时由于恰好在公示催告期间，甲银行网点不能对委托收款发来的银行承兑汇票付款，只能根据法院的止付通知要求拒绝付款。

（3）公告。人民法院决定受理公示催告申请后发布的公告应当在全国性的报刊上登载。公示催告的期间，国内票据自公告发布之日起60日，涉外票据可根据具体情况适当延长，但最长不得超过90日。在公示催告期间，转让票据权利的行为无效，以公示催告的票据质押、贴现，因质押、贴现而接受该票据的持票人主张票据权利的，人民法院不予支持，但公示催告期间届满以后人民法院做出除权判决以前取得该票据的除外。

（4）判决。利害关系人应当在公示催告期间向人民法院申报。人民法院收到利害关系人的申报后，应当裁定终结公示催告程序，并通知申请人和支付人。申请人或者申报人可以向人民法院起诉，以主张自己的权利。没有人申报的，人民法院应当根据申请人的申请，做出除权判决，宣告票据无效。判决应当公告，并通知支付人。自判决公告之日起，申请人有权向支付人请求支付。利害关系人因正当理由不能在判决前向人民法院申报的，自知道或者应当知道判决公告之日起1年内，可以向做出判决的人民法院起诉。

3．普通诉讼

普通诉讼是指丧失票据的人为原告，以承兑人或出票人为被告，请求法院判决其向失票人付款的诉讼活动。如果与票据上的权利有利害关系的人是明确的，无须公示催告。可按一般的票据纠纷向法院提起诉讼。

【例4-6·单选题】根据支付结算法律制度的规定，下列关于公示催告的表述中，不正确的是（　　）。

A．利害关系人应当在公示催告期间向人民法院申报，人民法院收到利害关系人的申报后，应当裁定终结公示催告程序，并通知申请人和付款人

B．公示催告期间届满以后，没有人申报的，人民法院应当根据申请人的申请，做出除权判决，宣告票据无效

C．判决应当公告，并通知支付人，自判决公告之日起，申请人有权向支付人请求支付

D．利害关系人因正当理由不能在判决前向人民法院申报的，自知道或者应当知道判决公告之日

起2年内，可以向做出判决的人民法院起诉

答案及解析：D。利害关系人因正当理由不能在判决前向人民法院申报的，自知道或者应当知道判决公告之日起1年内，可以向做出判决的人民法院起诉。

（五）票据权利时效

票据权利时效是指票据权利在时效期间内不行使，即引起票据权利丧失。《票据法》根据不同情况，将票据权利时效划分为2年、6个月、3个月。《票据法》规定，票据权利在下列期限内不行使而消灭。

（1）持票人对票据的出票人和承兑人的权利自票据到期日起2年。见票即付的汇票、本票自出票日起2年。

（2）持票人对支票出票人的权利，自出票日起6个月。

在这里，持票人对出票人和承兑人的权利，包括付款请求权和追索权。之所以规定支票的权利时效短于其他票据，是因为支票主要是一种短期支付工具，其权利的行使以迅速为宜，规定较短的时效，可以督促权利人及时行使票据权利。

（3）持票人对前手的追索权，自被拒绝承兑或者被拒绝付款之日起6个月。

（4）持票人对前手的再追索权，自清偿日或者被提起诉讼之日起3个月。

追索权的行使以获得拒绝付款证明或退票理由书等有关证明为前提。为了督促持票人及时获得这些证明，尽可能地在短期内结清因拒绝承兑或拒绝付款而产生的债务关系，从速实现持票人的票据权利，加快债权债务关系的清偿速度，促进社会经济关系的稳定，追索权的行使应当迅速及时，因此，《票据法》对于追索权规定了较短的时效。

如果持票人因超过票据权利时效或者因票据记载事项欠缺而丧失票据权利的，《票据法》为了保护持票人的合法权益，规定其仍享有民事权利，可以请求出票人或者承兑人返还其与未支付的票据款金额相当的利益。

【例4-7·单选题】根据《票据法》的规定，下列选项中，属于票据权利消灭的情形是（　　）。

A. 持票人对前手的再追索权，自清偿日或者被提起诉讼之日起1个月未行使

B. 持票人对前手的首次追索权，在被拒绝承兑或者被拒绝付款之日起3个月未行使

C. 持票人对支票出票人的权利，自出票日起3个月未行使

D. 持票人对本票出票人的权利，自票据出票日起3年未行使

答案及解析：D。本票持票人的票据权利自出票日起2年内不行使而消灭。

（六）票据责任

票据责任是指票据债务人向持票人支付票据金额的义务。实务中，票据债务人承担票据义务一般有四种情况：一是汇票承兑人因承兑而应承担付款义务；二是本票出票人因出票而承担自己付款的义务；三是支票付款人在与出票人有资金关系时承担付款义务；四是汇票、本票、支票的背书人，汇票、支票的出票人、保证人，在票据不获承兑或不获付款时的付款清偿义务。

1. 提示付款

持票人应当按照下列期限提示付款。

（1）见票即付的票据，自出票日起1个月内向付款人提示付款。

（2）定日付款、出票后定期付款或者见票后定期付款的票据，自到期日起10日内向承兑人提示

付款。持票人未按照规定期限提示付款的，在做出说明后，承兑人或者付款人仍应当继续对持票人承担付款责任。通过委托收款银行或者通过票据交换系统向付款人提示付款的，视同持票人提示付款。

2. 付款人付款

持票人依照规定提示付款的，付款人必须在当日足额付款。付款人及其代理付款人付款时，应当审查票据背书的连续，并审查提示付款人合法身份证明或者有效证件。票据金额为外币的，按照付款日的市场汇价，以人民币支付。票据当事人对票据支付的货币种类另有约定的，从其约定。

3. 拒绝付款

如果存在背书不连续等合理事由，票据债务人可以对票据债权人拒绝履行义务，这就是所谓的票据"抗辩"。票据债务人可以对不履行约定义务的与自己有直接债权债务关系的持票人进行抗辩但不得以自己与出票人或者与持票人的前手之间的抗辩事由，对抗持票人。当然，若持票人明知存在抗辩事由而取得票据的除外。

4. 获得付款

持票人获得付款的，应当在票据上签收，并将票据交给付款人。持票人委托银行收款的，受委托的银行将代收的票据金额转账收入持票人账户，视同签收。电子商业汇票的持票人可委托接入机构即银行代为发出提示付款、逾期提示付款行为申请。

5. 相关银行的责任

持票人委托的收款银行的责任，限于按照票据上记载事项将票据金额转入持票人账户。付款人委托的付款银行的责任，限于按照票据上记载事项从付款人账户支付票据金额。付款人及其代理付款人以恶意或者有重大过失付款的，应当自行承担责任。对定日付款、出票后定期付款或者见票后定期付款的票据，付款人在到期日前付款的，由付款人自行承担所产生的责任。

6. 票据责任解除

付款人依法定额付款后，全体票据债务人的责任解除。

三、票据行为

票据行为是指票据当事人以发生票据债务为目的的、以在票据上签名或盖章为权利义务成立要件的法律行为。票据行为包括出票、背书、承兑和保证。

（一）出票

1. 出票的概念

出票是指出票人签发票据并将其交付给收款人的票据行为。出票包括两个行为：一是出票人依照《票据法》的规定做成票据，即在原始票据上记载法定事项并签章；二是交付票据，即将做成的票据交付给他人占有。这两者缺一不可。

2. 出票的基本要求

出票人必须与付款人具有真实的委托付款关系，并且具有支付票据金额的可靠资金来源，不得签发无对价的票据用以骗取银行或者其他票据当事人的资金。

3. 票据的记载事项

出票人和其他票据行为当事人在票据上的记载事项必须符合《票据法》等的规定。所谓票据记载事项是指依法在票据上记载的票据相关内容。票据记载事项一般分为必须记载事项、相对记载事项、任意记载事项和记载不产生票据法上效力的事项等。

必须记载事项，也称必要记载事项，是指《票据法》明文规定必须记载的，如不记载，票据行为即为无效的事项。

相对记载事项是指除了必须记载事项外，《票据法》规定的其他应记载的事项，这些事项如果未记载，由法律另作相应规定予以明确，并不影响票据的效力。例如，《票据法》规定背书由背书人签章并记载背书日期。背书未记载日期的，视为在票据到期日前背书。这里的"背书日期"就属于相对记载事项；未记载背书日期的，《票据法》视同背书日期为"到期日前"。

任意记载事项是指《票据法》不强制当事人必须记载而允许当事人自行选择，不记载时不影响票据效力，记载时则产生票据效力的事项。如出票人在汇票记载"不得转让"字样的，汇票不得转让，其中的"不得转让"事项即为任意记载事项。

记载不产生《票据法》上的效力的事项是指除了必须记载事项、相对记载事项、任意记载事项外，票据上还可以记载其他一些事项，但这些事项不具有票据效力，银行不负审查责任。如《票据法》第二十四条规定："汇票上可以记载本法规定事项以外的其他出票事项，但是该记载事项不具有汇票上的效力。"

4. 出票的效力

票据出票人制作票据，应当按照法定条件在票据上签章，并按照所记载的事项承担票据责任。出票人签发票据后，即承担该票据承兑或付款的责任。出票人在票据得不到承兑或者付款时，应当向持票人清偿《票据法》第七十条、第七十一条规定的金额和费用（具体见后文票据追索的内容）。

（二）背书

1. 概念和种类

背书是在票据背面或者粘单上记载有关事项并签章的行为。以背书的目的为标准，将背书分为转让背书和非转让背书。转让背书是指以转让票据权利为目的的背书；非转让背书是指以授予他人行使一定的票据权利为目的的背书。非转让背书包括委托收款背书和质押背书。

委托收款背书是背书人委托被背书人行使票据权利的背书。委托收款背书的被背书人有权代背书人行使被委托的票据权利。但是，被背书人不得再以背书转让票据权利。质押背书是以担保债务而在票据上设定质权为目的的背书。被背书人依法实现其质权时，可以行使票据权利。

2. 背书记载事项

背书由背书人签章并记载背书日期。背书未记载日期的，视为在票据到期日前背书。以背书转让或者以背书将一定的票据权利授予他人行使时，必须记载被背书人名称。背书人未记载被背书人名称即将票据交付他人的，持票人在票据被背书人栏内记载自己的名称与背书人记载具有同等法律效力。

委托收款背书应记载"委托收款"字样、被背书人和背书人签章。质押背书应记载"质押"字样、质权人和出质人签章。

票据凭证不能满足背书人记载事项的需要，可以加附粘单，粘附于票据凭证上。粘单上的第一记载人，应当在票据和粘单的粘接处签章。

3. 背书效力

背书人以背书转让票据后，即承担保证其后手所持票据承兑和付款的责任。

以背书转让的票据，背书应当连续。持票人以背书的连续，证明其票据权利；非经背书转让，而以其他合法方式取得票据的，依法举证，证明其票据权利。

背书连续，是指在票据转让中，转让票据的背书人与受让票据的被背书人在票据上的签章依次前后衔接。具体来说，第一背书人为票据收款人，最后持票人为最后背书的被背书人，中间的背书人为前手背书的被背书人。

4．背书特别规定

包括条件背书、部分背书、限制背书和期后背书。条件背书是指背书附有条件，背书时附有条件的，所附条件不具有票据上的效力。部分背书是指将票据金额的一部分转让的背书或者将票据金额分别转让给两人以上的背书，部分背书属于无效背书。限制背书是指记载了"不得转让"，此时票据不得转让，例如出票人记载"不得转让"的，票据不得背书转让；背书人在票据上记载"不得转让"字样，其后手再背书转让的，原背书人对后手的被背书人不承担保证责任。期后背书是指票据被拒绝承兑、被拒绝付款或者超过付款提示期限的，不得背书转让；背书转让的，背书人应当承担票据责任。

【例4-8·单选题】根据支付结算法律制度的规定，关于票据背书效力的下列表述中，不正确的是（　　）。

A．背书人在票据上记载"不得转让"字样，其后手再背书转让的，原背书人对后手的背书人不承担保证责任

B．背书附有条件的，所附条件不具有票据上的效力

C．背书人背书转让票据后，即承担保证其后手所得票据承兑和付款的责任

D．背书未记载日期的，属于无效背书

答案：D。

（三）承兑

1．承兑的概念

承兑是指汇票付款人承诺在汇票到期日支付汇票金额并签章的行为，仅适用于商业汇票。

2．承兑程序包括提示承兑、受理承兑、记载承兑事项等

（1）提示承兑是指持票人向付款人出示汇票，并要求付款人承诺付款的行为。定日付款或者出票后定期付款的汇票，持票人应当在汇票到期日前向付款人提示承兑。见票后定期付款的汇票，持票人应当自出票日起1个月内向付款人提示承兑。汇票未按照规定期限提示承兑的，持票人丧失对其前手的追索权。

（2）受理承兑。付款人收到持票人提示承兑的汇票时，应当向持票人签发收到汇票的回单。回单上应当记明汇票提示承兑日期并签章。付款人对向其提示承兑的汇票，应当自收到提示承兑的汇票之日起3日内承兑或者拒绝承兑。

（3）记载承兑事项，付款人承兑汇票的，应当在汇票正面记载"承兑"字样和承兑日期并签章；见票后定期付款的汇票，应当在承兑时记载付款日期。汇票上未记载承兑日期的，应当以收到提示承兑的汇票之日起3日内的最后一日为承兑日期。

（4）承兑效力。付款人承兑汇票，不得附有条件；承兑附有条件的，视为拒绝承兑。付款人承兑汇票后，应当承担到期付款的责任。

【例4-9·单选题】甲公司于2014年8月5日向乙公司签发了一张见票后3个月付款的银行承兑汇

票，根据票据法律制度的规定，乙公司应于规定时间前向付款人提示承兑。该时间为（　　）。

A．2014年9月5日　　　　　　　　　　B．2014年9月15日

C．2014年10月5日　　　　　　　　　　D．2014年11月15日

答案及解析：A。见票后定期付款的汇票，持票人应当自出票日起1个月内向付款人提示承兑。

【例4-10·单选题】根据支付结算法律制度的规定，持票人取得的下列票据中，须向付款人提示承兑的是（　　）。

A．丙公司取得的由P银行签发的一张银行本票

B．戊公司向Q银行申请签发的一张银行汇票

C．乙公司收到的由甲公司签发的一张支票

D．丁公司收到的一张见票后定期付款的商业汇票

答案及解析：D。提示承兑仅限于商业汇票。

（四）保证

1. 保证的概念

保证是指票据债务人以外的人，为担保特定债务人履行票据债务而在票据上记载有关事项并签章的行为。

国家机关、以公益为目的的事业单位、社会团体、企业法人的分支机构和职能部门作为票据保证人的，票据保证无效，但经国务院批准为使用外国政府或者国际经济组织贷款进行转贷，国家机关提供票据保证的，以及企业法人的分支机构在法人书面授权范围内提供票据保证的除外。

2. 保证的记载事项

保证人必须在票据或者粘单上记载下列事项：表明"保证"的字样；保证人名称和住所；被保证人的名称；保证日期；保证人签章。

保证人在票据或者粘单上未记载"被保证人名称"的，已承兑的票据，承兑人为被保证人；未承兑的票据，出票人为被保证人。保证人在票据或者粘单上未记载"保证日期"的，出票日期为保证日期。

3. 保证责任的承担

被保证的票据，保证人应当与被保证人对持票人承担连带责任。票据到期后得不到付款的，持票人有权向保证人请求付款，保证人应当足额付款。保证人为两人以上的，保证人之间承担连带责任。

4. 保证效力

保证人对合法取得票据的持票人所享有的票据权利，承担保证责任。但是，被保证人的债务因票据记载事项欠缺而无效的除外。保证不得附有条件；附有条件的，不影响对票据的保证责任。保证人清偿票据债务后，可以行使持票人对被保证人及其前手的追索权。

四、票据追索

（一）票据追索适用的情形

票据追索适用于两种情形，分别为到期后追索和到期前追索。

到期后追索，是指票据到期被拒绝付款的，持票人对背书人、出票人以及票据的其他债务人行

使的追索。

到期前追索，是指票据到期日前，持票人对下列情形之一行使的追索。

（1）汇票被拒绝承兑的。

（2）承兑人或者付款人死亡、逃匿的。

（3）承兑人或者付款人被依法宣告破产的或者因违法被责令终止业务活动的。

（二）被追索人的确定

票据的出票人、背书人、承兑人和保证人对持票人承担连带责任，持票人行使追索权，可以不按照票据债务人的先后顺序，对其中任何一人、数人或者全体行使追索权。持票人对票据债务人中的一人或者数人已经进行追索的，对其他票据债务人仍可以行使追索权。

（三）追索的内容

1. 持票人行使追索权

可以请求被追索人支付下列金额和费用。

（1）被拒绝付款的票据金额。

（2）票据金额自到期日或者提示付款日起至清偿日止，按照中国人民银行规定的利率计算的利息。

（3）取得有关拒绝证明和发出通知书的费用。被追索人清偿债务时，持票人应当交出票据和有关拒绝证明，并出具所收到利息和费用的收据。

2. 行使再追索权

被追索人依照前述规定清偿后，可以向其他票据债务人行使再追索权，请求其他票据债务人支付下列金额和费用。

（1）已清偿的全部金额。

（2）前项金额自清偿日起至再追索清偿日止，按照中国人民银行规定的利率计算的利息。

（3）发出通知书的费用。行使再追索权的被追索人获得清偿时，应当交出票据和有关拒绝证明，并出具所收到利息和费用的收据。

（四）追索权的行使

1. 获得有关证明

持票人行使追索权时，应当提供被拒绝承兑或者拒绝付款的有关证明。持票人提示承兑或者提示付款被拒绝的，承兑人或者付款人必须出具拒绝证明，或者出具退票理由书。未出具拒绝证明或者退票理由书的，应当承担由此产生的民事责任。其中"拒绝证明"应当包括下列事项。

（1）被拒绝承兑、付款的票据的种类及其主要记载事项。

（2）拒绝承兑、付款的事实依据和法律依据。

（3）拒绝承兑、付款的时间。

（4）拒绝承兑人、拒绝付款人的签章。

"退票理由书"应当包括下列事项。

（1）所退票据的种类。

（2）退票的事实依据和法律依据。

（3）退票时间。

（4）退票人签章。

持票人因承兑人或者付款人死亡、逃匿或者其他原因，不能取得拒绝证明的，可以依法取得其他有关证明，包括医院或者有关单位出具的承兑人、付款人死亡的证明；司法机关出具的承兑人、付款人逃匿的证明；公证机关出具的具有拒绝证明效力的文书。

承兑人或者付款人被人民法院依法宣告破产的，人民法院的有关司法文书具有拒绝证明的效力。承兑人或者付款人因违法被责令终止业务活动的，有关行政主管部门的处罚决定具有拒绝证明的效力。

持票人不能出示拒绝证明、退票理由书或者未按照规定期限提供其他合法证明的，丧失对其前手的追索权。但是，承兑人或者付款人仍应当对持票人承担责任。

2．行使追索

持票人应当自收到被拒绝承兑或者被拒绝付款的有关证明之日起3日内，将被拒绝事由书面通知其前手；其前手应当自收到通知之日起3日内书面通知其再前手。持票人也可以同时向各票据债务人发出书面通知，该书面通知应当记明汇票的主要记载事项，并说明该汇票已被退票。

未按照规定期限通知的，持票人仍可以行使追索权。因延期通知给其前手或者出票人造成损失的，由没有按照规定期限通知的票据当事人，承担对该损失的赔偿责任，但是所赔偿的金额以汇票金额为限。在规定期限内将通知按照法定地址或者约定的地址邮寄的，视为已经发出通知。

（五）追索的效力

被追索人依照规定清偿债务后，其责任解除。与持票人享有同一权利。

五、银行汇票

（一）银行汇票的概念和适用范围

银行汇票是出票银行签发的，由其在见票时按照实际结算金额无条件支付给收款人或者持票人的票据。出票银行为银行汇票的付款人。银行汇票可以用于转账，填明"现金"字样的银行汇票也可以用于支取现金。单位和个人各种款项结算，均可使用银行汇票，如图4-1、图4-2所示。

（二）银行汇票的出票

1．申请

申请人使用银行汇票，应向出票银行填写"银行汇票申请书"，填明收款人名称、汇票金额、申请人名称、申请日期等事项并签章，签章为其预留银行的签章。申请人和收款人均为个人，需要使用银行汇票向代理付款人支取现金的，申请人须在"银行汇票申请书"上填明代理付款人名称，在"出票金额"栏先填写"现金"字样，后填写汇票金额。申请人或者收款人为单位的，不得在"银行汇票申请书"上填明"现金"字样。

2．签发并交付

出票银行受理银行汇票申请书，收妥款项后签发银行汇票，并将银行汇票和解讫通知一并交给申请人。签发银行汇票必须记载下列事项：表明"银行汇票"的字样；无条件支付的承诺；出票金额；付款人名称；收款人名称；出票日期；出票人签章。欠缺记载上列事项之一的，银行汇票无效。

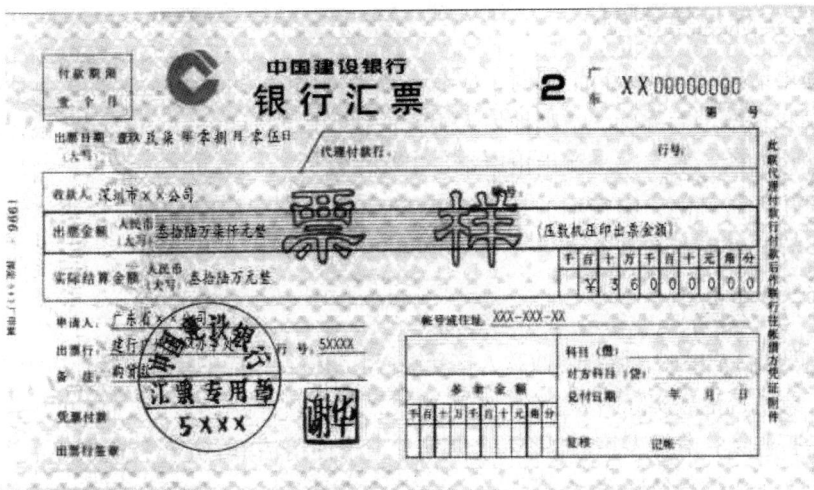

图4-1 银行汇票（票样）

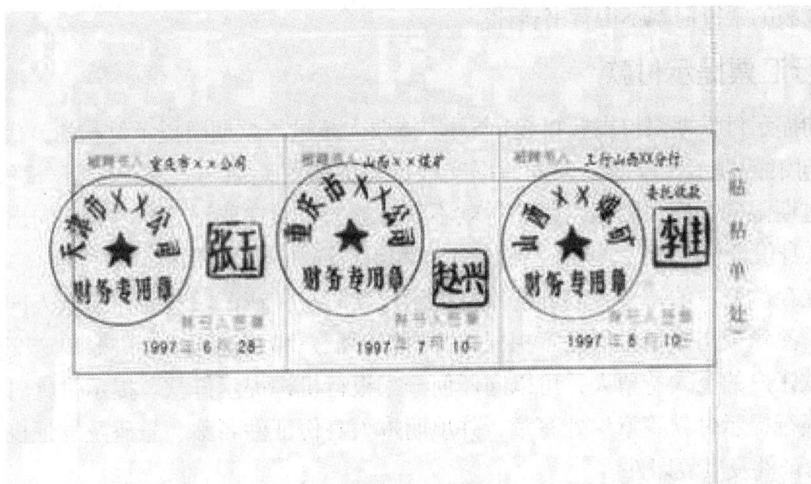

图4-2 银行汇票背书

签发现金银行汇票，申请人和收款人必须均为个人，收妥申请人交存的现金后，在银行汇票"出票金额"栏先填写"现金"字样，后填写出票金额，并填写代理付款人名称。申请人或者收款人为单位的，银行不得为其签发现金银行汇票。

申请人应将银行汇票和解讫通知一并交付给汇票上记明的收款人。收款人受理银行汇票时，应审查下列事项。

（1）银行汇票和解讫通知是否齐全、汇票号码和记载的内容是否一致。

（2）收款人是否确为本单位或本人。

（3）银行汇票是否在提示付款期限内。

（4）必须记载的事项是否齐全。

（5）出票人签章是否符合规定，大小写出票金额是否一致。

（6）出票金额、出票日期、收款人名称是否更改，更改的其他记载事项是否由原记载人签章证明。

（三）填写实际结算金额

收款人受理申请人交付的银行汇票时，应在出票金额以内，根据实际需要的款项办理结算，并将实际结算金额和多余金额准确、清晰地填入银行汇票和解讫通知的有关栏内。银行汇票的实际结算金额低于出票金额的，其多余金额由出票银行退还申请人。未填明实际结算金额和多余金额或实际结算金额超过出票金额的，银行不予受理。银行汇票的实际结算金额一经填写不得更改，更改实际结算金额的银行汇票无效。

（四）银行汇票背书

被背书人受理银行汇票时，除按照收款人接受银行汇票进行相应的审查外，还应审查下列事项。

（1）银行汇票是否记载实际结算金额，有无更改，其金额是否超过出票金额。

（2）背书是否连续，背书人签章是否符合规定，背书使用粘单的是否按规定签章。

（3）背书人为个人的身份证件。

银行汇票的背书转让以不超过出票金额的实际结算金额为准。未填写实际结算金额或实际结算金额超过出票金额的银行汇票不得背书转让。

（五）银行汇票提示付款

银行汇票的提示付款期限自出票日起1个月。持票人超过付款期限提示付款的，代理付款人不予受理。持票人向银行提示付款时，须同时提交银行汇票和解讫通知，缺少任何一联，银行不予受理。持票人超过期限向代理付款银行提示付款不获付款的，须在票据权利时效内向出票银行做出说明，并提供本人身份证件或单位证明，持银行汇票和解讫通知向出票银行请求付款。

在银行开立存款账户的持票人向开户银行提示付款时，应在汇票背面"持票人向银行提示付款签章"处签章，签章须与预留银行签章相同，并将银行汇票和解讫通知、进账单送交开户银行。未在银行开立存款账户的个人持票人，可以向任何一家银行机构提示付款。提示付款时，应在汇票背面"持票人向银行提示付款签章"处签章，并填明本人身份证件名称、号码及发证机关，由其本人向银行提交身份证件及其复印件。

（六）银行汇票退款和丧失

申请人因银行汇票超过付款提示期限或其他原因要求退款时，应将银行汇票和解讫通知同时提交到出票银行。申请人为单位的，应出具该单位的证明；申请人为个人的，应出具该个人本人的身份证件。对于代理付款银行查询的要求退款的银行汇票，应在汇票提示付款期满后方能办理退款。出票银行对于转账银行汇票的退款，只能转入原申请人账户；对于符合规定填明"现金"字样银行汇票的退款，才能退付现金。申请人缺少解讫通知要求退款的，出票银行应于银行汇票提示付款期满1个月后办理。

银行汇票丧失，失票人可以凭人民法院出具的其享有票据权利的证明，向出票银行请求付款或退款。

六、商业汇票

（一）商业汇票的概念、种类和适用范围

商业汇票是出票人签发的，委托付款人在指定日期无条件支付确定的金额给收款人或者持票人的票据。商业汇票按照承兑人的不同分为商业承兑汇票和银行承兑汇票，如图4-3、图4-4、图4-5所

示。银行承兑汇票由银行承兑，商业承兑汇票由银行以外的付款人承兑。电子商业汇票是指出票人依托人民银行电子商业汇票系统，以数据电文形式制作的，委托付款人在指定日期无条件支付确定的金额给收款人或者持票人的票据。电子银行承兑汇票由银行业金融机构、财务公司承兑；电子商业承兑汇票由金融机构以外的法人或其他组织承兑商业汇票的付款人为承兑人，在银行开立存款账户的法人及其他组织之间的结算，才能使用商业汇票。

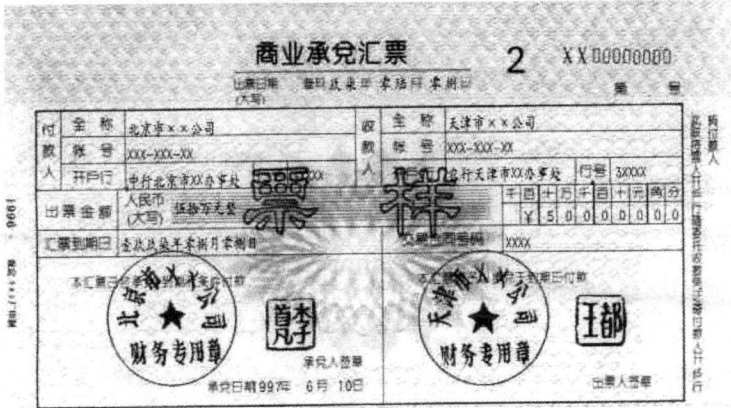

图4-3　商业承兑汇票（票样）

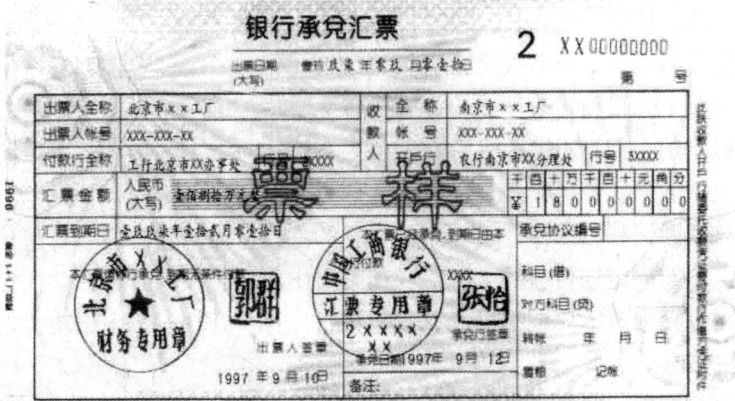

图4-4　银行承兑汇票（票样）

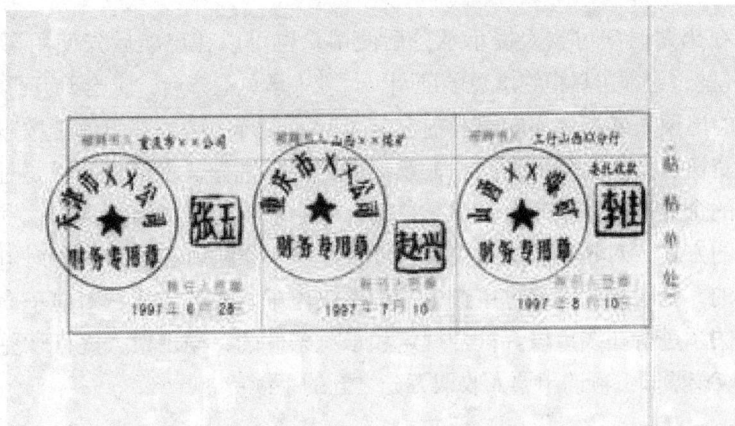

图4-5　银行承兑汇票背书转让（票样）

（二）商业汇票的出票

1. 出票人的资格条件

商业承兑汇票的出票人，为在银行开立存款账户的法人以及其他组织，并与付款人具有真实的委托付款关系，具有支付汇票金额的可靠资金来源。银行承兑汇票的出票人必须是在承兑银行开立存款账户的法人以及其他组织，并与承兑银行具有真实的委托付款关系，资信状况良好，具有支付汇票金额的可靠资金来源。出票人办理电子商业汇票业务，还应同时具备签约开办对公业务的企业网银等电子服务渠道、与银行签订《电子商业汇票业务服务协议》。办理电子商业汇票业务的银行机构应开办对公业务、拥有大额支付系统行号、具有组织机构代码及中国人民银行等规定的其他条件。单张出票金额在100万元以上的商业汇票原则上应全部通过电子商业汇票办理；单张出票金额在300万元以上的商业汇票应全部通过电子商业汇票办理。

2. 出票人的确定

商业承兑汇票可以由付款人签发并承兑，也可以由收款人签发交由付款人承兑。银行承兑汇票应由在承兑银行开立存款账户的存款人签发。

3. 出票的记载事项

签发商业汇票必须记载下列事项：表明"商业承兑汇票"或"银行承兑汇票"的字样；无条件支付的委托；确定的金额；付款人名称；收款人名称；出票日期；出票人签章，欠缺记载上述事项之一的，商业汇票无效。其中，"出票人签章"为该单位的财务专用章或者公章加其法定代表人或其授权的代理人的签名或者盖章。电子商业汇票信息以人民银行电子商业汇票系统的记录为准。电子商业汇票出票必须记载下列事项：表明"电子银行承兑汇票"或"电子商业承兑汇票"的字样；无条件支付的委托；确定的金额；出票人名称；付款人名称；收款人名称；出票日期；票据到期日；出票人签章。

商业汇票的付款期限记载有三种形式：定日付款的汇票付款期限自出票日起计算，并在汇票上记载具体的到期日。出票后定期付款的汇票付款期限自出票日起按月计算，并在汇票上记载。见票后定期付款的汇票付款期限自承兑或拒绝承兑日起按月计算，并在汇票上记载，电子商业汇票的出票日是指出票人记载在电子商业汇票上的出票日期。

纸质商业汇票的付款期限，最长不得超过6个月。电子承兑汇票期限自出票日至到期日不超过1年。

（三）商业汇票的承兑

商业汇票可以在出票时向付款人提示承兑后使用，也可以在出票后先使用再向付款人提示承兑。付款人拒绝承兑的，必须出具拒绝承兑的证明。付款人承兑汇票后，应当承担到期付款的责任。

银行承兑汇票的出票人或持票人向银行提示承兑时，银行的信贷部门负责按照有关规定和审批程序，对出票人的资格、资信、购销合同和汇票记载的内容进行认真审查，必要时可由出票人提供担保。对资信良好的企业申请电子商业汇票承兑的，金融机构可通过审查合同、发票等材料的影印件，企业电子签名的方式，对其真实交易关系和债权债务关系进行在线审核。对电子商务企业申请电子商业汇票承兑的，金融机构可通过审查电子订单或电子发票的方式，对电子商业汇票的真实交易关系和债权债务关系进行在线审核。符合规定和承兑条件的，与出票人签订承兑协议。银行承兑汇票的承兑银行，应按票面金额向出票人收取万分之五的手续费。

（四）商业汇票的付款

1. 提示付款

商业汇票的提示付款期限，自汇票到期日起10日。持票人应在提示付款期限内通过开户银行委托收款或直接向付款人提示付款。对异地委托收款的，持票人可匡算邮程，提前通过开户银行委托收款。持票人超过提示付款期限提示付款的，持票人开户银行不予受理，但在做出说明后，承兑人或者付款人仍应当继续对持票人承担付款责任。电子商业汇票的提示付款日是指提示付款申请的指令进入人民银行电子商业汇票系统的日期。

持票人依照规定提示付款的，付款人必须在当日足额付款。持票人在电子银行承兑汇票提示付款期内提示付款的，如提示付款指令于中午12:00前发出，承兑人应在收到提示付款请求的当日（遇法定休假日、大额支付系统非营业日、电票系统非营业日顺延）付款或拒绝付款；如提示付款指令于中午12:00后发出，承兑人应在收到提示付款请求的当日、最迟次日付款或拒绝付款。

2. 办理付款或拒绝付款

（1）商业承兑汇票的付款。商业承兑汇票的付款人开户银行收到通过委托收款寄来的商业承兑汇票，将商业承兑汇票留存，并及时通知付款人。付款人收到开户银行的付款通知，应在当日通知银行付款。付款人在接到通知日的次日起3日内（遇法定休假日顺延，下同）未通知银行付款的，视同付款人承诺付款。付款人提前收到由其承兑的商业汇票，应通知银行于汇票到期日付款，银行应于汇票到期日将票款划给持票人。

电子商业汇票的拒绝付款日，是指驳回提示付款申请的指令进入人民银行电子商业汇票系统的日期。电子商业汇票的追索行为的发生日是指追索通知的指令进入人民银行电子商业汇票系统的日期。电子商业汇票的承兑、背书、保证、质押解除、付款和追索清偿行为的发生日是指相应的签收指令进入人民银行电子商业汇票系统的日期。

付款人存在合法抗辩事由拒绝支付的，应自接到通知的次日起3日内，做成拒绝付款证明送交开户银行，银行将拒绝付款证明和商业承兑汇票邮寄持票人开户银行转交持票人。

（2）银行承兑汇票的付款。银行承兑汇票的出票人应于汇票到期前将票款足额交存其开户银行。承兑银行应在汇票到期日或到期日后的见票当日支付票款。承兑银行存在合法抗辩事由拒绝支付的，应自接到商业汇票的次日起3日内，做成拒绝付款证明，连同银行承兑汇票邮寄持票人开户银行转交持票人。

银行承兑汇票的出票人于汇票到期日未能足额交存票款时，承兑银行除凭票向持票人无条件付款外，对出票人尚未支付的汇票金额按照每天万分之五计收利息。银行承兑汇票的付款人存在合法抗辩事由拒绝支付的，应自接到汇票的次日起3日内，做成拒绝付款证明，连同银行承兑汇票邮寄持票人开户银行转交持票人。

电子银行承兑汇票承兑后，出票人可以通过渠道发出提示收票申请，在票据提示付款期截止前将票据交付收款人。

（五）商业汇票的贴现

1. 贴现的概念

贴现是指票据持票人在票据未到期前为获得现金向银行贴付一定利息而发生的票据转让行为。贴现按照交易方式，分为买断式和回购式。

2．贴现的基本规定

（1）贴现条件。商业汇票的持票人向银行办理贴现必须具备下列条件：票据未到期；票据未记载"不得转让"事项；在银行开立存款账户的企业法人以及其他组织；与出票人或者直接前手之间具有真实的商品交易关系；提供与其直接前手之间进行商品交易的增值税发票和商品发运单据复印件。企业申请电子银行承兑汇票贴现的，无须向金融机构提供合同、发票等资料。电子商业汇票贴现必须记载：贴出人名称；贴入人名称；贴现日期；贴现类型；贴现利率；实付金额；贴出人签章。

电子商业汇票回购式贴现赎回应做成背书，并记载原贴出人名称、原贴入人名称、赎回日期、赎回利率、赎回金额、原贴入人签章。

（2）贴现利息的计算。贴现的期限从其贴现之日起至汇票到期日止。实付贴现金额按票面金额扣除贴现日至汇票到期前1日的利息计算。承兑人在异地的纸质商业汇票，贴现的期限以及贴现利息的计算应另加3天的划款日期。

（3）贴现的收款。贴现到期，贴现银行应向付款人收取票款。不获付款的，贴现银行应向其前手追索票款。贴现银行追索票款时可从申请人的存款账户直接收取票款。办理电子商业汇票贴现以及提示付款业务，可选择票款对付方式或同城票据交换、通存通兑、汇兑等方式清算票据资金。

电子商业汇票当事人在办理回购式贴现业务时，应明确赎回开放日、赎回截止日。

【例4-11·单选题】根据支付结算法律制度的规定，电子承兑汇票的付款期限自出票日至到期日不能超过的一定期限是（   ）。

A．3个月   B．6个月   C．1年   D．2年

答案及解析：C。电子承兑汇票付款期限自出票日至到期日不超过1年。

七、银行本票

（一）本票的概念和适用范围

本票是指出票人签发的，承诺自己在见票时无条件支付确定的金额给收款人或者持票人的票据。在我国，本票仅限于银行本票，即银行出票、银行付款。银行本票可以用于转账，注明"现金"字样的银行本票可以用于支取现金。单位和个人在同一票据交换区域需要支付各种款项，均可以使用银行本票。

（二）银行本票的出票

1．申请

申请人使用银行本票，应向银行填写"银行本票申请书"。填明收款人名称、申请人名称、支付金额、申请日期等事项并签章。申请人和收款人均为个人需要支取现金的，应在"金额"栏先填写"现金"字样，后填写支付金额。

2．受理

出票银行受理"银行本票申请书"，收妥款项。签发银行本票交给申请人。签发银行本票必须记载下列事项：表明"银行本票"的字样；无条件支付的承诺；确定的金额；收款人名称；出票日期；出票人签章。欠缺记载上列事项之一的，银行本票无效。

申请人或收款人为单位的，银行不得为其签发现金银行本票。

出票银行必须具有支付本票金额的可靠资金来源，并保证支付。

3. 交付

申请人应将银行本票交付给本票上记明的收款人，收款人受理银行本票时，应审查下列事项。

（1）收款人是否确为本单位或本人。

（2）银行本票是否在提示付款期限内。

（3）必须记载的事项是否齐全。

（4）出票人签章是否符合规定，大小写出票金额是否一致。

（5）出票金额、出票日期、收款人名称是否更改，更改的其他记载事项是否由原记载人签章证明。

（三）银行本票的付款

提示付款。银行本票见票即付。银行本票的提示付款期限自出票日起最长不得超过两个月。本票的出票人在持票人提示见票时，必须承担付款的责任。持票人超过提示付款期限不获付款的，在票据权利时效内向出票银行做出说明，并提供本人身份证件或单位证明，可持银行本票向出票银行请求付款。

在银行开立存款账户的持票人向开户银行提示付款时，应在银行本票背面"持票人向银行提示付款签章"处签章，签章须与预留银行签章相同，并将银行本票、进账单送交开户银行。银行审查无误后办理转账。

未在银行开立存款账户的个人持票人，凭注明"现金"字样的银行本票向出票银行支取现金的，应在银行本票背面签章，记载本人身份证件名称、号码及发证机关，并交验本人身份证件及其复印件。

（四）银行本票的退款和丧失

申请人因银行本票超过提示付款期限或其他原因要求退款时，应将银行本票提交到出票银行，申请人为单位的，应出具该单位的证明；申请人为个人的，应出具该本人的身份证件。出票银行对于在本行开立存款账户的申请人，只能将款项转入原申请人账户；对于现金银行本票和未在本行开立存款账户的申请人，才能退付现金。

银行本票丧失，失票人可以凭人民法院出具的其享有票据权利的证明，向出票银行请求付款或退款。

八、支票

（一）支票的概念、种类和适用范围

1. 概念

支票是指出票人签发的、委托办理支票存款业务的银行在见票时无条件支付确定的金额给收款人或者持票人的票据。支票的基本当事人包括出票人、付款人和收款人。出票人即存款人，是在批准办理支票业务的银行机构开立可以使用支票的存款账户的单位和个人；付款人是出票人的开户银行；持票人是票面上填明的收款人，也可以是经背书转让的被背书人。

2. 种类

支票分为现金支票、转账支票和普通支票三种。支票上印有"现金"字样的为现金支票，如图4-6所示，现金支票只能用于支取现金。支票上印有"转账"字样的为转账支票，转账支票只能用于转账。支票上未印有"现金"或"转账"字样的为普通支票，普通支票可以用于支取现金，也可以用于转账。在普通支票左上角划两条平行线的，为划线支票，划线支票只能用于转账，不得支取现金。

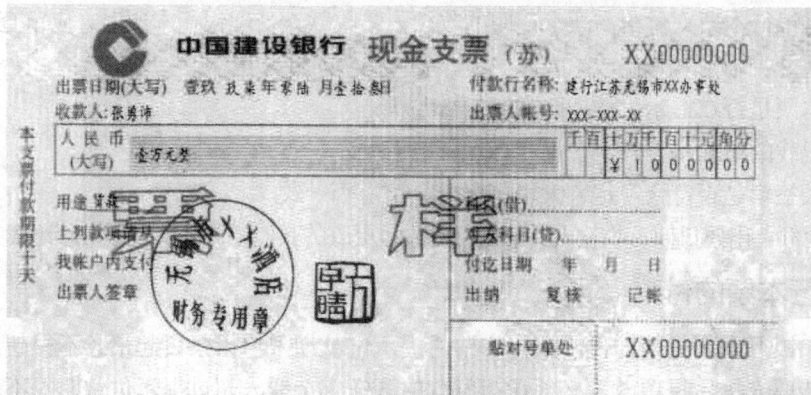

图4-6　现金支票（票样）

3. 适用范围

单位和个人在同一票据交换区域的各种款项结算，均可以使用支票。全国支票影像系统支持全国使用。

（二）支票的出票

1. 开立支票存款账户

开立支票存款账户，申请人必须使用本名，提交证明其身份的合法证件，并应当预留其本名的签名式样和印鉴。

2. 出票

（1）支票的记载事项。签发支票必须记载下列事项：表明"支票"的字样；无条件支付的委托；确定的金额；付款人名称；出票日期；出票人签章。支票上未记载前款规定事项之一的，支票无效。其中，支票的"付款人"为支票上已记载的出票人开户银行。

支票的金额、收款人名称，可以由出票人授权补记，未补记前不得背书转让和提示付款。支票上未记载付款地的，付款人的营业场所为付款地。支票上未记载出票地的，出票人的营业场所、住所或者经常居住地为出票地。出票人可以在支票上记载自己为收款人。

（2）签发支票的注意事项。支票的出票人所签发的支票金额不得超过其付款时在付款人处实有的存款金额。出票人签发的支票金额超过其付款时在付款人处实有的存款金额的，为空头支票。禁止签发空头支票。支票的出票人不得签发与其预留本名的签名式样或者印鉴不符的支票。

支票上的出票人的签章，出票人为单位时，为与该单位在银行预留签章一致的财务专用章或者公章加其法定代表人或者其授权的代理人的签名或者盖章；出票人为个人的，为与该本人在银行预留签章一致的签名或者盖章。支票的出票人预留银行签章是银行审核支票付款的依据。出票人不得签发与其预留银行签章不符的支票。

（三）支票付款

1. 提示付款

支票的提示付款期限自出票日起10日。持票人可以委托开户银行收款或直接向付款人提示付款。用于支取现金的支票仅限于收款人向付款人提示付款。

持票人委托开户银行收款时，应作委托收款背书，在支票背面背书人签章栏签章、记载"委托收款"字样、背书日期，在被背书人栏记载开户银行名称，并将支票和填制的进账单送交开户银行。持票人持用于转账的支票向付款人提示付款时，应在支票背面背书人签章栏签章，并将支票和填制的进账单送交出票人开户银行。收款人持用于支取现金的支票向付款人提示付款时，应在支票背面"收款人签章"处签章，持票人为个人的，还需交验本人身份证件，并在支票背面注明证件名称、号码及发证机关。

2. 付款

出票人必须按照签发的支票金额承担保证向该持票人付款的责任。出票人在付款人处的存款足以支付支票金额时，付款人应当在见票当日足额付款。

付款人依法支付支票金额的，对出票人不再承担受委托付款的责任，对持票人不再承担付款的责任。但付款人以恶意或者有重大过失付款的除外。

第四节　银行卡

一、银行卡的概念和分类

（一）银行卡的概念

银行卡是指经批准由商业银行（含邮政金融机构）向社会发行的具有消费信用、转账结算、存取现金等全部或部分功能的信用支付工具。

（二）银行卡的分类

按不同标准，可以对银行卡做不同的分类。

（1）按是否具有透支功能分为信用卡和借记卡，前者可以透支，后者不具备透支功能。信用卡按是否向发卡银行交存备用金分为贷记卡、准贷记卡两类，贷记卡是指发卡银行给予持卡人一定的信用额度，持卡人可在信用额度内先消费、后还款的信用卡。准贷记卡是指持卡人须先按发卡银行要求交存一定金额的备用金，当备用金账户余额不足支付时，可在发卡银行规定的信用额度内透支的信用卡。借记卡的主要功能包括消费、存取款、转账、代收付、外汇买卖、投资理财、网上支付等，按功能不同分为转账卡（含储蓄卡）、专用卡和储值卡。转账卡是实时扣账的借记卡，具有转账结算、存取现金和消费功能。专用卡是具有专门用途、在特定区域使用的借记卡，具有转账结算、存取现金功能。"专门用途"是指在百货、餐饮、饭店、娱乐行业以外的用途。储值卡是发卡银行根据持卡人要求将其资金转至卡内储存，交易时直接从卡内扣款的预付钱包式借记卡。具体分类及相关规定，见表4-2。

表4-2　银行卡的分类及相关规定

	种类		消费形式	透支情况	是否计付利息
银行卡	信用卡	贷记卡	先消费，后还款	可透支	不计付利息
		准贷记卡	先存款，后消费	可透支	计付利息
	借记卡		先存款，后消费	不可透支	

联名（认同）卡是商业银行与营利性机构/非营利性机构合作发行的银行卡附属产品，其所依附的银行卡品种必须是经批准的品种，并应当遵守相应品种的业务章程或管理办法。发卡银行和联名单位应当为联名卡持卡人在联名单位用卡提供一定比例的折扣优惠或特殊服务。

（2）按币种不同分为人民币卡、外币卡。外币卡是持卡人与发卡银行以除人民币以外的货币作为清算货币的银行卡。目前国内商户可受理VISA（维萨卡）、MasterCard（万事达卡）、American Express（美国运通卡）、Diners Club（大来卡）等外币卡。

（3）按发行对象不同分为单位卡（商务卡）、个人卡。

（4）按信息载体不同分为磁条卡、芯片（IC）卡。芯片（IC）卡既可应用于单一的银行卡品种，又可应用于组合的银行卡品种。

二、银行卡账户和交易

（一）银行卡申领、注销和丧失

单位或个人申领信用卡，应按规定填制申请表，连同有关资料一并送交发卡银行。发卡银行可根据申请人的资信程度，要求其提供担保。担保的方式可采用保证、抵押或质押。凡在中国境内金融机构开立基本存款账户的单位，应当凭中国人民银行核发的开户许可证申领单位卡；个人申领银行卡（储值卡除外），应当向发卡银行提供公安部门规定的本人有效身份证件，经发卡银行审查合格后，为其开立记名账户。银行卡及其账户只限经发卡银行批准的持卡人本人使用，不得出租和转借。

个人贷记卡申请的基本条件。

（1）年满18周岁，有固定职业和稳定收入，工作单位和户口在常住地的城乡居民。

（2）填写申请表，并在持卡人处亲笔签名。

（3）向发卡银行提供本人及附属卡持卡人、担保人的身份证复印件；外地、境外人员及现役军官以个人名义领卡应出具当地公安部门签发的临时户口或有关部门开具的证明，并须提供具备担保条件的担保单位或有当地户口、在当地工作的担保人。

单位人民币卡账户的资金一律从其基本存款账户转账存入，不得存取现金，不得将销货收入存入单位卡账户。单位外币卡账户的资金应从其单位的外汇账户转账存入，不得在境内存取外币现钞。个人人民币卡账户的资金以其持有的现金存入或以其工资性款项、属于个人的合法的劳务报酬、投资回报等收入转账存入。个人外币卡账户的资金以其个人持有的外币现钞存入或从其外汇账户（含外钞账户）转账存入，该外汇账户及存款应符合国家外汇管理局的有关规定。严禁将单位的款项转入个人卡账户存储。

持卡人在还清全部交易款项、透支本息和有关费用后，可申请办理销户。销户时，单位人民币卡账户的资金应当转入其基本存款账户，单位外币卡账户的资金应当转回相应的外汇账户，不得提取现金。对于持卡人因死亡等原因而需办理的注销和清户，应按照我国的《继承法》和《公证法》等法规办理。发卡行受理注销之日起45日后，被注销信用卡账户方能清户。

持卡人丧失银行卡，应立即持本人身份证件或其他有效证明，并按规定提供有关情况，向发卡银行或代办银行申请挂失，发卡银行或代办银行审核后办理挂失手续。

（二）银行卡交易的基本规定

（1）单位人民币卡可办理商品交易和劳务供应款项的结算，但不得透支。单位卡不得支取现金。

（2）信用卡预借现金业务。包括现金提取、现金转账和现金充值。现金提取是指持卡人通过柜面和自动柜员机等自助机具，以现钞形式获得信用卡预借现金额度内资金；现金转账是指持卡人将信用卡预借现金额度内资金划转到本人银行结算账户；现金充值是指持卡人将信用卡预借现金额度内资金划转到本人在非银行支付机构开立的支付账户。信用卡持卡人通过ATM等自助机具办理现金提取业务，每卡每日累计不得超过人民币1万元；持卡人通过柜面办理现金提取业务，通过各类渠道办理现金转账业务的每卡每日限额，由发卡机构与持卡人通过协议约定；发卡机构可自主确定是否提供现金充值服务，并与持卡人协议约定每卡每日限额。发卡机构不得将持卡人信用卡预借现金额度内资金划转至其他信用卡，以及非持卡人的银行结算账户或支付账户。发卡银行应当对借记卡持卡人在自动柜员机（ATM机）取款设定交易上限，每卡每日累计提款不得超过2万元人民币。储值卡的面值或卡内币值不得超过1 000元人民币。

（3）贷记卡持卡人非现金交易可享受免息还款期和最低还款额待遇，银行记账日到发卡银行规定的到期还款日之间为免息还款期，持卡人在到期还款日前偿还所使用全部银行款项有困难的，可按照发卡银行规定的最低还款额还款。持卡人透支消费享受免息还款期和最低还款额待遇的条件和标准等，由发卡机构自主确定。

（4）发卡银行通过下列途径追偿透支款项和诈骗款项：扣减持卡人保证金、依法处理抵押物和质物；向保证人追索透支款项；通过司法机关的诉讼程序进行追偿。

三、银行卡计息与收费

发卡银行对准贷记卡及借记卡（不含储值卡）账户内的存款，按照中国人民银行规定的同期同档次存款利率及计息办法计付利息。对信用卡透支利率实行上限和下限管理，透支利率上限为日利率万分之五，下限为日利率万分之五的0.7倍。信用卡透支的计结息方式，以及对信用卡溢缴款是否计付利息及其利率标准，由发卡机构自主确定。

发卡机构应在信用卡协议中以显著方式提示信用卡利率标准和计结息方式、免息还款期和最低还款额待遇的条件和标准，以及向持卡人收取违约金的详细情形和收取标准等与持卡人有重大利害关系的事项，确保持卡人充分知悉并确认接受。其中，对于信用卡利率标准，应注明日利率和年利率。发卡机构调整信用卡利率的，应至少提前45个自然日按照约定方式通知持卡人。持卡人有权在新利率标准生效之日前选择销户，并按照已签订的协议偿还相关款项。

对于持卡人违约逾期未还款的行为，发卡机构应与持卡人通过协议约定是否收取违约金，以及相关收取方式和标准。发卡机构向持卡人提供超过授信额度用卡的，不得收取超限费。

发卡机构对向持卡人收取的违约金和年费、取现手续费、货币兑换费等服务费用不得计收利息。

四、银行卡清算市场

自2015年6月1日起，我国放开银行卡清算市场，符合条件的内外资企业，均可申请在中国境内设立银行卡清算机构。在中国境内从事银行卡清算业务，境外支付机构、第三方支付机构、银行等符合条件的机构应当向中国人民银行提出申请，经中国人民银行征求中国银行业监督管理委员会同意后予以批准，依法取得"银行卡清算业务许可证"，申请成为银行卡清算机构的，注册资本不低于10亿元人民币。

目前，中国银联股份有限公司是唯一经国务院同意，由中国人民银行批准设立的银行卡清算机构。随着银行卡清算市场的放开，我国银行卡组织将迎来国际卡组织、本土第三方支付机构，甚至国内商业银行的多个参与方。

五、银行卡收单

（一）银行卡收单业务概念

银行卡收单业务，是指收单机构与特约商户签订银行卡受理协议，在特约商户按约定受理银行卡并与持卡人达成交易后，为特约商户提供交易资金结算服务的行为。通俗地讲就是持卡人在银行签约商户那里刷卡消费，银行将持卡人刷卡消费的资金在规定周期内结算给商户，并从中扣取一定比例的手续费。

银行卡收单机构，包括从事银行卡收单业务的银行业金融机构，获得银行卡收单业务许可、为实体特约商户提供银行卡受理并完成资金结算服务的支付机构，以及获得网络支付业务许可、为网络特约商户提供银行卡受理并完成资金结算服务的支付机构。

特约商户，是指与收单机构签订银行卡受理协议、按约定受理银行卡并委托收单机构为其完成交易资金结算的企事业单位、个体工商户或其他组织，以及按照国家工商行政管理机关有关规定，开展网络商品交易等经营活动的自然人。实体特约商户，是指通过实体经营场所提供商品或服务的特约商户。网络特约商户，是指基于公共网络信息系统提供商品或服务的特约商户。

（二）银行卡收单业务管理规定

1．特约商户管理

收单机构拓展特约商户，应遵循"了解你的客户"原则，对特约商户实行实名制管理。收单机构应严格审核特约商户的营业执照等证明文件，以及法定代表人或负责人有效身份证件等申请材料。特约商户为自然人的，收单机构应当审核其有效身份证件特约商户使用单位银行结算账户作为收单银行结算账户的，收单机构还应当审核其合法拥有该账户的证明文件。

收单机构应当与特约商户签订银行卡受理协议，就可受理的银行卡种类、开通的交易类型、收单银行结算账户的设置和变更、资金结算周期、结算手续费标准、差错和纠纷处置等事项，明确双方的权利、义务和违约责任。特约商户的收单银行结算账户应当为其同名单位银行结算账户，或其指定的、与其存在合法资金管理关系的单位银行结算账户。特约商户为个体工商户或自然人的，可使用其同名个人银行结算账户作为收单银行结算账户。

收单机构应当对实体特约商户收单业务进行本地化经营和管理，通过在特约商户及其分支机构所在省（自治区、直辖市）域内的收单机构或其分支机构提供收单服务，不得跨省（自治区、直辖市）域开展收单业务。对于连锁式经营或集团化管理的特约商户，收单机构或经其授权的特约商户所在地的分支机构可与特约商户签订总对总银行卡受理协议，并严格落实本地化服务和管理责任。

2．业务与风险管理

收单机构应当强化业务和风险管理措施，建立特约商户检查制度、资金结算风险管理制度、收单交易风险监测系统以及特约商户收单银行结算账户设置和变更审核制度等。建立对实体特约商户、网络特约商户分别进行风险评级制度，对于风险等级较高的特约商户，收单机构应当对其开通的受理卡种和交易类型进行限制，并采取强化交易监测、设置交易限额、延迟结算、增加检查频率、建立特约商户风险准备金等措施。

收单机构应按协议约定及时将交易资金结算到特约商户的收单银行结算账户，资金结算时限最迟不得超过持卡人确认可直接向特约商户付款的支付指令生效日后30个自然日，因涉嫌违法违规等风险交易需延迟结算的除外。收单机构应当根据交易发生时的原交易信息发起银行卡交易差错处理、退货交易，将资金退至持卡人原银行卡账户。若持卡人原银行卡账户已撤销的，应当退至持卡人指定的本人其他银行账户。

收单机构发现特约商户发生疑似银行卡套现、洗钱、欺诈、移机、留存或泄露持卡入账户信息等风险事件的，应当对特约商户采取延迟资金结算、暂停银行卡交易或收回受理终端（关闭网络支付接口）等措施，并承担因未采取措施导致的风险损失责任；涉嫌违法犯罪活动的，应当及时向公安机关报案。

（三）银行卡POS收单业务交易及结算流程

POS（Point Of Sale）是安装在特约商户内，为持卡人提供授权、消费、结算等服务的专用电子支付设备，也是能够保证银行交易处理信息安全的实体支付终端，目前国内银行卡POS交易的转接和资金清算由中国银联负责。境外银行卡POS交易的转接和转接清算由国际发卡组织负责（如维萨国际组织、万事达卡国际组织等）。

银行卡收单业务交易及结算流程为：

（1）收银员审查银行卡，刷卡输入交易金额。

（2）持卡人确认消费金额并输入交易密码。

（3）交易信息通过中国银联输送至发卡机构。

（4）发卡机构系统检查卡片有效性、验证密码和账户余额，并发送交易处理结果信息（通过检查和验证后扣减持卡人账户资金并发送成功信息，未通过发送失败信息）。

（5）中国银联把交易处理信息结果信息返回给受理机具。

（6）若交易成功，受理机具打印单据。

（7）持卡人在消费单据上签名，收银员保管好交易单据。

（8）中国银联每日23：00进行日终处理，按成员机构代号进行轧差清算，次日通过现代化支付系统直接拨收成员机构清算资金。

（9）成员机构次日从中国银联下载商户交易明细，对商户进行资金入账（已扣减交易手续费）并向特约商户提供交易明细。

（四）结算收费

收单机构向商户收取的收单服务费由收单机构与商户协商确定具体费率；发卡机构向收单机构收取的发卡行服务费不区分商户类别，实行政府指导价、上限管理，费率水平借记卡交易不超过交易金额的0.35%，单笔收费金额不超过13元，贷记卡交易不超过1.45%；对非营利性的医疗机构、教育机构、社会福利机构、养老机构、慈善机构刷卡交易，实行发卡行服务费、网络服务费全额减免；自2016年9月6日起2年的过渡期内，对超市、大型仓储式卖场、水电煤气缴费、加油、交通运输售票商户刷卡交易实行发卡行服务费、网络服务费优惠。

第五节　网上支付

网上支付是电子支付的一种形式，它是指电子交易的当事人，包括消费者、厂商和金融机构，使用电子支付手段通过网络进行的货币或资金流转。网上支付的主要方式有网上银行和第三方支付。

一、网上银行

（一）网上银行的概念

网上银行（Internetbank or E-bank），包含两个层次的含义：一个是机构概念，指通过信息网络开办业务的银行；另一个是业务概念，指银行通过信息网络提供的金融服务，包括传统银行业务和因信息技术应用带来的新兴业务。在日常生活和工作中，我们提及网上银行，更多是第二层次的概念，即网上银行服务的概念。

简单地说，网上银行就是银行在互联网上设立虚拟银行柜台，使传统的银行服务不再通过物理的银行分支机构来实现，而是借助于网络与信息技术手段在互联网上实现，因此网上银行也称网络银行。网上银行又被称为"3A银行"，因为它不受时间、空间限制，能够在任何时间（Anytime）、任何地点（Anywhere）、以任何方式（Anyway）为客户提供金融服务。

（二）网上银行的分类

按照不同的标准，网上银行可以分为不同的类型。

（1）按主要服务对象分为企业网上银行和个人网上银行。企业网上银行主要适用于企事业单位，企事业单位可以通过企业网络银行适时了解财务运作情况，及时调度资金，轻松处理大批量的网络支付和工资发放业务，并可以处理信用证相关业务。个人网上银行主要适用于个人与家庭，个人可以通过个人网络银行实现实时查询、转账、网络支付和汇款功能。

（2）按经营组织分为分支型网上银行和纯网上银行。分支型网上银行是指现有的传统银行利用互联网作为新的服务手段，建立银行站点，提供在线服务而设立的网上银行。纯网上银行的本身就是一家银行，是专门为提供在线银行服务而成立的，因而也被称为只有一个站点的银行。

（3）按业务种类分为零售银行和批发银行。

（三）网上银行的主要功能

目前，网上银行利用Internet和HTML技术，能够为客户提供综合、统一、安全、实时的银行服务，包括提供对私、对公的全方位银行业务，还可以为客户提供跨国的支付与清算等其他贸易和非贸易的银行业务服务。

1．企业网上银行子系统

企业网上银行子系统目前能够支持所有的对公企业客户，能够为客户提供网上账务信息服务、资金划拨、网上B2B支付和批量支付等服务，使集团公司总部能对其分支机构的财务活动进行实时监控，随时获得其账户的动态情况，同时还能为客户提供B2B网上支付。其主要业务功能包括：

（1）账户信息查询。能够为企业客户提供账户信息的网上在线查询、网上下载和电子邮件发送账务信息等服务，包括账户的昨日余额、当前余额、当日明细和历史明细等。

（2）支付指令。支付指令业务能够为客户提供集团、企业内部各分支机构之间的账务往来，同时也能提供集团、企业之间的账务往来，并且支持集团、企业向他行账户进行付款。

（3）B2B（Business to Business）网上支付。B2B，商业机构之间的商业往来活动，指的是企业与企业之间进行的电子商务活动。B2B网上支付能够为客户提供网上B2B支付平台。

（4）批量支付。能够为企业客户提供批量付款（包括同城、异地及跨行转账业务）、代发工资、一付多收等批量支付功能。企业客户负责按银行要求的格式生成数据文件，通过安全通道传送给银行，银行负责系统安全及业务处理，并将处理结果反馈给客户。

2．个人网上银行子系统

个人网上业务子系统主要提供银行卡、本外币活期一本通客户账务管理、信息管理、网上支付等功能，是网上银行对个人客户服务的窗口。其具体业务功能包括：

（1）账户信息查询。系统为客户提供信息查询功能，能够查询银行卡的人民币余额和活期一本通的不同币种的钞、汇余额；提供银行卡在一定时间段内的历史明细数据查询；下载包含银行卡、活期一本通一定时间段内的历史明细数据的文本文件；查询使用信用卡进行网上支付后的支付记录。

（2）人民币转账业务。系统能够提供个人客户本人的或与他人的银行卡之间的卡卡转账服务。系统在转账功能上严格控制了单笔转账最大限额和当日转账最大限额，使客户的资金安全有一定的保障。

（3）银证转账业务。银行卡客户在网上能够进行银证转账，可以实现银转证、证转银、查询证券资金余额等功能。

（4）外汇买卖业务。客户通过网上银行系统能够进行外汇买卖，主要可以实现外汇即时买卖、外汇委托买卖、查询委托明细、查询外汇买卖历史明细、撤销委托等功能。

（5）账户管理业务。系统提供客户对本人网上银行各种权限功能、客户信息的管理以及账户的挂失。

（6）B2C（Business to Customer）网上支付。B2C，商业机构对消费者的电子商务，指的是企业与消费者之间进行的在线式零售商业活动（包括网上购物和网上拍卖等）。个人客户在申请开通网上支付功能后，能够使用本人的银行卡进行网上购物后的电子支付。通过账户管理功能，客户还能够随时选择使用哪一张银行卡来进行网上支付。

（四）网上银行主要业务流程

1. 客户开户流程

客户开通网上银行有两种方式：一是客户前往银行柜台办理；二是客户先网上自助申请，后到柜台签约。

使用网上交易的用户申请证书的流程如下。

（1）客户使用浏览器通过Internet登录到网银中心的"申请服务器"（数据库）上，填写开户申请表，提交申请。

（2）网银中心将开户申请信息通过内部网以邮件形式发送到签约柜台。

（3）客户持有效身份证件和账户凭证到签约柜台办理签约手续，签约柜台核实客户有效证件及账户凭证的真实性，同时参照网银中心传来的客户开户申请，核实客户的签约账户申请信息。之后，将核实的客户信息通过电子邮件/传真等方式返回给网银中心。

（4）网银中心根据签约柜台核实后的邮件（传真件），进行申请的初审和复审，并录入复审后的申请客户信息，为其生成证书申请，通过内部网以邮件方式发送到CA中心。

（5）CA（Certificate Authority）中心为客户申请签发证书，并将证书放置到客户从Internet网上可以访问的目录服务器上。然后通知网银中心，网银中心通过邮件通知客户从指定地址下载CA证书。

（6）客户下载并安装证书后，即可进入网上银行系统，进行网上交易。

2. 网上银行的交易流程

网上银行的具体交易流程如下。

（1）网上银行客户使用浏览器通过Internet链接到网银中心，并发出网上交易请求。

（2）网银中心接收、审核客户的交易请求，经过通信格式转换，然后将交易请求转发给相应成员行的业务主机。

（3）成员行业务主机完成交易处理，并返回处理结果给网银中心。

（4）网银中心对交易结果进行再处理后，返回相应信息给客户。

二、第三方支付

（一）第三方支付的概念

从狭义上讲，第三方支付是指具备一定实力和信誉保障的非银行机构，借助通信、计算机和信息安全技术，采用与各大银行签约的方式，在用户与银行支付结算系统间建立连接的电子支付模式。在手机端进行的互联网支付，又称为移动支付。通过这个平台实现资金在不同支付机构账户或银行账户间的划拨和转移，第三方支付的特点是独立于商户和银行，为客户提供支付结算服务，具有方便快捷、安全可靠、开放创新的优势。

从广义上讲，第三方支付在中国人民银行《非金融机构支付服务管理办法》中是指非金融机构作为收、付款人的支付中介所提供的网络支付、预付卡发行与受理、银行卡收单以及中国人民银行确定的其他支付服务。这一定义让第三方支付不仅仅是互联网支付，而是成为一个集线上、线下于一体，提供移动支付、电话支付、预付卡支付于一体的综合支付服务工具。

（二）第三方支付的开户要求

非银行支付机构（以下简称"支付机构"）为个人开立支付账户的，同一个人在同一家支付机构只能开立一个Ⅲ类账户。支付机构为单位开立支付账户，应当参照《人民币银行结算账户管理办法》（中国人民银行令〔2003〕第5号）第十七条、第二十四条、第二十六条等相关规定，要求单位提供相关证明文件，并自主或者委托合作机构以面对面方式核实客户身份，或者以非面对面方式通过至少3个合法安全的外部渠道对单位基本信息进行多重交叉验证。支付机构在为单位和个人开立支付账户时，应当与单位和个人签订协议，约定支付账户与支付账户、支付账户与银行账户之间的日累计转账限额和笔数，超出限额和笔数的，不得再办理转账业务。

（三）第三方支付的种类

1．线上支付方式

线上支付是指通过互联网实现的用户和商户、商户和商户之间在线货币支付、资金清算、查询统计等过程。网上支付完成了使用者信息传递和资金转移的过程。广义的线上支付包括直接使用网上银行进行的支付和通过第三方支付平台间接使用网上银行进行的支付。狭义的线上支付仅指通过第三方支付平台实现的互联网在线支付，包括网上支付和移动支付中的远程支付。

2．线下支付方式

线下支付区别于网上银行等线上支付，是指通过非互联网线上的方式对购买商品或服务所产生的费用进行的资金支付行为。其中，订单的产生可能通过互联网线上完成。新兴线下支付的具体表现形式，包括POS机刷卡支付、拉卡拉等自助终端支付、电话支付、手机近端支付、电视支付等。

（四）第三方支付的行业分类及主流品牌

1．行业分类

目前第三方支付机构主要有两类模式。

（1）金融型支付企业。是以银联商务、快钱、易宝支付、汇付天下、拉卡拉等为典型代表的独立第三方支付模式，其不负有担保功能，仅仅为用户提供支付产品和支付系统解决方案，侧重行业需求和开拓行业应用，是立足于企业端的金融型支付企业。

（2）互联网支付企业。是以支付宝、财付通等为典型代表的依托于自有的电子商务网站并提供担保功能的第三方支付模式，以在线支付为主，是立足于个人消费者端的互联网型支付企业。

2．主流品牌

第三方支付机构是最近几年出现的新的支付清算组织。它是为银行业金融机构或其他机构及个人提供电子支付指令交换和计算的法人组织。截至2014年年底，全国共有269家支付机构获得了由中国人民银行颁发的支付业务许可证。目前，国内的第三方支付品牌，在支付市场互联网转接交易规模前三位的分别是支付宝、银联商务和财付通。

（五）第三方支付交易流程

在第三方支付模式下，支付者必须在第三方支付机构平台上开立账户，向第三方支付机构平台提供信用卡信息或账户信息，在账户中"充值"，通过支付平台将该账户中的虚拟资金划转到收款人的账户，完成支付行为。收款人可以在需要时将账户中的资金，兑成实体的银行存款，第三方平台结算支付模式的资金划拨是在平台内部进行的，此时划拨的是虚拟的资金。真正的实体资金还需要通过实际支付层来完成。

以B2C（商业机构对消费者的电子商务）交易为例。

第一步，客户在电子商务网站上选购商品，决定购买后，买卖双方在网上达成交易意向。

第二步，客户选择利用第三方作为交易中介，客户用信用卡将货款划到第三方联户。

第三步，第三方支付平台将客户已经付款的消息通知商家，并要求商家在规定时间内发货。

第四步，商家收到通知后按照订单发货。

第五步，客户收到货物并验证后通知第三方。

第六步，第三方将其账户上的货款划入商家账户中，交易完成。

【例4-12·单选题】下列第三方支付方式中，属于线上支付方式的是（　　）。

A．支付宝　　　　　　　　　　　B．POS机刷卡支付

C．电话支付　　　　　　　　　　D．手机近端支付

答案及解析：A。广义的线上支付包括直接使用网上银行进行的支付和通过第三方支付平台间接使用网上银行进行的支付。

第六节　结算方式和其他支付工具

一、汇兑

（一）汇兑的概念和种类

汇兑是汇款人委托银行将其款项支付给收款人的结算方式。汇兑分为信汇、电汇两种，单位和个人的各种款项的结算，均可使用汇兑结算方式。

（二）办理汇兑的程序

1. 签发汇兑凭证

签发汇兑凭证必须记载下列事项：表明"信汇"或"电汇"的字样；无条件支付的委托；确定的金额；收款人名称；汇款人名称；汇入地点、汇入行名称；汇出地点、汇出行名称；委托日期；汇款人签章。汇兑凭证记载的汇款人、收款人在银行开立存款账户的，必须记载其账号。

2. 银行受理

汇出银行受理汇款人签发的汇兑凭证，经审查无误后，应及时向汇入银行办理汇款，并向汇款人签发汇款回单。汇款回单只能作为汇出银行受理汇款的依据，不能作为该笔汇款已转入收款人账户的证明。

3. 汇入处理

汇入银行对开立存款账户的收款人，应将汇入的款项直接转入收款人账户，并向其发出收账通知。收账通知是银行将款项确已收入收款人账户的凭据。

（三）汇兑的撤销

汇款人对汇出银行尚未汇出的款项可以申请撤销。申请撤销时，应出具正式函件或本人身份证件及原信、电汇回单。

二、托收承付

（一）托收承付的概念和适用范围

托收承付是根据购销合同由收款人发货后委托银行向异地付款人收取款项，由付款人向银行承认付款的结算方式。托收承付每笔结算的金额起点为1万元。新华书店系统每笔的金额起点为1 000元。

办理托收承付结算的款项，必须是商品交易以及因商品交易而产生的劳务供应的款项。代销、寄销、赊销商品的款项，不得办理托收承付结算。使用托收承付结算方式的收款单位和付款单位，必须是国有企业、供销合作社以及经营管理较好并经开户银行审查同意的城乡集体所有制工业企业。收付双方使用托收承付结算必须签有符合《合同法》规定的购销合同，并在合同上明确约定使用托收承付结算方式。收款人对同一付款人发货托收累计3次收不回货款的，收款人开户银行应暂停收款人向该付款人办理托收；付款人累计3次提出无理拒付的，付款人开户银行应暂停其向外办理托收。

收款人办理托收，必须具有商品确已发运的证件，包括铁路、航运、公路等运输部门签发的运单、运单副本和邮局包裹回执等。

（二）办理托收承付的程序

1. 签发托收凭证

签发托收凭证必须记载下列事项：表明"托收"的字样；确定的金额；付款人名称及账号；收款人名称及账号；付款人开户银行名称；收款人开户银行名称；托收附寄单证张数或册数；合同名称、号码；委托日期；收款人签章。

2. 托收

收款人按照签订的购销合同发货后，委托银行办理托收。

（1）收款人应将托收凭证并附发运证件或其他符合托收承付结算要求的有关证明和交易单证送交银行。

（2）收款人开户银行接到托收凭证及其附件后，应当按照托收的范围、条件和托收凭证记载的要求认真进行审查，必要时，还应查验收、付款人签订的购销合同。

3. 承付

付款人开户银行收到托收凭证及其附件后，应当及时通知付款。付款人应在承付期内审查核对，安排资金。承付货款分为验单付款和验货付款两种，由收付双方商量选用，并在合同中明确规定。

验单付款的承付期为3天，从付款人开户银行发出承付通知的次日算起（承付期内遇法定休假日顺延）；验货付款的承付期为10天，从运输部门向付款人发出提货通知的次日算起。付款人在承付期内，未向银行表示拒绝付款，银行即视作承付，并在承付期满的次日（遇法定休假日顺延）上午银行开始营业时，将款项划给收款人。无论验单付款还是验货付款，付款人都可以在承付期内提前向银行表示承付，并通知银行提前付款，银行应立即办理划款。

4. 逾期付款

付款人在承付期满日银行营业终了时，如无足够资金支付，其不足部分，即为逾期未付款项，按逾期付款处理。

5．拒绝付款

对下列情况，付款人在承付期内可向银行提出全部或部分拒绝付款。

（1）没有签订购销合同或购销合同未订明托收承付结算方式的款项。

（2）未经双方事先达成协议，收款人提前交货，或因逾期交货，付款人不再需要该项货物的款项。

（3）未按合同规定的到货地址发货的款项。

（4）代销、寄销、赊销商品的款项。

（5）验单付款，发现所列货物的品种、规格、数量、价格与合同规定不符，或货物已到，经查验货物与合同规定或发货清单不符的款项。

（6）验货付款，经查验货物与合同规定或与发货清单不符的款项。

（7）货款已经支付或计算有错误的款项。

6．重办托收

收款人对被无理拒绝付款的托收款项，在收到退回的结算凭证及其所附单证后，需要委托银行重办托收。经开户银行审查，确属无理拒绝付款，可以重办托收。

三、委托收款

（一）委托收款的概念和适用范围

委托收款是收款人委托银行向付款人收取款项的结算方式。单位和个人凭已承兑商业汇票、债券、存单等付款人债务证明办理款项的结算，均可以使用委托收款结算方式。委托收款在同城、异地均可以使用。

（二）办理委托收款的程序

1．签发托收凭证

签发托收凭证必须记载下列事项：表明"托收"的字样；确定的金额；付款人名称；收款人名称；委托收款凭据名称及附寄单证张数；委托日期；收款人签章。

委托收款以银行以外的单位为付款人的，委托收款凭证必须记载付款人开户银行名称；以银行以外的单位或在银行开立存款账户的个人为收款人的，委托收款凭证必须记载收款人开户银行名称；未在银行开立存款账户的个人为收款人的，委托收款凭证必须记载被委托银行名称。

2．委托

收款人办理委托收款应向银行提交委托收款凭证和有关的债务证明。

3．付款

银行接到寄来的委托收款凭证及债务证明，审查无误后办理付款。

（1）以银行为付款人的，银行应当在当日将款项主动支付给收款人。

（2）以单位为付款人的，银行应及时通知付款人，需要将有关债务证明交给付款人的应交给付款人。付款人应于接到通知的当日书面通知银行付款。付款人未在接到通知日的次日起3日内通知银行付款的，视同付款人同意付款，银行应于付款人接到通知日的次日起第4日上午开始营业时，将款项划给收款人。银行在办理划款时，付款人存款账户不足支付的，应通过被委托银行向收款人发出未付款项通知书。

（3）拒绝付款。付款人审查有关债务证明后，对收款人委托收取的款项需要拒绝付款的，可以办理拒绝付款。以银行为付款人的，应自收到委托收款及债务证明的次日起3日内出具拒绝证明，连同有关债务证明、凭证寄给被委托银行，转交收款人；以单位为付款人的，应在付款人接到通知日的次日起3日内出具拒绝证明，持有债务证明的，应将其送交开户银行。银行将拒绝证明、债务证明和有关凭证一并寄给被委托银行，转交收款人。

【例4-13·多选题】根据支付结算法律制度的规定，关于委托收款结算方式的下列表述中，正确的有（　　）。

A. 银行在为单位办理划款时，付款人存款账户不足支付的，应通知付款人交足存款

B. 单位凭已承兑的商业汇票办理款项结算，可以使用委托收款结算方式

C. 以银行以外的单位为付款人的，委托收款凭证必须记载付款人开户银行名称

D. 委托收款仅限于异地使用

答案及解析：BC。选项A，银行在办理划款时，付款人存款账户不足支付的，应通过被委托银行向收款人发出未付款通知；选项D，委托收款在同地、异地均可以使用。

四、国内信用证

（一）国内信用证的概念

国内信用证（以下简称"信用证"是指银行依照申请人的申请开立的、对相符交单予以付款的承诺。我国信用证为以人民币计价、不可撤销的跟单信用证。信用证结算适用于银行为国内企事业单位之间货物和服务贸易提供的结算服务。服务贸易包括但不限于运输、旅游、咨询、通信、建筑、保险、金融、计算机和信息、专有权利使用和特许、广告宣传、电影音像等服务项目。信用证只限于转账结算，不得支取现金。信用证按付款期限分为即期信用证和远期信用证。即期信用证，开证行应在收到相符单据次日起5个营业日内付款。远期信用证，开证行应在收到相符单据次日起5个营业日内确认到期付款，并在到期日付款。远期的表示方式包括：单据日后定期付款、见单后定期付款、固定日付款等可确定到期日的方式。信用证付款期限最长不超过1年。

（二）信用证业务当事人

（1）申请人，指申请开立信用证的当事人，一般为货物购买方或服务接受方。

（2）受益人，指接受信用证并享有信用证权益的当事人，一般为货物销售方或服务提供方。

（3）开证行，指应申请人申请开立信用证的银行。

（4）通知行，指应开证行的要求向受益人通知信用证的银行。

（5）交单行，指向信用证有效地点提交信用证项下单据的银行。

（6）转让行，指开证行指定的办理信用证转让的银行。

（7）保兑行，指根据开证行的授权或要求对信用证加具保兑的银行。

（8）议付行，指开证行指定的为受益人办理议付的银行，开证行应指定一家或任意银行作为议付信用证的议付行。

（三）办理国内信用证的基本程序

1. 开证

（1）申请开立信用证。开证申请人申请办理开证业务时，应当填具开证申请书，申请人须提交

其与受益人签订的贸易合同。

（2）受理开证。银行与申请人在开证前应签订明确双方权利义务的协议。开证行可要求申请人交存一定数额的保证金，并可根据申请人资信情况要求其提供抵押、质押、保证等合法有效的担保。

（3）开证。开立信用证可以采用信开和电开方式。信开信用证，由开证行加盖业务用章寄送通知行，同时应视情况需要以双方认可的方式证实信用证的真实有效性。电开信用证，由开证行以数据电文发送通知行，信用证应使用中文开立，信用证应记载的基本条款包括：表明"国内信用证"的字样；开证申请人名称及地址；开证行名称及地址；受益人名称及地址；通知行名称；开证日期；信用证编号；不可撤销信用证；信用证有效期及有效地点；是否可转让；是否可保兑；是否可议付；信用证金额；付款期限；货物或服务描述；溢短装条款（如有）；货物贸易项下的运输交货或服务贸易项下的服务提供条款；单据条款；交单期；信用证项下相关费用承担方；开证行保证文句；其他条款。

2. 保兑

指保兑行根据开证行的授权或要求，在开证行承诺之外做出的对相符交单付款、确认到期付款或议付的确定承诺。

3. 修改

开证申请人需对已开立的信用证内容修改的，应向开证行提出修改申请，明确修改的内容。信用证受益人同意或拒绝接受修改的，应提供接受或拒绝修改的通知。

4. 通知

通知行可由开证申请人指定，如开证申请人没有指定，开证行有权指定通知行。通知行可自行决定是否通知。通知行同意通知的，应于收到信用证次日起3个营业日内通知受益人。

5. 转让

转让是指由转让行应第一受益人的要求，将可转让信用证的部分或者全部转为可由第二受益人兑用。可转让信用证只能转让一次。

6. 议付

议付指可议付信用证项下单证相符或在开证行或保兑行已确认到期付款的情况下，议付行在收到开证行或保兑行付款前购买单据、取得信用证项下索款权利，向受益人预付或同意预付资金的行为。信用证未明示可议付，任何银行不得办理议付；信用证明示可议付，如开证行仅指定一家议付行，未被指定为议付行的银行不得办理议付，被指定的议付行可自行决定是否办理议付。受益人可对议付信用证在信用证交单期和有效期内向议付行提示单据、信用证正本、信用证通知书、信用证修改书正本及信用证修改通知书（如有），并填制交单委托书和议付申请书，请求议付。议付行在受理议付申请的次日起5个营业日内审核信用证规定的单据并决定议付的，办理议付。决定拒绝议付的，应及时告知受益人。

7. 索偿

议付行将注明付款提示的交单面函（寄单通知书）及单据寄开证行或保兑行索偿资金。议付行议付时，必须与受益人书面约定是否有追索权。若约定有追索权，到期不获付款议付行可向受益人追索。若约定无追索权，到期不获付款议付行不得向受益人追索，议付行与受益人约定的例外情况或受益人存在信用证欺诈的情形除外。

8. 寄单索款

受益人委托交单行交单，应在信用证交单期和有效期内填制信用证交单委托书，并提交单据和信用证正本及信用证通知书、信用证修改书正本及信用证修改通知书（如有）。交单行应在收单次日起5个营业日内对其审核相符的单据寄单并附寄一份交单面函（寄单通知书）。

受益人直接交单时，应提交信用证正本及信用证通知书、信用证修改书正本及信用证修改通知书（如有）、开证行（保兑行、转让行、议付行）认可的身份证明文件。

9. 付款

开证行或保兑行在收到交单行寄交的单据及交单面函（寄单通知书）或受益人直接递交的单据的次日起5个营业日内，及时核对是否为相符交单。单证相符或单证不符但开证行或保兑行接受不符点的，对即期信用证，应于收到单据次日起5个营业日内支付相应款项给交单行或受益人（受益人直接交单时，下同）；对远期信用证，应于收到单据次日起5个营业日内发出到期付款确认书，并于到期日支付款项给交单行或受益人。若受益人提交了相符单据或开证行已发出付款承诺，即使申请人交存的保证金及其存款账户余额不足支付，开证行仍应在规定的时间内付款。开证行或保兑行审核单据发现不符并决定拒付的，应在收到单据的次日起5个营业日内一次性将全部不符点以电子方式或其他快捷方式通知交单行或受益人。

10. 注销

注销是指开证行对信用证未支用的金额解除付款责任的行为。开证行、保兑行、议付行未在信用证有效期内收到单据的，开证行可在信用证逾有效期1个月后予以注销。其他情况下，须经开证行、已办理过保兑的保兑行、已办理过议付的议付行、已办理过转让的转让行与受益人协商同意，或受益人、上述保兑行（议付行、转让行）声明同意注销信用证，并与开证行就全套正本信用证收回达成一致后，信用证方可注销。

五、预付卡

（一）预付卡的概念和分类

预付卡是指发卡机构以特定载体和形式发行的、可在发卡机构之外购买商品或服务的预付价值。

目前市场上预付卡有两类。一类是专营发卡机构发行，可跨地区、跨行业、跨法人使用的多用途预付卡；另一类是商业企业发行，只在本企业或同一品牌连锁商业企业购买商品、服务的单用途预付卡。本章讲述的是多用途预付卡。预付卡按是否记载持卡人身份信息分为记名预付卡和不记名预付卡。

（二）预付卡的相关规定

1. 预付卡的限额

预付卡以人民币计价，不具有透支功能。单张记名预付卡资金限额不得超过5 000元，单张不记名预付卡资金限额不得超过1 000元。

2．预付卡的期限

预付卡卡面记载有效期限或有效期截止日。记名预付卡可挂失、可赎回，不得设置有效期；不记名预付卡不挂失、不赎回，另有规定的除外。不记名预付卡有效期不得低于3年。超过有效期尚有资金余额的预付卡，可通过延期、激活、换卡等方式继续使用。

3．预付卡的办理

个人或单位购买记名预付卡或一次性购买不记名预付卡1万元以上的，应当使用实名并向发卡机构提供有效身份证件。发卡机构应当识别购卡人、单位经办人的身份，核对有效身份证件，登记身份基本信息，并留存有效身份证件的复印件或影印件。代理他人购买预付卡的，发卡机构应当采取合理方式确认代理关系，核对代理人和被代理人的有效身份证件，登记代理人和被代理人的身份基本信息，并留存代理人和被代理人的有效身份证件的复印件或影印件。使用实名购买预付卡的，发卡机构应当登记购卡人姓名或单位名称、单位经办人姓名、有效身份证件名称和号码、联系方式、购卡数量、购卡日期、购卡总金额、预付卡卡号及金额等信息。单位一次性购买预付卡5 000元以上，个人一次性购买预付卡5万元以上的，应当通过银行转账等非现金结算方式购买，不得使用现金。购卡人不得使用信用卡购买预付卡。

4．预付卡的充值

预付卡只能通过现金或银行转账方式进行充值，不得使用信用卡为预付卡充值。一次性充值金额5 000元以上的，不得使用现金。单张预付卡充值后的资金余额不得超过规定限额。预付卡现金充值通过发卡机构网点进行，但单张预付卡同日累计现金充值在200元以下的。可通过自助充值终端、销售合作机构代理等方式充值。

5．预付卡的使用

预付卡在发卡机构拓展、签约的特约商户中使用，不得用于或变相用于提取现金，不得用于购买、交换非本发卡机构发行的预付卡、单一行业卡及其他商业预付卡或向其充值，卡内资金不得向银行账户或向非本发卡机构开立的网络支付账户转移。

6．预付卡的赎回

记名预付卡可在购卡3个月后办理赎回，赎回时，持卡人应当出示预付卡及持卡人和购卡人的有效身份证件。由他人代理赎回的，应当同时出示代理人和被代理人的有效身份证件。单位购买的记名预付卡，只能由单位办理赎回。

7．预付卡的发卡机构

预付卡发卡机构必须是经中国人民银行核准，取得《支付业务许可证》的支付机构。支付机构要严格按照核准的业务类型和业务覆盖范围从事预付卡业务。发卡机构要采取有效措施加强对购卡人和持卡人信息的保护，确保信息安全，防止信息泄露和滥用，未经购卡人和持卡人同意，不得用于与购卡人和持卡人的预付卡业务无关的目的。发卡机构要严格发票管理，按照《中华人民共和国发票管理办法》有关规定开具发票。发卡人要加强预付卡资金管理，维护持卡人合法权益，发卡机构接受的、客户用于未来支付需要的预付卡资金，不属于发卡机构的自有财产，发卡机构不得挪用、挤占。发卡机构必须在商业银行开立备付金专用存款账户存放预付资金，并与银行签订存管协议，接受银行对备付金使用情况的监督，中国人民银行负责对发卡机构的预付卡备付金专用存款账户的开立和使用进行监管。

第七节　结算纪律与法律责任

一、结算纪律

结算纪律是银行、单位和个人办理支付结算业务所应遵守的基本规定。《支付结算办法》规定，单位和个人办理支付结算，不准签发没有资金保证的票据或远期支票，套取银行信用；不准签发、取得和转让没有真实交易和债权债务的票据，套取银行和他人资金；不准无理拒绝付款，任意占用他人资金；不准违反规定开立和使用账户。

银行办理支付结算，不准以任何理由压票、任意退票、截留挪用客户和他行资金；不准无理拒绝支付应由银行支付的票据款项；不准受理无理拒付、不扣少扣滞纳金；不准违章签发、承兑、贴现票据，套取银行资金；不准签发空头银行汇票、银行本票和办理空头汇款；不准在支付结算制度之外规定附加条件，影响汇路畅通；不准违反规定为单位和个人开立账户；不准拒绝受理、代理他行正常结算业务。

二、违反支付结算法律制度的法律责任

银行、单位和个人违反结算纪律，要分别承担相应的法律责任，根据目前的法律、法规和规章的规定，对于下列行为，应依法分别承担民事、行政和刑事责任。

（一）签发空头支票、印章与预留印鉴不符支票，未构成犯罪行为的法律责任

单位或个人签发空头支票或者签发与其预留的签章不符、使用支付密码但支付密码错误的支票，不以骗取财物为目的的，由中国人民银行处以票面金额5%但不低于1 000元的罚款；持票人有权要求出票人赔偿支票金额2%的赔偿金，屡次签发空头支票的，银行有权停止为其办理支票或全部支付结算业务。根据《行政处罚法》和《票据管理实施办法》的规定，中国人民银行是空头支票的处罚主体，银行机构发现空头支票行为的，应积极向中国人民银行分支机构举报，并协助送达相应的行政处罚法律文书。

（二）无理拒付，占用他人资金行为的法律责任

商业承兑汇票的付款人对见票即付或者到期的票据，故意压票、退票、拖延支付的，按照规定处以压票、拖延支付期间内每日票据金额万分之七的罚款。银行机构违反票据承兑等结算业务规定，不予兑现，不予收付入账，压单、压票或者违反规定退票的，由国务院银行业监督管理机构责令其改正，有违法所得的，没收违法所得，违法所得5万元以上的，并处违法所得1倍以上5倍以下罚款；没有违法所得或者违法所得不足5万元的，处5万元以上50万元以下罚款。

（三）违反账户规定行为的法律责任

1. 存款人开立、撤销银行账户违反规定

（1）违反规定开立银行结算账户。

（2）伪造、变造证明文件欺骗银行开立银行结算账户。

（3）违反规定不及时撤销银行结算账户。属于非经营性存款人的，给予警告并处以1 000元的罚

款；属于经营性存款人的，给予警告并处以1万元以上3万元以下的罚款；构成犯罪的，移交司法机关依法追究刑事责任。

2．存款人使用银行结算账户违反规定

（1）违反规定将单位款项转入个人银行结算账户。

（2）违反规定支取现金。

（3）利用开立银行结算账户逃废银行债务。

（4）出租、出借银行结算账户。

（5）从基本存款账户之外的银行结算账户转账存入、将销货收入存入或将现金存入单位信用卡账户。

（6）法定代表人或主要负责人、存款人地址以及其他开户资料的变更事项未在规定期限内通知银行。非经营性的存款人有上述第（1）至（5）项行为的，给予警告并处以1 000元罚款；经营性的存款人有上述第（1）至（5）项行为的，给予警告并处以5 000元以上3万元以下的罚款；存款人有上述所列第（6）项行为的，给予警告并处以1 000元的罚款。

3．伪造、变造、私自印制开户许可证的存款人

属非经营性的处以1 000元罚款；属经营性的处以1万元以上3万元以下的罚款；构成犯罪的，移交司法机关依法追究刑事责任。

（四）票据欺诈等行为的法律责任

伪造、变造票据、托收凭证、汇款凭证、信用证，伪造信用卡等；故意使用伪造、变造的票据的；签发空头支票或者故意签发与其预留的本名签名式样或者印鉴不符的支票，骗取财物的；签发无可靠资金来源的汇票、本票，骗取资金的；汇票、本票的出票人在出票时作虚假记载，骗取财物的；冒用他人的票据，或者故意使用过期或者作废的票据，骗取财物的；付款人同出票人、持票人恶意串通。实施前六项行为之一的，依法追究刑事责任。

其中，伪造、变造票据、托收凭证、汇款凭证、信用证，伪造信用卡的，处5年以下有期徒刑或者拘役，并处或者单处2万元以上20万元以下罚金；情节严重的，处5年以上10年以下有期徒刑，并处5万元以上50万元以下罚金；情节特别严重的，处10年以上有期徒刑或者无期徒刑，并处5万元以上50万元以下罚金或者没收财产。单位犯上述罪行的，对单位判处罚金，并对其直接负责的主管人员和其他责任人员，依照上述规定处罚。

有下列情形之一，妨害信用卡管理的，处3年以下有期徒刑或者拘役，并处或者单处1万元以上10万元以下罚金；数量巨大或者有其他严重情节的，处3年以上10年以下有期徒刑，并处2万元以上20万元以下罚金：明知是伪造的信用卡而持有、运输的，或者明知是伪造的空白信用卡而持有、运输，数量较大的；非法持有他人信用卡，数量较大的；使用虚假的身份证明骗领信用卡的；出售、购买、为他人提供伪造的信用卡或者以虚假的身份证明骗领信用卡的；窃取、收买或者非法提供他人信用卡信息资料的。

有下列情形之一，进行信用卡诈骗活动，数额较大的，处5年以下有期徒刑或者拘役，并处2万元以上20万元以下罚金；数额巨大或者有其他严重情节的，处5年以上10年以下有期徒刑，并处5万元以上50万元以下罚金；数额特别巨大或者有其他特别严重情节的，处10年以上有期徒刑或者无期徒刑，并处5万元以上50万元以下罚金或者没收财产：使用伪造的信用卡，或者使用以虚假的身份证明骗领的信用卡的；使用作废的信用卡的；冒用他人信用卡的；恶意透支的。

第五章 增值税、消费税法律制度

知识要求

1. 掌握增值税征税范围、增值税应纳税额的计算
2. 掌握消费税征税范围、消费税应纳税额的计算
3. 熟悉增值税纳税人、增值税税收优惠、增值税征收管理、增值税专用发票使用规定
4. 熟悉消费税纳税人、消费税税目、消费税征收管理
5. 了解税收与税收法律关系、税法要素
6. 了解我国的税收管理体制与现行税种
7. 了解增值税税率和征收率、增值税专用发票使用规定
8. 了解消费税税率

第一节 税收法律制度概述

一、税收与税收法律关系

（一）税收与税法

1. 税收

税收是指国家为实现其职能，凭借政治权力，按照法律规定，通过税收工具强制地、无偿地参与国民收入和社会产品的分配和再分配，取得财政收入的一种形式。

税收与其他财政收入形式相比，其特征主要表现在强制性、无偿性和固定性这三个方面。

2. 税法

税法即税收法律制度，是调整税收关系的法律规范的总称，是国家法律的重要组成部分。它是以宪法为依据，调整国家与社会成员在征纳税上的权利与义务关系，维护社会经济秩序和税收秩序，保障国家利益和纳税人合法权益的一种法律规范，是国家税务机关及一切纳税单位和个人依法征纳税的行为规则。

（二）税收法律关系

税收法律关系体现为国家征税与纳税人的利益分配关系。在总体上，税收法律关系与其他法律

关系一样也是由主体、客体和内容三方面构成。

1. 主体

税收法律关系中的主体是指税收法律关系中享有权利和承担义务的当事人。在我国税收法律关系中，主体一方是代表国家行使征税职责的国家税务机关，包括国家各级税务机关、海关和财政机关；另一方是履行纳税义务的人，包括法人、自然人和其他组织。对这种主体的确定，我国采取属地兼隶属人原则，即外国企业、组织、外籍人、无国籍人等，凡在中华人民共和国境内有所得来源的，都是我国税收法律关系的主体。

2. 客体

税收法律关系的客体是指税收法律关系主体双方的权利和义务所指向的对象。

3. 内容

税收法律关系的内容是指税收法律关系主体所享有的权利和承担的义务。

二、税法要素

税法构成要素是税收课征制度构成的基本因素，主要包括纳税义务人、征税对象、税目、税率、计税依据、纳税环节、纳税期限、纳税地点、减税免税、罚则、附则等项目。

1. 纳税义务人

纳税义务人简称纳税人，即纳税主体，主要是指履行纳税义务的自然人、法人及其他组织。

2. 征税对象

征税对象即纳税客体，是指税收法律关系中主体双方权利义务所指向的物或行为，即税法要对什么进行征税，是区分不同税种的主要标志。

我国现行税收法律、法规都有自己特定的征税对象，比如，企业所得税的征税对象是应税所得；增值税的征税对象就是商品或劳务在生产和流通过程中的增值额。

3. 税目

税目是各个税种所规定的具体征税项目。规定税目一方面是为了明确征税的具体范围，另一方面是为了对不同的征税项目加以区分，从而制定高低不同的税率。

4. 税率

税率是税法规定的每一单位课税对象与应纳税款之间的比例。税率是国家税收制度的核心，它反映征税的深度，体现国家的税收制度。税率形式分为以下几种。

（1）比例税率。比例税率是对同一征税对象或同一税目，不分数额的大小，都按规定的同一个比例数征税。目前增值税、企业所得税等采取的都是比例税率。

（2）累进税率。累进税率是根据征税对象数额的逐渐增大。按不同等级逐步提高的税率。即征税对象数额越大，税率越高。累进税率又分为全额累进税率、超额累进税率和超率累进税率三种。

全额累进税率是按征税对象数额的逐步递增划分若干等级，并按等级规定逐步提高的税率。征税对象的金额达到哪一个等级，全部按相应的税率征税。目前，我国的税收法律制度中已不采用这种税率。

超额累进税率是将征税对象数额的逐步递增划分为若干等级，按等级规定相应的递增税率，对每个等级分别计算税额。

超率累进税率是按征税对象的某种递增比例划分若干等级，按等级规定相应的递增税率，对每个等级分别计算税额。我国的土地增值税采用这种税率。

（3）定额税率。定额税率是按征税对象确定的计算单位，直接规定一个固定的税额。目前采用定额税率的有资源税、车船使用税等。

5. 计税依据

计税依据是指计算应纳税额的依据或标准，即根据什么来计算纳税人应缴纳的税额。计税依据一般有两种类型：从价计征和从量计征。从价计征，是以征税对象的数量与单位价格的乘积作为计税依据。从量计征，是以征税对象的重量、体积、数量等作为计税依据。

6. 纳税环节

纳税环节主要指税法规定的征税对象在从生产到消费的流转过程中应当缴纳税款的环节。如流转税在生产和流通环节纳税，所得税在分配环节纳税等。

7. 纳税期限

纳税期限是指纳税人按照税法规定缴纳税款的期限。纳税人的具体纳税期限由主管税务机关根据纳税人应纳税额的大小分别核定，不能按照固定期限纳税的，可以按次纳税。

8. 纳税地点

纳税地点主要是指根据各个税种征税对象的纳税环节和有利于对税款的源泉进行控制，而规定的纳税人（包括代征、代扣、代缴义务人）的具体纳税地点。

9. 税收优惠

税收优惠是指国家对某些纳税人和征税对象给予鼓励和照顾的一种特殊规定，制定这种特殊规定，一方面是为了鼓励和支持某些行业或项目的发展，另一方面是为了照顾某些纳税人的特殊困难。主要包括以下内容。

（1）减税和免税。减税是指对应征税款减少征收部分税款。免税是对按规定应征收的税款给予免除。减税和免税具体又分两种情况，一种是税法直接规定的长期减免税项目，另一种是依法给予的一定期限内的减免税措施，期满之后仍依规定纳税。

（2）起征点。也称"征税起点"，是指对征税对象开始征税的数额界限。征税对象的数额没有达到规定起征点的不征税；达到或超过起征点的，就其全部数额征税。

（3）免征额。免征额是指对征税对象总额中免予征税的数额，即对纳税对象中的一部分给予减免，只就减除后的剩余部分计征税款。

10. 法律责任

法律责任是指对违反国家税法规定的行为人采取的处罚措施。一般包括违法行为和因违法而应承担的法律责任两部分内容。这里讲的违法行为是指违反税法规定的行为，包括作为和不作为，税法中的法律责任包括行政责任和刑事责任。纳税人和税务人员违反税法规定，都将依法承担法律责任。

三、我国的税收管理体制与现行税种

现阶段，我国税收征收管理机关有国家税务局、地方税务局和海关。

国家税务局系统主要负责下列各税的征收和管理。

（1）增值税。

（2）消费税。

（3）车辆购置税。

（4）各银行、保险公司集中缴纳的所得税和城市维护建设税。

（5）中央企业缴纳的所得税。

（6）地方银行及非银行金融企业缴纳的所得税。

（7）海洋石油企业缴纳的所得税、资源税。

（8）股票交易印花税。

（9）中央与地方所属企业、事业单位组成的联营企业、股份制缴纳的所得税。

（10）出口产品退税的管理。

地方税务局系统主要负责下列各税的征收和管理（不包括已明确由国家税务局负责征收的地方税部分）。

（1）部分企业所得税。

（2）个人所得税。

（3）房产税。

（4）契税。

（5）土地增值税。

（6）城镇土地使用税。

（7）车船税。

（8）印花税（除股票交易印花税之外）。

（9）资源税。

（10）烟叶税。

（11）耕地占用税。

（12）环境保护税。

（13）城市维护建设税和教育费附加。

海关系统主要负责下列税收的征收和管理。

（1）关税。

（2）船舶吨税。

（3）委托代征的进口环节增值税、消费税。

第二节 增值税法律制度

增值税法是指国家制定的用以调整增值税征收与缴纳之间权利及义务关系的法律规范。现行增值税法的基本规范，是2008年11月5日通过的《中华人民共和国增值税暂行条例》（以下简称《增值税暂行条例》）和2008年12月18日颁布的《中华人民共和国增值税暂行条例实施细则》（以下简称《增值税暂行条例实施细则》）。2011年底，国家决定在上海试点营业税改征增值税的工作，制定了《营业税改征增值税试点方案》。自2013年8月1日起，在全国范围内开展交通运输业和部分现代服务业营改增试点。2014年1月1日起，又将铁路运输和邮政业纳入试点，6月1日起，将电信业纳入试点。2016年5月1日起，营改增打响"收官之战"，将最后四个行业（建筑业、房地产业、金融业、生活服务业）全面纳入增值税征收范围。随着营改增的全面覆盖，其中的大部分规定沿用了《增值税暂行条例》，还有部分内容作了特殊规定。

一、增值税纳税人

（一）纳税人

根据《增值税暂行条例》和《营业税改征增值税试点实施办法》的规定，在中华人民共和国境内销售货物或者提供加工、修理修配劳务、进口货物以及销售服务、无形资产或者不动产的单位和个人，为增值税的纳税人。

这里所称单位，是指企业、行政单位、事业单位、军事单位、社会团体及其他单位。这里所称个人，是指个体工商户和其他个人。

单位以承包、承租、挂靠方式经营的，承包人、承租人、挂靠人以发包人、出租人、被挂靠人名义对外经营并由发包人承担相关法律责任的，以该发包人为纳税人。否则，以承包人为纳税人。

资管产品运营过程中发生的增值税应税行为，以资管产品管理人为增值税纳税人。

（二）纳税人的分类

增值税纳税人按其经营规模大小及会计核算健全与否，划分为一般纳税人和小规模纳税人。

1．小规模纳税人

根据《增值税暂行条例》和《增值税暂行条例实施细则》的规定，小规模纳税人的认定标准是：

（1）从事货物生产或提供应税劳务的纳税人，以及以从事货物生产或提供应税劳务为主，并兼营货物批发或零售的纳税人，年应税销售额在50万元以下的（即小于或等于50万元）。

所称以从事货物生产或者提供应税劳务为主，是指纳税人的年货物生产或者提供应税劳务的销售额占年应税销售额的比重在50%以上。

（2）除上述（1）中的纳税人以外的纳税人，主要是指从事货物批发或零售（即商品流通企业）的纳税人，年应税销售额在80万元以下的。

（3）"营改增"试点企业的应税服务年销售额标准为500万元，应税服务年销售额未超过500万元的纳税人为小规模纳税人。

小规模纳税人会计核算健全，能够提供准确税务资料的，可以向主管税务机关申请资格认定，不作为小规模纳税人。除国家税务总局另有规定外，纳税人一经认定为一般纳税人，不得转为小规模纳税人。

小规模纳税人虽然实行简易征税办法并一般不使用增值税专用发票，但基于增值税征收管理中一般纳税人与小规模纳税人之间客观存在的经济往来的实情，可以到税务机关代开增值税专用发票。

2．一般纳税人

一般纳税人，是指年应征增值税销售额（以下简称年应税销售额，包括一个公历年度内的全部应税销售额），超过财政部、国家税务总局规定的小规模纳税人标准的企业和企业性单位（以下简称企业）。

纳税人年应税销售额超过财政部、国家税务总局规定标准（以下简称规定标准），且符合有关政策规定，选择按小规模纳税人纳税的，应当向主管税务机关提交书面说明。个体工商户以外的其他个人年应税销售额超过规定标准的，不需要向主管税务机关提交书面说明。

无须办理一般纳税人资格登记的纳税人。

（1）个体工商户以外的其他个人。

（2）选择按照小规模纳税人纳税的非企业性单位。

（3）选择按照小规模纳税人纳税的不经常发生增值税应税行为的企业。

值得注意的是，除国家税务总局另有规定外，纳税人一经认定为增值税一般纳税人，不得再转为小规模纳税人。

（三）扣缴义务人

境外的单位或个人在境内销售应税劳务而在境内未设有经营机构的，其应纳税款以代理人为扣缴义务人；没有代理人的，以购买者为扣缴义务人。

（四）纳税人会计核算

纳税人应当按照国家统一的会计制度进行增值税会计核算。

二、增值税征收范围

根据《增值税暂行条例》和《增值税暂行条例实施细则》的规定，凡在中华人民共和国境内销售货物、销售无形资产、销售不动产或者提供应税劳务和应税服务以及进口货物的单位和个人，均应依法缴纳增值税。

（一）销售货物

在中国境内销售货物，是指销售货物的起运地或者所在地在境内。

这里所称销售货物，是指有偿转让货物的所有权，即在转让货物所有权后，从购买方取得货币、实物或其他经济利益。

这里所称的货物，是指有形动产，包括电力、热力、气体在内。

（二）提供应税劳务

在中国境内提供加工、修理修配劳务，是指提供的应税劳务发生地在境内。

加工，是指受托加工货物，即委托方提供原料及主要材料，受托方按照委托方的要求，制造货物并收取加工费的业务；修理修配，是指受托方对损伤和丧失功能的货物进行修复，使其恢复原状和功能的业务。提供应税劳务，是指有偿提供加工、修理修配劳务。单位或者个体工商户聘用的员工为本单位或者雇主提供加工、修理修配劳务，不包括在内。

（三）进口货物

进口货物，是指经关境进入我国境内的货物。此类货物在报关进口环节中，除依法缴纳关税外，还必须缴纳增值税。

（四）销售服务

销售服务，是指提供交通运输服务、邮政服务、电信服务、建筑服务、金融服务、现代服务、生活服务。

1．交通运输服务

交通运输服务包括陆路运输服务、水路运输服务、航空运输服务和管道运输服务。

（1）陆路运输服务包括铁路运输和其他陆路运输（如公路运输、缆车运输、索道运输、地铁运输、城市轻轨运输等）。出租车公司向使用本公司自有出租车的出租车司机收取的管理费用，按陆路运输服务征收增值税。

（2）远洋运输的程租、期租业务属于水路运输服务。

（3）航空运输的湿租业务属于航空运输服务。航天运输服务按照航空运输服务征收增值税。

（4）管道运输服务，是指通过管道设施运送气体、液体、固体物质的运输业务活动。

无运输工具承运业务，按照交通运输服务缴纳增值税。

2．邮政服务

邮政服务包括邮政普遍服务、邮政特殊服务和其他邮政服务。

（1）邮政普遍服务是指函件、包裹等邮件寄递，以及邮票发行、报刊发行和邮政汇兑等业务活动。

（2）邮政特殊服务，是指义务兵平常信函、机要通信、盲人读物和革命烈士遗物的寄递等业务活动。

（3）其他邮政服务，是指邮册等邮品销售、邮政代理等业务活动。

3．电信服务

电信服务包括基础电信服务和增值电信服务。

（1）基础电信服务，是指利用固网、移动网、卫星、互联网，提供语音通话服务的业务活动，以及出租或者出售带宽、波长等网络元素的业务活动。

（2）增值电信服务是指利用固网、移动网、卫星、互联网、有线电视网络，提供短信和彩信服务、电子数据和信息的传输及应用服务、互联网接入服务等业务活动。

卫星电视信号落地转接服务按照增值电信服务计算缴纳增值税。

4．建筑服务

建筑服务包括工程服务、安装服务、修缮服务、装饰服务和其他建筑服务。

（1）工程服务，包括与建筑物相连的各种设备或者支柱、操作平台的安装或者装设工程作业，以及各种窑炉和金属结构工程作业。

（2）安装服务，包括与被安装设备相连的工作台、梯子、栏杆的装设工程作业，以及被安装设备的绝缘、防腐、保温、油漆等工程作业。固定电话、有线电视、宽带、水、电、燃气、暖气等经营者向用户收取的安装费、初装费、开户费、扩容费以及类似收费，按照安装服务缴纳增值税。

（3）修缮服务，是指对建筑物、构筑物进行修补、加固、养护、改善，使之恢复原来的使用价值或者延长其使用期限的工程作业。

（4）装饰服务，是指对建筑物、构筑物进行修饰装修，使之美观或者具有特定用途的工程作业。

（5）其他建筑服务，是指上列工程作业之外的各种工程作业服务，如钻井（打井）、拆除建筑物或者构筑物、平整土地、园林绿化、疏浚（不包括航道疏浚）、建筑物平移、搭脚手架、爆破、矿山穿孔、表面附着物（包括岩层、土层、沙层等）剥离和清理等工程作业。

5. 金融服务

金融服务包括贷款服务、直接收费金融服务、保险服务和金融产品转让。

（1）贷款服务，是指将资金贷与他人使用而取得利息收入的业务活动。

各种占用、拆借资金取得的收入，包括金融商品持有期间利息收入、信用卡透支利息收入、买入返售金融商品利息收入、融资融券收取的利息收入，以及融资性售后回租、押汇、罚息、票据贴现、转贷等业务取得的利息及利息性质的收入，按照贷款服务缴纳增值税。以货币资金投资收取的固定利润或者保底利润，也按照贷款服务缴纳增值税。

（2）直接收费金融服务，包括提供货币兑换、账户管理、电子银行、信用卡、信用证、财务担保、资产管理、信托管理、基金管理、金融交易场所（平台）管理、资金结算、资金清算、金融支付等服务。

（3）保险服务，包括人身保险服务和财产保险服务。

（4）金融商品转让，是指转让外汇、有价证券、非货物期货和其他金融商品所有权的业务活动。

其他金融商品转让包括基金、信托、理财产品等各类资产管理产品和各种金融衍生品的转让。纳税人购入基金、信托、理财产品等各类资产管理产品持有至到期，不属于金融商品转让。

6. 现代服务

现代服务，包括研发和技术服务、信息技术服务、文化创意服务、物流辅助服务、租赁服务、鉴证咨询服务、广播影视服务、商务辅助服务和其他现代服务。

（1）研发和技术服务，包括研发服务、技术转让服务、技术咨询服务、合同能源管理服务、工程勘察勘探服务。

（2）信息技术服务，包括软件服务、电路设计及测试服务、信息系统服务和业务流程管理服务。

（3）文化创意服务，包括设计服务、商标和著作权转让服务、知识产权服务、广告服务和会议展览服务。宾馆、旅馆、旅社、度假村和其他经营性住宿场所提供会议场地及配套服务的活动，按照"会议展览服务"缴纳增值税。

（4）物流辅助服务，包括航空服务、港口码头服务、货运客运场站服务、打捞救助服务、货物运输代理服务、代理报关服务、仓储服务、装卸搬运服务和收派服务。

（5）租赁服务，包括有形动产融资租赁和有形动产经营租赁、不动产融资租赁和不动产经营租赁。远洋运输的光租业务、航空运输的出租业务，属于有形动产经营租赁。将建筑物、构筑物等不动产或者飞机、车辆等有形动产的广告位出租给其他单位或者个人用于发布广告，按照经营租赁服务缴纳增值税。车辆停放服务、道路通行服务（包括过路费、过桥费、过闸费等）按照不动产经营租赁服务缴纳增值税。

（6）鉴证咨询服务包括认证服务、鉴证服务和咨询服务。代理记账、翻译服务按照"咨询服务"征收增值税。

（7）广播影视服务包括广播影视节目（作品）的制作服务、发行服务和播映（含放映）服务。

（8）商务辅助服务包括企业管理服务、经纪代理服务、人力资源服务、安全保护服务。纳税人提供武装守护押运服务，按照"安全保护服务"缴纳增值税。

7. 生活服务

生活服务包括文化体育服务、教育医疗服务、旅游娱乐服务、餐饮住宿服务、居民日常服务和其他生活服务。

其中，教育服务包括学历教育服务、非学历教育服务和教育辅助服务。居民日常服务包括市容市政管理、家政、婚庆、养老、殡葬、照料和护理、救助救济、美容美发、按摩、桑拿、氧吧、足疗、沐浴、洗染、摄影扩印等服务。纳税人在游览场所经营索道、摆渡车、电瓶车、游船等取得的收入，按照"文化体育服务"缴纳增值税。

提供应税服务，是指有偿提供应税服务，但不包括非营业活动中提供的应税服务。

有偿，是指取得货币、货物或者其他经济利益。

（五）销售无形资产

销售无形资产，是指转让无形资产所有权或者使用权的业务活动。无形资产，是指不具实物形态，但能带来经济利益的资产，包括技术、商标、著作权、商誉、自然资源使用权和其他权益性无形资产。

技术，包括专利技术和非专利技术。

自然资源使用权，包括土地使用权、海域使用权、探矿权、采矿权、取水权和其他自然资源使用权。

其他权益性无形资产，包括基础设施资产经营权、公共事业特许权、配额、经营权（包括特许经营权、连锁经营权、其他经营权）、经销权、分销权、代理权、会员权、席位权、网络游戏虚拟道具、域名、名称权、肖像权、冠名权、转会费等。

（六）销售不动产

销售不动产，是指转让不动产所有权的业务活动。不动产，是指不能移动或者移动后会引起性质、形状改变的财产，包括建筑物、构筑物等。

建筑物，包括住宅、商业营业用房、办公楼等可供居住、工作或者进行其他活动的建造物。

构筑物，包括道路、桥梁、隧道、水坝等建造物。

转让建筑物有限产权或者永久使用权的，转让在建的建筑物或者构筑物所有权的，以及在转让建筑物或者构筑物时一并转让其所占土地的使用权的，按照销售不动产缴纳增值税。

（七）非经营活动的界定

1．非营业活动

（1）非企业性单位按照法律和行政法规的规定，为履行国家行政管理和公共服务职能收取政府性基金或者行政事业性收费的活动。

（2）单位或者个体工商户聘用的员工为本单位或者雇主提供应税服务。

（3）单位或者个体工商户为员工提供应税服务。

（4）财政部和国家税务总局规定的其他情形。

2．在境内销售服务、无形资产或者不动产

（1）服务（租赁不动产除外）或者无形资产（自然资源使用权除外）的销售方或者购买方在境内。

（2）所销售或者租赁的不动产在境内。

（3）所销售自然资源使用权的自然资源在境内。

（4）财政部和国家税务总局规定的其他情形。

3. 不属于在境内销售服务或者无形资产

（1）境外单位或者个人向境内单位或者个人销售完全在境外发生的服务。

（2）境外单位或者个人向境内单位或者个人销售完全在境外使用的无形资产。

（3）境外单位或者个人向境内单位或者个人出租完全在境外使用的有形动产。

（4）财政部和国家税务总局规定的其他情形。

（八）视同销售货物行为

根据《增值税暂行条例实施细则》的规定，单位或者个体工商户的下列行为，视同销售货物，征收增值税。

（1）将货物交付其他单位或者个人代销（即委托代销）。

（2）销售代销货物（即受托代销）。

（3）设有两个以上机构并实行统一核算的纳税人，将货物从一个机构移送其他机构用于销售，但相关机构设在同一县（市）的除外。

（4）将自产、委托加工的货物用于非增值税应税项目。

（5）将自产、委托加工的货物用于集体福利或者个人消费。

（6）将自产、委托加工或者购进的货物作为投资，提供给其他单位或者个体工商户。

（7）将自产、委托加工或者购进的货物分配给股东或者投资者。

（8）将自产、委托加工或者购进的货物无偿赠送其他单位或者个人。

（9）单位和个体工商户向其他单位或者个人无偿提供应税服务，但以公益活动为目的或者以社会公众为对象的除外。

（10）单位或者个人向其他单位或者个人无偿转让无形资产或者不动产，但用于公益事业或者以社会公众为对象的除外。

（11）财政部和国家税务总局规定的其他情形。

【例5-1·多选题】根据企业所得税法律制度的规定，下列各项中，应视同销售货物的有（　　）。

A. 将货物用于捐赠　　　　　　　　　　B. 将货物用于偿债

C. 将货物用于广告　　　　　　　　　　D. 将货物用于赞助

答案：ABCD。

（九）混合销售

一项销售行为如果既涉及货物又涉及服务，为混合销售。混合销售行为成立的行为标准有两点：一是其销售行为必须是一项，二是该项行为必须既涉及服务又涉及货物。从事货物的生产、批发或者零售的单位和个体工商户的混合销售行为，按照销售货物缴纳增值税；其他单位和个体工商户的混合销售行为，按照销售服务缴纳增值税。

上述从事货物的生产、批发或者零售的单位和个体工商户，包括以从事货物的生产、批发或者零售为主，并兼营销售服务的单位和个体工商户在内。

自2017年5月起，纳税人销售活动板房、机器设备、钢结构件等自产货物的同时提供建筑、安装服务，不属于混合销售，应分别核算货物和建筑服务的销售额，分别适用不同的税率或者征收率。

（十）兼营

兼营，是指纳税人在经营中包括销售货物、加工修理修配劳务以及销售服务、无形资产和不动产的行为。

纳税人发生兼营行为，应当分别核算适用不同税率或者征收率的销售额，未分别核算销售额的，按照以下方法适用税率或者征收率。

（1）兼有不同税率的销售货物、加工修理修配劳务、服务、无形资产或者不动产，从高适用税率。

（2）兼有不同征收率的销售货物、加工修理修配劳务、服务、无形资产或者不动产，从高适用征收率。

（3）兼有不同税率和征收率的销售货物、加工修理修配劳务、服务、无形资产或者不动产，从高适用税率。

【例5-2·单选题】企业下列行为属于增值税兼营行为的是（   ）。

A. 建筑公司为承建的某项工程既提供建筑材料又承担建筑、安装业务

B. 照相馆在提供照相业务的同时销售相框

C. 酒店开设客房、餐厅从事服务业务并附设商场销售货物

D. 饭店提供餐饮服务的同时销售酒水饮料

答案及解析：C。选项ABD属于增值税混合销售行为，既涉及销售服务，又涉及销售货物。

（十一）征税范围的特殊规定

（1）货物期货（包括商品期货和贵金属期货），应当征收增值税，在期货的实物交割环节纳税，其中：

交割时采取由期货交易所开具发票的，以期货交易所为纳税人。期货交易所增值税按次计算，其进项税额为该货物交割时供货会员单位开具的增值税专用发票上注明的销项税额，期货交易所本身发生的各种进项税额不得抵扣。

交割时采取由供货的会员单位直接将发票开给购货会员单位的，以供货会员单位为纳税人。

（2）银行销售金银的业务，应当征收增值税。

（3）典当业的死当物品销售业务和寄售业代委托人销售寄售物品的业务，均应征收增值税。

（4）缝纫业务，应征收增值税。

（5）基本建设单位和从事建筑安装业务的企业附设的工厂、车间生产的水泥预制构件、其他构件或建筑材料，用于本单位或本企业建筑工程的，在移送使用时，征收增值税。

（6）电力公司向发电企业收取的过网费，应当征收增值税。

（7）旅店业和饮食业纳税人销售非现场消费的食品应当缴纳增值税。

（8）纳税人提供的矿产资源开采、挖掘、切割、破碎、分拣、洗选等劳务，属于增值税应税劳务，应当缴纳增值税。

（9）不征收增值税项目。

①根据国家指令无偿提供的铁路运输服务、航空运输服务，属于《营业税改征增值税试点实施办法》规定的用于公益事业的服务。

②存款利息。

③被保险人获得的保险赔付。

④房地产主管部门或者其指定机构、公积金管理中心、开发企业以及物业管理单位代收的住宅专项维修资金。

⑤在资产重组过程中，通过合并、分立、出售、置换等方式，将全部或者部分实物资产以及与其相关联的债权、负债和劳动力一并转让给其他单位和个人，其中涉及的不动产、土地使用权转让行为。

⑥纳税人在资产重组过程中，通过合并、分立、出售、置换等方式，将全部或者部分实物资产以及与其相关联的债权、负债和劳动力一并转让给其他单位和个人，不属于增值税的征税范围，其中涉及的货物转让，不征收增值税。

【例5-3·多选题】下列关于增值税征税范围的说法中，正确的有（   ）。

A. 缝纫业务，不缴纳增值税

B. 邮政部门销售集邮商品，应征收增值税

C. 银行销售金银业务，征收增值税

D. 货物期货在实物交割环节征收增值税

答案及解析：BCD。选项A，缝纫业务征收增值税；选项B，属于邮政服务，应征收增值税；选项CD，属于增值税的特殊应税项目，应征收增值税。

三、增值税税率和征收率

增值税一般纳税人采用比例税率，分为基本税率、低税率和零税率三档。小规模纳税人采用征收率。

（一）税率

1. 基本税率

增值税的基本税率为17%，适用范围为：

（1）一般纳税人销售或者进口货物，除《增值税暂行条例》列举的外，税率均为17%。

（2）一般纳税人提供加工、修理修配劳务，税率为17%。

（3）一般纳税人提供有形动产租赁服务，税率为17%。

2. 低税率

（1）自2017年7月1日起，一般纳税人销售或者进口下列货物，税率为11%。

①农产品。是指种植业、养殖业、林业、牧业、水产业生产的各种植物、动物的初级产品。农业产品的具体品目应按照财政部、国家税务总局《关于印发〈农业产品征税范围注释〉的通知》（财税字〔1995〕52号）执行，包括种植业、养殖业、林业、牧业、水产业生产的各种植物、动物的初级产品，并包括挂面、干姜、姜黄、玉米胚芽、动物骨粒、按照《食品安全国家标准—巴氏杀菌乳》（GB 19645-2010）生产的巴氏杀菌乳、按照《食品安全国家标准—灭菌乳》（GB 25190-2010）生产的灭菌乳。

②食用植物油、自来水、暖气、冷气、热水、煤气、石油液化气、天然气、沼气、居民用煤炭制品、图书、报纸、杂志、化肥、农药、农机、农膜。

上述货物的具体征税范围暂继续按照《国家税务总局关于印发〈增值税部分货物征税范围注释〉的通知》（国税发〔1993〕151号）及现行相关规定执行，并包括棕榈油、棉籽油、茼油、毛椰子油、核桃油、橄榄油、花椒油、杏仁油、葡萄籽油、牡丹籽油、由石油伴生气加工压缩而成的石

油液化气、西气东输项目上游中外合作开采天然气、中小学课本配套产品（包括各种纸制品或图片）、国内印刷企业承印的经新闻出版主管部门批准印刷且采用国际标准书号编序的境外图书、农用水泵、农用柴油机、不带动力的手扶拖拉机、三轮农用运输车、密集型烤房设备、频振式杀虫灯、自动虫情测报灯、粘虫板、卷帘机、农用挖掘机、养鸡设备系列、养猪设备系列产品、动物尸体降解处理机、蔬菜清洗机。

③饲料。是指用于动物饲养的产品或其加工品。具体征税范围按照《国家税务总局关于修订"饲料"注释及加强饲料征免增值税管理问题的通知》（国税发〔1999〕39号）执行，并包括豆粕、宠物饲料、饲用鱼油、矿物质微量元素舔砖、饲料级磷酸二氢钙产品。

④音像制品。是指正式出版的录有内容的录音带、录像带、唱片、激光唱盘和激光视盘。

⑤电子出版物。是指以数字代码方式，使用计算机应用程序，将图文声像等内容信息编辑加工后存储在具有确定的物理形态的磁、光、电等介质上，通过内嵌在计算机、手机、电子阅读设备、电子显示设备、数字音/视频播放设备、电子游戏机、导航仪以及其他具有类似功能的设备上读取使用，具有交互功能，用以表达思想、普及知识和积累文化的大众传播媒体。

⑥二甲醚。是指化学分子式为CH_3OCH_3，常温常压下为具有轻微醚香味，易燃、无毒、无腐蚀性的气体。

⑦食用盐。是指符合《食用盐》（GB/T5461-2016）和《食用盐卫生标准》（GB2721-2003）两项国家标准的食用盐。

（2）一般纳税人提供交通运输、邮政、基础电信、建筑、不动产租赁服务，销售不动产，转让土地使用权，税率为11%。

（3）一般纳税人提供增值电信、金融、现代服务（除有形动产租赁服务和不动产租赁服务外）、生活服务，销售无形资产（除转让土地使用权外），税率为6%。

3. 零税率

（1）纳税人出口货物，适用零税率，但是国务院另有规定的除外。

（2）中华人民共和国境内的单位和个人销售的下列服务和无形资产，适用零税率。

①国际运输服务。

②航天运输服务。

③向境外单位提供的完全在境外消费的下列服务：a.研发服务。b.合同能源管理服务。c.设计服务。d.广播影视节目（作品）的制作和发行服务。e.软件服务。f.电路设计及测试服务。g.信息系统服务。h.业务流程管理服务。i.离岸服务外包业务转让技术。

④财政部和国家税务总局规定的其他服务。

（二）征收率

1. 征收率的一般规定

由于小规模纳税人经营规模小，且会计核算不健全，对于小规模纳税人采用简易办法征收增值税，征收率为3%。具体规定为：

（1）一般纳税人销售自己使用过的，属于不得抵扣且未抵扣进项税额的固定资产（依据《增值税暂行条例》第十条规定），按简易办法依3%征收率减按2%征收增值税。

（2）一般纳税人销售自己使用过的其他固定资产（以下简称已使用过的固定资产）应区分不同情形征收增值税。

①销售自己使用过的2009年1月1日以后购进或者自制的固定资产，按照适用税率征收增值税。

②2008年12月31日以前未纳入扩大增值税抵扣范围试点的纳税人，销售自己使用过的2008年12月31日以前购进或者自制的固定资产，按照简易办法依照3%征收率减按2%征收增值税。

③2008年12月31日以前已纳入扩大增值税抵扣范围试点的纳税人，销售自己使用过的在本地区扩大增值税抵扣范围试点以前购进或者自制的固定资产，按照简易办法依照3%征收率减按2%征收增值税；销售自己使用过的在本地区扩大增值税抵扣范围试点以后购进或者自制的固定资产，按照适用税率征收增值税。

（3）一般纳税人销售自己使用过的除固定资产以外的物品，应当按照适用税率征收增值税。

（4）小规模纳税人（除其他个人外，下同）销售已使用过的固定资产，减按2%征收率征收增值税。

小规模纳税人销售自己使用过的除固定资产以外的物品，应按3%的征收率征收增值税。

（5）纳税人销售旧货，按照简易办法依照3%征收率减按2%征收增值税。

旧货，是指进入二次流通的具有部分使用价值的货物（含旧汽车、旧摩托车和旧游艇），但不包括自己使用过的物品。

（6）一般纳税人销售自产的下列货物，可选择按照简易办法依照3%征收率计算缴纳增值税，选择简易办法计算缴纳增值税后，36个月内不得变更，具体适用范围为：

①县级及县级以下小型水力发电单位生产的电力。小型水力发电单位，是指各类投资主体建设的装机容量为5万千瓦以下（含5万千瓦）的小型水力发电单位。

②建筑用和生产建筑材料所用的砂、土、石料。

③以自己采掘的砂、土、石料或其他矿物连续生产的砖、瓦、石灰（不含黏土实心砖、瓦）。

④用微生物、微生物代谢产物、动物毒素、人或动物的血液或组织制成的生物制品。

⑤自来水（对属于一般纳税人的自来水公司销售自来水按简易办法依照3%征收率征收增值税，不得抵扣其购进自来水取得增值税扣税凭证上注明的增值税税款）。

⑥商品混凝土（仅限于以水泥为原料生产的水泥混凝土）。

（7）一般纳税人销售货物属于下列情形之一的，暂按简易办法依照3%征收率计算缴纳增值税。

①寄售商店代销寄售物品（包括居民个人寄售的物品在内）。

②典当业销售死当物品。

（8）建筑企业一般纳税人提供建筑服务属于老项目的，可以选择简易办法依照3%的征收率征收增值税。

2．征收率的特殊规定

（1）小规模纳税人转让其取得的不动产，按照5%的征收率征收增值税。

（2）一般纳税人转让其2016年4月30日前取得的不动产，选择简易计税方法计税的，按照5%的征收率征收增值税。

（3）小规模纳税人出租其取得的不动产（不含个人出租住房），按照5%的征收率征收增值税。

（4）一般纳税人出租其2016年4月30日前取得的不动产，选择简易计税方法计税的，按照5%的征收率征收增值税。

（5）房地产开发企业（一般纳税人）销售自行开发的房地产老项目，选择简易计税方法计税的，按照5%的征收率征收增值税。

（6）房地产开发企业（小规模纳税人）销售自行开发的房地产项目，按照5%的征收率征收增值税。

（7）纳税人提供劳务派遣服务，选择差额纳税的，按照5%的征收率征收增值税。

四、增值税应纳税额的计算

（一）一般计税方法应纳税额的计算

一般纳税人销售货物、提供应税劳务或者发生应税行为，采取一般计税方法计算应纳增值税额。其计算公式为：

$$应纳税额＝当期销项税额－当期进项税额$$

当期销项税额小于当期进项税额不足抵扣时，其不足部分可以结转下期继续抵扣。

销项税额是纳税人在发生应税行为，按照销售额或应税劳务收入和规定的税率计算并向购买方或接受劳务方收取的增值税税额。销项税额的计算公式为：

$$销项税额＝销售额×适用税率$$

从以上公式可以看出，一般计税方法计算增值税应纳税额时，主要有两个因素：一是销售额；二是进项税额。

1. 销售额的确定

（1）销售额的概念。销售额是指纳税人发生应税行为取得的全部价款和价外费用，但是不包括收取的增值税销项税额。

上述所称的价外费用，是指在价款以外向购买方收取的其他各种款项。包括在价外向购买方收取的手续费、补贴、基金、集资费、返还利润、奖励费、违约金、滞纳金、延期付款利息、赔偿金、代收款项、代垫款项、包装费、包装物租金、储备费、优质费、运输装卸费以及其他各种性质的价外收费。但下列项目不包括在内。

①受托加工应征消费税的消费品所代收代缴的消费税。

②同时符合以下条件代为收取的政府性基金或者行政事业性收费：由国务院或者财政部批准设立的政府性基金，由国务院或者省级人民政府及其财政、价格主管部门批准设立的行政事业性收费；收取时开具省级以上财政部门印制的财政票据；所收款项全额上缴财政。

③销售货物的同时代办保险等而向购买方收取的保险费，以及向购买方收取的代购买方缴纳的车辆购置税、车辆牌照费。

④以委托方名义开具发票代委托方收取的款项。

（2）含税销售额的换算。增值税属于价外税，在计算时，必须用不含税销售额为计算依据。如果销售额中含有增值税额，必须先将其换算为不含税销售额，然后再与税率相乘计算销项税额。换算公式如下：

$$不含税销售额＝含税销售额÷（1＋税率）$$

（3）视同销售货物的销售额的确定。《增值税暂行条例实施细则》规定了8种视同销售货物行为，这8种视同销售行为一般不以资金的形式反映出来，因而会出现无销售额的情况。在此情况下，主管税务机关有权按照下列顺序核记其销售额。

①按纳税人最近时期同类货物的平均销售价格确定。

②按其他纳税人最近时期同类货物的平均销售价格确定。

③按组成计税价格确定。其计算公式为：

$$组成计税价格＝成本×（1＋成本利润率）$$

征收增值税的货物，同时又征收消费税的，其组成计税价格中应包含消费税税额。其计算公式为：

$$组成计税价格＝成本×（1＋成本利润率）＋消费税税额$$

或　　　　　　$$组成计税价格＝成本×（1＋成本利润率）÷（1－消费税税率）$$

公式中的成本分两种情况：一是销售自产货物的为实际生产成本；二是销售外购货物的为实际采购成本。这个公式涉及的货物不涉及消费税的，公式中的成本利润率为10%。属于应从价定率征收消费税的货物，其组成计税价格公式中的成本利润率，为国家税务总局确定的成本利润率。

纳税人销售货物或者提供应税劳务的价格明显偏低并无正当理由的，由主管税务机关按照上述方法核定其销售额。

《营业税改征增值税试点实施办法》规定，纳税人发生应税行为价格明显偏低或者偏高且不具有合理商业目的的，或者发生无销售额的，主管税务机关有权按照下列顺序确定销售额。

第一，按照纳税人最近时期销售同类服务、无形资产或者不动产的平均价格确定。

第二，按照其他纳税人最近时期销售同类服务、无形资产或者不动产的平均价格确定。

第三，按照组成计税价格确定。组成计税价格的公式为：

$$组成计税价格＝成本×（1＋成本利润率）$$

成本利润率由国家税务总局确定。

不具有合理商业目的，是指以谋取税收利益为主要目的，通过人为安排，减少、免除、推迟缴纳增值税税款，或者增加退还增值税税款。

（4）混合销售的销售额的确定。依照《营业税改征增值税试点实施办法》及相关规定，混合销售的销售额为货物的销售额与服务销售额的合计。

（5）兼营的销售额的确定。依照《营业税改征增值税试点实施办法》及相关规定，纳税人兼营不同税率的货物、劳务、服务、无形资产或者不动产，应当分别核算不同税率或者征收率的销售额；未分别核算销售额的，从高适用税率。

（6）特殊销售方式下销售额的确定。

①折扣方式销售。折扣销售是指销货方在销售货物、应税劳务或发生应税行为时，因购货方购货数量较大等原因而给予购货方的价格优惠。纳税人采取折扣方式销售货物，如果销售额和折扣额在同一张发票上分别注明，可以按折扣后的销售额征收增值税；如果将折扣额另开发票，不论其在财务上如何处理，均不得从销售额中减除折扣额。

②以旧换新方式销售。以旧换新是指纳税人在销售自己新的货物时，有偿回收旧货物的行为。根据税法规定，采取以旧换新方式销售货物的，应按新货物的同期销售价格确定销售额，不得扣减回收旧货物的收购价格。但考虑到金银首饰以旧换新业务的特殊情况，对金银首饰以旧换新业务，

可以按销售方实际收取的不含增值税的全部价款征收增值税。

③还本销售方式销售。还本销售是指纳税人在销售货物时，在合同中约定，在货物售出后一定期限内，由销售方一次或分次退还给购货方全部或部分价款的一种销售方式。这种方式实际上是一种筹资行为，是以货物换取资金的使用价值，到期还本不付息的方法。税法规定，采取还本销售方式销售货物的，以货物的销售价格作为销售额，还本支出不得从销售额中减除。

④以物易物方式销售。以物易物在会计准则中属于非货币性资产交换业务，是一种较为特殊的购销活动，是指交易双方不以货币资金结算，而是以同等价款的货物相互结算，实现货物购销的一种方式。正确的税务处理方法应当是：以物易物的交易双方都应作购销处理，将各自发出的货物看成是销售业务，核算销售额并计算销项税额；以各自收到的货物看成是购入货物，按规定核算购货金额并计算进项税额。值得注意的是，在以物易物的活动中，应分别开具合法的票据，如收到的货物不能取得相应的增值税专用发票或其他合法票据，不能抵扣进项税额。

⑤直销方式销售。直销企业先将货物销售给直销员，直销员再将货物销售给消费者的，直销企业的销售额为其向直销员收取的全部价款和价外费用。直销员将货物销售给消费者时，应按照现行规定缴纳增值税。

直销企业通过直销员向消费者销售货物，直接向消费者收取货款，直销企业的销售额为其向消费者收取的全部价款和价外费用。

（7）包装物押金。包装物是指纳税人用于包装本单位货物的各种具有一定容积的物品，如桶、箱、罐、袋等。纳税人销售货物时另收取包装物押金，根据税法规定，纳税人为销售货物而出租、出借包装物收取的押金，单独记账核算的，时间在1年以内又未过期的，不并入销售额征税，但对因逾期未收回包装物不再退还的押金，应按所包装货物的适用税率计算销项税额。实践中，应注意以下具体规定。

①"逾期"是指按合同约定实际逾期或以1年为期限，对收取1年以上的押金，无论是否退还均并入销售额征税。

②包装物押金是含税收入，在并入销售额征税时，需要先将该押金换算为不含税收入，再并入销售额征税。

③包装物押金不同于包装物租金，包装物租金属于价外费用，在销售货物时随同货款一并计算增值税款。

④从1995年6月1日起，对销售除啤酒、黄酒外的其他酒类产品而收取的包装物押金，无论是否返还以及会计上如何核算，均应并入当期销售额征收增值税。

（8）营改增行业销售额的规定。

①贷款服务，以提供贷款服务取得的全部利息及利息性质的收入为销售额。

②直接收费金融服务，以提供直接收费金融服务收取的手续费、佣金、酬金、管理费、服务费、经手费、开户费、过户费、结算费、转托管费等各类费用为销售额。

③金融商品转让，按照卖出价扣除买入价后的余额为销售额。

转让金融商品出现的正负差，按盈亏相抵后的余额为销售额。若相抵后出现负差，可结转下一纳税期与下期转让金融商品销售额相抵，但年末时仍出现负差的，不得转入下一个会计年度。

金融商品的买入价，可以选择按照加权平均法或者移动加权平均法进行核算，选择后36个月内不得变更。

金融商品转让，不得开具增值税专用发票。

④经纪代理服务，以取得的全部价款和价外费用，扣除向委托方收取并代为支付的政府性基金或者行政事业性收费后的余额为销售额。向委托方收取的政府性基金或者行政事业性收费，不得开具增值税专用发票。

⑤航空运输企业的销售额，不包括代收的机场建设费和代售其他航空运输企业客票而代收转付的价款。

⑥试点纳税人中的一般纳税人提供客运场站服务，以其取得的全部价款和价外费用，扣除支付给承运方运费后的余额为销售额。

⑦试点纳税人提供旅游服务，可以选择以取得的全部价款和价外费用，扣除向旅游服务购买方收取并支付给其他单位或者个人的住宿费、餐饮费、交通费、签证费、门票费和支付给其他接团旅游企业的旅游费用后的余额为销售额。

选择上述办法计算销售额的试点纳税人，向旅游服务购买方收取并支付的上述费用，不得开具增值税专用发票，可以开具普通发票。

⑧试点纳税人提供建筑服务适用简易计税方法的，以取得的全部价款和价外费用扣除支付的分包款后的余额为抛售额。

⑨房地产开发企业中的一般纳税人销售其开发的房地产项目（选择简易计税方法的房地产老项目除外），以取得的全部价款和价外费用，扣除受让土地时向政府部门支付的土地价款后的余额为销售额。

房地产老项目，是指《建筑工程施工许可证》注明的合同开工日期在2016年4月30日前的房地产项目。

（9）销售额确定的特殊规定。

①纳税人兼营免税、减税项目的，应当分别核算免税、减税项目的销售额；未分别核算的，不得免税、减税。

②纳税人销售货物、提供应税劳务或者发生应税行为，开具增值税专用发票后，发生开票有误或者销售折让、中止、退回等情形的，应当按照国家税务总局的规定开具红字增值税专用发票；未按照规定开具红字增值税专用发票的，不得扣减销项税额或者销售额。

③纳税人销售货物、提供应税劳务或者发生应税行为，将价款和折扣额在同一张发票上分别注明的，以折扣后的价款为销售额；未在同一张发票上分别注明的，以价款为销售额，不得扣减折扣额。

（10）外币销售额的折算。纳税人按人民币以外的货币结算销售额的，其销售额的人民币折合率可以选择销售额发生的当天或者当月1日的人民币外汇中间价。纳税人应在事先确定采用何种折合率，确定后在1年内不得变更。

2. 进项税额的确定

进项税额，是指纳税人购进货物、加工修理修配劳务、服务、无形资产或者不动产，支付或者负担的纳税人的增值税税额。

（1）准予从销项税额中抵扣的进项税额。

①从销售方取得的增值税专用发票（含货物运输业增值税专用发票、税控机动车销售统一发票）上注明的增值税税额。

②从海关取得的海关进口增值税专用缴款书上注明的增值税税额。

③购进农产品，自2017年7月1日起，按照以下办法扣除。

取得一般纳税人开具的增值税专用发票或海关进口增值税专用缴款书的，以增值税专用发票或海关进口增值税专用缴款书上注明的增值税额为进项税额。

从按照简易计税方法依照3%征收率计算缴纳增值税的小规模纳税人取得增值税专用发票的，以增值税专用发票上注明的金额和11%的扣除率计算进项税额。

取得（开具）农产品销售发票或收购发票的，以农产品销售发票或收购发票上注明的农产品买价和11%的扣除率计算进项税额。

营改增试点期间，纳税人购进用于生产销售或委托受托加工17%税率货物的农产品维持原扣除力度不变。

纳税人从批发、零售环节购进适用免征增值税政策的蔬菜、部分鲜活肉蛋而取得的普通发票，不得作为计算抵扣进项税额的凭证。

纳税人购进农产品既用于生产销售或委托受托加工17%税率货物又用于生产销售其他货物服务的，应当分别核算用于生产销售或委托受托加工17%税率货物和其他货物服务的农产品进项税额。未分别核算的，统一以增值税专用发票或海关进口增值税专用缴款书上注明的增值税额为进项税额，或以农产品收购发票或销售发票上注明的农产品买价和11%的扣除率计算进项税额。

购进农产品增值税进项税额核定扣除的，按照《农产品增值税进项税额核定扣除试点实施办法》等规定执行。

④从境外单位或者个人购进服务、无形资产或者不动产，自税务机关或者扣缴义务人取得的解缴税款的完税凭证上注明的增值税额。

⑤原增值税一般纳税人购进货物或者接受加工、修理修配劳务，用于《销售服务、无形资产或者不动产注释》所列项目的，不属于《增值税暂行条例》第十条所称的用于非增值税应税项目，其进项税额准予从销项税额中抵扣。

⑥原增值税一般纳税人购进服务、无形资产或者不动产，取得的增值税专用发票上注明的增值税额为进项税额，准予从销项税额中抵扣。

⑦原增值税一般纳税人自用的应征消费税的摩托车、汽车、游艇，其进项税额准予从销项税额中抵扣。

纳税人取得的增值税扣税凭证不符合法律、行政法规或者国家税务总局有关规定的，其进项税额不得从销项税额中抵扣。

增值税扣税凭证，是指增值税专用发票、海关进口增值税专用缴款书、农产品收购发票、农产品销售发票和完税凭证。

纳税人凭完税凭证抵扣进项税额的，应当具备书面合同、付款证明和境外单位的对账单或者发票。资料不全的，其进项税额不得从销项税额中抵扣。

（2）不得从销项税额中抵扣的进项税额。

①用于简易计税方法计税项目、免征增值税项目、集体福利或者个人消费的购进货物、加工修理修配劳务、服务、无形资产和不动产。其中涉及的固定资产、无形资产、不动产，仅指专用于上述项目的固定资产、无形资产（不包括其他权益性无形资产）、不动产。

纳税人的交际应酬消费属于个人消费。

②非正常损失的购进货物，以及相关的加工修理修配劳务和交通运输服务。

③非正常损失的在产品、产成品所耗用的购进货物（不包括固定资产）、加工修理修配劳务和交通运输服务。

④非正常损失的不动产，以及该不动产所耗用的购进货物、设计服务和建筑服务。

⑤非正常损失的不动产在建工程所耗用的购进货物、设计服务和建筑服务。纳税人新建、改建、扩建、修缮、装饰不动产，均属于不动产在建工程。

⑥购进的旅客运输服务、贷款服务、餐饮服务、居民日常服务和娱乐服务。

⑦纳税人接受贷款服务向贷款方支付的与该笔贷款直接相关的投融资顾问费、手续费、咨询费等费用，其进项税额不得从销项税额中抵扣。

⑧财政部和国家税务总局规定的其他情形。

上述第④项、第⑤项所称货物，是指构成不动产实体的材料和设备，包括建筑装饰材料和给排水、采暖、卫生、通风、照明、通信、煤气、消防、中央空调、电梯、电气、智能化楼宇设备及配套设施。

（3）适用一般计税方法的纳税人，兼营简易计税方法计税项目、免征增值税项目而无法划分不得抵扣的进项税额，按照下列公式计算不得抵扣的进项税额。

不得抵扣的进项税额＝当期无法划分的全部进项税额×
（当期简易计税方法计税项目销售额＋免征增值税项目销售额）÷当期全部销售额

（4）根据《增值税暂行条例实施细则》的规定，一般纳税人当期购进的货物或应税劳务用于生产经营，其进项税额在当期销项税额中予以抵扣。但已抵扣进项税额的购进货物或应税劳务如果事后改变用途，用于集体福利或者个人消费、购进货物发生非正常损失、在产品或产成品发生非正常损失等，应当将该项购进货物或者应税劳务的进项税额从当期的进项税额中扣减；无法确定该项进项税额的，按当期外购项目的实际成本计算应扣减的进项税额。

（5）已抵扣进项税额的购进服务，发生《营业税改征增值税试点实施办法》规定的不得从销项税额中抵扣情形（简易计税方法计税项目、免征增值税项目除外）的，应当将该进项税额从当期进项税额中扣减；无法确定该进项税额的，按照当期实际成本计算应扣减的进项税额。

（6）已抵扣进项税额的无形资产或者不动产，发生《营业税改征增值税试点实施办法》规定的不得从销项税额中抵扣情形的，按照下列公式计算不得抵扣的进项税额。

不得抵扣的进项税额＝无形资产或者不动产净值×适用税率

无形资产或者不动产净值，是指纳税人根据财务会计制度计提折旧或摊销后的余额。

（7）纳税人适用一般计税方法计税的，因销售折让、中止或者退回而退还给购买方的增值税税额，应当从当期的销项税额中扣减；因销售折让、中止或者退回而收回的增值税税额，应当从当期的进项税额中扣减。

（8）有下列情形之一者，应当按照销售额和增值税税率计算应纳税额，不得抵扣进项税额，也不得使用增值税专用发票。

①一般纳税人会计核算不健全，或者不能够提供准确税务资料的。

②应当办理一般纳税人资格登记而未办理的。

（9）适用一般计税方法的试点纳税人，2016年5月1日后取得并在会计制度上按固定资产核算的不动产，或者2016年5月1日后取得的不动产在建工程，其进项税额应自取得之日起分2年从销项税额中抵扣，第一年抵扣比例为60%，第二年抵扣比例为40%。

取得不动产，包括以直接购买、接受捐赠、接受投资入股、自建以及抵债等各种形式取得不动产，不包括房地产开发企业自行开发的房地产项目。融资租入的不动产以及在施工现场修建的临时建筑物、构筑物，其进项税额不适用上述分2年抵扣的规定。

（10）按照《增值税暂行条例》和《营业税改征增值税试点实施办法》及相关规定，不得抵扣且未抵扣进项税额的固定资产、无形资产、不动产，发生用途改变，用于允许抵扣进项税额的应税项目，可在用途改变的次月按照下列公式，计算可以抵扣的进项税额。

可以抵扣的进项税额＝固定资产、无形资产、不动产净值/（1＋适用税率）×适用税率

上述可以抵扣的进项税额应取得合法有效的增值税扣税凭证。

（11）一般纳税人发生下列应税行为可以选择适用简易计税方法计税，不允许抵扣进项税额。

①公共交通运输服务，包括轮客渡、公交客运、地铁、城市轻轨、出租车、长途客运、班车。

②经认定的动漫企业为开发动漫产品提供的动漫脚本编撰、形象设计、背景设计、动画设计、分镜、动画制作、摄制、描线、上色、画面合成、配音、配乐、音效合成、剪辑、字幕制作、压缩转码（面向网络动漫、手机动漫格式适配）服务，以及在境内转让动漫版权（包括动漫品牌、形象或者内容的授权及再授权）。

③电影放映服务、仓储服务、装卸搬运服务、收派服务和文化体育服务。

④以纳入营改增试点之前取得的有形动产为标的物提供的经营租赁服务。

⑤在纳入营改增试点之日前签订的尚未执行完毕的有形动产租赁合同。

3．进项税额抵扣期限的规定

（1）自2017年7月1日起，增值税一般纳税人取得的2017年7月1日及以后开具的增值税专用发票和机动车销售统一发票，应自开具之日起360日内认证或登录增值税发票选择确认平台进行确认，并在规定的纳税申报期内，向主管国税机关申报抵扣进项税额。

（2）增值税一般纳税人取得的2017年7月1日及以后开具的海关进口增值税专用缴款书，应自开具之日起360日内向主管国税机关报送《海关完税凭证抵扣清单》，申请稽核比对。

【例5-4·不定项选择题】北京某传媒有限责任公司主要经营电视剧、电影等广播影视节目的制作和发行，2013年8月被认定为营改增试点一般纳税人。

2017年10月企业发生如下业务。

1．10日，传媒公司为某电视剧提供制作服务，取得不含税服务费200万元。

2．同日，公司购入10张办公桌，用于公司办公，支付不含税价款8万元，取得增值税专用发票，当月通过认证。

3．15日，公司购入一辆小汽车，取得机动车销售统一发票，支付不含税价款15万元。

4．20日，代理某小成本新电影的发行服务，共同制片方收取不含税价款70万元。

（上述企业均为增值税一般纳税人，取得的专用发票当月认证当月抵扣。）

要求：根据上述资料，不考虑其他因素，分析回答下列小题。

(1) 该公司10月的销项税额是（　　）。

A．70×6%＝4.2（万元）

B．200×6%＝12（万元）

C．200×11%＋70×11%＝29.7（万元）

D．200×6%＋70×6%＝16.2（万元）

答案及解析：D。提供制作服务应纳增值税销项税＝200×6%＝12（万元），收取的电影发行服务费应纳增值税销项税额＝70×6%＝4.2（万元），10月份的销项税额＝12＋4.2＝16.2（万元）。

（2）购入办公桌和小汽车可以抵扣的进项税额合计是（　　）。

A．8×17%＝1.36（万元）

B．15×17%＝2.55（万元）

C．8×17%＋15×17%＝3.91（万元）

D．0

答案及解析：C。购入10张办公桌可以抵扣的增值税进项税额＝8×17%＝1.36（万元），购入小汽车允许抵扣的进项税额＝15×17%＝2.55（万元），进项税额合计＝1.36＋2.55＝3.91（万元）。

（3）该公司10月份应缴纳的增值税额是（　　）。

A．4.2－1.36＝2.84（万元）

B．12－2.55＝9.45（万元）

C．29.7－3.91＝25.19（万元）

D．16.2－3.91＝12.29（万元）

答案及解析：D。该传媒公司当月应纳的增值税额＝16.2－3.91＝12.29（万元）。

（4）根据营改增相关规定，该有限责任公司可以被认定为增值税一般纳税人的情形是（　　）。

A．年应征增值税销售额超过50万元

B．年应征增值税销售额超过80万元

C．年应税服务销售额超过500万元

D．年应税服务销售额未超过500万元，但符合一般纳税人认定的资格条件

答案及解析：CD。试点纳税人应税服务销售额超过500万元的纳税人为增值税一般纳税人，另外，提出申请并且同时符合下列条件的试点纳税人，主管税务机关应当为其办理一般纳税人资格认定：（1）有固定的生产经营场所。（2）能够按照国家统一的会计制度规定设置账簿，根据合法、有效凭证核算，能够提供准确税务资料。

（二）简易计税方法应纳税额的计算

按简易计税方法销售货物或者应税劳务和应税服务，实行按照销售额和征收率计算应纳税额的简易办法，并不得抵扣进项税额。应纳税额计算公式：

$$应纳税额＝销售额×征收率$$

按简易计税方法取得的销售额也是发生应税行为向购买方收取的全部价款和价外费用，但是不包括按3%征收率收取的增值税税额。因此，纳税人采用销售额和应纳税额合并定价方法的，按下列公式计算销售额：

$$销售额＝含税销售额÷（1＋征收率）$$

纳税人因销售货物退回或者折让退还给购买方的销售额，应从发生销售货物退回或者折让当期的销售额中扣减。

一般纳税人发生财政部和国家税务总局规定的特定应税行为，可以选择适用简易计税方法计税，但一经选择，36个月内不得变更。

【例5-5·单项选择题】甲便利店为增值税小规模纳税人，2016年第四季度零售商品取得收入103 000元，将一批外购商品无偿赠送给物业公司用于社区活动，该批商品的含税价格721元。已知增值税征收率为3%。计算甲便利店第四季度应缴纳增值税税额的下列算式中，正确的是（   ）。

A．[103 000＋721÷（1＋3%）]×3%＝3 111（元）

B．（103 000＋721）×3%＝3 111.63（元）

C．[103 000÷（1＋3%）＋721]×3%＝3 021.63（元）

D．（103 000＋721）÷（1＋3%）×3%＝3 021（元）

答案及解析：D。由于甲便利店为小规模纳税人，其收入与赠送商品的价值均为含税价格，应统一换算为不含税售价再乘以征收率计算增值税额。

（三）进口货物应纳税额的计算

纳税人进口货物，无论是一般纳税人还是小规模纳税人，均按照组成计税价格和《增值税暂行条例》规定的税率计算应纳税额，不得抵扣任何税额。组成计税价格和应纳税额的计算公式为：

$$应纳税额＝组成计税价格×税率$$

组成计税价格的构成分两种情况。

（1）如果进口货物不征收消费税，则上述公式中组成计税价格的计算公式为：

$$组成计税价格＝关税完税价格＋关税$$

（2）如果进口货物征收消费税，则上述公式中组成计税价格的计算公式为：

$$组成计税价格＝关税完税价格＋关税＋消费税$$

按照《中华人民共和国海关法》和《中华人民共和国进出口关税条例》的规定，一般贸易项下进口货物的关税完税价格以海关审定的成交价格为基础的到岸价格作为完税价格。所谓成交价格，是一般贸易项下进口货物的买方为购买该项货物向卖方实际支付或应当支付的价格；到岸价格包括货价，加上货物运抵我国关境内输入地点起卸前的包装费、运费、保险费和其他劳务费等费用构成的一种价格。特殊贸易项下进口的货物，由于进口时没有"成交价格"可作依据，为此，《中华人民共和国进出口关税条例》对这些进口货物制定了确定其完税价格的具体办法。

【例5-6·单项选择题】甲公司为增值税一般纳税人，2013年5月从国外进口一批音响，海关核定关税完税价格为117万元，缴纳关税11.7万元。已知增值税税率为17%，甲公司该笔业务应缴纳增值税税额的下列计算中，正确的是（   ）。

A．117×17%＝19.89（万元）

B．（117＋11.7）×17%＝21.879（万元）

C．117÷（1＋17%）×17%＝17（万元）

D．（117＋11.7）÷（1＋17%）×17%＝18.7（万元）

答案及解析：B。纳税人进口货物按照组成计税价格和规定的税率计算应纳税额。应纳税额＝组成计税价格×税率；组成计税价格＝关税完税价格＋关税。则甲公司该笔业务应缴纳增值税税额＝（117＋11.7）×17%＝21.879（万元）。

（四）扣缴计税方法

境外单位或者个人在境内发生应税行为，在境内未设有经营机构的，扣缴义务人按照下列公式计算应扣缴税额：

$$应扣缴税额＝购买方支付的价款＋（1＋税率）×税率$$

五、增值税税收优惠

（一）《增值税暂行条例》及其实施细则规定的免税项目

（1）农业生产者销售的自产农产品。

（2）避孕药品和用具。

（3）古旧图书。是指向社会收购的古书和旧书。

（4）直接用于科学研究、科学试验和教学的进口仪器、设备。

（5）外国政府、国际组织无偿援助的进口物资和设备。

（6）由残疾人的组织直接进口供残疾人专用的物品。

（7）销售的自己使用过的物品。自己使用过的物品，是指其他个人自己使用过的物品。

（二）营改增试点过渡政策的免税规定

1. 免征增值税项目

（1）托儿所、幼儿园提供的保育和教育服务。托儿所、幼儿园，是指经县级以上教育部门审批成立、取得办园许可证的实施0~6岁学前教育的机构，包括公办和民办的托儿所、幼儿园、学前班、幼儿班、保育院、幼儿院。

公办托儿所、幼儿园免征增值税的收入，是指在省级财政部门和价格主管部门审核报省级人民政府批准的收费标准以内收取的教育费、保育费。

民办托儿所、幼儿园免征增值税的收入，是指在报经当地有关部门备案并公示的收费标准范围内收取的教育费、保育费。

超过规定收费标准的收费，以开办实验班、特色班和兴趣班等为由另外收取的费用以及与幼儿入园挂钩的赞助费、支教费等超过规定范围的收入，不属于免征增值税的收入。

（2）养老机构提供的养老服务。养老机构，是指依照民政部《养老机构设立许可办法》（民政部令第48号），设立并依法办理登记的为老年人提供集中居住和照料服务的各类养老机构；养老服务，是指上述养老机构按照民政部《养老机构管理办法》（民政部令第49号）的规定，为收住的老年人提供的生活照料、康复护理、精神慰藉、文化娱乐等服务。

（3）残疾人福利机构提供的育养服务。

（4）婚姻介绍服务。

（5）殡葬服务。

（6）残疾人员本人为社会提供的服务。

（7）医疗机构提供的医疗服务。

医疗机构，是指依据《医疗机构管理条例》及《医疗机构管理条例实施细则》的规定，经登记取得《医疗机构执业许可证》的机构，以及军队、武警部队各级各类医疗机构。具体包括：各级各类医院、门诊部（所）、社区卫生服务中心（站）、急救中心（站）、城乡卫生院、护理院（所）、疗养院、临床检验中心，各级政府及有关部门举办的卫生防疫站（疾病控制中心）、各种专科疾病防治站（所），各级政府举办的妇幼保健所（站）、母婴保健机构、儿童保健机构，各级政府举办的血站（血液中心）等医疗机构。

本项所称的医疗服务，是指医疗机构按照不高于地（市）级以上价格主管部门会同同级卫生主管部门及其他相关部门制定的医疗服务指导价格（包括政府指导价和按照规定由供需双方协商确定的价格等）为就医者提供《全国医疗服务价格项目规范》所列的各项服务，以及医疗机构向社会提供卫生防疫、卫生检疫的服务。

（8）从事学历教育的学校提供的教育服务。

①学历教育，是指受教育者经过国家教育考试或者国家规定的其他入学方式，进入国家有关部门批准的学校或者其他教育机构学习，获得国家承认的学历证书的教育形式。具体包括：

初等教育：普通小学、成人小学。

初级中等教育：普通初中、职业初中、成人初中。

高级中等教育：普通高中、成人高中和中等职业学校（包括普通中专、成人中专、职业高中、技工学校）。

高等教育：普通本专科、成人本专科、网络本专科、研究生（博士、硕士）、高等教育自学考试、高等教育学历文凭考试。

②从事学历教育的学校，是指普通学校，经地（市）级以及人民政府或者同级政府的教育行政部门批准成立、国家承认其学员学历的各类学校。经省级及以上人力资源社会保障行政部门批准成立的技工学校、高级技工学校。经省级人民政府批准成立的技师学院。

上述学校均包括符合规定的从事学历教育的民办学校，但不包括职业培训机构等国家不承认学历的教育机构。

③提供教育服务免征增值税的收入，是指对列入规定招生计划的在籍学生提供学历教育服务取得的收入，具体包括：经有关部门审核批准并按规定标准收取的学费、住宿费、课本费、作业本费、考试报名费收入，以及学校食堂提供餐饮服务取得的伙食费收入。除此之外的收入，包括学校以各种名义收取的赞助费、择校费等，不属于免征增值税的范围。

学校食堂是指依照《学校食堂与学生集体用餐卫生管理规定》（教育部令第14号）管理的学校食堂。

（9）学生勤工俭学提供的服务。

（10）农业机耕、排灌、病虫害防治、植物保护、农牧保险以及相关技术培训业务，家禽、牲畜、水生动物的配种和疾病防治。

农业机耕，是指在农业、林业、牧业中使用农业机械进行耕作（包括耕耘、种植、收割、脱粒、植物保护等）的业务；排灌，是指对农田进行灌溉或者排涝的业务；病虫害防治，是指从事农业、林业、牧业、渔业的病虫害测报和防治的业务；农牧保险，是指为种植业、养殖业、牧业种植和饲养的动植物提供保险的业务；相关技术培训，是指与农业机耕、排灌、病虫害防治、植物保护业务相关以及为使农民获得农牧保险知识的技术培训业务；家禽、牲畜、水生动物的配种和疾病防治业务的免税范围，包括与该项服务有关的提供药品和医疗用具的业务。

（11）纪念馆、博物馆、文化馆、文物保护单位管理机构、美术馆、展览馆、书画院、图书馆在自己的场所提供文化体育服务取得的第一道门票收入。

（12）寺院、宫观、清真寺和教堂举办文化、宗教活动的门票收入。

（13）行政单位之外的其他单位收取的符合《营业税改征增值税试点实施办法》第十条规定条件的政府性基金和行政事业性收费。

（14）个人转让著作权。

（15）个人销售自建自用住房。

（16）2018年12月31日前，公共租赁住房经营管理单位出租公共租赁住房。

（17）台湾航运公司、航空公司从事海峡两岸海上直航、空中直航业务在大陆取得的运输收入。

（18）纳税人提供的直接或者间接国际货物运输代理服务。

（19）符合规定条件的贷款、债券利息收入。

（20）被撤销金融机构以货物、不动产、无形资产、有价证券、票据等财产清偿债务。

（21）保险公司开办的一年期以上人身保险产品取得的保费收入。

（22）符合规定条件的金融商品转让收入。

（23）金融同业往来利息收入。

（24）同时符合规定条件的担保机构从事中小企业信用担保或者再担保业务取得的收入（不含信用评级、咨询、培训等收入）3年内免征增值税。

（25）国家商品储备管理单位及其直属企业承担商品储备任务，从中央或者地方财政取得的利息补贴收入和价差补贴收入。

（26）纳税人提供技术转让、技术开发和与之相关的技术咨询、技术服务。

（27）同时符合规定条件的合同能源管理服务。

（28）2017年12月31日前，科普单位的门票收入，以及县级及以上党政部门和科协开展科普活动的门票收入。

（29）政府举办的从事学历教育的高等、中等和初等学校（不含下属单位），举办进修班、培训班取得的全部归该学校所有的收入。

（30）政府举办的职业学校设立的主要为在校学生提供实习场所、并由学校出资自办、由学校负责经营管理、经营收入归学校所有的企业，从事《销售服务、无形资产或者不动产注释》中"现代服务"（不含融资租赁服务、广告服务和其他现代服务）、"生活服务"（不含文化体育服务、其他生活服务和桑拿、氧吧）业务活动取得的收入。

（31）家政服务企业由员工制家政服务员提供家政服务取得的收入。

（32）福利彩票、体育彩票的发行收入。

（33）军队空余房产租赁收入。

（34）为了配合国家住房制度改革，企业、行政事业单位按房改成本价、标准价出售住房取得的收入。

（35）将土地使用权转让给农业生产者用于农业生产。

（36）涉及家庭财产分割的个人无偿转让不动产、土地使用权。

（37）土地所有者出让土地使用权和土地使用者将土地使用权归还给土地所有者。

（38）县级以上地方人民政府或自然资源行政主管部门出让、转让或收回自然资源使用权（不含土地使用权）。

（39）随军家属就业。

（40）军队转业干部就业。

2. 增值税即征即退

（1）一般纳税人提供管道运输服务，对其增值税实际税负超过3%的部分实行增值税即征即退政策。

（2）经人民银行、银监会或者商务部批准从事融资租赁业务的试点纳税人中的一般纳税人，提供有形动产融资租赁服务和有形动产融资性售后回租服务，对其增值税实际税负超过3%的部分实行增值税即征即退政策。商务部授权的省级商务主管部门和国家经济技术开发区批准的从事融资租赁业务和融资性售后回租业务的试点纳税人中的一般纳税人，2016年5月1日后实收资本达到1.7亿元的，从达到标准的当月起按照上述规定执行；2016年5月1日后实收资本未达到1.7亿元但注册资本达到1.7亿元的，在2016年7月31日前仍可按照上述规定执行。2016年8月1日后开展的有形动产融资租赁业务和有形动产融资性售后回租业务不得按照上述规定执行。

（3）本规定所称增值税实际税负，是指纳税人当期提供应税服务实际缴纳的增值税额占纳税人当期提供应税服务取得的全部价款和价外费用的比例。

3. 扣减增值税规定

（1）退役士兵创业就业。

（2）重点群体创业就业。

4. 暂不缴纳增值税规定

金融企业发放贷款后，自结息日起90天内发生的应收未收利息按现行规定缴纳增值税，自结息日起90天后发生的应收未收利息暂不缴纳增值税，待实际收到利息时按规定缴纳增值税。

5. 免征增值税规定

个人将购买不足2年的住房对外销售的，按照5%的征收率全额缴纳增值税；个人将购买2年以上（含2年）的住房对外销售的，免征增值税，上述政策适用于北京市、上海市、广州市和深圳市之外的地区。

个人将购买不足2年的住房对外销售的，按照5%的征收率全额缴纳增值税；个人将购买2年以上（含2年）的非普通住房对外销售的，以销售收入减去购买住房价款后的差额按照5%的征收率缴纳增值税；个人将购买2年以上（含2年）的普通住房对外销售的，免征增值税。上述政策仅适用于北京市、上海市、广州市和深圳市。

上述增值税优惠政策除已规定期限的项目和第五条政策外，其他均在营改增试点期间执行。如果试点纳税人在纳入营改增试点之日前已经按照有关政策规定享受了营业税税收优惠，在剩余税收优惠政策期限内，按照本规定享受有关增值税优惠。

（三）跨境行为免征增值税的政策规定

境内的单位和个人销售的下列服务和无形资产免征增值税，但财政部和国家税务总局规定适用增值税零税率的除外。

（1）下列服务。

①工程项目在境外的建筑服务。

②工程项目在境外的工程监理服务。

③工程、矿产资源在境外的工程勘察勘探服务。

④会议展览地点在境外的会议展览服务。

⑤存储地点在境外的仓储服务。

⑥标的物在境外使用的有形动产租赁服务。

⑦在境外提供的广播影视节目（作品）的播映服务。

⑧在境外提供的文化体育服务、教育医疗服务、旅游服务。

（2）为出口货物提供的邮政服务、收派服务、保险服务。为出口货物提供的保险服务，包括出口货物保险和出口信用保险。

（3）向境外单位提供的完全在境外消费的下列服务和无形资产。

①电信服务。

②知识产权服务。

③物流辅助服务（仓储服务、收派服务除外）。

④鉴证咨询服务。

⑤专业技术服务。

⑥商务辅助服务。

⑦广告投放地在境外的广告服务。

⑧无形资产。

（4）以无运输工具承运方式提供的国际运输服务。

（5）为境外单位之间的货币资金融通及其他金融业务提供的直接收费金融服务，且该服务与境内的货物、无形资产和不动产无关。

（6）财政部和国家税务总局规定的其他服务。

（四）起征点

纳税人销售货物、提供应税劳务或者发生应税行为的销售额未达到增值税起征点的，免征增值税；超过起征点的，全额征收增值税。增值税起征点的适用范围仅限于个人（不包括认定为一般纳税人的个体工商户），增值税起征点的幅度规定如下。

（1）按期纳税的，为月销售额5 000~20 000元（含本数）。

（2）按次纳税的，为每次（日）销售额300~500元（含本数）。

起征点的调整由财政部和国家税务总局规定。省、自治区、直辖市财政厅（局）和国家税务局应当在规定的幅度内，根据实际情况确定本地区适用的起征点，并报财政部和国家税务总局备案。

（五）小微企业免税规定

（1）增值税小规模纳税人月销售额不超过3万元（含3万元，下同）的，免征增值税。其中，以1个季度为纳税期限的增值税小规模纳税人，季度销售额不超过9万元的，免征增值税。

（2）增值税小规模纳税人月销售额不超过3万元（按季纳税9万元）的，当期因代开增值税专用发票已经缴纳的税款，在专用发票全部联次追回或者按规定开具红字专用发票后，可以向主管税务机关申请退还。

（3）其他个人采取一次性收取租金形式出租不动产，取得的租金收入，可在租金对应的租赁期内平均分摊，分摊后的月租金收入不超过3万元的，可享受小微企业免征增值税的优惠政策。

（六）其他减免税规定

（1）纳税人兼营免税、减税项目的，应当分别核算免税、减税项目的销售额；未分别核算销售额的，不得免税、减税。

（2）纳税人销售货物或者应税劳务适用免税规定的，可以放弃免税，依照《增值税暂行条例》的规定缴纳增值税。放弃免税后，36个月内不得再申请免税。

（3）纳税人发生应税行为适用免税、减税规定的，可以放弃免税、减税，依照《营业税改征增值税试点实施办法》的规定缴纳增值税。放弃免税、减税后，36个月内不得再申请免税、减税。

（4）纳税人发生应税行为同时适用免税和零税率规定的，纳税人可以选择适用免税或者零税率。

【例5-7·多选题】下列选项中，可以免征增值税的有（　　）。

A．寺院、宫观、清真和教堂举办文化、宗教活动的门票收入

B．土地所有者出让土地使用权和土地使用者将土地使用权归还给土地所有者

C．纳税人提供技术转让、技术开发和与之相关的技术咨询、技术服务

D．银行向企业发放贷款取得的利息收入

答案及解析：ABC。D选项，银行向企业发放贷款取得的利息收入，应全额计征增值税。

六、增值税征收管理

（一）纳税义务发生时间

1．增值税纳税义务发生时间的一般规定

（1）纳税人发生应税行为并收讫销售款项或者取得索取销售款项凭据的当天；先开具发票的，为开具发票的当天。收讫销售款项的当天，是指纳税人销售服务、无形资产、不动产的过程中或者完成后收到款项；取得索取销售款项凭据的当天，是指书面合同确定的付款日期，未签订书面合同或书面合同未确定付款日期的，为服务、无形资产转让完成的当天或者不动产权属变更的当天。

（2）纳税人提供建筑服务、租赁服务采取预收款方式的，其纳税义务发生时间为收到预收款的当天。

（3）纳税人从事金融商品转让的，为金融商品所有权转移的当天。

（4）纳税人发生视同销售情形的，其纳税义务发生时间为服务、无形资产转让完成的当天或者不动产权属变更的当天。

（5）增值税扣缴义务发生时间为纳税人增值税纳税义务发生的当天。

2．增值税纳税义务发生时间的具体规定

按销售结算方式的不同，销售货物或者应税劳务的纳税义务发生时间具体确定为。

（1）采取直接收款方式销售货物，不论货物是否发出，均为收到销售款或者取得索取销售款凭据的当天。

（2）采取托收承付和委托银行收款方式销售货物，为发出货物并办妥托收手续的当天。

（3）采取赊销和分期收款方式销售货物，为书面合同约定的收款日期的当天，无书面合同的或者书面合同没有约定收款日期的，为货物发出的当天。

（4）采取预收货款方式销售货物，为货物发出的当天，但生产销售生产工期超过12个月的大型机械设备、船舶、飞机等货物，为收到预收款或者书面合同约定的收款日期的当天。

（5）委托其他纳税人代销货物，为收到代销单位的代销清单或者收到全部或者部分货款的当天。未收到代销清单及货款的，为发出代销货物满180天的当天。

（6）销售应税劳务，为提供劳务同时收讫销售款或者取得索取销售款的凭据的当天。

（7）纳税人发生《增值税暂行条例实施细则》第四条第（三）项至第（八）项所列视同销售货物行为，为货物移送的当天。

（8）纳税人提供有形动产租赁服务采取预收款方式的，其纳税义务发生时间为收到预收款的当天。

（9）纳税人发生视同提供应税服务的，其纳税义务发生时间为应税服务完成的当天。

【例5-8·多选题】 下列关于增值税纳税义务发生时间的表述中，正确的有（　　）。

A．采取直接收款方式销售货物的，为货物发出的当天

B．委托商场销售货物，为商场售出货物的当天

C．将委托加工货物无偿赠与他人的，为货物已送的当天

D．进口货物，为报关进口的当天

答案及解析：CD。选项A，采取直接收款方式销售货物，不论货物是否发出，均为收到销售额或取得索取销售额凭据的当天；选项B，委托其他纳税人代销货物，为收到代销单位代销清单的当天；选项C，视同销售货物行为为货物移动当天；选项D，进口货物，为货物报关进口的当天。

（二）纳税地点

为了保证纳税人按期申报纳税，根据企业跨地区经营和搞活商品流通的特点及不同情况，税法还具体规定了增值税的纳税地点。

（1）固定业户应当向其机构所在地的主管税务机关申报纳税。总机构和分支机构不在同一县（市）的，应当分别向各自所在地的主管税务机关申报纳税；经国务院财政、税务主管部门或者其授权的财政、税务机关批准，可以由总机构汇总向总机构所在地的主管税务机关申报纳税。

（2）固定业户到外县（市）销售货物或者应税劳务，应当向其机构所在地的主管税务机关申请开具外出经营活动税收管理证明，并向其机构所在地的主管税务机关申报纳税；未开具证明的，应当向销售地或者劳务发生地的主管税务机关申报纳税；未向销售地或者劳务发生地的主管税务机关申报纳税的，由其机构所在地的主管税务机关补征税款。

（3）非固定业户销售货物或者应税劳务，应当向销售地或者劳务发生地的主管税务机关申报纳税；未向销售地或者劳务发生地的主管税务机关申报纳税的，由其机构所在地或者居住地的主管税务机关补征税款。

（4）其他个人提供建筑服务，销售或者租赁不动产，转让自然资源使用权，应向建筑服务发生地、不动产所在地、自然资源所在地主管税务机关申报纳税。

（5）进口货物，应当向报关地海关申报纳税。

扣缴义务人应当向其机构所在地或者居住地的主管税务机关申报缴纳其扣缴的税款。

（三）纳税期限

增值税的纳税期限分别为1日、3日、5日、10日、15日、1个月或者1个季度。纳税人的具体纳税期限，由主管税务机关根据纳税人应纳税额的大小分别核定。以1个季度为纳税期限的规定适用于小规模纳税人、银行、财务公司、信托投资公司、信用社，以及财政部和国家税务总局规定的其他纳税人。不能按照固定期限纳税的，可以按次纳税。

纳税人以1个月或者1个季度为1个纳税期的，自期满之日起15日内申报纳税；以1日、3日、5日、10日或者15日为1个纳税期的，自期满之日起5日内预缴税款，于次月1日起15日内申报纳税并结清上月应纳税款。

扣缴义务人解缴税款的期限，依照前述规定执行。

纳税人进口货物，应当自海关填发海关进口增值税专用缴款书之日起15日内缴纳税款。

纳税人出口适用税率为零的货物，可以按月向税务机关申报办理该项出口货物的退税。

七、增值税专用发票使用规定

增值税专用发票不仅是纳税人经济活动中的重要商业凭证，而且是兼记销货方销项税额和购货方进项税额进行税款抵扣的凭证，对增值税的计算和管理起着决定性的作用。

一般纳税人应通过增值税防伪税控系统使用专用发票。使用包括领购、开具、缴销、认证、稽核比对专用发票及其相应的数据电文。

（一）专用发票的联次及用途

专用发票由基本联次或者基本联次附加其他联次构成，基本联次为3联，分别为：

（1）发票联，作为购买方核算采购成本和增值税进项税额的记账凭证。

（2）抵扣联，作为购买方报送主管税务机关认证和留存备查的扣税凭证。

（3）记账联，作为销售方核算销售收入和增值税销项税额的记账凭证。

其他联次用途，由一般纳税人自行确定。自2014年8月1日起启用新版增值税专用发票，如图5-1所示。

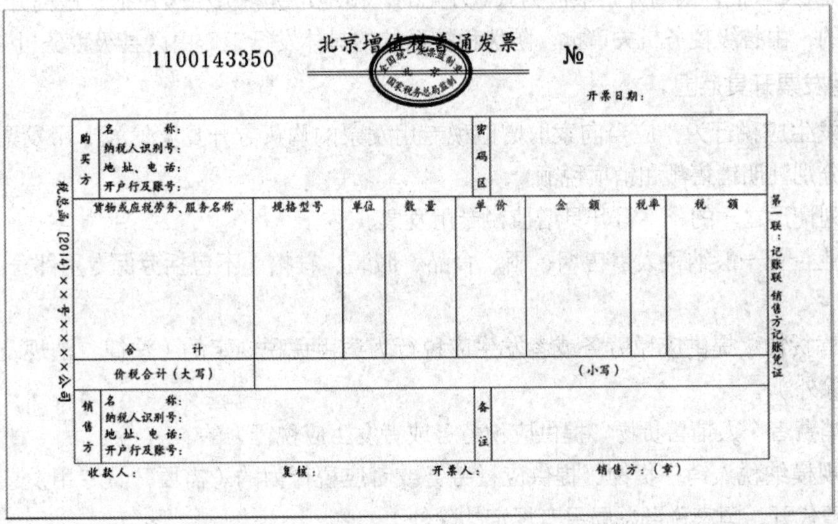

图5-1 增值税专用发票（票样）

（二）专用发票的领购

一般纳税人领购专用设备后，凭《最高开票限额申请表》《发票领购簿》到主管税务机关办理初始发行。初始发行，是指主管税务机关将一般纳税人的企业名称、纳税人识别号、开票限额、购票限量、购票人员姓名、密码、开票机数量、国家税务总局规定的其他信息等载入空白金税盘和IC卡的行为。一般纳税人凭《发票领购薄》、金税盘（或IC卡）和经办人身份证明领购专用发票。

一般纳税人有下列情形之一的，不得领购开具专用发票。

（1）会计核算不健全，不能向税务机关准确提供增值税销项税额、进项税额、应纳税额数据及其他有关增值税税务资料的。

（2）有《税收征管法》规定的税收违法行为，拒不接受税务机关处理的。

（3）有下列行为之一，经税务机关责令限期改正而仍未改正的。

①虚开增值税专用发票。

②私自印制专用发票。

③向税务机关以外的单位和个人买取专用发票。

④借用他人专用发票。

⑤未按规定开具专用发票。

⑥未按规定保管专用发票和专用设备。

⑦未按规定申请办理防伪税控系统变更发行。

⑧未按规定接受税务机关检查。

有上列情形的，如已领购专用发票，主管税务机关应暂扣其结存的专用发票和IC卡。

（三）专用发票的使用管理

1. 专用发票开票限额

专用发票实行最高开票限额管理。最高开限限额，是指单份专用发票开具的销售额合计数不得达到的上限额度。

最高开票限额由一般纳税人申请，税务机关依法审批。最高开票限额为10万元及以下的，由区（县）级税务机关审批；最高开票限额为100万元的，由地市级税务机关审批；最高开票限额为1 000万元及以上的，由省级税务机关审批。防伪税控系统的具体发行工作由区县级税务机关负责。

2. 专用发票开具范围

纳税人发生应税行为，应当向索取增值税专用发票的购买方开具增值税专用发票，并在增值税专用发票上分别注明销售额和销项税额。

属于下列情形之一的，不得开具增值税专用发票。

（1）商业企业一般纳税人零售烟、酒、食品、服装、鞋帽（不包括劳保专用部分）、化妆品等消费品的。

（2）销售货物、提供应税劳务或者发生应税行为适用免税规定的（法律、法规及国家税务总局另有规定的除外）。

（3）向消费者个人销售货物、提供应税劳务或者发生应税行为的。

（4）小规模纳税人销售货物、提供应税劳务或者应税行为的（需要开具专用发票的，可向主管税务机关申请代开，国家税务总局另有规定的除外）。

3. 专用发票开具要求

专用发票应按下列要求开具。

（1）项目齐全，与实际交易相符。

（2）字迹清楚，不得压线、错格。

（3）发票联和抵扣联加盖财务专用章或者发票专用章。

（4）按照增值税纳税义务的发生时间开具。

第三节　消费税法律制度

消费税是以特定消费品为课税对象，以征税对象的销售额或销售数量为计税依据所征收的一种税。具体地说，消费税是对在中国境内从事生产、委托加工和进口应税消费品的单位和个人就其应税消费品的销售额或销售数量而征收的一种税，属于流转税的范畴。

一、消费税纳税人

《消费税暂行条例》规定，在中华人民共和国境内生产、委托加工和进口应税消费品的单位和个人，为消费税纳税义务人。

在中华人民共和国境内，是指生产、委托加工和进口属于应当缴纳消费税的消费品的起运地或者所在地在境内。

单位，是指企业、行政单位、事业单位、军事单位、社会团体及其他单位。

个人，是指个体工商户及其他个人。

由于消费税是在对所有货物普遍征收增值税的基础上选择少量消费品征收的，因此，消费税纳税人同时也是增值税纳税人。

二、消费税征税范围

根据《消费税暂行条例》及其实施细则规定，消费税的征收范围包括下列内容。

1. 生产应税消费品

生产应税消费品的销售是消费税征收的主要环节，因消费税具有单一环节征税的特点，在生产销售环节征税以后，货物在流通环节无论再转销多少次，不用再缴纳消费税。生产应税消费品除了直接对外销售应征收消费税外，纳税人将生产的应税消费品用于继续生产应税消费品以外的其他方面，以及将生产的应税消费品用于换取生产资料、消费资料、投资入股、偿还债务等，都应缴纳消费税。

2. 委托加工应税消费品

委托加工应税消费品是指委托方提供原料和主要材料，受托方只收取加工费和代垫部分辅助材料加工的应税消费品。对于由受托方提供原材料生产的应税消费品，或者受托方先将原材料卖给委托方，然后再接受加工的应税消费品，以及由受托方以委托方名义购进原材料生产的应税消费品，不论纳税人在财务上是否作销售处理，都不得作为委托加工应税消费品，而应当按照销售自制应税消费品缴纳消费税。委托加工的应税消费品收回后，再继续用于生产应税消费品销售的，其加工环节缴纳的消费税可以扣除。

3. 进口应税消费品

单位和个人进口货物属于消费税征税范围的，在进口环节也要缴纳消费税。为了减少征税成本，进口环节缴纳的消费税由海关代征。

4. 零售应税消费品

（1）商业零售金银首饰。自1995年1月1日起，金银首饰消费税由生产销售环节征收改为零售环节征收。改在零售环节征收消费税的金银首饰仅限于金基、银基合金首饰以及金、银和金基、银基合金的镶嵌首饰。自2002年1月1日起，对钻石及钻石饰品消费税的纳税环节由生产环节、进口环节后移至零售环节。自2003年5月1日起，铂金首饰消费税改为零售环节征税。

下列业务视同零售业，在零售环节缴纳消费税。

①为经营单位以外的单位和个人加工金银首饰。加工包括带料加工、翻新改制、以旧换新等业务，不包括修理和清洗。

②经营单位将金银首饰用于馈赠、赞助、集资、广告样品、职工福利、奖励等方面。

③未经中国人民银行总行批准，经营金银首饰批发业务的单位将金银首饰销售给经营单位。

（2）零售超豪华小汽车。自2016年12月1日起，对超豪华小汽车，在生产（进口）环节按现行税率征收消费税基础上，在零售环节加征消费税，将超豪华小汽车销售给消费者的单位和个人，为超豪华小汽车零售环节纳税人。

5. 批发销售卷烟

自2015年5月10日起，将卷烟批发环节从价税税率由5%提高到11%，并按0.005元/支加征从量税。

烟草批发企业将卷烟销售给其他烟草批发企业的，不缴纳消费税。

卷烟消费税改为在生产和批发两个环节征收后，批发企业在计算应纳税额时不得扣除已含的生产环节的消费税税款。

纳税人兼营卷烟批发和零售业务的，应当分别核算批发和零售环节的销售额、销售数量；未分别核算批发和零售环节销售额、销售数量的，按照全部销售额、销售数量计征批发环节消费税。

三、消费税税目

我国的消费税是在对所有货物普遍征收增值税的基础上，选择特定消费品为课税对象课征的一种税。修订后的消费税条例规定，我国目前共有15个消费税税目。

（一）烟

凡是以烟叶为原料加工生产的产品，不管使用何种辅料，均属于本税目的征收范围。本税目下设卷烟、雪茄烟、烟丝三个子目。

1. 卷烟

卷烟是指将各种烟叶切成烟丝，按照配方要求均匀混合，加入糖、酒、香料等辅料，用白色盘纸、棕色盘纸、涂布纸或烟草薄片经机器或手工卷制的普通卷烟和雪茄型卷烟。甲类卷烟是指每标准条（200支）不含增值税的调拨价格在70元以上（含）的卷烟。乙类卷烟是指每标准条（200支）不含增值税的调拨价格在70元以下（不含）的卷烟。

2. 雪茄烟

雪茄烟是指以晾晒烟为原料或者以晾晒烟和烤烟为原料，用烟叶或卷烟纸、烟草薄片作为烟支内包皮，再用烟叶作为烟支外包皮，经机器或手工卷制而成的烟草制品。按内包皮所用材料的不同可分为全叶卷雪茄烟和半叶卷雪茄烟。雪茄烟的征收范围包括各种规格、型号的雪茄烟。

3. 烟丝

烟丝是指将烟叶切成丝状、粒状、片状、末状或其他形状，再加入辅料，经过发酵、储存，不经卷制即可供销售吸用的烟草制品。烟丝的征收范围包括以烟叶为原料加工生产的不经卷制的散装烟,如斗烟、莫合烟、烟末、水烟、黄红烟丝等。

(二)酒

本税目下将粮食白酒、薯类白酒合并为白酒一个子目,保留黄酒、啤酒、其他酒,共四个子目。

1. 白酒

白酒包括粮食白酒、薯类白酒以及其他原料的白酒。粮食白酒是指以高粱、玉米、大米、糯米、大麦、小米、青稞等各种粮食为原料,经过糖化、发酵后,采用蒸馏方法酿制的白酒。薯类白酒是指以白薯(红薯或地瓜)、木薯、马铃薯(土豆)、芋头、山药等各种干鲜薯类为原料,经过糖化、发酵后,采用蒸馏方法酿制的白酒。其他原料的白酒包括用甜菜、糠麸、醋糟、糖渣、糖漏水、甜菜渣、粉渣、薯皮等各种下脚料,葡萄、桑葚、橡子仁等各种果实,野生植物等代用品,以及甘蔗、糖等酿制的白酒。

2. 黄酒

黄酒是指以糯米、粳米、籼米、大米、黄米、玉米、小麦、薯类等为原料,经加温、糖化、发酵、压榨酿制的酒。由于工艺、配料和含糖量的不同,黄酒分为干黄酒、半干黄酒、半甜黄酒、甜黄酒四类。黄酒的征收范围包括各种原料酿制的黄酒和酒度超过12度(含)的土甜酒。

3. 啤酒

啤酒是指以大麦或其他粮食为原料,加入啤酒花,经糖化、发酵、过滤酿制的含有二氧化碳的酒。啤酒按照杀菌方法的不同,可分为熟啤酒和生啤酒或鲜啤酒。啤酒的征税范围包括各种包装和散装的啤酒。无醇啤酒比照啤酒征税。

对饮食业、商业、娱乐业等举办的啤酒屋(啤酒坊),利用啤酒生产设备生产的啤酒,也属于消费税的征收范围。

4. 其他酒

其他酒是指除白酒、黄酒、啤酒以外,酒度在1度以上的各种酒。其征收范围包括土甜酒、复制酒、果木酒、汽酒、药酒等。土甜酒是指用糯米、大米、黄米等为原料,经加温、糖化、发酵(通过酒曲发酵),采用压榨酿制的酒度不超过12度的酒。复制酒是指以白酒、黄酒、酒精为酒基,加入果汁、香料、色素、药材、补品、糖、调料等配制或炮制的酒,如各种配制酒、炮制酒、滋补酒等。果木酒是指以各种果品为主要原料,经发酵过滤酿制的酒。汽酒是指以果汁、香精、色素、酸料、酒(或酒精)、糖(或糖精)等调配,冲加二氧化碳制成的酒度在1度以上的酒。药酒是指按照医药卫生部门的标准,以白酒、黄酒为酒基加入各种药材炮制或配制的酒。

根据《关于调整消费税政策的通知》(财税〔2014〕93号),自2014年12月1日起,取消酒精消费税。取消酒精消费税后,"酒及酒精"税目相应改为"酒",并继续按现行消费税政策执行。

(三)高档化妆品

本税目征收范围包括各类高档美容、修饰类化妆品、高档护肤类化妆品和成套化妆品。

美容、修饰类化妆品是指日常生活中用于修饰美化人体表面的用品。所用原料各异,按其类别划分,可分为美容和芳香两类。美容类有香粉、口红、指甲油、胭脂、眉笔、蓝眼油、眼睫毛及成套化妆品等;芳香类有香水、香水精等。本税目的征收范围包括:香水、香水精、香粉、口红、指甲油、胭脂、眉笔、唇笔、蓝眼油、眼睫毛以及成套化妆品。护肤类化妆品是指用于人体皮肤起滋润、防护、整洁作用的产品。

高档美容、修饰类化妆品和高档护肤类化妆品是指生产（进口）环节销售（完税）价格（不含增值税）在10元/毫升（克）或15元/片（张）及以上的美容、修饰类化妆品和护肤类化妆品。

舞台、戏剧、影视演员化妆用的上妆油、卸妆油、油彩不属于本税目的征收范围。

（四）贵重首饰及珠宝玉石

本税目包括凡以金、银、白金、宝石、珍珠、钻石、翡翠、珊瑚、玛瑙等高贵稀有物质以及其他金属、人造宝石等制作的各种纯金银首饰及镶嵌首饰（含人造金银、合成金银首饰等），以及经采掘、打磨、加工的各种珠宝玉石。其分为以下两个子税目：金银首饰、铂金首饰和钻石及钻石饰品；其他贵重首饰和珠宝玉石。

（五）鞭炮、焰火

鞭炮，又称爆竹，是用多层纸密裹火药，接以药引线制成的一种爆炸品。焰火，指烟火剂，一般系包扎品，内装药剂，点燃后烟火喷射，呈现各种颜色，有的还变幻成各种景象，分平地小焰火和空中大焰火两类。本税目征收范围包括各种鞭炮、焰火，通常分为13类，即喷花类、旋转类、旋转升空类、火箭类、吐珠类、线香类、小礼花类、烟雾类、造型玩具类、爆竹类、摩擦炮类、组合烟花类、礼花弹类。体育上用的发令纸，鞭炮的引线，不按本税目征收。

（六）成品油

成品油税目包括汽油、柴油、石脑油、溶剂油、航空煤油、润滑油、燃料油7个子目。

1．汽油

汽油是轻质石油产品的一大类。由天然或人造石油经脱盐、初馏、催化裂化、调和而得，为无色到淡黄色的液体，易燃易爆，挥发性强。按生产装置可分为直馏汽油、裂化汽油等类，经调和后制成各种用途的汽油。按用途可分为车用汽油、航空汽油和工业汽油（溶剂汽油）。根据《关于调整消费税政策的通知》，自2014年12月1日起，车用含铅汽油不征收消费税。

以汽油、汽油组分调和生产的甲醇汽油、乙醇汽油也属于本税目征收范围。

2．柴油

柴油是轻质石油产品的一大类，由天然或人造石油经脱盐、初馏、催化裂化、调和而得，易燃易爆，挥发性低于汽油。柴油按用途分为轻柴油、重柴油、军用柴油和民用柴油。

以柴油、柴油组分调和生产的生物柴油也属于本税目征收范围。

3．航空煤油

航空煤油也叫喷气燃料，是以石油加工生产的用于喷气发动机和喷气推进系统中作为能源的石油燃料。航空煤油的征收范围包括各种航空煤油。

4．石脑油

石脑油又叫轻汽油、化工轻油，是以石油加工生产的或二次加工汽油经加氢精制而得的用于化工原料的轻质油。石脑油的征收范围包括除汽油、柴油、航空煤油、溶剂油以外的各种轻质油。非标汽油、重整生成油、拔头油、戊烷原料油、轻裂解料（减压柴油VGO和常压柴油AGO）、重裂解料、加氢裂化尾油、芳烃抽余油均属轻质油，属于石脑油征收范围。

5．溶剂油

溶剂油是以石油加工生产的用于涂料和油漆生产、食用油加工、印刷油墨、皮革、农药、橡胶、化妆品生产的轻质油。溶剂油的征收范围包括各种溶剂油。

橡胶填充油、溶剂油原料，也属于溶剂油征收范围。

6．润滑油

润滑油是用于内燃机、机械加工过程的润滑产品。润滑油分为矿物性润滑油、植物性润滑油、动物性润滑油和化工原料合成润滑油。

润滑油的征收范围包括矿物性润滑油、矿物性润滑油基础油、植物性润滑油、动物性润滑油和化工原料合成润滑油。以植物性、动物性和矿物性基础油（或矿物性润滑油）混合掺配而成的"混合性"润滑油，不论矿物性基础油（或矿物性润滑油）所占比例高低，均属润滑油的征收范围。

7．燃料油

燃料油也称重油、渣油，是用原油或其他原料加工生产，主要用作电厂发电、锅炉用燃料、加热炉燃料、冶金和其他工业炉燃料。腊油、船用重油、常压重油、减压重油、180CTS燃料油、7号燃料油、糠醛油、工业燃料、4~6号燃料油等油品的主要用途是作为燃料燃烧，属于燃料油征收范围。

（七）摩托车

本税目征收范围包括：两轮车、边三轮车和正三轮机动车。两轮车是指装有一只驱动轮与一只从动轮的摩托车，包括普通车、微型车、越野车、普通赛车、微型赛车、越野赛车、特种车。边三轮车是指在两轮车的一侧装有边车的三轮摩托车，包括普通边三轮车和特种边三轮车（如警车、消防车）。正三轮车是指装有与前轮对称分布的两只后轮和固定车厢的三轮摩托车，包括普通正三轮车（如客车、货车）和特种三轮车（如容罐车、自卸车、冷藏车）。根据《关于调整消费税政策的通知》，自2014年12月1日起，气缸容量250毫升（不含）以下的小排量摩托车不征收消费税。

（八）小汽车

汽车是指由动力驱动，具有四只或四只以上车轮的非轨道承载的车辆。电动汽车不属于本税目征收范围。本税目包括乘用车、中轻型商用客车和超豪华小汽车三个子目。

1．乘用车

本税目征收范围包括含驾驶员座位在内最多不超过9个（含）座位的，在设计和技术特性上用于载运乘客和货物的各类乘用车。含驾驶员人数（额定载客）为区间值的（如8~10人；17~26人）小汽车，按其区间值下限人数确定征收范围。

2．中轻型商用客车

含驾驶员座位在内的座位数在10~23座（含）的，在设计和技术特性上用于载运乘客和货物的各类中轻型商用客车属于本子目征收范围。用排气量大于1.5升的乘用车底盘（车架）或用中轻型商用客车底盘（车架）改装、改制的车辆属于中轻型商用客车征收范围。

电动汽车不属于本税目征收范围。车身长度大于7米（含），并且座位在10~23座（含）以下的商用客车，不属于中轻型商用客车征税范围，不征收消费税。沙滩车、雪地车、卡丁车、高尔夫车不属于消费税征收范围，不征收消费税。

3. 超豪华小汽车

征收范围为每辆零售价格130万元（不含增值税）及以上的乘用车和中轻型商用客车，即乘用车和中轻型商用客车子税目中的超豪华小汽车。对超豪华小汽车，在生产（进口）环节按现行税率征收消费税基础上，在零售环节加征消费税，税率为10%。

将超豪华小汽车销售给消费者的单位和个人为超豪华小汽车零售环节纳税人，在零售环节按下列公式计算消费税。

$$应纳税额＝零售环节销售额（不含增值税）×零售环节税率$$

国内汽车生产企业直接销售给消费者的超豪华小汽车，消费税税率按照生产环节税率和零售环节税率加总计算，计算公式为：

$$应纳税额＝销售额×（生产环节税率＋零售环节税率）$$

自2016年12月1日起，对我国驻外使领馆工作人员、外国驻华机构及人员、非居民常住人员、政府间协议规定等应税（消费税）进口自用，且完税价格130万元及以上的超豪华小汽车消费税，按照生产（进口）环节税率和零售环节税率（10%）加总计算，由海关代征。

（九）高尔夫球及球具

高尔夫球及球具是指从事高尔夫球运动所需的各种专用装备，包括高尔夫球、高尔夫球杆及高尔夫球包（袋）等。高尔夫球是指重量不超过45.93克、直径不超过42.67毫米的高尔夫球运动比赛、练习用球；高尔夫球杆是指被设计用来打高尔夫球的工具，由杆头、杆身和握把三部分组成；高尔夫球包（袋）是指专用于盛装高尔夫球及球杆的包（袋）。

（十）高档手表

高档手表是指销售价格（不含消费税）每只在1万元（含）以上的各类手表。本税目征收范围包括符合以上标准的各类手表。

（十一）游艇

游艇是指长度大于8米（含）小于90米（含），船体由玻璃钢、钢、铝合金、塑料等多种材料制作，可以在水上移动的水上浮载体。按照动力划分，游艇分为无动力艇、帆艇和机动艇。本税目征收范围包括艇身长度大于8米（含）小于90米（含），内置发动机，可以在水上移动，一般为私人或团体购置，主要用于水上运动和休闲娱乐等非营利活动的各类机动艇。

（十二）木制一次性筷子

木制一次性筷子，又称卫生筷子，是指以木材为原料经过锯段、浸泡、旋切、刨切、烘干、筛选、打磨、倒角、包装等环节加工而成的各类一次性筷子。本税目征收范围包括各种规格的木制一次性筷子。未经打磨、倒角的木制一次性筷子也属于本税目征税范围。

（十三）实木地板

实木地板是指以木材为原料，经锯割、干燥、刨光、截断、开榫、涂漆等工序加工而成的块状或条状的地面装饰材料。实木地板按生产工艺不同，可分为独板（块）实木地板、实木指接地板、实木复合地板三类；按表面处理状态不同，可分为未涂饰地板（白坯板、素板）和漆饰地板两类。

本税目征收范围包括各类规格的实木地板、实木指接地板、实木复合地板及用于装饰墙壁、天棚的侧端面为榫、槽的实木装饰板。未经涂饰的素板属于本税目征税范围。

（十四）电池

电池，是一种将化学能、光能等直接转换为电能的装置，一般由电极、电解质、容器、极端，通常还有隔离层组成的基本功能单元，以及用一个或多个基本功能单元装配成的电池组。范围包括：原电池、蓄电池、燃料电池、太阳能电池和其他电池。

对无汞原电池、金属氢化物镍蓄电池（又称"氢镍蓄电池"或"镍氢蓄电池"）、锂原电池、锂离子蓄电池、太阳能电池、燃料电池和全钒液流电池不征收消费税；2015年12月31日前对铅蓄电池缓征消费税；自2016年1月1日起，对铅蓄电池按4%税率征收消费税。

（十五）涂料

涂料是指涂于物体表面能形成具有保护、装饰或特殊性能的固态涂膜的一类液体或固体材料之总称。对施工状态下挥发性有机物含量低于420克/升（含）的涂料免征消费税。

四、消费税税率

我国的消费税采用比例税率和定额税率两种形式，以适应不同应税消费品的实际情况。消费税根据不同的税目或子目确定相应的税率或单位税额。《消费税暂行条例》所附的《消费税税目税率表》，见表5-1。

表5-1 消费税税目、税率

税目	税率
一、烟	
1. 卷烟	
（1）甲类卷烟（调拨价70元（不含增值税）/条，以上（含））	56%加0.003元/支
（2）乙类卷烟（调拨价70元（不含增值税）/条，以下）	36%加0.003元/支
（3）商业批发	11%加0.005元/支
2. 雪茄烟	36%
3. 烟丝	30%
二、酒及酒精	
1. 白酒	20%加0.5元/500克（或者500毫升）
2. 黄酒	240元/吨
3. 啤酒	
（1）甲类啤酒	250元/吨
（2）乙类啤酒	220元/吨
4. 其他酒	10%
三、高档化妆品	15%

税目	税率
四、贵重首饰及珠宝玉石	
1. 金银首饰、铂金首饰和钻石及钻石饰品	5%
2. 其他贵重首饰和珠宝玉石	10%
五、鞭炮、焰火	15%
六、成品油	
1. 汽油	
（1）含铅汽油	1.52元/升
（2）无铅汽油	1.52元/升
2. 柴油	1.2元/升
3. 航空煤油	1.2元/升
4. 石脑油	1.52元/升
5. 溶剂油	1.52元/升
6. 润滑油	1.52元/升
7. 燃料油	1.2元/升
七、摩托车	
1. 气缸容量（排气量，下同）在250毫升（含250毫升）以下的	3%
2. 气缸容量在250毫升以上的	10%
八、小汽车	
1. 乘用车	
（1）气缸容量（排气量，下同）在1.0升（含）以下的	1%
（2）气缸容量在1.0升以上至1.5升（含）的	3%
（3）气缸容量在1.5升以上至2.0升（含）的	5%
（4）气缸容量在2.0升以上至2.5升（含）的	9%
（5）气缸容量在2.5升以上至3.0升（含）的	12%
（6）气缸容量在3.0升以上至4.0升（含）的	25%
（7）气缸容量在4.0升以上的	40%
2. 中轻型商用客车	5%
3. 超豪华小汽车	按子税目1和子税目2的规定征收，零售环节加征10%
九、高尔夫球及球具	10%
十、高档手表	20%
十一、游艇	10%
十二、木制一次性筷子	5%

税目	税率
十三、实木地板	5%
十四、铅蓄电池	4%
十五、涂料	4%

消费税采取列举法按具体应税消费品设置税目税率，征税界限清楚，一般不易发生错用税率的情况。但是，存在下列情况时，纳税人应按照相关规定确定适用税率。

（1）纳税人兼营不同税率的应税消费品，应当分别核算不同税率应税消费品的销售额、销售数量。未分别核算销售额、销售数量，或者将不同税率的应税消费品组成成套消费品销售的，从高适用税率。

（2）配制酒适用税率的确定。配制酒（露酒）是指以发酵酒、蒸馏酒或食用酒精为酒基，加入可食用或药食两用的辅料或食品添加剂，进行调配、混合或再加工制成的并改变了其原酒基风格的饮料酒。

①以蒸馏酒或食用酒精为酒基，同时符合以下条件的配制酒，按其他酒税率征收消费税，具有国家相关部门批准的国食健字或卫食健字文号。酒精度低于38度（含）。

②以发酵酒为酒基，酒精度低于20度（含）的配制酒，按其他酒税率征收消费税。

③其他配制酒，按白酒税率征收消费税。

上述蒸馏酒或食用酒精为酒基是指酒基中蒸馏酒或食用酒精的比重超过80%（含）；发酵酒为酒基是指酒基中发酵酒的比重超过80%（含）。

（3）纳税人自产自用的卷烟应当按照纳税人生产的同牌号规格的卷烟销售价格确定征税类别和适用税率。

（4）卷烟由于接装过滤嘴、改变包装或其他原因提高销售价格后，应按照新的销售价格确定征税类别和适用税率。

（5）委托加工的卷烟，按照受托方同牌号规格卷烟的征税类别和适用税率征税。没有同牌号规格卷烟的，一律按卷烟最高税率征税。

（6）残次品卷烟应当按照同牌号规格正品卷烟的征税类别确定适用税率。

（7）下列卷烟不分征税类别一律按照56%卷烟税率征税，并按照定额每标准箱150元计算征税：①白包卷烟。②手工卷烟。③未经国务院批准纳入计划的企业和个人生产的卷烟。

【例5-9·多选题】下列选项中，应当征收消费税的有（　　）。

A．化妆品生产企业赠送给客户的高档化妆品

B．将自产的烟丝用于连续生产卷烟

C．白酒生产企业向百货公司销售的试制药酒

D．汽车厂移送非独立核算门市部待销售的小汽车

答案及解析：AC。选项B，用于连续生产卷烟的烟丝，属于继续生产应税消费品，不征消费税；选项D，汽车厂移送非独立核算门市部待销售的小汽车，不征消费税，如果门市部已经对外销售了，应当按销售额计征消费税。

五、消费税应纳税额的计算

（一）销售额的确定

按照我国现行的《消费税暂行条例》及其实施细则规定，消费税应纳税额的计算分为从价定率计征、从量定额计征和复合计征三种计算方法。

1. 从价计征销售额的确定

（1）销售额，为纳税人销售应税消费品向购买方收取的全部价款和价外费用。

此处所称的"价款"，指合同约定的价格金额，根据成本和利润而核定的应税消费品价格。消费税实行价内征收，即含消费税不含增值税的售价。

此处所称的"价外费用"，是指价外向购买方收取的手续费、补贴、基金、集资费、返还利润、奖励费、违约金、滞纳金、延期付款利息、赔偿金、代收款项、代垫款项、包装费、包装物租金、储备费、优质费、运输装卸费以及其他各种性质的价外收费。但下列项目不包括在内。

①同时符合以下条件的代垫运输费用：承运部门的运输费用发票开具给购买方的；纳税人将该项发票转交给购买方的。

②同时符合以下条件代为收取的政府性基金或者行政事业性收费：由国务院或者财政部批准设立的政府性基金，由国务院或者省级人民政府及其财政、价格主管部门批准设立的行政事业性收费；收取时开具省级以上财政部门印制的财政票据；所收款项全额上缴财政。

③向购买方收取的增值税销项税额。

④代保险公司收取的保险费（如车辆强制险保费等）和代税务机关收取的其他税费（如车辆购置税、车辆牌照费等）。

价外费用，无论是否属于纳税人的收入，均应并入销售额计算征税。

（2）含增值税销售额的换算。应税消费品在缴纳消费税的同时，与一般货物一样，还应缴纳增值税。按照《消费税暂行条例实施细则》的规定，应税消费品的销售额，不包括应向购货方收取的增值税税款。如果纳税人应税消费品的销售额中未扣除增值税税款或者因不得开具增值税专用发票而发生价款和增值税税款合并收取的，在计算消费税时，应当换算为不含增值税税款的销售额。其换算公式为：

$$应税消费品的销售额＝含增值税的销售额÷（1＋增值税税率或征收率）$$

在使用换算公式时，应根据纳税人的具体情况分别使用增值税税率或征收率。如果消费税的纳税人同时又是增值税一般纳税人的，应适用17%的增值税税率；如果消费税的纳税人是增值税小规模纳税人的，应适用3%的征收率。

2. 从量计征销售数量的确定

（1）销售数量，是指纳税人生产、委托加工和进口应税消费品的数量。具体规定为：

①销售应税消费品的，为应税消费品的销售数量。

②自产自用应税消费品的，为应税消费品的移送使用数量。

③委托加工应税消费品的，为纳税人收回的应税消费品数量。

④进口应税消费品的，为海关核定的应税消费品进口征税数量。

（2）从量定额的换算。《消费税暂行条例》规定，黄酒、啤酒以吨为税额的计量单位；汽油、柴油是以升为税额的计量单位。但是，考虑到在实际销售过程中，一些纳税人会把吨和升这两个计量单位混用，为了规范不同产品的计量单位，准确地在吨（t）和升（L）之间换算，以准确计算应纳税额，将吨与升两个计量单位的换算标准做统一规范，见表5-2。

表5-2 计量单位换算表

序号	产品	换算标准
1	黄酒	1吨＝962升
2	啤酒	1吨＝988升
3	汽油	1吨＝1 388升
4	柴油	1吨＝1 176升
5	航空煤油	1吨＝1 246升
6	石脑油	1吨＝1 385升
7	溶剂油	1吨＝1 282升
8	润滑油	1吨＝1 126升
9	燃料油	1吨＝1 015升

3. 复合计征销售额和销售数量的确定

复合计征是对一些特殊的应税消费品在按从价定率的方法计征一部分税额的基础上，再按从量定额的方法计征一部分消费税的方法。

现行消费税暂行条例规定的征税范围中，只有卷烟、白酒采用复合计征方法。应纳税额等于应税销售数量乘以定额税率再加上应税销售额乘以比例税率。

生产销售卷烟、白酒从量定额计税依据为实际销售数量。进口的应税消费品，为海关核定的应税消费品进口征税数量。委托加工应税消费品的，为纳税人收回的应税消费品数量。自产自用应税消费品的，为应税消费品的移送使用数量。

4. 特殊情形下销售额和销售数量的确定

（1）纳税人应税消费品的计税价格明显偏低并无正当理由的，由主管税务机关核定计税价格，其核定权限规定如下。

①卷烟、白酒和小汽车的计税价格由国家税务总局核定，送财政部备案。

②其他应税消费品的计税价格由省、自治区和直辖市国家税务局核定。

③进口的应税消费品的计税价格由海关核定。

（2）纳税人通过自设非独立核算门市部销售的自产应税消费品，应当按照门市部对外销售额或者销售数量征收消费税。

（3）纳税人用于换取生产资料和消费资料、投资入股和抵偿债务等方面的应税消费品，应当以纳税人同类应税消费品的最高销售价格作为计税依据计算消费税。

（4）白酒生产企业向商业销售单位收取的"品牌使用费"是随着应税白酒的销售而向购货方收

取的，属于应税白酒销售价款的组成部分，因此，不论企业采取何种方式或以何种名义收取价款，均应并入白酒的销售额中缴纳消费税。

（5）实行从价计征办法征收消费税的应税消费品连同包装销售的，无论包装物是否单独计价以及在会计上如何核算，均应并入应税消费品的销售额中缴纳消费税。

如果包装物不作价随同产品销售，而是收取押金，此项押金则不应并入应税消费品的销售额中征税。但对因逾期未收回的包装物不再退还的或者已收取的时间超过12个月的押金，应并入应税消费品的销售额，缴纳消费税。

对包装物既作价随同应税消费品销售，又另外收取押金的包装物的押金，凡纳税人在规定的期限内没有退还的，均应并入应税消费品的销售额，按照应税消费品的适用税率缴纳消费税。

对酒类生产企业销售酒类产品而收取的包装物押金，无论押金是否返还及会计上如何核算，均应并入酒类产品销售额，征收消费税。

（6）纳税人采用以旧换新（含翻新改制）方式销售的金银首饰，应按实际收取的不含增值税的全部价款确定计税依据征收消费税。

对既销售金银首饰，又销售非金银首饰的生产、经营单位，应将两类商品划分清楚，分别核算销售额。凡划分不清楚或不能分别核算的，若在生产环节销售，一律从高适用税率征收消费税；若在零售环节销售，一律按金银首饰征收消费税。

金银首饰与其他产品组成成套消费品销售的，应按销售额全额征收消费税。

金银首饰连同包装物销售的，无论包装是否单独计价，也无论会计上如何核算，均应并入金银首饰的销售额，计征消费税。

带料加工的金银首饰，应按受托方销售同类金银首饰的销售价格确定计税依据征收消费税。没有同类金银首饰销售价格的，按照组成计税价格计算纳税。

（7）纳税人销售的应税消费品，以外汇结算销售额的，其销售额的人民币折合率可以选择结算的当天或者当月1日的国家外汇牌价（原则上为中间价）。纳税人应在事先确定采取何种折合率，确定后1年内不得变更。

【例5-10·单选题】某化妆品厂下设一非独立核算门市部，该厂将一批高档化妆品交门市部，计价60万元。门市部零售取得含增值税的销售收入80万元。该企业应纳消费税为（　　）万元（消费税税率为15%）。

A. 12　　　　　　　　B. 10.26　　　　　　　　C. 9　　　　　　　　D. 7.69

答案及解析：B。企业非独立核算门市部销售应税消费品应按门市部对外销售额或者销售数量计征消费税，因此该企业应纳消费税＝80÷（1＋17%）×15%＝10.26（万元）。

（二）应纳税额的计算

1. 生产销售应纳消费税的计算

（1）实行从价定率计征消费税的，其计算公式为：

$$应纳税额＝销售额×比例税率$$

（2）实行从量定额计征消费税的，其计算公式为：

$$应纳税额＝销售数量×定额税率$$

（3）实行从价定率和从量定额复合方法计征消费税的，其计算公式为：

$$应纳税额＝销售额×比例税率＋销售数量×定额税率$$

现行消费税的征税范围中，只有卷烟、白酒采用复合计算方法。

2. 自产自用应纳消费税的计算

纳税人自产自用的应税消费品，用于连续生产应税消费品的，不纳税；用于其他方面的，于移送使用时纳税；没有同类消费品销售价格的，按照组成计税价格计算纳税。

（1）实行从价定率办法计征消费税的，其计算公式为：

$$组成计税价格＝（成本＋利润）÷（1－比例税率）$$
$$应纳税额＝组成计税价格×比例税率$$

（2）实行复合计税办法计征消费税的，其计算公式为：

$$组成计税价格＝（成本＋利润＋自产自用数量×定额税率）÷（1－比例税率）$$
$$应纳税额＝组成计税价格×比例税率＋自产自用数量×定额税率$$

上述公式中所说的"成本"，是指应税消费品的产品生产成本。"利润"，是指根据应税消费品的全国平均成本利润率计算的利润。应税消费品全国平均成本利润率由国家税务总局确定。具体标准见表5-3。

表5-3 平均成本利润率表

货物名称	利润率	货物名称	利润率
1. 甲类卷烟	10%	11. 摩托车	6%
2. 乙类卷烟	5%	12. 高尔夫球及球具	10%
3. 雪茄烟	5%	13. 高档手表	20%
4. 烟丝	5%	14. 游艇	10%
5. 粮食白酒	10%	15. 木制一次性筷子	5%
6. 薯类白酒	5%	16. 实木地板	5%
7. 其他酒	5%	17. 乘用车	8%
8. 化妆品	5%	18. 中轻型商用客车	5%
9. 鞭炮、焰火	5%	19. 电池	4%
10. 贵重首饰及珠宝玉石	6%	20. 涂料	7%

同类消费品的销售价格是指纳税人或者代收代缴义务人当月销售的同类消费品的销售价格，如果当月同类消费品各期销售价格高低不同，应按销售数量加权平均计算。但销售的应税消费品有下列情况之一的，不得列入加权平均计算。

①销售价格明显偏低又无正当理由的。

②无销售价格的。

如果当月无销售或者当月未完结，应按照同类消费品上月或者最近月份的销售价格计算纳税。

3. 委托加工应纳消费税的计算

委托加工的应税消费品，按照受托方的同类消费品的销售价格计算纳税，没有同类消费品销售价格的，按照组成计税价格计算纳税。

（1）实行从价定率办法计征消费税的，其计算公式为：

$$组成计税价格＝（材料成本＋加工费）÷（1－比例税率）$$
$$应纳税额＝组成计税价格×比例税率$$

（2）实行复合计税办法计征消费税的，其计算公式为：

$$组成计税价格＝（材料成本＋加工费＋委托加工数量×定额税率）÷（1－比例税率）$$
$$应纳税额＝组成计税价格×比例税率＋委托加工数量×定额税率$$

材料成本，是指委托方所提供加工材料的实际成本。委托加工应税消费品的纳税人，必须在委托加工合同上如实注明（或以其他方式提供）材料成本，凡未提供材料成本的，受托方主管税务机关有权核定其材料成本。

加工费，是指受托方加工应税消费品向委托方所收取的全部费用（包括代垫辅助材料的实际成本），不包括增值税税款。

4. 进口环节应纳消费税的计算

纳税人进口应税消费品，按照组成计税价格和规定的税率计算应纳税额计算方法如下。

（1）从价定率计征消费税的，其计算公式为：

$$组成计税价格＝（关税完税价格＋关税）÷（1－消费税比例税率）$$
$$应纳税额＝组成计税价格×消费税比例税率$$

公式中所称"关税完税价格"，是指海关核定的关税计税价格。

（2）实行复合计税办法计征消费税的，其计算公式为：

$$组成计税价格＝（关税完税价格＋关税＋进口数量×定额税率）÷（1－消费税比例税率）$$
$$应纳税额＝组成计税价格×消费税比例税率＋进口数量×定额税率$$

进口环节消费税除国务院另有规定外，一律不得给予减税、免税。

（三）已纳消费税的扣除

1. 外购应税消费品已纳税款的扣除

由于某些应税消费品是用外购已缴纳消费税的应税消费品连续生产出来的，在对这些连续生产出来的应税消费品计算征税时，税法规定应按当期生产领用数量计算准予扣除外购的应税消费品已纳的消费税税款。扣除范围包括：

（1）外购已税烟丝生产的卷烟。

（2）外购已税高档化妆品原料生产的高档化妆品。

（3）外购已税珠宝、玉石原料生产的贵重首饰及珠宝、玉石。

（4）外购已税鞭炮、焰火原料生产的鞭炮、焰火。

（5）外购已税杆头、杆身和握把为原料生产的高尔夫球杆。

（6）外购已税木制一次性筷子原料生产的木制一次性筷子。

（7）外购已税实木地板原料生产的实木地板。

（8）外购已税石脑油、润滑油、燃料油为原料生产的成品油。

（9）外购已税汽油、柴油为原料生产的汽油、柴油。

上述当期准予扣除外购应税消费品已纳消费税税款的计算公式为：

$$当期准予扣除的外购应税消费品已纳税款＝当期准予扣除的外购应税消费品买价×$$
$$外购应税消费品适用税率$$

$$当期准予扣除的外购应税消费品买价＝期初库存的外购应税消费品的买价＋$$
$$当期购进的应税消费品的买价－期末库存的外购应税消费品的买价$$

外购已税消费品的买价是指购货发票上注明的销售额（不包括增值税税款）。

纳税人用外购的已税珠宝、玉石原料生产的改在零售环节征收消费税的金银首饰（镶嵌首饰），在计税时一律不得扣除外购珠宝、玉石的已纳税款。

对自己不生产应税消费品，而只是购进后再销售应税消费品的工业企业，其销售的高档化妆品、鞭炮、焰火和珠宝、玉石，凡不能构成最终消费品直接进入消费品市场，而需进一步生产加工的，应当征收消费税，同时允许扣除上述外购应税消费品的已纳税款。

允许扣除已纳税款的应税消费品只限于从工业企业购进的应税消费品和进口环节已缴纳消费税的应税消费品，对从境内商业企业购进应税消费品的已纳税款一律不得扣除。

2．委托加工收回的应税消费品已纳税款的扣除

委托方收回的应税消费品，由于其应缴的消费税已由受托方代收代缴，所以，将其并入用于连续生产应税消费品的，其已纳税款准予按照规定从连续生产的应税消费品应纳消费税税额中抵扣。按照消费税法的规定，下列连续生产的应税消费品准予从应纳消费税税额中按当期生产领用数量计算扣除委托加工收回的应税消费品已纳消费税税款。

（1）以委托加工收回的已税烟丝为原料生产的卷烟。

（2）以委托加工收回的已税高档化妆品原料生产的高档化妆品。

（3）以委托加工收回的已税珠宝、玉石原料生产的贵重首饰及珠宝、玉石。

（4）以委托加工收回的已税鞭炮、焰火原料生产的鞭炮、焰火。

（5）以委托加工收回的已税杆头、杆身和握把为原料生产的高尔夫球杆。

（6）以委托加工收回的已税木制一次性筷子原料生产的木制一次性筷子。

（7）以委托加工收回的已税实木地板原料生产的实木地板。

（8）以委托加工收回的已税石脑油、润滑油、燃料油为原料生产的成品油。

（9）以委托加工收回的已税汽油、柴油为原料生产的汽油、柴油。

上述当期准予扣除委托加工收回的应税消费品已纳消费税税款的计算公式为：

$$当期准予扣除的委托加工应税消费品已纳税款＝期初库存的委托加工应税消费品已纳税款＋当期收$$
$$回的委托加工应税消费品已纳税款－期末库存的委托加工应税消费品已纳税款$$

纳税人用委托加工收回的已税珠宝、玉石原料生产的改在零售环节征收消费税的金银首饰，在计税时一律不得扣除委托加工收回的珠宝、玉石原料的已纳消费税税款。

表5-4 消费税计税依据

不同情形	具体规定	组价计税公式
自产自用应税消费品	按照纳税人生产的同类消费品的销售价格计税	组成计税价格＝（成本＋利润）÷（1－比例税率）
	没有同类消费品销售价格的，按照组成计税价格计税	组成计税价格＝（成本＋利润＋自产自用数量×定额税率）÷（1－比例税率）
委托加工应税消费品	按照受托方的同类消费品的销售价格计税	组成计税价格＝（材料成本＋加工费）÷（1－比例税率）
	没有同类消费品销售价格的，按照组成计税价格计税	组成计税价格＝（材料成本＋加工费＋委托加工数量×定额税率）÷（1－比例税率）
进口应税消费品	按照组成计税价格计税	组成计税价格＝（关税完税价格＋关税）÷（1－比例税率） 组成计税价格＝（关税完税价格＋关税＋进口数量×定额税率）÷（1－比例税率）

【例5-11·单选题】甲卷烟厂为增值税一般纳税人，受托加工一批烟丝，委托方提供的烟叶成本49 140元，甲卷烟厂收取含增值税加工费2 457元。已知增值税率为17%，消费税税率为30%，无同类烟丝销售价格，计算甲卷烟厂该笔业务应代收代缴消费税税额的下列算式中，正确的是（   ）。

A. [49 140＋2 457÷（1＋17%）]÷（1-30%）×30%＝25 620（元）

B. （49 140＋2 457）÷（1-30%）×30%＝25 799（元）

C. 49 140÷（1＋30%）×30%＝11 340（元）

D. [（49 140＋2 457）÷（1＋17%）]÷（1-30%）×30%＝22 050（元）

答案及解析：A。（1）委托加工的应税消费品，按照"受托方"的同类消费品的销售价格计算纳税，没有同类消费品销售价格的，按照组成计税价格计算纳税，故本题按照组成计税价格计算。

（2）甲卷烟厂该笔业务应代收代缴消费税＝组成计税价格×消费税税率＝（材料成本＋加工费）÷（1－比例税率）×消费税税率。

【例5-12·单选题】甲汽车厂将1辆生产成本5万元的自产小汽车用于抵偿债务，同型号小汽车不含增值税平均售价10万元每辆，不含增值税最高售价12万元每辆。已知小汽车消费税税率5%。甲汽车厂该笔业务应缴纳消费税税额的下列计算式中，正确的是（   ）。

A. 1×10×5%＝0.5（万元）

B. 1×12×5%＝0.6（万元）

C. 1×5×5%＝0.25（万元）

D. 1×5×（1＋5%）×5%＝0.2 625（万元）

答案及解析：B。消费税纳税人将生产的应税消费品用于换取生产资料、抵偿债务以及投资的，应当以纳税人同类应税消费品的最高销售价格作为计税依据计算消费税。

【例5-13·不定项选择题】甲企业为增值税一般纳税人，主要从事小汽车的制造和销售业务。2017年7月有关业务如下。

1. 销售1辆定制小汽车取得含增值税价款234 000元，另收取手续费35 100元。

2. 将20辆小汽车对外投资，小汽车生产成本10万元/辆，甲企业同类小汽车不含增值税最高销售价格16万元/辆，平均销售价格15万元/辆、最低销售价格为14万元/辆。

3. 采取预收款方式销售给4S店一批小汽车5日签订合同，10日收到预售款，15日发出小汽车，20日开具发票。

4. 生产中轻型商用客车500辆，其中480辆用于销售、10辆用于广告、8辆用于企业管理部门、2辆用于赞助。

已知，小汽车增值税税率为17%，消费税税率为5%。

要求：根据上述资料，不考虑其他因素，分析回答下列小题。

(1) 甲企业销售定制小汽车应缴纳的消费税税额的下列计算中，正确的是（　　）。

A. 234 000×5%＝11 700（元）

B. (234 000＋35 100) ÷ (1＋17%) ×5%＝11 500（元）

C. 234 000÷ (1＋17%) ×5%＝10 000（元）

D. (234 000＋35 100) ×5%＝13 455（元）

答案及解析：B。收取手续费应作为"价外收入"，价税分离后计入销售额征收消费税。

(2) 甲企业以小汽车投资应缴纳消费税税额的下列计算中，正确的是（　　）。

A. 20×16×5%＝16（万元）　　　　B. 20×15×5%＝15（万元）

C. 20×10×5%＝10（万元）　　　　D. 20×14×5%＝14（万元）

答案及解析：A。纳税人用于换取生产资料和消费资料、投资入股和抵偿债务等方面的应税消费品，应当以纳税人同类应税消费品的最高销售价格作为计税依据计算消费税。

(3) 甲企业采用预收款方式销售小汽车，消费税的纳税义务发生的时间是（　　）。

A. 7月10日　　　　　　B. 7月5日　　　　　　C. 7月15日　　　　　　D. 7月20日

答案及解析：C。采取预收货款结算方式的，消费税纳税义务发生时间为发出应税消费品的当天。

(4) 下列行为应缴消费税的是（　　）。

A. 480辆用于销售　　　　　　　　B. 10辆用于广告

C. 8辆用于企业管理部门　　　　　D. 2辆用于赞助

答案及解析：ABCD。纳税人将自产自用的应税消费品用于生产非应税消费品、在建工程、管理部门、非生产机构、提供劳务、馈赠、赞助、集资、广告、样品、职工福利、奖励等方面，视同销售应税消费品，于移送使用时纳税。

六、消费税征收管理

（一）纳税义务发生时间

（1）纳税人销售应税消费品的，按不同的销售结算方式确定，分别为：

①采取赊销和分期收款结算方式的，为书面合同约定的收款日期的当天，书面合同没有约定收款日期或者无书面合同的，为发出应税消费品的当天。

②采取预收货款结算方式的，为发出应税消费品的当天。

③采取托收承付和委托银行收款方式的，为发出应税消费品并办妥托收手续的当天。

④采取其他结算方式的，为收讫销售款或者取得索取销售款凭据的当天。

（2）纳税人自产自用应税消费品的，为移送使用的当天。

（3）纳税人委托加工应税消费品的，为纳税人提货的当天。

（4）纳税人进口应税消费品的，为报关进口的当天。

（二）纳税地点

（1）纳税人销售的应税消费品，以及自产自用的应税消费品，除国务院财政、税务主管部门另有规定外，应当向纳税人机构所在地或者居住地的主管税务机关申报纳税。

（2）委托加工的应税消费品，除受托方为个人外，由受托方向机构所在地或者居住地的主管税务机关解缴消费税税款。受托方为个人的，由委托方向机构所在地的主管税务机关申报纳税。

（3）进口的应税消费品，由进口人或者其代理人向报关地海关申报纳税。

（4）纳税人到外县（市）销售或者委托外县（市）代销自产应税消费品的，于应税消费品销售后，向机构所在地或者居住地主管税务机关申报纳税。

（5）纳税人的总机构与分支机构不在同一县（市）的，应当分别向各自机构所在地的主管税务机关申报纳税。

纳税人的总机构与分支机构不在同一县（市），但在同一省（自治区、直辖市）范围内，经省（自治区、直辖市）财政厅（局）、国家税务局审批同意，可以由总机构汇总向总机构所在地的主管税务机关申报缴纳消费税。

省（自治区、直辖市）财政厅（局）、国家税务局应将审批同意的结果，上报财政部、国家税务总局备案。

（6）纳税人销售的应税消费品，如因质量等原因由购买者退回时，经机构所在地或者居住地主管税务机关审核批准后，可退还已缴纳的消费税税款。

（7）出口的应税消费品办理退税后，发生退关，或者国外退货进口时予以免税的，报关出口者必须及时向其机构所在地或者居住地主管税务机关申报补缴已退还的消费税税款。

纳税人直接出口的应税消费品办理免税后，发生退关或者国外退货，进口时已予以免税的，经机构所在地或者居住地主管税务机关批准，可暂不办理补税，待其转为国内销售时，再申报补缴消费税。

（8）个人携带或者邮寄进境的应税消费品的消费税，连同关税一并计征，具体办法由国务院关税税则委员会会同有关部门制定。

（三）纳税期限

消费税的纳税期限分别为1日、3日、5日、10日、15日、1个月或者1个季度；纳税人的具体纳税期限，由主管税务机关根据纳税人应纳税额的大小分别核定；不能按照固定期限纳税的，可以按次纳税。

纳税人以1个月或者1个季度为1个纳税期的，自期满之日起15日内申报纳税；以1日、3日、5日、10日或者15日为1个纳税期的，自期满之日起5日内预缴税款，于次月1日起至15日内申报纳税并结清上月应纳税款。

纳税人进口应税消费品，应当自海关填发海关进口消费税专用缴款书之日起15日内缴纳税款。

第六章 其他税收法律制度

知识要求

1. 掌握本章相关税种的纳税人
2. 掌握本章相关税种的征税范围
3. 掌握本章相关税种的计税依据
4. 掌握本章相关税种应纳税额的计算
5. 熟悉本章相关税种的税收优惠
6. 了解本章相关税种的税率（税目）、征收管理

第一节 房产税法律制度

房产税是以房屋为征税对象，以房屋的计税余值或租金收入为计税依据，向房屋产权所有人征收的一种财产税。1986年9月15日，国务院正式发布了《中华人民共和国房产税暂行条例》（以下简称《房产税暂行条例》），从当年10月1日开始施行。各省、自治区、直辖市政府根据规定，先后制定了实施细则。之后，国务院以及财政部、国家税务总局又陆续发布了一些有关房产税的规定、办法。

一、房产税纳税人

房产税的纳税人，是指在我国城市、县城、建制镇和工矿区内拥有房屋产权的单位和个人。具体包括产权所有人、承典人、房产代管人或者使用人。

房产税的征税对象是房屋。房屋是指有屋面和围护结构（有墙或两边有柱），能够遮风避雨，可供人们在其中生产、工作、学习、娱乐、居住或储藏物资的场所。那些独立于房屋之外的建筑物，如围墙、烟囱、水塔、酒窖、菜窖、室外游泳池、玻璃暖房以及各种油气罐等，则不属于房产。

（1）产权属于国家所有的，其经营管理的单位为纳税人；产权属于集体和个人的，集体单位和个人为纳税人。

所称单位，包括国有企业、集体企业、私营企业、股份制企业、外商投资企业、外国企业以及其他企业和事业单位、社会团体、国家机关、军队以及其他单位；所称个人，包括个体工商户以及其他个人。

（2）产权出典的，由承典人纳税。产权出典是指产权所有人将房屋、生产资料等的产权在一定期限内典当给他人使用，从而取得资金的一种融资业务。

产权所有人（房主）称为房屋出典人；支付现金或实物取得房屋支配权的人称为房屋的承典人，承典人向出典人交付一定的典价后，在质典期内获取抵押物品的支配权，并可转典。产权的典价一般要低于卖价。出典人在规定期间内须归还典价的本金和利息，方可赎回出典房屋的产权，由于在房屋出典期间，产权所有人已无权支配房屋，因此，税法规定对房屋具有支配权的承典人为纳税人。

（3）产权所有人、承典人均不在房产所在地的，房产代管人或者使用人为纳税人。

（4）产权未确定以及租典纠纷未解决的，房产代管人或者使用人为纳税人。租典纠纷，是指产权所有人在房产出典和租赁关系上，与承典人、租赁人发生各种争议，特别是有关权利和义务的争议悬而未决的；此外，还有一些产权归属不清的问题，也都属于租典纠纷。

（5）纳税单位和个人无租使用房产管理部门、免税单位及纳税单位的房产，应由使用人代为缴纳房产税。

二、房产税征税范围

《房产税暂行条例》规定，房产税的征税范围为城市、县城、建制镇和工矿区的房屋。其中：

城市是指经国务院批准设立的市。城市的征税范围为市区、郊区和市辖县县城，不包括农村。

县城是指县人民政府所在地。

建制镇是指经省、自治区、直辖市人民政府批准设立的建制镇。建制镇的征税范围为镇人民政府所在地，不包括所辖的行政村。

工矿区是指工商业比较发达、人口比较集中，符合国务院规定的建制镇标准，但尚未设立镇建制的大中型工矿企业所在地。开征房产税的工矿区须经省、自治区、直辖市人民政府批准。

房地产开发企业建造的商品房，在出售前，不征收房产税，但对出售前房地产开发企业已使用或出租、出借的商品房按规定征收房产税。

三、房产税税率

房产税采用比例税率，根据房产税的计税依据分为两种，实行不同标准的比例税率。

（1）从价计征的，依据房产计税余值计税，税率为1.2%。

（2）从租计征的，依据房产租金收入计税，税率为12%。

四、房产税计税依据

房产税以房产的计税价值或房产租金收入为计税依据。按房产计税价值征税的，称为从价计征；按房产租金收入征税的，称为从租计征。

（一）从价计征的房产税的计税依据

从价计征的房产税，是以房产余值为计税依据。所谓计税余值，是指依照税法规定按房产原值一次减除10%~30%的损耗价值以后的余额。具体扣减比例由省、自治区、直辖市人民政府确定。

（1）房产原值，是指纳税人按照会计制度规定，在账簿"固定资产"科目中记载的房屋原价。因此，凡按会计制度规定在账簿中记载有房屋原价的，应以房屋原价按规定减除一定比例后的房产余值计征房产税；没有记载房屋原价的，按照上述原则，并参照同类房屋，确定房产原值，按规定计征房产税。

（2）房产余值，是房产的原值减除规定比例后的剩余价值。

（3）房屋附属设备和配套设施的计税规定。

房产原值应包括与房屋不可分割的各种附属设备或一般不单独计算价值的配套设施。主要有：暖气、卫生、通风、照明、煤气等设备；各种管线，如蒸汽、压缩空气、石油、给水排水等管道及电力、电信、电缆导线；电梯、升降机、过道、晒台等属于房屋附属设备的；水管、下水道、暖气管、煤气管等应从最近的探视井或三通管起，计算原值；电灯网、照明线从进线盒联结管起，计算原值。为了维持和增加房屋的使用功能或使房屋满足设计要求，凡以房屋为载体，不可随意移动的附属设备和配套设施，如给排水、采暖、消防、中央空调、电气及功能化楼宇设备等，无论在会计核算中是否单独记账与核算，都应计入房产原值，计征房产税。

纳税人对原有房屋进行改建、扩建的，要相应增加房屋的原值。

对于更换房屋附属设备和配套设施的，在将其价值计入房产原值时，可扣减原来相应设备和设施的价值；对附属设备和配套设施中易损坏、需要经常更换的零配件，更新后不再计入房产原值，原零配件的原值也不扣除。

（4）对于投资联营的房产的计税规定。

①对以房产投资联营、投资者参与投资利润分红、共担风险的，按房产余值作为计税依据计缴房产税。

②对以房产投资收取固定收入、不承担经营风险的，实际上是以联营名义取得房屋租金，应以出租方取得的租金收入为计税依据计缴房产税。

此外，对融资租赁房屋的情况，由于租赁费包括购进房屋的价款、手续费、借款利息等，与一般房屋出租的"租金"内涵不同，且租赁期满后，当承租方偿还最后一笔租赁费时，房屋产权要转移到承租方。这实际是一种变相的分期付款购买固定资产的形式，所以在计征房产税时应以房产余值计算征收。由承租人自融资租赁合同约定开始日的次月起依照房产余值缴纳房产税；合同未约定开始日的，由承租人自合同签订的次月起依照房产余值缴纳房产税。

（5）居民住宅区内业主共有的经营性房产的计税规定。从2007年1月1日起，对居民住宅内业主共有的经营性房产，由实际经营（包括自营和出租）的代管人或使用人缴纳房产税。其中自营的依照房产原值减除10%~30%后的余值计征，没有房产原值或不能将业主共有房产与其他房产的原值准确划分开的，由房产所在地地方税务机关参照同类房产核定房产原值；出租房产的，按照租金收入计征。

（二）从租计征的房产税的计税依据

房产出租的，以房屋出租取得的租金收入为计税依据，计缴房产税。计征房产税的租金收入不含增值税。

房产的租金收入，是指房屋产权所有人出租房产使用权所取得的报酬，包括货币收入和实物收入、对以劳务或其他形式为报酬抵付房租收入的，应根据当地同类房产的租金水平，确定一个标准租金额从租计征。

纳税人对个人出租房屋的租金收入申报不实或申报数与同一地段同类房屋的租金收入相比明显不合理的，税务部门可以按照《中华人民共和国税收征收管理法》的有关规定，采取科学合理的方法核定其应纳税额。

五、房产税应纳税额的计算

（1）从价计征的房产税应纳税额的计算。从价计征是按房产的原值减除一定比例后的余值计征，其计算公式为：

$$从价计征的房产税应纳税额＝应税房产原值×（1－额扣除比例）×1.2\%$$

（2）从租计征的房产税应纳税额的计算。从租计征是按房产的租金收入计征，其计算公式为：

$$从租计征的房产税应纳税额＝租金收入×12\%（或4\%）$$

【例6-1·不定项选择题】某企业2017年初账面共有房产原值4 000万元，当年房产使用情况如下。

1. 1月1日将一栋原值800万元的办公楼用于投资联营（收取固定收入，不承担联营风险），投资期为5年。已知该企业当年取得固定收入50万元（不含增值税）。

2. 7月1日将原值200万元、占地面积400平方米的一栋仓库出租给某商场存放货物，7月1日起计租，租期1年，每月租金收入1.5万元。

3. 其余房产为经营自用。

4. 年初委托施工单位修建物资仓库，8月22日办理验收手续，工程结算支出50万元，并按此成本计入固定资产。

已知：当地规定房产税计算余值得扣除比例为20%。

要求：根据上述资料，不考虑其他因素，分析回答下列小题。

(1) 资料1应缴纳的房产税是（　　）万元。

A. 6　　　　　　　　B. 0.6　　　　　　　　C. 0　　　　　　　　D. 7.68

答案及解析：A。以房产投资联营，不担风险，只收取固定收入，应由出租方按租金收入计缴房产税。该企业应纳房产税＝50×12%＝6（万元）。

(2) 资料2出租业务应缴纳的房产税是（　　）万元。

A. 2.16　　　　　　　B. 1.08　　　　　　　C. 1.92　　　　　　　D. 2.04

答案及解析：B。房产出租的，以房屋出租取得租金收入为计税依据计缴房产税。出租房产应缴纳的房产税＝1.5×6×12%＝1.08（万元）。

(3) 该企业2017年应缴纳的房产税共计（　　）万元。

A. 36.84　　　　　　　B. 35.92　　　　　　　C. 30.84　　　　　　　D. 37

答案及解析：D。经营自用房应缴纳的房产税＝（4 000－200－800）×（1－20%）×1.2%＋200×（1－20%）×1.2%÷12×6＝28.8＋0.96＝29.76（万元）。

委托施工企业建设的房屋，房产税纳税义务发生时间从办理验收手续之次月起，应纳房产税＝50×（1－20%）×1.2%÷12×4＝0.16（万元）。

2017年应缴纳房产税＝6＋1.08＋29.76＋0.16＝37（万元）。

(4) 下列关于房产税的说法中，表述正确的是（　　）。

A. 房产税的征税范围为城市、县城、建制镇和工矿区的房屋

B. 房产税以房产的计税价值或房产租金收入为计税依据，租金收入不含增值税

C. 对以房产投资联营，不担风险，只收取固定收入，不缴纳房产税

D．对以房产投资联营、投资者参与投资利润分红、共担风险的，按房产余值计缴房产税

答案及解析：ABD。选项C，对以房产投资联营，不担风险，只收取固定收入的，实际上是以联营名义取得房屋租金，以出资方取得的租金收入为计税依据计缴房产税。

六、房产税税收优惠

（1）国家机关、人民团体、军队自用的房产免征房产税。但上述免税单位的出租房产以及非自身业务使用的生产、营业用房，不属于免税范围。

（2）由国家财政部门拨付事业经费（全额或差额）的单位（学校、医疗卫生单位、托儿所、幼儿园、敬老院以及文化、体育、艺术类单位）所有的、本身业务范围内使用的房产免征房产税。

由国家财政部门拨付事业经费的单位，其经费来源实行自收自支后，从事业单位实行自收自支的年度起，免征房产税3年。

上述单位所属的附属工厂、商店、招待所等不属于单位公务、业务的用房，应照章纳税。

（3）宗教寺庙、公园、名胜古迹自用的房产免征房产税。宗教寺庙自用的房产，是指举行宗教仪式等的房屋和宗教人员使用的生活用房屋。公园、名胜古迹自用的房产，是指供公共参观游览的房屋及其管理单位的办公用房屋。

宗教寺庙、公园、名胜古迹中附设的营业单位，如影剧院、饮食部、茶社、照相馆等所使用的房产及出租的房产，应征收房产税。

（4）个人所有非营业用的房产免征房产税。对个人所有的非营业用房产给予免税，主要是为了照顾我国城镇居民目前住房的实际状况，鼓励个人建房、购房，改善居住条件，配合城市住房制度的改革。但是，对个人所有的营业用房或出租等非自用的房产，应按照规定征收房产税。

（5）经财政部批准免税的其他房产。

①毁损不堪居住的房屋和危险房屋，经有关部门鉴定，在停止使用后，可免征房产税。

②纳税人因房屋大修导致连续停用半年以上的，在房屋大修期间免征房产税，免征税额由纳税人在申报缴纳房产税时自行计算扣除，并在申报表附表或备注栏中作相应说明。

纳税人房屋大修停用半年以上需要免征房产税的，应在房屋大修前向主管税务机关报送相关的证明材料，包括大修房屋的名称、坐落地点、产权证编号、房产原值、用途、房屋大修的原因、大修合同及大修的起止时间等信息和资料，以备税务机关查验。具体报送材料由各省、自治区、直辖市和计划单列市地方税务局确定。

③在基建地为基建工地服务的各种工棚、材料棚、休息棚和办公室、食堂、茶炉房、汽车房等临时性房屋，施工期间一律免征房产税。但工程结束后，施工企业将这种临时性房屋交还或估价转让给基建单位的，应从基建单位接收的次月起，照章纳税。

④对房管部门经租的居民住房，在房租调整改革之前收取租金偏低的，可暂缓征收房产税。对房管部门经租的其他非营业用房，是否给予照顾，由各省、自治区、直辖市根据当地具体情况按税收管理体制的规定办理。

⑤对高校学生公寓免征房产税。

⑥对非营利性医疗机构、疾病控制机构和妇幼保健机构等卫生机构自用的房产，免征房产税。

⑦老年服务机构自用的房产免征房产税。老年服务机构是指专门为老年人提供生活照料、文化、护理、健身等多方面服务的福利性、非营利性的机构，主要包括老年社会福利院、敬老院（养老院）、老年服务中心、老年公寓（含老年护理院、康复中心、托老所）等。

⑧对公共租赁住房免征房产税。公共租赁住房经营单位应单独核算公共租赁住房租金收入，未单独核算的，不得享受免征房产税优惠政策。

对廉租住房经营管理单位按照政府规定价格、向规定保障对象出租廉租住房的租金收入，免征房产税。

对个人出租住房，不区分用途，按4%的税率征收房产税；对企事业单位、社会团体以及其他组织按市场价格向个人出租用于居住的住房，减按4%的税率征收房产税。

⑨国家机关、军队、人民团体、财政补助事业单位、居民委员会、村民委员会拥有的体育场馆，用于体育活动的房产，免征房产税。

经费自理事业单位、体育社会团体、体育基金会、体育类民办非企业单位拥有并运营管理的体育场馆，符合相关条件的，其用于体育活动的房产，免征房产税。

企业拥有并运营管理的大型体育场馆，其用于体育活动的房产，减半征收房产税。

享受上述税收优惠体育场馆的运动场地用于体育活动的天数不得低于全年自然天数的70%。

七、房产税征收管理

（一）纳税义务发生时间

（1）纳税人将原有房产用于生产经营，从生产经营之月起，缴纳房产税。

（2）纳税人自行新建房屋用于生产经营，从建成之次月起，缴纳房产税。

（3）纳税人委托施工企业建设的房屋，从办理验收手续之次月起，缴纳房产税。

（4）纳税人购置新建商品房，自房屋交付使用之次月起，缴纳房产税。

（5）纳税人购置存量房，自办理房屋权属转移、变更登记手续，房地产权属登记机关签发房屋权属证书之次月起，缴纳房产税。

（6）纳税人出租、出借房产，自交付出租、出借本企业房产之次月起，缴纳房产税。

（7）房地产开发企业自用、出租、出借本企业建造的商品房，自房屋使用或交付之次月起，缴纳房产税。

（8）纳税人因房产的实物或权利状态发生变化而依法终止房产税纳税义务的，其应纳税款的计算截至房产的实物或权利状态发生变化的当月末。

（二）纳税地点

房产税在房产所在地的税务机关缴纳。房产不在同一地方的纳税人，应按房产的坐落地点分别向房产所在地的税务机关缴纳。

（三）纳税期限

房产税实行按年征收，分期缴纳，一般按季或半年征收。其纳税期限由省、自治区、直辖市人民政府规定。

第二节　契税法律制度

契税，是指国家在土地、房屋权属转移时，按照当事人双方签订的合同（契约）以及所确定价格的一定比例，向权属承受人征收的一种税。1997年7月7日国务院颁布《中华人民共和国契税暂行条例》(以下简称《契税暂行条例》)，同年10月28日财政部印发《契税暂行条例实施细则》。

一、契税纳税人

契税的纳税人，是指在我国境内承受土地、房屋权属转移的单位和个人。

契税由权属的承受人缴纳。这里所说的"承受"，是指以受让、购买、受赠、交换等方式取得土地、房屋权属的行为(土地、房屋权属，是指土地使用权和房屋所有权；单位，是指企业单位、事业单位、国家机关、军事单位和社会团体以及其他组织；个人，是指个体经营者和其他个人)。

二、契税征税范围

契税的征税对象为发生土地使用权和房屋所有权权属转移的土地和房屋。土地、房屋权属未发生转移的，不征收契税。契税的征税范围主要包括：

1. 国有土地使用权出让

国有土地使用权出让是指土地使用者向国家交付土地使用权出让费用，国家将国有土地使用权在一定年限内让与土地使用者的行为。出让费用包括出让金、土地收益等。

2. 土地使用权转让

土地使用权转让是指土地使用者以出售、赠与、交换或者其他方式将土地使用权转移给其他单位和个人的行为，土地使用权的转让不包括农村集体土地承包经营权的转移。

3. 房屋买卖

房屋买卖是指房屋所有者将其房屋出售，由承受者交付货币、实物、无形资产或其他经济利益的行为。

4. 房屋赠与

房屋赠与是指房屋所有者将其房屋无偿转让给受赠者的行为。

5. 房屋交换

房屋交换是指房屋所有者之间相互交换房屋的行为。

除上述情形外，在实际中还有其他一些转移土地、房屋权属的形式，如以土地、房屋权属作价投资、入股，以土地、房屋权属抵债；以获奖方式承受土地、房屋权属；以预购方式或者预付集资建房款方式承受土地、房屋权属等，对于这些转移土地、房屋权属的形式，可以分别视同土地使用权转让、房屋买卖或者房屋赠与征收契税。再如，土地使用权受让人通过完成土地使用权转让方约定的投资额度或投资特定项目，以此获取低价转让或无偿赠与的土地使用权的，属于契税征收范围，其计税价格由征收机关参照纳税义务发生时当地的市场价格核定。此外，公司增资扩股中，对以土地、房屋权属作价入股或作为出资投入企业的，征收契税；企业破产清算期间，对非债权人承受破产企业土地、房屋权属的，征收契税。

土地、房屋典当、继承、分拆(分割)、抵押以及出租等行为，不属于契税的征税范围。

三、契税税率

契税采用比例税率，实行3%~5%的幅度税率。具体税率由各省、自治区、直辖市人民政府在幅度税率规定范围内，按照本地区的实际情况确定，以适应不同地区纳税人的负担水平和调控房地产交易的市场价格。

四、契税计税依据

按照土地、房屋权属转移的形式、定价方法的不同，契税的计税依据确定如下。

（1）国有土地使用权出让、土地使用权出售、房屋买卖，以成交价格作为计税依据。成交价格是指土地、房屋权属转移合同确定的价格，包括承受者应交付的货币、实物、无形资产或其他经济利益。计证契税的成交价格不含增值税。

（2）土地使用权赠予、房屋赠予，其计税依据由征收机关参照土地使用权出售、房屋买卖的市场价格核定。这是因为土地使用权赠予、房屋赠予属于特殊的转移形式，无货币支付，在计征税额时只能参照市场上同类土地、房屋价格计算应纳税额。

（3）土地使用权交换、房屋交换，其计税依据是所交换的土地使用权、房屋的价格差额。对于成交价格明显低于市场价格且无正当理由的，或者所交换的土地使用权、房屋的价格差额明显不合理且无正当理由的，由征收机关参照市场价格核定。其目的是防止纳税人隐瞒、虚报成交价格。

（4）以划拨方式取得土地使用权，经批准转让房地产时应补交的契税，以补交的土地使用权出让费用或土地收益作为计税依据。

五、契税应纳税额的计算

契税应纳税额依照省、自治区、直辖市人民政府确定的适用税率和税法规定的计税依据计算征收。其计算公式为：

$$应纳税额＝计税依据×税率$$

【例6-2·单选题】2016年2月周某以150万元价格出售自有住房一套，购进价格200万元住房一套。已知契税适用税率为5%，计算周某上述行为应缴纳契税税额的下列算式中，正确的是（　　）。

A．150×5%＝7.5（万元）

B．200×5%＝10（万元）

C．150×5%＋200×5%＝17.5（万元）

D．200×5%-150×5%＝2.5（万元）

答案及解析：B。（1）契税由房屋、土地权属的承受人缴纳。

（2）在本题中，周某出售房屋应由承受方缴纳契税，周某不必缴纳。

（3）周某购进住房应照章缴纳契税＝200×5%＝10（万元）。

六、契税税收优惠

（1）国家机关、事业单位、社会团体、军事单位承受土地、房屋用于办公、教学、医疗、科研和军事设施的，免征契税。

（2）城镇职工按规定第一次购买公有住房的，免征契税。

（3）因不可抗力灭失住房而重新购买住房的，酌情准予减征或者免征契税。

（4）土地、房屋被县级以上人民政府征用、占用后，重新承受土地、房屋权属的，是否减征或者免征契税，由省、自治区、直辖市人民政府确定。

（5）纳税人承受荒山、荒沟、荒丘、荒滩土地使用权，用于农、林、牧、渔业生产的，免征契税。

（6）依照我国有关法律规定以及我国缔结或参加的双边和多边条约或协定的规定应当予以免税的外国驻华使馆、领事馆、联合国驻华机构及其外交代表、领事官员和其他外交人员承受土地、房屋权属的，经外交部确认，可以免征契税。

经批准减征、免征契税的纳税人，改变有关土地、房屋的用途的，就不再属于减征、免征契税范围，并且应当补缴已经减征、免征的税款。

七、契税征收管理

（一）纳税义务发生时间

契税的纳税义务发生时间是纳税人签订土地、房屋权属转移合同的当天，或者纳税人取得其他具有土地、房屋权属转移合同性质凭证的当天。

（二）纳税地点

契税实行属地征收管理。纳税人发生契税纳税义务时，应向土地、房屋所在地的税务征收机关申报纳税。

（三）纳税期限

纳税人应当自纳税义务发生之日起10日内，向土地、房屋所在地的税收征收机关办理纳税申报，并在税收征收机关核定的期限内缴纳税款。

第三节 土地增值税法律制度

土地增值税法是指国家制定的用来调整土地增值税征管与缴纳之间权利义务关系的法律规范。我国现行的土地增值税的基本法律规范，是1993年12月13日，国务院颁布的《中华人民共和国土地增值税暂行条例》（以下简称《土地增值税暂行条例》），以及1995年1月27日，财政部颁布的《中华人民共和国土地增值税暂行条例实施细则》（以下简称《土地增值税暂行条例实施细则》）。

一、土地增值税纳税人

土地增值税的纳税人为转让国有土地使用权、地上建筑物及其附着物（以下简称"转让房地产"）并取得收入的单位和个人。这里所称单位包括各类企业单位、事业单位、国家机关和社会团体及其他组织。这里所称个人包括个体经营者和其他个人。此外，还包括外商投资企业、外国企业、外国驻华机构及海外华侨、港澳台同胞和外国公民。

二、土地增值税征税范围

（一）征税范围的一般规定

1. 土地增值税只对转让国有土地使用权的行为征税，对出让国有土地的行为不征税

所谓国有土地使用权，是指土地使用人根据国家法律、合同等规定，对国家所有的土地享有的

使用权利。土地增值税只对企业、单位和个人转让国有土地使用权的行为征税。根据《中华人民共和国土地管理法》规定，国家为了公共利益，可以依照法律规定征用集体土地，依法被征用后的土地属于国家所有。未经国家征用的集体土地不得转让，自行转让集体土地是一种违法行为，应由有关部门依照相关法律来处理，而不应纳入土地增值税的征税范围。

国有土地出让，是指国家以土地所有者的身份将土地使用权在一定年限内让与土地使用者，并由土地使用者向国家支付土地出让金的行为。由于土地使用权的出让方是国家，出让收入在性质上属于政府凭借所有权在土地一级市场上收取的租金，所以，政府出让土地的行为及取得的收入也不在土地增值税的征税之列。

2. 土地增值税既对转让国有土地使用权的行为征税，也对转让地上建筑物及其他附着物产权的行为征税

所谓地上建筑物，是指建于土地上的一切建筑物，包括地上地下的各种附属设施。如厂房、仓库、商店、医院、住宅、地下室、围墙、烟囱、电梯、中央空阔、管道等。所谓附着物是指附着于土地上、不能移动，一经移动即遭损坏的种植物、养植物及其他物品上述建筑物和附着物的所有者对自己的财产依法享有占有、使用、收益和处置的权利，即拥有排他性的全部产权。

税法规定，纳税人转让地上建筑物和其他附着物的产权，取得的增值性收入，也应计算缴纳土地增值税。换言之，纳入土地增值税征税范围的增值额，是纳税人转让房地产所取得的全部增值额，而非仅仅是土地使用权转让的收入。

3. 土地增值税只对有偿转让的房地产征税，对以继承、赠与等方式无偿转让的房地产，不予征税

不征土地增值税的房地产赠与行为包括以下两种情况。

（1）房产所有人、土地使用权所有人将房屋产权、土地使用权赠与直系亲属或承担直接赡养义务人的行为。

（2）房产所有人、土地使用权所有人通过中国境内非营利的社会团体、国家机关将房屋产权、土地使用权赠与教育、民政和其他社会福利、公益事业的行为。社会团体是指中国青少年发展基金会、希望工程基金会、宋庆龄基金会、减灾委员会、中国红十字会、中国残疾人联合会、全国老年基金会、老区促进会，以及经民政部门批准成立的其他非营利的公益性组织。

（二）征税范围的特殊规定

1. 企业改制重组

（1）按照《中华人民共和国公司法》的规定，非公司制企业整体改建为有限责任公司或者股份有限公司，有限责任公司（股份有限公司）整体改建为股份有限公司（有限责任公司），对改建前的企业将国有土地、房屋权属转移、变更到改建后的企业，暂不征土地增值税。整体改建是指不改变原企业的投资主体，并承继原企业权利、义务的行为。

（2）按照法律规定或者合同约定，两个或两个以上企业合并为一个企业，且原企业投资主体存续的，对原企业将国有土地、房屋权属转移、变更到合并后的企业，暂不征土地增值税。

（3）按照法律规定或者合同约定，企业分设为两个或两个以上与原企业投资主体相同的企业，对原企业将国有土地、房屋权属转移、变更到分立后的企业，暂不征土地增值税。

（4）单位、个人在改制重组时以国有土地，房屋进行投资，对其将国有土地、房屋权属转移、变更到被投资的企业，暂不征土地增值税。

（5）上述改制重组有关土地增值税政策不适用于房地产开发企业。

2. 房地产开发企业将开发的部分房地产转为企业自用或用于出租等商业用途时，如果产权未发生转移，不征收土地增值税

3. 房地产的交换

房地产交换，是指一方以房地产与另一方的房地产进行交换的行为。由于这种行为既发生了房产产权、土地使用权的转移，交换双方又取得了实物形态的收入，属于土地增值税的征税范围。但对个人之间互换自有居住用房地产的，经当地税务机关核实，可以免征土地增值税。

4. 合作建房

对于一方出地，另一方出资金，双方合作建房，建成后按比例分房自用的，暂免征收土地增值税；建成后转让的，应征收土地增值税。

5. 房地产的出租

房地产出租，是指房产所有者或土地使用者，将房产或土地使用权租赁给承租人使用，由承租人向出租人支付租金的行为。房地产出租，出租人虽取得了收入，但没有发生房产产权、土地使用权的转让，因此，不属于土地增值税的征税范围。

6. 房地产的抵押

房地产抵押，是指房产所有者或土地使用者作为债务人或第三人向债权人提供不动产作为清偿债务的担保而不转移权属的法律行为。这种情况下房产的产权、土地使用权在抵押期间并没有发生权属的变更，因此，对房地产的抵押，在抵押期间不征收土地增值税。待抵押期满后，视该房地产是否转移占有而确定是否征收土地增值税。对于以房地产抵债而发生房地产权属转让的，应列入土地增值税的征税范围。

7. 房地产的代建行为

代建行为，是指房地产开发公司代客户进行房地产的开发，开发完成后向客户收取代建收入的行为。对于房地产开发公司而言，虽然取得了收入，但没有发生房地产权属的转移，其收入属于劳务收入性质，故不属于土地增值税的征税范围。

8. 房地产的重新评估

国有企业在清产核资时对房地产进行重新评估而产生的评估增值，因其既没有发生房地产权属的转移，房产产权、土地使用权人也未取得收入，所以不属于土地增值税的征税范围。

9. 土地使用者处置土地使用权

土地使用者转让、抵押或置换土地，无论其是否取得了该土地的使用权属证书，无论其在转让、抵押或置换土地过程中是否与对方当事人办理了土地使用权属证书变更登记手续，只要土地使用者享有占有、使用、收益或处分该土地的权利，且有合同等证据表明其实质转让、抵押或置换了土地并取得了相应的经济利益，土地使用者及其对方当事人就应当依照税法规定缴纳增值税、土地增值税和契税等。

【例6-3·单选题】根据土地增值税法律制度的规定，下列行为中，应缴纳土地增值税的是（   ）。

A. 甲企业将自有厂房出租给乙企业

B. 丙企业转让国有土地使用权给戊企业

C. 某市政府出让国有土地使用权给丁房地产开发商

D. 戊软件开发公司将闲置房屋通过民政局捐赠给养老院

答案及解析：B。选项A，房地产出租，出租人虽取得了收入，但没有发生房产产权、土地使用权的转让，因此，不属于土地增值税的征税范围；选项C，土地增值税只对转让国有土地使用权的行为征税，对出让国有土地的行为不征税；选项D，土地增值税只对有偿转让的房地产征税，对以继承、赠与等方式无偿转让的房地产，不予征税。

三、土地增值税税率

土地增值税实行四级超率累进税率。

（1）增值额未超过扣除项目金额50%的部分，税率为30%。

（2）增值额超过扣除项目金额50%、未超过扣除项目金额100%的部分，税率为40%。

（3）增值额超过扣除项目金额100%、未超过扣除项目金额200%的部分，税率为50%。

（4）增值额超过扣除项目金额200%的部分，税率为60%。

上述所列四级超率累进税率，每级"增值额未超过扣除项目金额"的比例，均包括本比例数。四级超率累进税率及速算扣除系数见表6-1。

表6-1 土地增值税四级超率累进税率

级数	增值额与扣除项目金额的比率	税率（%）	速算扣除系数（%）
1	不超过50%的部分	30	0
2	超过50%~100%的部分	40	5
3	超过100%~200%的部分	50	15
4	超过200%的部分	60	35

四、土地增值税计税依据

土地增值税的计税依据是纳税人转让房地产所取得的增值额。转让房地产的增值额，是纳税人转让房地产的收入减除税法规定的扣除项目金额后的余额。土地增值额的大小，取决于转让房地产的收入额和扣除项目金额两个因素。

（一）应税收入的确定

根据《土地增值税暂行条例》及其实施细则的规定，纳税人转让房地产取得的应税收入，应包括转让房地产的全部价款及有关的经济收益，但不包括增值税收入。具体包括货币收入、实物收入和其他收入三种形式。

1. 货币收入

货币收入是指纳税人转让房地产而取得的现金、银行存款和国库券、金融债券、企业债券、股票等有价证券。

2. 实物收入

实物收入是指纳税人转让房地产而取得的各种实物形态的收入，如房屋、土地、钢材、木材、水泥、设备、车辆等。实物收入应当按照公允价值确定收入额，公允价值是指按照市场价格确定的价值。

3．其他收入

其他收入是指纳税人转让房地产而取得的无形资产收入或具有财产价值的权利，如专利权、商标权、著作权、专有技术使用权、土地使用权、商誉权等。这种类型的收入比较少见，其价值需要进行专门的评估。

纳税人取得的收入为外国货币的，应当以取得收入当天或当月1日国家公布的市场汇价折合成人民币，据以计算土地增值税税额。当月以分期收款方式取得的外币收入，也应按实际收款日或收款当月1日国家公布的市场汇价折合成人民币。

（二）扣除项目及其金额

依照《土地增值税暂行条例》的规定，准予纳税人从房地产转让收入额减除的扣除项目金额具体包括以下内容。

1．取得土地使用权所支付的金额

取得土地使用权所支付的金额具体包括以下两方面的内容。

（1）纳税人为取得土地使用权所支付的地价款。地价款的确定有三种方式：如果是以协议、招标、拍卖等出让方式取得土地使用权的，地价款为纳税人所支付的土地出让金；如果是以行政划拨方式取得土地使用权的，地价款为按照国家有关规定补交的土地出让金；如果是以转让方式取得土地使用权的，地价款为向原土地使用权人实际支付的地价款。

（2）纳税人在取得土地使用权时按国家统一规定缴纳的有关费用和税金。指纳税人在取得土地使用权过程中为办理有关手续，按国家统一规定缴纳的有关登记、过户手续费和契税等。

2．房地产开发成本

房地产开发成本，是指纳税人开发房地产项目实际发生的成本，包括土地的征用及拆迁补偿费、前期工程费、建筑安装工程费、基础设施费、公共配套设施费、开发间接费用等。具体内容如下：

（1）土地征用及拆迁补偿费。包括土地征用费、耕地占用税、劳动力安置费及有关地上、地下附着物拆迁补偿的净支出、安置动迁用房支出等。

（2）前期工程费。包括规划、设计、项目可行性研究和水文、地质、勘察、测绘、"三通一平"等支出。

（3）建筑安装工程费。指以出包方式支付给承包单位的建筑安装工程费，以自营方式发生的建筑安装工程费。

（4）基础设施费。包括开发小区内道路、供水、供电、供气、排污、排洪、通信、照明、环卫、绿化等工程发生的支出。

（5）公共配套设施费。包括不能有偿转让的开发小区内公共配套设施发生的支出。

（6）开发间接费用。指直接组织、管理开发项目发生的费用，包括工资、职工福利费、折旧费、修理费、办公费、水电费、劳动保护费、周转房摊销等。

3．房地产开发费用

房地产开发费用是指与房地产开发项目有关的销售费用、管理费用和财务费用。根据现行财务会计制度的规定，这三项费用作为期间费用，直接计入当期损益，不按成本核算对象进行分摊。但在计算土地增值税时，房地产开发费用并不是按照纳税人实际发生额进行扣除，应分别按以下两种情况扣除。

（1）财务费用中的利息支出，凡能够按转让房地产项目计算分摊并提供金融机构证明的，允许据实扣除，但最高不能超过按商业银行同类同期贷款利率计算的金额。其他房地产开发费用，按规定（取得土地使用权所支付的金额和房地产开发成本，下同）计算的金额之和的5%以内计算扣除。用公式表示为：

允许扣除的房地产开发费用＝利息＋（取得土地使用权所支付的金额＋房地产开发成本）×5%以内

（2）财务费用中的利息支出，凡不能按转让房地产项目计算分摊利息支出或不能提供金融机构证明的，房地产开发费用按规定计算的金额之和的10%以内计算扣除。计算扣除的具体比例，由各省、自治区、直辖市人民政府规定。计算公式为：

允许扣除的房地产开发费用＝（取得土地使用权所支付的金额＋房地产开发成本）×10%以内

财政部、国家税务总局对扣除项目金额中利息支出的计算问题做了两点专门规定：一是利息的上浮幅度按国家的有关规定执行，超过上浮幅度的部分不允许扣除；二是对于超过贷款期限的利息部分和加罚的利息不允许扣除。

4. 与转让房地产有关的税金

与转让房地产有关的税金，是指在转让房地产时缴纳的城市维护建设税、印花税。因转让房地产缴纳的教育费附加，也可视同税金予以扣除。《土地增值税暂行条例》等规定的土地增值税扣除项目涉及的增值税进项税额，允许在销项税额中计算抵扣的，不计入扣除项目，不允许在销项税额中计算抵扣的，可以计入扣除项目。

房地产开发企业按照《施工、房地产开发企业财务制度》有关规定，其在转让时缴纳的印花税已列入管理费用中，故不允许单独再扣除，其他纳税人缴纳的印花税允许在此扣除。

5. 财政部确定的其他扣除项目

对从事房地产开发的纳税人可按规定计算的金额之和，加计20%的扣除。此条优惠只适用于从事房地产开发的纳税人，除此之外的其他纳税人不适用。

6. 旧房及建筑物的扣除金额

（1）按评估价格扣除。旧房及建筑物的评估价格是指在转让已使用的房屋及建筑物时，由政府批准设立的房地产评估机构评定的重置成本价乘以成新度折扣率后的价格。评估价格须经当地税务机关确认。

重置成本价的含义是：对旧房及建筑物，按转让时的建材价格及人工费用计算建造同样面积、同样层次、同样结构、同样建设标准的新房及建筑物所需花费的成本费用。成新度折扣率的含义是：按旧房的新旧程度作一定比例的折扣。

因此，转让旧房应按房屋及建筑物的评估价格、取得土地使用权所支付的地价款和按国家统一规定缴纳的有关费用，以及在转让环节缴纳的税金作为扣除项目金额计征土地增值税；对取得土地使用权时未支付地价款或不能提供已支付的地价款凭据的，在计征土地增值税时不允许扣除。

（2）按购房发票金额计算扣除。纳税人转让旧房及建筑物，凡不能取得评估价格，但能提供购房发票的，经当地税务部门确认，《土地增值税暂行条例》规定的扣除项目的金额，可按发票所载金额并从购买年度起至转让年度止每年加计5%计算。对于纳税人购房时缴纳的契税，凡能够提供契税完税凭证的，准予作为"与转让房地产有关的税金"予以扣除，但不作为加计5%的基数。

7. 计税依据的特殊规定

（1）隐瞒、虚报房地产成交价格的。隐瞒、虚报房地产成交价格是指纳税人不报或有意低报转让土地使用权、地上建筑物及其附着物价款的行为。

对于纳税人隐瞒、虚报房地产成交价格的，应由评估机构参照同类房地产的市场交易价格进行评估，税务机关根据评估价格确定转让房地产的收入。

（2）提供扣除项目金额不实的。提供扣除项目金额不实是指纳税人在纳税申报时，不据实提供扣除项目金额，而是虚增被转让房地产扣除项目的内容或金额，使税务机关无法从纳税人方面了解计征土地增值税所需的正确的扣除项目金额，以达到虚增成本偷税的目的。

对于纳税人申报扣除项目金额不实的，应由评估机构对该房屋按照评估出的房屋重置成本价，乘以房屋的成新度折扣率，确定房产的扣除项目金额，并用该房产所坐落土地取得时的基准地价或标准地价来确定土地的扣除项目金额，房产和土地的扣除项目金额之和即为该房地产的扣除项目金额。

（3）转让房地产的成交价格低于房地产评估价格，又无正当理由的。转让房地产的成交价格低于房地产评估价格，又无正当理由是指纳税人申报的转让房地产的成交价低于房地产评估机构通过市场比较法进行房地产评估时所确定的正常市场交易价，纳税人又不能提供有效凭据或无正当理由进行解释的行为。对于这种情况，应按评估的市场交易价确定其实际成交价，并以此作为转让房地产的收入计算征收土地增值税。

（4）非直接销售和自用房地产收入的确定。房地产开发企业将开发产品用于职工福利、奖励、对外投资、分配给股东或投资人、抵偿债务、换取其他单位和个人的非货币性资产等，发生所有权转移时应视同销售房地产，其收入按下列方法和顺序确认：一是按本企业在同一地区、同一年度销售的同类房地产的平均价格确定；二是由主管税务机关参照当地当年、同类房地产的市场价格或评估价值确定。

五、土地增值税应纳税额的计算

1. 应纳税额的计算公式

土地增值税按照纳税人转让房地产所取得的增值额和规定的税率计算征收；土地增值税的计算公式为：

$$应纳税额＝\Sigma（每级距的增值额×适用税率）$$

由于分步计算比较烦琐，一般可以采用速算扣除法计算，即计算土地增值税税额，可按增值额乘以适用的税率减去扣除项目金额乘以速算扣除系数的简便方法计算。具体公式如下：

（1）增值额未超过扣除项目金额50%。

$$土地增值税应纳税额＝增值额×30\%$$

（2）增值额超过扣除项目金额50%，未超过100%。

$$土地增值税应纳税额＝增值额×40\%－扣除项目金额×5\%$$

（3）增值额超过扣除项目金额100%，未超过200%。

$$土地增值税应纳税额 = 增值额 \times 50\% - 扣除项目金额 \times 15\%$$

（4）增值额超过扣除项目金额200%。

$$土地增值税应纳税额 = 增值额 \times 60\% - 扣除项目金额 \times 35\%$$

2. 应纳税额的计算步骤

根据上述计算公式，土地增值税应纳税额的计算可分为以下四步。

（1）计算增值额。

$$增值额 = 房地产转让收入 - 扣除项目金额$$

（2）计算增值率。

$$增值率 = 增值额 \div 扣除项目金额 \times 100\%$$

（3）确定适用税率。按照计算出的增值率，从土地增值税税率表中确定适用税率。

（4）计算应纳税额。

$$土地增值税应纳税额 = 增值额 \times 适用税率 - 扣除项目金额 \times 速算扣除系数$$

【例6－4·不定项选择题】某房地产公司2017年发生如下经济业务（　　）。

签订一份写字楼销售合同，当年收到全部款项，共计18 000万元（不含增值税）。

该写字楼经税务机关审核可以扣除的项目为：开发成本5 000万元，缴纳的土地使用权转让费3 000万元，利息支出150万元（能够按项目分摊并提供金融机构证明），相关税金990万元（该题目针对土地增值税设置，暂不考虑其他税费）。

已知：当地规定，开发费用计算扣除比例为5%。

要求：根据上述资料和《土地增值税四级超率累进税率表》，不考虑其他因素，分析回答下列小题。

(1) 计算土地增值税时，应扣除的房地产开发费用（　　）万元。

A. 400　　　　　　B. 800　　　　　　C. 550　　　　　　D. 750

答案及解析：C。财务费用中的利息支出，能够按项目分摊并提供金融机构证明，按以下计算公式进行计算：允许扣除的房地产开发费用＝利息＋（取得土地使用权所支付的金额＋房地产开发成本）×5%＝150＋（3 000＋5 000）×5%＝550（万元）。

(2) 根据土地增值税法律制度的规定，对从事房地产开发的纳税人可按规定计算的金额之和，以一定比例加计扣除。则该加计扣除的比例是（　　）。

A. 5%　　　　　　B. 10%　　　　　　C. 15%　　　　　　D. 20%

答案及解析：D。根据规定，对从事房地产开发的纳税人可按规定计算的金额之和，加计20%的扣除。

(3) 该公司计算土地增值税时，可以扣除的项目金额合计是（　　）万元。

A. 11 140　　　　　B. 10 150　　　　　C. 9 540　　　　　D. 8 140

答案及解析：A。对从事房地产开发的纳税人可以按取得土地使用权所支付的金额与房地产开发成本计算的金额之和，加计20%的扣除。扣除项目金额合计＝5 000＋3 000＋150＋（5 000＋3 000）×5%＋990＋（5 000＋3 000）×20%＝11 140（万元）。

（4）该公司应缴纳的土地增值税是（　　）万元。

A. 2 744　　　　　　B. 2 058　　　　　　C. 2 187　　　　　　D. 2 552

答案及解析：C。土地增值税＝18 000－11 140＝6 860（万元）；土地增值税额扣除项目金额＝6 860÷11 140＝61.58%；适用税率为40%，速算扣除系数为5%；应纳土地增值税＝6 860×40%－11 140×5%＝2 187（万元）。

六、土地增值税税收优惠

（1）纳税人建造普通标准住宅出售，增值额未超过扣除项目金额20%的，予以免税；超过20%的，应按全部增值额缴纳土地增值税。

这里所称的普通标准住宅，是指按所在地一般民用住宅标准建造的居住用住宅。高级公寓、别墅、度假村等不属于普通标准住宅。普通标准住宅与其他住宅的具体划分界限，2005年5月31日以前由各省、自治区、直辖市人民政府规定。2005年6月1日起，普通标准住宅应同时满足：住宅小区建筑容积率在1.0以上；单套建筑面积在120平方米以下；实际成交价格低于同级别土地上住房平均交易价格1.2倍以下。各省、自治区、直辖市根据实际情况，制定本地区享受优惠政策普通住房具体标准。允许单套建筑面积和价格标准适当浮动，但向上浮动的比例不得超过上述标准的20%。纳税人建造普通标准住宅出售，增值额未超过扣除项目金额20%的，免征土地增值税；增值额超过扣除项目金额20%的，应就其全部增值额按规定计税。

对于纳税人既建普通标准住宅又进行其他房地产开发的，应分别核算增值额。不分别核算增值额或不能准确核算增值额的，其建造的普通标准住宅不能适用这一免税规定。

（2）因国家建设需要依法征用、收回的房地产，免征土地增值税。是指因城市实施规划、国家建设的需要而被政府批准征用的房产或收回的土地使用权。因国家建设需要依法征用、收回的房地产是指因城市实施规划、国家建设的需要而搬迁，由纳税人自行转让原房地产的，免征土地增值税。

（3）企事业单位、社会团体以及其他组织转让旧房作为公共租赁住房房源且增值额未超过扣除项目金额20%的，免征土地增值税。

自2008年11月1日起，对居民个人转让住房一律免征土地增值税。

七、土地增值税征收管理

（一）纳税申报

纳税人应在转让房地产合同签订后7日内，到房地产所在地主管税务机关办理纳税申报，并向税务机关提交房屋及建筑物产权、土地使用权证书，土地转让、房产买卖合同、房地产评估报告及其他与转让房地产有关的资料，然后在税务机关规定的期限内缴纳土地增值税。

纳税人因经常发生房地产转让而难以在每次转让后申报的，经税务机关审核同意后，可以按月或按季定期进行纳税申报，具体期限由主管税务机关根据情况确定。

纳税人采取预售方式销售房地产的，对在项目全部竣工结算前转让房地产取得的收入，税务机关可以预征土地增值税。具体办法由各省、自治区、直辖市地方税务局根据当地情况制定。

对于纳税人预售房地产所取得的收入，凡当地税务机关规定预征土地增值税的，纳税人应当到主管税务机关办理纳税申报，并按规定比例预交，待办理完纳税清算后，多退少补。

（二）纳税清算

1. 土地增值税的清算单位

土地增值税以国家有关部门审批的房地产开发项目为单位进行清算，对于分期开发的项目，以分期项目为单位清算。

开发项目中同时包含普通住宅和非普通住宅的，应分别计算增值额。

2. 土地增值税的清算条件

（1）符合下列情形之一的，纳税人应进行土地增值税的清算。

①房地产开发项目全部竣工、完成销售的。

②整体转让未竣工决算房地产开发项目的。

③直接转让土地使用权的。

（2）符合下列情形之一的，主管税务机关可要求纳税人进行土地增值税清算。

①已竣工验收的房地产开发项目，已转让的房地产建筑面积占整个项目可售建筑面积的比例在85%以上，或该比例虽未超过85%，但剩余的可售建筑面积已经出租或自用的。

②取得销售（预售）许可证满3年仍未销售完毕的。

③纳税人申请注销税务登记但未办理土地增值税清算手续的。

④省级税务机关规定的其他情况。

3. 土地增值税清算应报送的资料

纳税人办理土地增值税清算应报送以下资料。

（1）房地产开发企业清算土地增值税书面申请、土地增值税纳税申报表。

（2）项目竣工决算报表、取得土地使用权所支付的地价款凭证、国有土地使用权出让合同、银行贷款利息结算通知单、项目工程合同结算单、商品房购销合同统计表等与转让房地产的收入、成本和费用有关的证明资料。

（3）主管税务机关要求报送的其他与土地增值税清算有关的证明资料等。

纳税人委托税务中介机构审核鉴证的清算项目，还应报送中介机构出具的《土地增值税清算税款鉴证报告》。

4. 清算后再转让房地产的处理

在土地增值税清算时未转让的房地产，清算后销售或有偿转让的，纳税人应按规定进行土地增值税的纳税申报，扣除项目金额按清算时的单位建筑面积成本费用乘以销售或转让面积计算。

$$单位建筑面积成本费用＝清算时的扣除项目总金额÷清算的总建筑面积$$

5. 土地增值税的核定征收

房地产开发企业有下列情形之一的，税务机关可以参照与其开发规模和收入水平相近的当地企业的土地增值税税负情况，按不低于预征率的征收率核定征收土地增值税。

（1）依照法律、行政法规的规定应当设置但未设置账簿的。

（2）擅自销毁账簿或者拒不提供纳税资料的。

（3）虽设置账簿，但账目混乱或者成本资料、收入凭证、费用凭证残缺不全，难以确定转让收入或扣除项目金额的。

（4）符合土地增值税清算条件，未按照规定的期限办理清算手续，经税务机关责令限期清算，逾期仍不清算的。

（5）申报的计税依据明显偏低，又无正当理由的。

（三）纳税地点

土地增值税纳税人发生应税行为应向房地产所在地主管税务机关缴纳税款。

这里所称的房地产所在地，是指房地产的坐落地。纳税人转让的房地产坐落在两个或两个以上地区的，应按房地产所在地分别申报纳税。具体又可分为以下两种情况。

（1）纳税人是法人的，当转让的房地产坐落地与其机构所在地或经营所在地一致时，则在办理税务登记的原管辖税务机关申报纳税即可；如果转让的房地产坐落地与其机构所在地或经营所在地不一致时，则应在房地产坐落地所管辖的税务机关申报纳税。

（2）纳税人是自然人的，当转让的房地产坐落地与其居住所在地一致时，则在居住所在地税务机关申报纳税；当转让的房地产坐落地与其居住所在地不一致时，在办理过户手续所在地的税务机关申报纳税。

第四节　城镇土地使用税法律制度

城镇土地使用税是以开征范围的土地为征税对象，以实际占用的土地面积为计税标准，按规定税额对拥有土地使用权的单位和个人征收的一种税。1988年9月27日，国务院发布了《中华人民共和国城镇土地使用税暂行条例》（以下简称《城镇土地使用税暂行条例》）之后，财政部、国家税务总局又陆续发布了一些有关城镇土地使用税的规定、办法。

一、城镇土地使用税纳税人

城镇土地使用税的纳税人，是指在税法规定的征税范围内使用土地的单位和个人。所谓单位包括国有企业、集体企业、私营企业、股份制企业、外商投资企业、外国企业以及其他企业和事业单位、社会团体、国家机关、军队以及其他单位。个人，包括个体工商户以及其他个人。

城镇土地使用税的纳税人，根据用地者的不同情况分别确定为：

（1）城镇土地使用税由拥有土地使用权的单位或个人缴纳。

（2）拥有土地使用权的纳税人不在土地所在地的，由代管人或实际使用人缴纳。

（3）土地使用权未确定或权属纠纷未解决的，由实际使用人纳税。

（4）土地使用权共有的，共有各方均为纳税人，由共有各方分别纳税。

土地使用权共有的，以共有各方实际使用土地的面积占总面积的比例，分别计算缴纳城镇土地使用税。

二、城镇土地使用税征税范围

城镇土地使用税的征税范围是税法规定的纳税区域内的土地。凡在城市、县城、建制镇、工矿区范围内的土地，不论是属于国家所有的土地，还是集体所有的土地，都属于城镇土地使用税的征税范围。

城市，是指国务院批准设立的市。城市的征税范围包括市区和郊区。县城，是指县人民政府所在地，县城的征税范围为县人民政府所在地的城镇。建制镇，是经省级人民政府批准设立的建制镇，建制镇的征税范围为镇人民政府所在地的地区，但不包括镇政府所在地所辖行政村。工矿区，是指工商业比较发达，人口比较集中，符合国务院规定的建制镇标准，但尚未设立建制镇的大中型工矿企业所在地。工矿区的设立必须经省级人民政府批准。城市、县城、建制镇和工矿区虽然有行政区域和城建区域之分，但区域中的不同地方，其自然条件和经济繁荣程度各不相同，各省级人民政府可根据税法的规定，具体划定本地城市、县城、建制镇和工矿区的具体征税范围。

建立在城市、县城、建制镇和工矿区以外的工矿企业则不需缴纳城镇土地使用税。

自2009年1月1日起，公园、名胜古迹内的索道公司经营用地，应按规定缴纳城镇土地使用税。

三、城镇土地使用税税率

城镇土地使用税采用定额税率，按大、中、小城市和县城、建制镇、工矿区分别规定每平方米城镇土地使用税年应纳税额。大、中、小城市以公安部门登记在册的非农业正式户口人数为依据，按照国务院颁布的《城市规划条例》中规定的标准划分。人口在50万人以上的为大城市；人口在20万人~50万人之间的为中等城市；人口在20万人以下的为小城市。

城镇土地使用税每平方米年税额标准具体规定如下：大城市1.5~30元；中等城市1.2~24元；小城市0.9~18元；县城、建制镇、工矿区0.6~12元。

城镇土地使用税规定幅度税额，而且每个幅度税额的差距为20倍。这主要考虑我国各地存在着悬殊的土地级差收益，同一地区内不同地段的市政建设情况和经济发展程度也有较大的差别。省、自治区、直辖市人民政府，在上述规定的税额幅度内，根据市政建设情况、经济繁荣程度等条件，确定所辖地区的适用税额幅度。经济落后地区，城镇土地使用税的适用税额标准可适当降低，但降低幅度不得超过上述规定最低税额的30%。经济发达地区，城镇土地使用税的适用税额可以适当提高，但须报经财政部批准。这样，各地在确定不同地段的等级和适用税额时，就有选择余地，尽可能做到平衡税负。

四、城镇土地使用税计税依据

城镇土地使用税的计税依据是纳税人实际占用的土地面积。土地面积以平方米为计量标准，具体按以下办法确定。

（1）凡由省级人民政府确定的单位组织测定土地面积的，以测定的土地面积为准。

（2）尚未组织测定，但纳税人持有政府部门核发的土地使用证书的，以证书确定的土地面积为准。

（3）尚未核发土地使用证书的，应由纳税人据实申报土地面积，并据以纳税，待核发土地使用证书后再作调整。

五、城镇土地使用税应纳税额的计算

城镇土地使用税是以纳税人实际占用的土地面积为计税依据，按照规定的适用税额计算征收。其应纳税额计算公式为：

$$年应纳税额＝实际占用应税土地面积（平方米）\times 适用税额$$

【例6-5·单选题】甲房地产开发企业开发一住宅项目，实际占地面积12 000平方米，建筑面积24 000平方米，容积率为2，甲房地产开发企业缴纳的城镇土地使用税的计税依据为（　　）。

A. 18 000平方米　　　B. 24 000平方米　　　C. 36 000平方米　　　D. 12 000平方米

答案及解析：D。城镇土地使用税计税的依据是实际占用土地面积。

六、城镇土地使用税税收优惠

（一）下列用地免征城镇土地使用税

（1）国家机关、人民团体、军队自用的土地。

（2）由国家财政部门拨付事业经费的单位自用的土地。

（3）宗教寺庙、公园、名胜古迹自用的土地。

（4）市政街道、广场、绿化地带等公共用地。

（5）直接用于农、林、牧、渔业的生产用地。

（6）经批准开山填海整治的土地和改造的废弃土地，从使用的月份起免缴土地使用税5~10年。

（7）由财政部另行规定免税的能源、交通、水利设施用地和其他用地。

（二）税收优惠的特殊规定

1. 城镇土地使用税与耕地占用税的征税范围衔接

为避免对一块土地同时征收耕地占用税和城镇土地使用税，凡是缴纳了耕地占用税的，从批准征用之日起满1年后征收城镇土地使用税；征用非耕地因不需要缴纳拼地占用税，应从批准征用之次月起征收城镇土地使用税。

2. 免税单位与纳税单位之间无偿使用的土地

对免税单位无偿使用纳税单位的土地（如公安、海关等单位使用铁路、民航等单位的土地），免征城锁土地使用税；对纳税单位无偿使用免税单位的土地，纳税单位应照章缴纳城镇土地使用税。

3. 房地产开发公司开发建造商品房的用地

房地产开发公司开发建造商品房的用地，除经批准开发建设经济适用房的用地外，对各类房地产开发用地一律不得减免城镇土地使用税。

4. 基建项目在建期间的用地

对基建项目在建期间使用的土地，原则上应征收城镇土地使用税。但对有些基建项目，特别是国家产业政策扶持发展的大型基建项目占地面积大，建设周期长，在建期间又没有经济收入，纳税确有困难的，可由各省、自治区、直辖市税务局根据具体情况予以免征或减征城镇土地使用税；对已经完工或已经使用的建设项目，其用地应照章征收城镇土地使用税。

5. 城镇内的集贸市场（农贸市场）用地

城镇内的集贸市场（农贸市场）用地，按规定应征收城镇土地使用税，为了促进集贸市场的发展及照顾各地的不同情况，各省、自治区、直辖市税务局可根据具体情况，自行确定对集贸市场用地征收或者免征城镇土地使用税。

6. 防火、防爆、防毒等安全防范用地

对于各类危险品仓库、厂房所需的防火、防爆、防毒等安全防范用地，可由各省、自治区、直辖市税务局确定，暂免征收城镇土地使用税；对仓库库区、厂房本身用地，应依法征收城镇土地使

用税。

7. 搬迁企业的用地

（1）企业搬迁后原场地不使用的、企业范围内荒山等尚未利用的土地，免征城镇土地使用税，免征税额由企业在申报缴纳城镇土地使用税时自行计算扣除，并在申报表附表或备注栏中作相应说明。

（2）对搬迁后原场地不使用的和企业范围内荒山等尚未利用的土地，凡企业申报暂免征收城镇土地使用税的，应事先向土地所在地的主管税务机关报送有关部门的批准文件或认定书等相关证明材料，以备税务机关查验。具体报送材料由各省、自治区、直辖市和计划单列市地方税务局确定。

（3）企业按上述规定暂免征收城镇土地使用税的土地开始使用时，应从使用的次月起自行计算和申报缴纳城镇土地使用税。

8. 企业的铁路专用线、公路等用地

对企业的铁路专用线、公路等用地除另有规定外，在企业厂区（包括生产、办公及生活区）以内的，应照章征收城镇土地使用税；在厂区以外、与社会公用地段未加隔离的，暂免征收城镇土地使用税。

9. 企业范围内的荒山、林地、湖泊等占地

对2014年以前已按规定免征城镇土地使用税的企业范围内荒山、林地、湖泊等占地，自2014年1月1日至2015年12月31日，按应纳税额减半征收城镇土地使用税；自2016年1月1日起，全额征收城镇土地使用税。

10. 石油天然气（含页岩气、煤层气）生产企业用地

（1）下列石油天然气生产建设用地暂免征收城镇土地使用税。

①地质勘探、钻井、井下作业、油气田地面工程等施工临时用地。

②企业厂区以外的铁路专用线、公路及输油（气、水）管道用地。

③油气长输管线用地。

（2）在城市、县城、建制镇以外工矿区内的消防、防洪排涝、防风、防沙设施用地，暂免征收城镇土地使用税。

（3）除上述列举免税的土地外，其他油气生产及办公、生活区用地，依照规定征收城镇土地使用税。享受上述税收优惠的用地，用于非税收优惠用途的，不得享受税收优惠。

11. 林业系统用地

（1）对林区的育林地、运材道、防火道、防火设施用地，免征城镇土地使用税。

（2）林业系统的森林公园、自然保护区可比照公园免征城镇土地使用税。

（3）林业系统的林区贮木场、水运码头用地，原则上应按税法规定缴纳城镇土地使用税，考虑到林业系统目前的困难，为扶持其发展，暂时免征城镇土地使用税。

（4）除上述列举免税的土地外，对林业系统的其他生产用地及办公、生活区用地，均应征收城镇土地使用税。

12. 盐场、盐矿用地

（1）对盐场、盐矿的生产厂房、办公、生活区用地，应照章征收城镇土地使用税。

（2）盐场的盐滩、盐矿的矿井用地，暂免征收城镇土地使用税。

（3）对盐场、盐矿的其他用地，由各省、自治区、直辖市税务局根据实际情况，确定征收城镇

土地使用税或给予定期减征、免征的照顾。

13. 矿业企业用地

（1）矿山的采矿场、排土场、尾矿库、炸药库的安全区，以及运矿运岩公路、尾矿输送管道及回水系统用地，免征城镇土地使用税。

（2）对位于城镇土地使用税征税范围内的煤炭企业已取得土地使用权、未利用的塌陷地，征收城镇土地使用税。

除上述规定外，对矿山企业的其他生产用地及办公、生活区用地，均应征收城镇土地使用税。

14. 电力行业用地

（1）火电厂厂区围墙内的用地均应征收城镇土地使用税对厂区围墙外的灰场、输灰管、输油（气）管道、铁路专用线用地，免征城镇土地使用税；厂区围墙外的其他用地，应照章征税。

（2）水电站的发电厂房用地（包括坝内、坝外式厂房），生产、办公、生活用地，应征收城镇土地使用税；对其他用地给予免税照顾。

（3）对供电部门的输电线路用地、变电站用地，免征城镇土地使用税。

15. 水利设施用地

（1）水利设施及其管护用地（如水库库区、大坝、堤防、灌渠、装站等用地），免征城镇土地使用税；其他用地，如生产、办公、生活用地，应照章征税。

（2）对兼有发电的水利设施用地城镇土地使用税的征免，具体办法比照电力行业征免城镇土地使用税的有关规定办理。

16. 交通部门港口用地

（1）对港口的码头（泊位，包括岸边码头、伸入水中的浮码头、堤岸、堤坝、栈桥等）用地，免征城镇土地使用税。

（2）对港口的露天堆货场用地，原则上应征收城镇土地使用税。企业纳税确有困难的，可由各省、自治区、直辖市税务局根据其实际情况，给予定期减征或免征城镇土地使用税的照顾。

除上述规定外，港口的其他用地，应按规定征收城镇土地使用税。

17. 民航机场用地

（1）机场飞行区（包括跑道、滑行道、停机坪、安全带、夜航灯光区）用地，场内外通信导航设施用地和飞行区四周排水防洪设施用地，免征城镇土地使用税。

（2）在机场道路中，场外道路用地免征城镇土地使用税；场内道路用地依照规定征收城镇土地使用税。

（3）机场工作区（包括办公、生产和维修用地及候机楼、停车场）用地、生活区用地、绿化用地，均须依照规定征收城镇土地使用税。

18. 老年服务机构自用的土地

老年服务机构是指专门为老年人提供生活照料、文化、护理、健身等多方面服务的福利性、非营利性的机构，主要包括老年社会福利院、敬老院（养老院）、老年服务中心、老年公寓（含老年护理院、康复中心、托老所）等老年服务机构用土地免征城镇土地使用税。

19. 邮政部门的土地

对邮政部门坐落在城市、县城、建制镇、工矿区范围内的土地，应当依法征收城镇土地使用税；对坐落在城市、县城、建制镇、工矿区范围以外的，尚在县邮政局内核算的土地，在单位财务账中划分清楚的，不征收城镇土地使用税。

20．国家机关、军队、人民团体、财政补助事业单位、居民委员会、村民委员会拥有的体育场馆，用于体育活动的土地，免征城镇土地使用税

经费自理事业单位、体育社会团体、体育基金会、体育类民办非企业单位拥有并运营管理的体育场馆，符合相关条件的，其用于体育活动的土地，免征城镇土地使用税。企业拥有并运营管理的大型体育场馆，其用于体育活动的土地，减半征收城镇土地使用税。

享受上述税收优惠体育场馆的运动场地用于体育活动的天数不得低于全年自然天数的70%。

七、城镇土地使用税征收管理

（一）纳税义务发生时间

（1）购置新建商品房，自房屋交付使用的次月起计征城镇土地使用税。

（2）购置存量房，自办理房屋产权属转移、变更登记手续，房地产权属登记机关签发房屋权属证书的次月起计征城镇土地使用税。

（3）出租、出借房产，自出租、出借房产的次月起计征城镇土地使用税。

（4）房地产开发企业自用、出租、出借本企业建造的商品房，自房屋使用或交付的次月起计征城镇土地使用税。

（5）纳税人新征用的耕地，自批准征用之日起满1年时开始缴纳城镇土地使用税。

（6）纳税人新征用的非耕地，自批准征用次月起缴纳城镇土地使用税。

（二）纳税地点

城镇土地使用税在土地所在地缴纳。

纳税人使用的土地不属于同一省、自治区、直辖市管辖的，由纳税人分别向土地 所在地税务机关缴纳城镇土地使用税；在同一省、自治区、直辖市管辖范围内，纳税人跨地区使用的土地，其纳税地点由各省、自治区、直辖市地方税务局确定。

（三）纳税期限

城镇土地使用税按年计算、分期缴纳，具体纳税期限由省、自治区、直辖市人民政府确定。

第五节　车船税法律制度

车船税，是指对在中国境内车船管理部门登记的车辆、船舶依法征收的一种税。2011年2月25日，第十一届全国人民代表大会常务委员会第十九次会议通过《中华人民共和国车船税法》（以下简称《车船税法》）。2011年12月5日，国务院发布了《中华人民共和国车船税法实施条例》（以下简称《车船税法实施条例》）。

一、车船税纳税人

车船税的纳税人，是指在中华人民共和国境内属于税法规定的车辆、船舶（以下简称车船）的所有人或者管理人。

从事机动车第三者责任强制保险业务的保险机构为机动车车船税的扣缴义务人。

二、车船税征收范围

车船税的征税范围是指在中华人民共和国境内属于车船税法所规定的应税车辆和船舶。具体包括：

（1）依法应当在车船登记管理部门登记的机动车辆和船舶。

（2）依法不需要在车船登记管理部门登记的在单位内部场所行驶或者作业的机动车辆和船舶。

车船管理部门是指公安、交通运输、农业、渔业、军队、武装警察部队等依法具有车船登记管理职能的部门和船舶检验机构；单位是指依照中国法律、行政法规规定，在中国境内成立的行政机关、企业、事业单位、社会团体以及其他组织。

三、车船税税目

车船税的税目分为5大类，包括乘用车、商用车、其他车辆、摩托车和船舶。乘用车为核定载客人数9人（含）以下的车辆；商用车包括客车和货车，其中客车为核定载客人数9人（含）以上的车辆（包括电车），货车包括半挂牵引车、挂车、客货两用汽车、三轮汽车和低速载货汽车等；其他车辆包括专用作业车和轮式专用机械车等（不包括拖拉机）。船舶包括机动船舶、非机动驳船、拖船和游艇。

具体含义如下：

乘用车，是指在设计和技术特性上主要用于载运乘客及随身行李，核定载客人数包括驾驶员在内不超过9人的汽车。

商用车，是指除乘用车外，在设计和技术特性上用于载运乘客、货物的汽车，划分为客车和货车。

半挂牵引车，是指装备有特殊装置用于牵引半挂车的商用车。

三轮汽车，是指最高设计车速不超过每小时50千米，具有三个车轮的货车。

低速载货汽车，是指以柴油机为动力，最高设计车速不超过每小时70千米，具有四个车轮的货车。

挂车，是指就其设计和技术特性需由汽车或者拖拉机牵引，才能正常使用的一种无动力的道路车辆。

专用作业车，是指在其设计和技术特性上用于特殊工作的车辆。

轮式专用机械车，是指有特殊结构和专门功能，装有橡胶车轮可以自行行驶，最高设计车速大于每小时20千米的轮式工程机械车。

摩托车，是指无论采用何种驱动方式，最高设计车速大于每小时50千米，或者使用内燃机，其排量大于50毫升的两轮或者三轮车辆。

船舶，是指各类机动、非机动船舶以及其他水上移动装置，但是船舶上装备的救生艇筏和长度小于5米的艇筏除外。其中，机动船舶是指用机器推进的船舶；拖船是指专门用于拖（推）动运输船舶的专业作业船舶；非机动驳船，是指在船舶登记管理部门登记为驳船的非机动船舶；游艇是指具备内置机械推进动力装置，长度在90米以下，主要用于游览观光、休闲娱乐、水上体育运动等活动，并应当具有船舶检验证书和适航证书的船舶。

四、车船税税率

车船税采用定额税率，即对征税的车船规定单位固定税额。车船税确定税额总的原则是：非机动车船的税负轻于机动车船；人力车的税负轻于畜力车；小吨位船舶的税负轻于大船舶。

具体来说，车船的适用税额依照《车船税税目税额表》执行，见表6-2。

表6-2　车船税税目、税额表

税目		计税单位	每年税额（元）	备注
乘用车[按发动机气缸容量（排气量）分档]	1.0升（含1.0升）以下	每辆	60~360	核定载客人数9人（含）以下
	1.0升~1.6升（含1.6升）		300~540	
	1.6升~2.0升（含2.0升）		360~660	
	2.0升~2.5升（含2.5升）		660~1 200	
	2.5升~3.0升（含3.0升）		1 200~2 400	
	3.0升~4.0升（含4.0升）		2 400~3 600	
	4.0升以上		3 600~5 400	
商用车客车		每辆	480~1 440	核定载客人数9人（含）以上，包括电车
商用车货车		整备质量每吨	16~120	包括半挂牵引车、三轮车汽车和低速载货汽车等
挂车		整备质量每吨	按照货车税额的50%计算	
摩托车		每辆	36~180	
船舶机动船舶		净吨位每吨	3~6	拖船和非机动驳船分别按机动船舶税额的50%计算

车辆的具体适用税额由省、自治区、直辖市人民政府依照《车船税法》。所附《车船税税目税额表》规定的税额幅度和国务院的规定确定并报国务院备案。省、自治区、直辖市人民政府确定车辆具体适用税额应当遵循以下两条原则。

第一，乘用车依排气量从小到大递增税额。第二，客车按照核定载客人数20人以下和20人（含）以上两档划分，递增税额。

船舶的具体适用税额由国务院在《车船税法》所附车船税税目税额表规定的税额幅度内确定。

（1）机动船舶具体适用税额为：

①净吨位不超过200吨的，每吨3元。

②净吨位超过200吨但不超过2 000吨的，每吨4元。

③净吨位超过2 000吨但不超过10 000吨的，每吨5元。

④净吨位超过10 000吨的，每吨6元。

拖船按照发动机功率每1千瓦折合净吨位0.67吨计算征收车船税。

（2）游艇具体适用税额为：

①艇身长度不超过10米的，每米600元。

②艇身长度超过10米但不超过18米的，每米900元。

③艇身长度超过18米但不超过30米的，每米1 300元。

④艇身长度超过30米的，每米2 000元。

⑤辅助动力帆艇，每米600元。

（3）排气量、整备质量、核定载客人数、净吨位、千瓦、艇身长度，以车船登记管理部门核发的车船登记证书或者行驶证所载数据为准。

依法不需要办理登记的车船和依法应当登记而未办理登记或者不能提供车船登记证书、行驶证的车船，以车船出厂合格证明或者进口凭证标注的技术参数、数据为准；不能提供车船出厂合格证明或者进口凭证的，由主管税务机关参照国家相关标准核定，没有国家相关标准的参照同类车船核定。

五、车船税计税依据

车船税以车船的计税单位数量为计税依据。《车船税法》按车船的种类和性能，分别确定每辆、整备质量、净吨位每吨和艇身长度每米为计税单位。具体如下：

（1）乘用车、商用客车和摩托车，以辆数为计税依据。

（2）商用货车、专用作业车和轮式专用机械车，以整备质量吨位数为计税依据。

（3）机动船舶、非机动驳船、拖船，以净吨位数为计税依据。游艇以艇身长度为计税依据。

六、车船税应纳税额的计算

（1）车船税各税目应纳税额的计算公式为：

乘用车、客车和摩托车的应纳税额＝辆数×适用年基准税额

货车、专用作业车和轮式专用机械车的应纳税额＝整备质量吨位数×适用年基准税额

机动船舶的应纳税额＝净吨位数×适用年基准税额

拖船和非机动驳船的应纳税额＝净吨位数×适用年基准税额×50%

游艇的应纳税额＝艇身长度×适用年基准税额

（2）购置的新车船，购置当年的应纳税额自纳税义务发生的当月起按月计算。计算公式为：

应纳税额＝适用年基准税额÷12×应纳税月份数

（3）保险机构代收代缴车船税和滞纳金的计算。

①购买短期交强险的车辆。对于境外机动车临时入境、机动车临时上道路行驶、机动车距规定的报废期限不足1年而购买短期交强险的车辆，保单中"当年应缴"项目的计算公式为：

当年应缴＝计税单位×年单位税额×应纳税月份数÷12

其中，应纳税月份数为"交强险"有效期起始日期的当月至截止日期当月的月份数。

②已向税务机关缴税的车辆或税务机关已批准减免税的车辆。对于已向税务机关缴税的车辆或税务机关已批准减免税的车辆，保单中"当年应缴"项目应为零。对于税务机关已批准减税的机动车，保单中"当年应缴"项目应根据减税前的应纳税额扣除依据减税证明中注明的减税幅度计算的减税额确定，计算公式为：

$$减税车辆应纳税额＝减税前应纳税额×（1－减税幅度）$$

③对于2007年1月1日前购置的车辆或者曾经缴纳过船税的车辆，保单中"往年补缴"项目的计算公式为：

$$往年补缴＝计税单位×年单位税额×（本次缴税年度－前次缴税年度－1）$$

其中，对于2007年1月1日前购置的车辆，纳税人从未缴纳车船税的，前次缴税年度设定为2006年。

④对于2007年1月1日以后购置的车辆，纳税人从购置时起一直未缴纳车船税的，保单中"往年补缴"项目的计算公式为：

$$往年补缴＝购置当年欠缴的税款＋购置年度以后欠缴税款$$

其中，购置当年欠缴的税款＝计税单位×年单位税额×应纳税月份数÷12。应纳税月份数为车辆登记日期的当月起至该年度终了的月份数。若车辆尚未到车船管理部门登记，则应纳税月份数为购置日期的当月起至该年度终了的月份数。

$$购置年度以后欠缴税款＝计税单位年单位税额×（本次缴税年度－车辆登记年度－1）$$

⑤滞纳金计算。对于纳税人在应购买"交强险"截止日期以后购买"交强险"的，或以前年度没有缴纳车船税的，保险机构在代收代缴税款的同时，还应代收代缴欠缴税款的滞纳金。

保单中"滞纳金"项目为各年度欠税应加收滞纳金之和。

$$每一年度欠税应加收的滞纳金＝欠税金额×滞纳天数×0.5\%$$

滞纳天数的计算自应购买"交强险"截止日期的次日起到纳税人购买"交强险"当日止。纳税人连续两年以上欠缴车船税的，应分别计算每一年度欠税应加收的滞纳金。

【例6－6·单选题】2016年某生产企业拥有2辆六座载客汽车和4辆整备质量5吨的货车。当地车船税的年税额为：货车年基准税额每吨60元，乘人汽车每辆360元。2016年该公司的应纳车船税为（   ）。

A. 960元 　　　　　　B. 1 020元 　　　　　　C. 1 920元 　　　　　　D. 2 160元

答案及解析：C。2016年该公司的应纳车船税＝360×2＋5×4×60＝1 920（元）。

七、车船税税收优惠

（一）下列车船免征车船税

（1）捕捞、养殖渔船。是指在渔业船舶管理部门登记为捕捞船或者养殖船的渔业船舶。

（2）军队、武装警察部队专用的车船。是指按照规定在军队、武装警察部队车船登记管理部门登记，并领取军队、武警牌照的车船。

（3）警用车船。是指公安机关、国家安全机关、监狱、劳动教养管理机关和人民法院、人民检察院领取警用牌照的车辆和执行警务的专用船舶。

（4）依照法律规定应当予以免税的外国驻华使领馆、国际组织驻华代表机构及其有关人员的车船。

（5）对使用新能源车船，免征车船税。免征车船税的新能源汽车是指纯电动商用车、插电式（含增程式）混合动力汽车、燃料电池商用车。纯电动乘用车和燃料电池乘用车不属于车船税征税范围，对其不征车船税。

免征车船税的使用新能源汽车（不含纯电动乘用车和燃料电池乘用车），必须符合国家有关标准。

（6）临时入境的外国车船和香港特别行政区、澳门特别行政区、台湾地区的车船，不征收车船税。

（7）按照规定缴纳船舶吨税的机动船舶，自《车船税法》实施之日起5年内免征车船税。

（8）依法不需要在车船登记管理部门登记的机场、港口、铁路站场内部行驶或者作业的车船，自车船税法实施之日起5年内免征车船税。

（二）车船税其他税收优惠

（1）对节约能源车船，减半征收车船税。减半征收车船税的节约能源乘用车应同时符合以下标准：①获得许可在中国境内销售的排量为1.6升以下（含）的燃用汽油、柴油的乘用车（含非插电式混合动力乘用车和双燃料乘用车）。②综合工况燃料消耗量应符合标准。③污染物排放符合《轻型汽车污染物排放限值及测量方法（中国第五阶段）》（GB 18352.5—2013）标准中I型试验的限值标准。

减半征收车船税的节约能源商用车应同时符合下列标准：①获得许可在中国境内销售的燃用天然气、汽油、柴油的重型商用车（含非插电式混合动力和双燃料重型商用车）。②燃用汽油、柴油的重型商用车综合工况燃料消耗量应符合标准。③污染物排放符合《车用压燃式、气体燃料点燃式发动机与汽车排气污染物排放限值及测量方法（中国Ⅲ，Ⅳ，Ⅴ阶段）》（GB 17691—2005）标准中第Ⅴ阶段的标准。

（2）对受地震、洪涝等严重自然灾害影响纳税困难以及其他特殊原因确需减免的车船，可以在一定期限内减征或者免征车船税。具体减免期限和数额由省、自治区、直辖市人民政府确定，报国务院备案。

（3）省、自治区、直辖市人民政府根据当地实际情况，可以对公共交通车船，农村居民拥有并主要在农村地区使用的摩托车、三轮汽车和低速载货汽车定期减征或者免征车船税。

八、车船税征收管理

（一）纳税义务发生时间

车船税纳税义务发生时间为取得车船所有权或者管理权的当月。以购买车船的发票或其他证明文件所载日期的当月为准。

车船税的纳税义务发生时间，为车船管理部门核发的车船登记证书或者行驶证中记载日期的当月。纳税人未按照规定到车船管理部门办理应税车船登记手续的，以车船购置发票所载开具时间的当月作为车船税的纳税义务发生时间。对未办理车船登记手续且无法提供车船购置发票的，由主管地方税务机关核定纳税义务发生时间。

（二）纳税地点

车船税由地方税务机关负责征收。车船税的纳税地点为车船的登记地或者车船税扣缴义务人所在地。

扣缴义务人代收代缴车船税的，纳税地点为扣缴义务人所在地。

纳税人自行申报缴纳车船税的，纳税地点为车船登记地的主管税务机关所在地。

依法不需要办理登记的车船，其车船税的纳税地点为车船的所有人或者管理人所在地。

（三）纳税申报

车船税按年申报，分月计算，一次性缴纳。纳税年度为公历1月1日至12月31日。具体申报纳税期限由省、自治区、直辖市人民政府规定。

（1）从事机动车第三者责任强制保险业务的保险机构为机动车车船税的扣缴义务人，应当在收取保险费时依法代收车船税，并出具代收税款凭证。

机动车车船税扣缴义务人在代收车船税时，应当在机动车交通事故责任强制保险的保险单以及保费发票上注明已收税款的信息，作为代收税款凭证。

（2）已完税或者依法减免税的车辆，纳税人应当向扣缴义务人提供登记地的主管税务机关出具的完税凭证或者减免税证明。

纳税人没有按照规定期限缴纳车船税的，扣缴义务人在代收代缴税款时，可以一并代收代缴欠缴税款的滞纳金。

（3）扣缴义务人已代收代缴车船税的，纳税人不再向车辆登记地的主管税务机关申报缴纳车船税。

（4）没有扣缴义务人的，纳税人应当向主管税务机关自行申报缴纳车船税。

（5）纳税人缴纳车船税时，应当提供反映排气量、整备质量、核定载客人数、净吨位、千瓦、艇身长度等与纳税相关信息的相应凭证以及税务机关根据实际需要要求提供其他资料。

纳税人以前年度已经提供前面所列资料信息的，可以不再提供。

（6）已缴纳车船税的车船在同一纳税年度内办理转让过户的，不另纳税，也不退税。

【例6-7·多选题】根据车船税法制度的规定，下列车船中，以"辆数"为依据的有（   ）。

A．摩托车   B．机动车辆   C．商用货车   D．商用客车

答案及解析：AD。选项B，机动车辆是指以动力装置驱动或者牵引，上道路行驶的供人员乘用或用于运送物品以及进行工程专项作业的轮式车辆。机动车辆有的以车辆数为计税依据，有的以整备质量吨位数为计税依据；选项C，商用货车以整备质量吨位数为计税依据。

（四）其他管理规定

（1）车辆所有人或者管理人在申请办理车辆相关登记、定期检验手续时，应当向公安机关交通管理部门提交依法纳税或者免税证明。公安机关交通管理部门核查后办理相关手续。

公安、交通运输、农业、渔业等车船登记管理部门、船舶检验机构和车船税扣缴义务人的行业主管部门应当在提供车船有关信息等方面，协助税务机关加强车船税的征收管理。

公安机关交通管理部门在办理车辆相关登记和定期检验手续时，经核查，对没有提供依法纳税或者免税证明的，不予办理相关手续。

（2）扣缴义务人应当及时解缴代收代缴的税款和滞纳金，并向主管税务机关申报。扣缴义务人向税务机关解缴税款和滞纳金时，应当同时报送明细的税款和滞纳金扣缴报告。扣缴义务人解缴税款和滞纳金的具体期限，由省、自治区、直辖市地方税务机关依照法律、行政法规的规定确定。

（3）在一个纳税年度内，已完税的车船被盗抢、报废、灭失的，纳税人可以凭有关管理机关出具的证明和完税凭证，向纳税所在地的主管税务机关申请退还自被盗抢、报废、灭失月份起至该纳税年度终了期间的税款。

已办理退税的被盗抢车船失而复得的，纳税人应当从公安机关出具相关证明的当月起计算缴纳车船税。

第六节　印花税法律制度

印花税是以经济活动和经济交往中，书立、领受应税凭证的行为为征税对象征收的一种税。因纳税人主要是通过在应税凭证上粘贴印花税票来完成纳税义务，故名印花税。1988年8月6日，国务院颁布《中华人民共和国印花税暂行条例》（以下简称《印花税暂行条例》）。同年印发《印花税暂行条例实施细则》《关于印花税若干具体问题的规定》。随着我国股票交易制度的建立，国务院决定自1992年1月1日起将股票交易纳入印花税的征收范围。

一、印花税纳税人

印花税的纳税人，是指在中国境内书立、领受、使用税法所列举凭证的单位和个人。这里所说的单位和个人，是指国内各类企业、事业单位、机关、团体、部队和个人；同时，还包括以及中外合资企业、合作企业、外资企业、外国公司和其他经济组织及其在华机构等单位。如果一份合同或应税凭证由两方或两方以上当事人共同签订，签订合同或应税凭证的各方都是纳税人，应各就其所持合同或应税凭证的计税金额履行纳税。

上述单位和个人，按照书立、使用、领受应税凭证的不同，可以分别确定为立合同人、立据人、立账簿人、领受人和使用人5种。

（1）立合同人。是指合同的当事人，即对凭证有直接权利义务关系的单位和个人，但不包括合同的担保人、证人、鉴定人。各类合同的纳税人是立合同人。各类合同，包括购销、加工承揽、建设工程承包、财产租赁、货物运输、仓储保管、借款、财产保险、技术合同或者具有合同性质的凭证。所称"合同"，是指根据原《中华人民共和国经济合同法》《中华人民共和国涉外经济合同法》和其他有关合同法规订立的合同。

（2）立账簿人。是指开立并使用营业账簿的单位和个人。例如，企业单位因生产、经营需要，设立了营业账簿，该企业即为纳税人。

（3）立据人。是指书立产权转移书据的单位和个人。

（4）领受人。是指领取并持有权利、许可证照的单位和个人。如领取房屋产权证的单位和个人，即为印花税的纳税人。

（5）使用人。是指在国外书立、领受，但在国内使用应税凭证的单位和个人。

（6）各类电子应税凭证的签订人，即以电子形式签订的各类应税凭证的当事人。

值得注意的是：对应税凭证，凡由两方或两方以上当事人共同书立的，其当事人各方都是印花税的纳税人，应各就其所持凭证的计税金额履行纳税义务。

二、印花税征税范围

我国经济活动中发生的经济凭证种类繁多，数量巨大，现行印花税采取正列举形式，只对《印花税暂行条例》列举的凭证征收，没有列举的凭证不征税，列举的凭证分为五类，即经济合同、产权转移书据、营业账簿、权利、许可证照和经财政部门确定征税的其他凭证。具体征税范围如下。

（一）经济合同

合同是指当事人之间为实现一定目的，经协商一致，明确当事人各方权利、义务关系的协议。以经济业务活动作为内容的合同，通常称为经济合同。经济合同应按照管理的要求，依照《合同法》和其他有关合同法规立经济合同的依法订立，是在经济交往中为了确定、变更或终止当事人之间的权利和义务关系的合同法律行为，其书面形式即经济合同书。我国印花税只对依法订立的经济合同书征收。印花税税目中的合同比照我国原《经济合同法》对经济合同的分类，在税目税率表中列举了十大类合同。

（1）购销合同，包括供应、预购、采购、购销结合及协作、调剂、补偿、易货等合同；还包括各出版单位与发行单位（不包括订阅单位和个人）之间订立的图书、报刊、音像订征凭证。

对纳税人以电子形式签订的各类应税凭证按规定征收印花税。

对发电厂与电网之间、电网与电网之间（国家电网公司系统、南方电网公司系统内部各级电网互供电量除外）签订的购售电合同，按购销合同征收印花税。电网与用户之间签订的供用电合同不征印花税。

（2）加工承揽合同，包括加工、定做、修缮、修理、印刷、广告、测绘、测试等合同。

（3）建设工程勘察设计合同，包括勘察、设计合同的总包合同、分包合同和转包合同。

（4）建筑安装工程承包合同，包括建筑、安装工程承包合同的总包合同、分包合同和转包合同。

（5）财产租赁合同，包括租赁房屋、船舶、飞机、机动车辆、机械、器具、设备等合同；还包括企业、个人出租门店、柜台等所签订的合同，但不包括企业与主管部门签订的租赁承包合同，

（6）货物运输合同，包括民用航空运输、铁路运输、海上运输、内河运输、公路运输和联运合同。

（7）仓储保管合同，包括仓储、保管合同或作为合同使用的仓单、栈单（或称入库单）、对某些使用不规范的凭证不便计税的，可就其结算单据作为计税贴花的凭证。

（8）借款合同，包括银行及其他金融组织和借款人（不包括银行同业拆借）所签订的借款合同。

（9）财产保险合同，包括财产、责任、保证、信用等保险合同。

（10）技术合同，包括技术开发、转让、咨询、服务等合同。其中：

技术转让合同包括专利申请转让、非专利技术转让所书立的合同，但不包括专利权转让、专利实施许可所书立的合同。后者适用于"产权转移书据"合同。

技术咨询合同是合同当事人就有关项目的分析、论证、评价、预测和调查订立的技术合同，而

一般的法律、会计、审计等方面的咨询不属于技术咨询，其所立合同不贴印花。

技术服务合同的征税范围包括技术服务合同、技术培训合同和技术中介合同。

此外，在确定应税经济合同的范围时，特别需要注意以下三个问题。

（1）具有合同性质的凭证应视同合同征税。所谓具有合同性质的凭证，是指具有合同效力的协议、契约、合约、单据、确认书及其他各种名称的凭证。它们从属于以上10个合同税目的分类，而非独立列举的征税类别。这类凭证具有上述10类合同大致相同的内容、形式和作用，虽未采用规范的合同名称，但对当事人各方仍具有特定的民事法律约束力。因为这些凭证一经凭证当事人书立，双方（或多方）信守，付诸实施（履行），就发挥着规范合同的作用，而不一定具有合同法规要求的完备条款和规范的行为约定，但是，就其书立行为和实施行为而言，显然属于具有民事法律意义、发生法律后果并以涉及权利义务关系为目的的行为。因此，鉴于这类凭证的上述性质和特点，印花税除对依法成立的具有规范内容和名称的十类合同书征税外，还规定具有合同性质的凭证也应纳税。

（2）未按期兑现合同也应贴花。印花税既是凭证税，又具有行为税性质。纳税人签订应税合同，就发生了应税经济行为，必须依法贴花，履行完税手续。所以，不论合同是否兑现或能否按期兑现，都应当缴纳印花税。

（3）同时书立合同和开立单据，只就合同贴花。办理一项业务（如货物运输、仓储保管、财产保险、银行借款等）如果既书立合同，又开立单据，只就合同贴花；凡不书立合同，只开立单据，以单据作为合同适用的，其使用的单据应按规定贴花。

（二）产权转移书据

产权转移即财产权利关系的变更行为，表现为产权主体发生变更。产权转移书据是在产权的买卖、交换、继承、赠与、分割等产权主体变更过程中，由产权出让人与受让人之间所订立的民事法律文书。

我国印花税税目中的产权转移书据包括财产所有权、版权、商标专用权、专利权、专有技术使用权共5项产权的转移书据。其中，财产所有权转移书据，是指经政府管理机关登记注册的不动产、动产的所有权转移所书立的书据，包括股份制企业向社会公开发行的股票，因购买、继承、赠与所书立的产权转移书据。其他4项则属于无形资产的产权转移书据。

另外，土地使用权出让合同、土地使用权转让合同、商品房销售合同按照产权转移书据征收印花税。

（三）营业账簿

印花税税目中的营业账簿归属于财务会计账簿，是按照财务会计制度的要求设置的，反映生产经营活动的账册。按照营业账簿反映的内容不同，在税目中分为记载资金的账簿（以下简称资金账簿）和其他营业账簿两类，以便于分别采用按金额计税和按件计税两种计税方法。

1. 资金账簿

资金账簿是反映生产经营单位"实收资本"和"资本公积"金额增减变化的账簿。

2. 其他营业账簿

其他营业账簿是反映除资金资产以外的其他生产经营活动内容的账簿，即除资金账簿以外的归属于财务会计体系的其他生产经营用账册。

3. 有关"营业联簿"征免范围应明确的若干问题

（1）纳入征税范围的营业账簿，不按立账簿人是否属于经济组织（工商企业单位、工商业户）来划定范围，而是按账簿的经济用途来确定征免界限。例如，一些事业单位实行企业化管理，从事生产经营活动，其账簿就视同于企业账簿，应纳印花税；而一些企业单位内的职工食堂、工会组织以及自办的学校、托儿所、幼儿园设置的经费收支账簿，不反映生产经营活动，就不属于"营业账簿"税目的适用范围。

（2）对采用一级核算形式的单位，只就财会部门设置的账簿贴花；采用分级核算形式的，除财会部门的账簿应贴花之外，财会部门设置在其他部门和车间的明细分类账，也应按规定贴花。

（3）车间、门市部、仓库设置的不属于会计核算范围或虽属会计核算范围，但不记载金额的登记簿、统计簿、台账等，不贴印花。

（4）对会计核算采用单页表式记载资金活动情况，以表代账的，在未形成账簿（账册）前，暂不贴花，待装订成册时，按册贴花。

（5）对有经营收入的事业单位，凡属由国家财政部门拨付事业经费，实行差额预算管理的单位，其记载经营业务的账簿，按其他账簿定额贴花，不记载经营业务的账簿不贴花；凡属经费来源实行自收自支的单位，对其营业账簿，应就记载资金的账簿和其他账簿分别按规定贴花。

（6）跨地区经营的分支机构使用的营业账簿，应由各分支机构在其所在地缴纳印花税。对上级单位核拨资金的分支机构，其记载资金的账簿按核拨的账面资金的数额计税贴花；对上级单位不核拨资金的分支机构，只就其他账簿按定额贴花。

（7）实行公司制改造并经县级以上政府和有关部门批准的企业在改制过程中成立的新企业（重新办理法人登记的），其新启用的资金账簿记载的资金或因企业建立资本纽带关系而增加的资金，凡原已贴花的部分可不再贴花，未贴花的部分和以后新增加的资金按规定贴花。

公司制改造包括国有企业依《公司法》整体改造成国有独资有限责任公司；企业通过增资扩股或者转让部分产权，实现他人对企业的参股，将企业改造成有限责任公司或股份有限公司；企业以其部分财产和相应债务与他人组建新公司；企业将债务留在原企业，而以其优质财产与他人组建的新公司。

（8）以合并或分立方式成立的新企业，其新启用的资金账簿记载的资金，凡原已贴花的部分可不再贴花，未贴花的部分和以后新增加的资金按规定贴花。合并包括吸收合并和新设合并，分立包括存续分立和新设分立。

（9）企业债权转股权新增加的资金按规定贴花；企业改制中经评估增加的资金按规定贴花。

（10）企业其他会计科目记载的资金转为实收资本或资本公积的资金按规定贴花。

（四）权利、许可证照

权利、许可证照是政府授予单位、个人某种法定权利和准予从事特定经济活动的各种证照的统称。包括政府部门发给的房屋产权证、工商营业执照、商标注册证、专利证、土地使用证等。

（五）经财政部门确定征税的其他凭证

除了税法列举的以上五大类应税经济凭证之外，在确定经济凭证的征免税范围时，需要注意以下三点。

（1）由于目前同一性质的凭证名称各异，不够统一，因此，各类凭证不论以何种形式或名称书立，只要其性质属于条例中列举征税范围内的凭证，均应照章纳税。

（2）应税凭证均是指在中国境内具有法律效力，受中国法律保护的凭证。

（3）适用于中国境内，并在中国境内具备法律效力的应税凭证，无论在中国境内或者境外书立，均应依照印花税的规定贴花。

三、印花税税率

印花税的税率有比例税率和定额税率两种形式。

（一）比例税率

对载有金额的凭证，如各类合同以及具有合同性质的凭证（包括电子形式）、产权转移书据、资金账簿等，采用比例税率。按照凭证所标明的确定的金额按比例计算应纳税额，既能保证财政收入，又能体现合理负担的原则。在印花税13个税率，各类合同以及具有合同性质的凭证、产权转移书据、营业账簿中记载资金的账簿，适用比例税率。

（1）借款合同，适用税率为0.5‰。

（2）购销合同、建筑安装工程承包合同、技术合同等，适用税率为0.3‰。

（3）加工承揽合同、建设工程勘察设计合同、货物运输合同、产权转移书据合同、记载资金数额的营业账簿等，适用税率为0.5‰。

（4）财产租赁合同、仓储保管合同、财产保险合同等，适用税率为1‰。

（5）因股票买卖、继承、赠与而书立"股权转让书据"（包括A股和B股），适用税率为此税率系后增补税率，《印花税暂行条例》中的《印花税税目税率表》未列此档税率。

（二）定额税率

为了简化征管手续，便于操作，对无法计算金额的凭证，或虽载有金额，但作为计税依据不合理的凭证，采用定额税率，以件为单位缴纳一定数额的税款。权利、许可证照、营业账簿中的其他账簿，均为按件贴花，单位税额为每件5元。

印花税税目税率见表6-3。

表6-3 印花税税目税率表

税 目	范 围	税 率	纳税人	说 明
1.购销合同	包括供应、预购、采购、购销、结合及协作、调剂、补偿、易货等合同	按购销金额0.3‰贴花	立合同人	
2.加工承揽合同	包括加工、定做、修缮、修理、印刷、广告、测绘、测试等合同	按加工或承揽收入0.5‰贴花	立合同人	
3.建设工程勘察设计合同	包括勘察、设计合同	按收取费用0.5‰贴花	立合同人	
4.建筑安装工程承包合同	包括建筑、安装工程承包合同	按承包金额0.3‰贴花	立合同人	
5.财产租赁合同	包括租赁房屋、船舶、飞机、机动车辆、机械、器具、设备等合同	按租赁金额1‰贴花。税额不足1元的按1元贴花	立合同人	

税 目	范 围	税 率	纳税人	说 明
6.货物运输合同	包括民用航空运输、铁路运输、海上运输、内河运输、公路运输和联运合同	按运输费用0.5‰贴花	立合同人	单据作为合同使用的，按合同贴花
7.仓储保管合同	包括仓储、保管合同	按仓储保管费用1‰贴花	立合同人	仓单或栈单作为合同使用的，按合同贴花
8.借款合同	银行及其他金融组织和借款人（不包括银行同业拆借）所签订的借款合同	按借款金额0.05‰贴花	立合同人	单据作为合同使用的，按合同贴花
9.财产保险合同	包括财产、责任、保证、信用等保险合同	按保险费收入1‰贴花	立合同人	单据作为合同使用的，按合同贴花
10.技术合同	包括技术开发、转让、咨询、服务等合同	按所载金额0.3‰贴花	立合同人	
11.产权转移书据	包括财产所有权和版权、商标专用权、专利权、专有技术使用权等转移书据、土地使用权出让合同、土地使用权转让合同、商品房销售合同	按所载金额0.5‰贴花	立据人	
12.营业账簿	生产、经营用账册	记载资金的账簿，按实收资本和资本公积的合计金额0.5‰贴花。其他账簿按件贴花5元	立账簿人	
13.权利、许可证照	包括政府部门发给的房屋产权证、工商营业执照、商标注册证、专利证、土地使用证	按件贴花5元	领受人	

四、印花税计税依据

（1）合同或具有合同性质的凭证，以凭证所载金额作为计税依据。具体包括购销合同中记载的购销金额、加工承揽合同中的加工或承揽收入、建设工程勘察设计合同中的收取费用、建筑安装工程合同中的承包金额、财产租赁合同中的租赁金额、货物运输合同中的运输费用（运费收入）、仓储保管费用、借款合同中的借款金额、保险合同中的保险费等。上述凭证以"金额""费用"作为计税依据的，应当全额计税，不得作任何扣除。

载有两个或两个以上应适用不同税目税率经济事项的同一凭证，分别记载金额的，应分别计算应纳税额，相加后按合计税额贴花；如未分别记载金额的，按税率高的计算贴花。

（2）营业账簿中记载资金的账簿，以"实收资本"与"资本公积"两项的合计金额为其计税依据。

（3）不记载金额的营业账簿、政府部门发给的房屋产权证、工商营业执照、专利证等权利许可证照，以及日记账簿和各种明细分类账簿等辅助性账簿，以凭证或账簿的件数作为计税依据。

（4）纳税人有以下情形的，地方税务机关可以核定纳税人印花税计税依据。

①未按规定建立印花税应税凭证登记簿，或未如实登记和完整保存应税凭证的。

②拒不提供应税凭证或不如实提供应税凭证致使计税依据明显偏低的。

③采用按期汇总缴纳办法的，未按地方税务机关规定的期限报送汇总缴纳印花税情况报告，经地方税务机关责令限期报告，逾期仍不报告的或者地方税务机关在检查中发现纳税人有未按规定汇总缴纳印花税情况的。

地方税务机关核定征收印花税的，应当根据纳税人的实际生产经营收入，参考纳税人各期印花税情况及同行业合同签订情况，确定科学合理的数额或比例作为纳税人印花税计税依据。

五、印花税应纳税额的计算

（1）实行比例税率的凭证，印花税应纳税额的计算公式为：

$$应纳税额 = 应税凭证计税金额 \times 比例税率$$

（2）实行定额税率的凭证，印花税应纳税额的计算公式为：

$$应纳税额 = 应税凭证件数 \times 定额税率$$

（3）营业账簿中记载资金的账簿，印花税应纳税额的计算公式为：

$$应纳税额 = （实收资本 + 资本公积） \times 0.5‰$$

（4）其他账簿按件贴花，每件5元。

【例6-8·单选题】根据印花税法律制度的有关规定，下列各项中，实行按件贴花缴纳印花税的是（　　）。

A. 产权转移书据　　　B. 购销合同　　　　C. 权利、许可证照　　　D. 运输合同

答案及解析：C。选项AD，适用0.5‰的比例税率；选项B，适用0.3‰的比例税率；选项C，权利、许可证照按件贴花。

六、印花税税收优惠

（1）法定凭证免税。下列凭证，免征印花税。

①已缴纳印花税的凭证的副本或者抄本。

②财产所有人将财产赠给政府、社会福利单位、学校所立的书据。

③经财政部批准免税的其他凭证。

（2）免税额应纳税额不足1角的，免征印花税。

（3）特定凭证免税。下列凭证，免征印花税。

①国家指定的收购部门与村委会、农民个人书立的农副产品收购合同。

②无息、贴息贷款合同。

③外国政府或者国际金融组织向中国政府及国家金融机构提供优惠贷款所书立的合同。

（4）特定情形免税。有下列情形之一的，免征印花税。

①对商店、门市部的零星加工修理业务开具的修理单，不贴印花。

②对房地产管理部门与个人订立的租房合同，凡用于生活居住的，暂免贴花；用于生产经营的，按规定贴花。

③对铁路、公路、航运、水路承运快件行李、包裹开具的托运单据，暂免贴花。

④对企业车间、门市部、仓库设置的不属于会计核算范围，或虽属会计核算范围，但不记载金额的登记簿、统计簿、台账等，不贴印花。

⑤实行差额预算管理的单位，不记载经营业务的账簿不贴花。

（5）单据免税。对货物运输、仓储保管、财产保险、银行借款等，办理一项业务，既书立合同，又开立单据的，只就合同贴花。所开立的各类单据，不再贴花。

（6）企业兼并并入资金免税。对企业兼并的并入资金，凡已按资金总额贴花的，接收单位对并人的资金，不再补贴印花。

（7）租赁承包经营合同免税。企业与主管部门等签订的租赁承包经营合同，不属于财产租赁合同，不征收印花税。

（8）特殊情形免税。纳税人已履行并贴花的合同，发现实际结算金额与合同所载金额不一致的，一般不再补贴印花

（9）保险合同免税。农林作物、牧业畜类保险合同，免征印花税。

（10）书、报、刊合同免税。书、报、刊发行单位之间，发行单位与订阅单位或个人之间书立的凭证，免征印花税。

（11）外国运输企业免税。由外国运输企业运输进口货物的，外国运输企业所持有的一份结算凭证，免征印花税。

（12）特殊货运凭证免税。下列特殊货运凭证，免征印花税。

①军事物资运输结算凭证。

②抢险救灾物资运输结算凭证。

③为新建铁路运输施工所属物料，使用工程临管线专用运费结算凭证。

（13）物资调拨单免税。对工业、商业、物资、外贸等部门调拨商品物资，作为内部执行计划使用的调拨单，不作为结算凭证，不属于合同性质的凭证，不征收印花税。

（14）同业拆借合同免税。银行、非银行金融机构之间相互融通短期资金，按照规定的同业拆借期限和利率签订的同业拆借合同，不征收印花税。

（15）借款展期合同免税。对办理借款展期业务使用借款展期合同或其他凭证，按规定仅载明延期还款事项的，可暂不贴花。

（16）合同、书据免税。出版合同，不属于印花税列举征税的凭证，免征印花税。

（17）国库业务账簿免税。人民银行各级机构经理国库业务及委托各专业银行各级机构代理国库业务设置的账簿，免征印花税。

（18）委托代理合同免税。代理单位与委托单位之间签订的委托代理合同，不征收印花税。

（19）日拆性贷款合同免税。对人民银行向各商业银行提供的日拆性贷款（20日以内的贷款）所签订的合同或借据，暂免征印花税。

（20）铁道企业特定凭证免税。中国铁路总公司所属单位的下列凭证，不征收印花税。

①中国铁路总公司层层下达的基建计划，不贴花。

②企业内部签订的有关铁路生产经营设施基建、更新改造、大修、维修的协议或责任书，不贴花。

③在铁路内部无偿调拨固定资产的调拨单据，不贴花。

④由中国铁路总公司全额拨付事业费的单位，其营业账簿，不贴花。

（21）电话和联网购货免税，对在供需经济活动中使用电话、计算机联网订货，没有开具书面凭证的，暂不贴花。

（22）股权转让免税。对国务院和省级人民政府批准进行政企脱钩、对企业进行改组和改变管理体制、变更企业隶属关系，以及国有企业改制、盘活国有资产，而发生的国有股权无偿转让划转行为，暂不征收证券交易印花税；对上市公司国有股权无偿转让，需要免征证券交易印花税的，须由企业提出申请，报证券交易所所在地国家税务局审批，并报国家税务总局备案。

七、印花税征收管理

（一）纳税义务发生时间

印花税应当在书立或领受时贴花。具体是指在合同签订时、账簿启用时和证照领受时贴花。如果合同是在国外签订，并且不便在国外贴花的，应在将合同带入境时办理贴花纳税手续。

（二）纳税地点

印花税一般实行就地纳税。对于全国性商品物资订货会（包括展销会、交易会等）上所签订合同应纳的印花税，由纳税人回其所在地后及时办理贴花完税手续；对地方主办、不涉及省际间关系的订货会、展销会上所签合同的印花税，其纳税地点由各省、自治区、直辖市人民政府自行确定。

（三）纳税期限

印花税的纳税方法与其他税种不同，其特点之一就是由纳税人根据税法规定，自行计算应纳税额，并自行购买印花税票，自行完成纳税义务。同时，对特殊情况采取特定的纳税贴花方法。税法规定，印花税应税凭证应在书立、领受时即行贴花完税，不得延至凭证生效日期贴花。同一种类应纳印花税凭证若需要频繁贴花的，纳税人可向当地税务机关申请按期汇总缴纳印花税，经税务机关核准发给许可证后，按税务机关确定的限期（最长不超过1个月）汇总计算纳税。

（四）缴纳方法

根据税额大小，应税项目纳税次数多少以及税源控管的需要，印花税分别采用自行贴花、汇贴汇缴和委托代征三种缴纳方法。

1. 自行贴花

即实行"三自"纳税，纳税人在书立、领受应税凭证时，自行计算应纳印花税额，向当地纳税机关或印花税票代售点购买印花税票，自行在应税凭证上一次贴足印花并自行注销。这是缴纳印花税的基本方法。印花税票一经售出，国家即取得了印花税收入，但不等于纳税人履行了纳税义务，只有在纳税人按规定将印花税票（足额）粘贴在应税凭证的适当位置后，经盖销或划销后才算完成了纳税手续。已完成纳税手续的凭证应按规定的期限妥善保管，以备核查。同时必须明确：已贴用的印花税票不得重用；已贴花的凭证，修改后所载金额有增加的，其增加部分应当补贴印花。

2．汇贴汇缴

一份凭证应纳税额超过500元的，纳税人应当向当地税务机关申请填写缴款书或完税证，将其中一联粘贴在凭证上或者税务机关在凭证上加注完税标记代替贴花。

同一类应纳税凭证，需频繁贴花的，纳税人应向当地税务机关申请按期汇总缴纳印花税。税务机关对核准汇总缴纳的单位，应发给汇缴许可证，汇总缴纳的限期限额由当地税务机关确定，但最长期限不得超过1个月。凡汇总缴纳印花税的凭证，应加注税务机关指定的汇缴戳记，编号并装订成册后，将已贴印花或者缴款书的一联粘附册后，盖章注销，保存备查。

3．委托代征

为加强征收管理，简化手续，印花税可以委托有关部门代征，实行源泉控管。对通过国家有关部门发放、鉴证、公证或仲裁的应税凭证，税务部门可以委托这些部门代征印花税，发给代征单位代征委托书，明确双方的权利和义务。

第七节　资源税法律制度

资源税是对在我国境内开采应税矿产品和生产盐的单位和个人，就其应税数量征收的一种税。1993年12月25日，国务院颁布了《中华人民共和国资源税暂行条例》（以下简称《资源税暂行条例》）和根据2011年9月30日《国务院关于修改〈中华人民共和国资源税暂行条例〉的决定》修订，自2011年11月1日起施行的《中华人民共和国资源税暂行条例实施细则》（以下简称《资源税暂行条例实施细则》）。

2016年财政部、国家税务总局发布的《关于资源税改革具体政策问题的通知》（财税〔2016〕54号）对资源税征税问题进行了调整。

一、资源税纳税人

资源税的纳税人，是指在中华人民共和国领域及管辖海域开采《资源税暂行条例》规定的矿产品或者生产盐（以下称开采或者生产应税产品）的单位和个人。这里所称单位，是指国有企业、集体企业、私营企业、股份制企业、其他企业和行政单位、事业单位、军事单位、社会团体及其他单位；这里所称个人，是指个体经营者和其他个人。

收购未税矿产品的单位为资源税的扣缴义务人。收购未税矿产品的单位，是指独立矿山、联合企业和其他单位。

二、资源税征税范围

我国目前资源税的征税范围仅涉及矿产品和盐两大类，具体包括：

（1）原油。开采的天然原油征税，人造石油不征税。

（2）天然气。专门开采的天然气和与原油同时开采的天然气征税。

（3）煤炭。包括原煤和以未税原煤加工的洗选煤。

（4）其他非金属矿。包括石墨、硅藻土、高岭土、萤石、石灰石、硫铁矿、磷矿、氯化钾、硫酸钾、井矿盐、湖盐、提取地下卤水晒制的盐、煤层（成）气。

（5）金属矿。包括铁矿、金矿、铜矿、铝土矿、铅锌矿、镍矿、锡矿及其他金属矿产品等。

（6）海盐。纳税人开采或者生产应税产品，自用于连续生产应税产品的，不缴纳资源税；自用于其他方面的，视同销售，缴纳资源税。

自2016年7月1日起，在河北省开展水资源税试点。各省、自治区、直辖市人民政府可以结合本地实际，根据森林、草场、滩涂等资源开发利用情况提出征收资源税的具体方案建议，报国务院批准后实施。

三、资源税税目

现行资源税税目包括原油、天然气、煤炭等非金属矿和金矿、铁矿等金属矿，以及海盐等资源品目。各税目的征税对象包括原矿、精矿（或原矿加工品，下同）、金锭、氯化钠初级产品，具体按照《资源税税目税率幅度表》相关规定执行。对未列举名称的其他矿产品，省级人民政府可对本地区主要矿产品按矿种设定税目，对其余矿产品按类别设定税目，并按其销售的主要形态（如原矿、精矿）确定征税对象。

四、资源税税率

资源税采用比例税率和定额税率两种形式。对《资源税税目税率幅度表》中列举名称的27种资源品目和未列举名称的其他金属矿实行从价计征。对经营分散、多为现金交易且难以控管的黏土、砂石，按照便利征管原则，仍实行从量定额计征。对未列举名称的其他非金属矿产品，按照从价计征为主、从量计征为辅的原则，由省级人民政府确定计征方式。资源税的税目、征税对象、税率依照《资源税税目税率幅度表》及财政部有关规定执行。资源税税目税率幅度见表6-4。

表6-4　资源税税目税率幅度表

税目		征税对象	税率
一、原油		原油	5%~10%
二、天然气		原矿	5%~10%
三、煤炭		原煤或洗选煤	2%~10%
四、其他非金属矿	石墨	精矿	3%~10%
	硅藻土	精矿	1%~6%
	高岭土	原矿	1%~6%
	萤石	精矿	1%~6%
	石灰石	原矿	1%~6%
	硫铁矿	精矿	1%~6%

税目		征税对象	税率
四、其他非金属矿	磷矿	原矿	3%~8%
	氯化钾	精矿	3%~8%
	硫酸钾	精矿	6%~12%
	井矿盐	氯化钠初级产品	1%~6%
	湖盐	氯化钠初级产品	1%~6%
	提取地下卤水晒制的盐	氯化钠初级产品	3%~15%
	煤层（成）气	原矿	1%~2%
	黏土、砂石	原矿	每吨或每立方米0.1~5元
	未列举名称的其他金属矿产品	原矿或精矿	从量税率每吨或每立方米不超过30元；从价税率不超过20%
五、金属矿	稀土	原矿或精矿	7.5%~27%
	钨	原矿或精矿	6.5%
	钼	原矿或精矿	11%
	铁矿	精矿	1%~6%
	金矿	金锭	1%~4%
	铜矿	精矿	2%~8%
	铝土矿	原矿	3%~9%
	铅锌矿	精矿	2%~6%
	镍矿	精矿	2%~6%
	锡矿	精矿	2%~6%
	未列举名称的其他金属矿产品	原矿或精矿	税率不超过20%
六、海盐		氯化钠初级产品	1%~5%

对《资源税税目税率幅度表》中列举名称的资源品目，由省级人民政府在规定的税率幅度内提出具体适用税率建议，报财政部、国家税务总局确定核准。对未列举名称的其他金属和非金属矿产品，由省级人民政府根据实际情况确定具体税目和适用税率，报财政部、国家税务总局备案。

纳税人开采或者生产不同税目应税产品的，应当分别核算不同税目应税产品的销售额或者销售数量；未分别核算或者不能准确提供不同税目应税产品的销售额或者销售数量的，从高适用税率。纳税人开采销售共伴生矿，共伴生矿与主矿产品销售额分开核算的，对共伴生矿暂不计征资源税；没有分开核算的，共伴生矿按主矿产品的税目和适用税率计征资源税。财政部、国家税务总局另有规定的，从其规定。

独立矿山、联合企业收购未税矿产品的单位，按照本单位应税产品税额标准，依据收购的数量代扣代缴资源税。其他收购单位收购的未税矿产品，按税务机关核定的应税产品税额标准，依据收购的数量代扣代缴资源税。

五、资源税计税依据

资源税以纳税开采或者生产应税矿产品的销售额或者销售数量为计税依据。各税目的征税对象包括原矿、精矿（或原矿加工品）、金锭、氯化钠初级产品。对《资源税税目税率幅度表》中未列举名称的其他矿产品，省级人民政府可对本地区主要矿产品按矿种设定税目，对其余矿产品按类别设定税目，并按其销售的主要形态（如原矿、精矿）确定征税对象。

（一）销售额

（1）销售额是指纳税人销售应税矿产品向购买方收取的全部价款和价外费用，但不包括收取的增值税销项税额和运杂费用。价外费用，包括价外向购买方收取的手续费、补贴、基金、集资费、返还利润、奖励费、违约金、滞纳金、延期付款利息、赔偿金、代收款项、代垫款项、包装费、包装物租金、储备费、优质费、运输装卸费以及其他各种性质的价外收费。运杂费用是指应税产品从坑口或洗选（加工）地到车站、码头或购买方指定地点的运输费用、建设基金以及随运销产生的装卸、仓储、港杂费用。运杂费用应与销售额分别核算，凡未取得相应凭据或不能与销售额分别核算的，应当一并计征资源税。但下列项目不包括在内。

①同时符合以下条件的代垫运输费用。

a.承运部门的运输费用发票开具给购买方的。

b.纳税人将该项发票转交给购买方的。

②同时符合以下条件代为收取的政府性基金或者行政事业性收费。

a.由国务院或者财政部批准设立的政府性基金，由国务院或省级人民政府及其财政、价格主管部门批准设立的行政事业性收费。

b.收取时开具省级以上财政部门印制的财政票据。

c.所收款项全额上缴财政。

（2）纳税人以人民币以外的货币结算销售额的，应当折合成人民币计算。其销售额的人民币折合率可以选择销售额发生的当天或者当月1日的人民币汇率中间价。纳税人应在事先确定采用何种折合率计算方法，确定后1年内不得变更。

（3）纳税人将其开采的原煤，自用于连续生产洗选煤的，在原煤移送使用环节不缴纳资源税；将开采的原煤加工为洗选煤销售的，以洗选煤销售额乘以折算率作为应税煤炭销售额，计算缴纳资源税。

洗选煤销售额包括洗选副产品的销售额，不包括洗选煤从洗选煤厂到车站、码头等的运输费用。

折算率可通过洗选煤销售额和除洗选环节成本、利润计算，也可通过洗选煤市场价格与其所用同类原煤市场价格的差额及综合回收率计算。折算率由省、自治区、直辖市财税部门或其授权地市级财税部门确定。

纳税人同时以自采未税原煤和外购已税原煤加工洗选煤的，应当分别核算；未分别核算的，按上述规定，计算缴纳资源税。

纳税人将其开采的原煤自用于其他方面的，视同销售原煤；将其开采的原煤加工为洗选煤自用的，视同销售洗选煤缴纳资源税。

（4）征税对象为精矿的，纳税人销售原矿时，应将原矿销售额换算为精矿销售额缴纳资源税；征税对象为原矿的，纳税人销售自采原矿加工的精矿，应将精矿销售额折算为原矿销售额缴纳资源税。换算比或折算率原则上应通过原矿售价、精矿售价和选矿比计算，也可以通过原矿销售额、加工环节平均成本和利润计算。

金矿以标准金锭为征税对象，纳税人销售金原矿、金精矿的，应比照上述规定将其销售额换算为金锭销售额缴纳资源税。

换算比或折算率应按简便可行、公平合理的原则，由省级财税部门确定，并报财政部、国家税务总局备案。

纳税人销售其自采原矿的，可采用成本法或市场法将原矿销售额换算为精矿销售额计算缴纳资源税。其中成本法公式为：

$$精矿销售额＝原矿销售额＋原矿加工为精矿的成本×（1＋成本利润率）$$

市场法公式为：

$$精矿销售额＝原矿销售额×换算比$$

$$换算比＝同类精矿单位价格÷（原矿单位价格×选矿比）$$

$$选矿比＝加工精矿耗用的原矿数量＋精矿数量$$

（5）纳税人申报的应税产品销售额明显偏低并且无正当理由的、有视同销售应税产品行为而无销售额的，除财政部、国家税务总局另有规定外，按下列顺序确定销售额。

①按纳税人最近时期同类产品的平均销售价格确定。

②按其他纳税人最近时期同类产品的平均销售价格确定。

③按组成计税价格确定，组成计税价格为：

$$组成计税价格＝成本×（1＋成本利润率）÷（1－税率）$$

公式中的成本是指应税产品的实际生产成本。公式中的成本利润率由省、自治区、直辖市税务机关确定。

（二）销售数量

（1）纳税人开采或者生产应税产品销售的，以实际销售数量为销售数量。

（2）纳税人开采或者生产应税产品自用的，以移送时的自用数量为销售数量。自产自用包括生产自用和非生产自用。

（3）纳税人不能准确提供应税产品销售数量或移送使用数量的，以应税产品的产量或按主管税务机关确定的折算比换算成的数量为计征资源税的销售数量。

（4）纳税人将其开采的矿产品原矿自用于连续生产精矿产品，无法提供移送使用原矿数量的，可将其精矿按选矿比折算成原矿数量，以此作为销售数量。

（5）纳税人的减税、免税项目，应当单独核算销售额和销售数量；未单独核算或者不能准确提供销售额和销售数量的，不予减税或者免税。

六、资源税应纳税额的计算

资源税的应纳税额，按照从价定率或者从量定额的办法，分别以应税产品的销售额乘以纳税人具体适用的比例税率或者以应税产品的销售数量乘以纳税人具体适用的定额税率计算。计算公式如下：

（1）实行从价定率计征办法的应税产品，资源税应纳税额按销售额和比例税率计算。

$$应纳税额＝应税产品的销售额×适用的比例税率$$

（2）实行从量定额计征办法的应税产品，资源税应纳税额按销售数量和定额税率计算。

$$应纳税额＝应税产品的销售数量×适用的定额税率$$

（3）扣缴义务人代扣代缴资源税应纳税额的计算。

$$代扣代缴应纳税额＝收购未税矿产品的数量×适用的定额税率$$

2014年12月1日前，煤炭资源税仍实行从量定额的办法计征，自2014年12月1日起，实行从价定率的办法计征。纳税人2014年12月1日前开采或洗选的应税煤炭，在2014年12月1日后销售和自用的，按从价定率的办法缴纳资源税；2014年12月1日前签订的销售应税煤炭的合同，在2014年12月1日后收讫销售款或者取得索取销售款凭据的，按从价定率的办法缴纳资源税。

2015年5月1日前，稀土、钨和钼资源税仍实行从量定额的办法计征，自2015年5月1日起，实行从价定率办法计征。纳税人2015年5月1日前开采的原矿或加工的精矿，在2015年5月1日后销售和自用的，按从价定率办法缴纳资源税；2015年5月1日前签订的销售原矿或精矿的合同，在2015年5月1日后收讫销售款或者取得索取销售款凭据的，按从价定率办法缴纳资源税。2015年5月1日后销售的精矿，其所用原矿如果此前已按从量定额办法缴纳了资源税，这部分已缴税款可在其应纳税额中抵减。

纳税人开采或者生产《关于资源税改革具体政策问题的通知》中规定的资源品目，在2016年7月1日前开采原矿或以自采原矿加工精矿，在2016年7月1日后销售的，按新调整的计税依据和适用税率缴纳资源税；2016年7月1日前签订的销售应税产品的合同，在2016年7月1日后收讫销售款或者取得索取销售款凭据的，也应按新调整的计税依据和适用税率缴纳资源税；在2016年7月1日后销售的精矿（或金锭），其所用原矿（或金矿）如已按从量定额的计征方式缴纳了资源税，并与应税精矿（或金锭）分别核算的，不再缴纳资源税。

【例6-9·单选题】某油气田2017年12月份生产原油5万吨，销售原油4万吨，取得不含增值税销售额6 000万元。另外向购买方收取运输装卸费106万元。已知该油田适用8%的资源税税率。则该油田当月当应缴纳的资源税为（ ）万元。

A. 418.26　　　　　　B. 480　　　　　　C. 488　　　　　　D. 489.36

答案及解析：C。原油适用从价定率征收资源税，以应税产品的销售额乘以纳税人具体适用的比例税率计算。销售额未纳税人销售应税产品向购买方收取的全部价款和价外费用，但不包括收取的增值税销项税额。运输装卸费用，属于装卸搬运服务，适用率6%，则该油田当月应缴纳的资源税＝[6 000＋106÷（1＋6%）]×8%＝488（万元）。

七、资源税税收优惠

资源税贯彻普遍征收、级差调节的立法原则，因此规定的减免税项目比较少。

（1）开采原油过程中用于加热、修井的原油免税。

（2）纳税人开采或者生产应税产品过程中，因意外事故或者自然灾害等原因遭受重大损失的，由省、自治区、直辖市人民政府酌情决定减税或者免税。

（3）对已经缴纳资源税的岩金矿原矿经选矿形成的尾矿进行再利用的，只要纳税人能够在统计、核算上清楚地反映，并在堆放等具体操作上能够同应税原矿明确区隔开，不再计征资源税。尾矿与原矿如不能划分清楚的，应按原矿计征资源税。

（4）我国油气田稠油、高凝油和高含硫天然气资源税减征40%；三次采油资源税减征30%；低丰度油气田资源税暂减征20%；深水油气田减征30%；油田范围内运输稠油过程中用于加热的原油天然气免征资源税。纳税人开采的原油、天然气同时符合上述两项及两项以上减税规定的，只能选择其中一项执行，不能叠加适用。

（5）对依法在建筑物下、铁路下、水体下通过充填开采方式采出的矿产资源，资源税减征50%。充填开采是指随着回采工作面的推进，向采空区或离层带等空间充填废石、尾矿、废渣、建筑废料以及专用充填合格材料等采出矿产品的开采方法。

（6）对实际开采年限在15年以上的衰竭期矿山开采的矿产资源，资源税减征30%。

（7）衰竭期矿山是指剩余可采储量下降到原设计可采储量的20%（含）以下或剩余服务年限不超过5年的矿山，以开采企业下属的单个矿山为单位确定。

（8）纳税人开采销售共伴生矿，共伴生矿与主矿产品销售额分开核算的，对共伴生矿暂不计征资源税；没有分开核算的，共伴生矿按主矿产品的税目和适用税率计征资源税。

八、资源税征收管理

（一）纳税义务发生时间

资源税在应税产品的销售或自用环节计算缴纳。以自采原矿加工精矿产品的，在原矿移送使用时不缴纳资源税，在精矿销售或自用时缴纳资源税。

纳税人以自采原矿加工金锭的，在金锭销售或自用时缴纳资源税。纳税人销售自采原矿或者自采原矿加工的金精矿、粗金，在原矿或者金精矿、粗金销售时缴纳资源税，在移送使用时不缴纳资源税。

（1）纳税人销售应税资源品目采取分期收款结算方式的，其纳税义务发生时间，为销售合同规定的收款日期的当天。

（2）纳税人销售应税资源品目采取预收货款结算方式的，其纳税义务发生时间，为发出应税产品的当天。

（3）纳税人销售应税资源品目采取其他结算方式的，其纳税义务发生时间，为收讫销售款或者取得索取销售款凭据的当天。

（4）纳税人自产自用应税资源品目的纳税义务发生时间，为移送使用应税产品的当天。

（5）扣缴义务人代扣代缴税款的纳税义务发生时间，为支付首笔货款或者开具应支付货款凭据的当天。

（二）纳税地点

（1）凡是缴纳资源税的纳税人，都应当向应税产品的开采地或者盐生产所在地主管税务机关缴纳税款。

（2）纳税人在本省、自治区、直辖市范围内开采或者生产应税产品，其纳税地点需要调整的，由所在省、自治区、直辖市税务机关决定。

（3）纳税人跨省开采资源税应税产品，其下属生产单位与核算单位不在同一省、自治区、直辖市的，对其开采的矿产品一律在开采地纳税。实行从量计征的应税产品，其应纳税款由独立核算的单位，按照每个开采地或者生产地的实际销售量（或者自用量）及适用的单位税额计算划拨；实行从价计征的应税产品，其应纳税款由独立核算的单位按照每个开采地或者生产地的销售量（或自用量）单位销售价格及适用税率计算划拨。

（4）扣缴义务人代扣代缴的资源税，应当向收购地主管税务机关缴纳。

（三）纳税期限

资源税的纳税期限为1日、3日、5日、10日、15日或者1个月。纳税人的纳税期限由主管税务机关根据实际情况具体核定。不能按固定期限计算纳税的，可以按次计算纳税。

纳税人以1个月为一期纳税的，自期满之日起10日内申报纳税；以1日、3日、5日、10日或者15日为一期纳税的，自期满之日起5日内预缴税款，于次月1日起10日内申报纳税并结清上月税款。

第八节　其他相关税收法律制度

一、城市维护建设税和教育费附加法律制度

城市维护建设税是以纳税人实际缴纳的增值税、消费税税额为计税依据所征收的一种税，主要目的是筹集城镇设施建设和维护资金。1985年2月8日，国务院发布《中华人民共和国城市维护建设税暂行条例》，对外商投资企业、外国企业和外籍个人暂不征收城市维护建设税。

教育费附加是以各单位和个人实际缴纳的增值税、消费税的税额为计征依据而征收的一种费用，其目的是加快发展地方教育事业，扩大地方教育经费资金来源。1986年国务院发布了《征收教育费附加的暂行规定》，自1986年7月1日起施行，对外商投资企业、外国企业和外籍个人暂不征收教育费附加。

2010年国务院发布了《关于统一内外资企业和个人城市维护建设税和教育费附加制度的通知》，决定自2010年12月1日起，对外商投资企业、外国企业和外籍个人征收城市维护建设税和教育费附加。

（一）城市维护建设税

1. 纳税人

城市维护建设税的纳税人，是指从事工商经营并缴纳增值税、消费税的单位和个人，包括各类企业、行政单位、事业单位、军事单位、社会团体及其他单位，以及个体工商户和其他个人。自2010年12月1日起，对外商投资企业、外国企业及外籍个人征收城市维护建设税。

2. 征税范围

城市维护建设税的征税范围从地域上看分布很广，具体包括城市、县城、建制镇，以及税法规定征收增值税、消费税的其他地区。

3. 税率

（1）税率的具体规定。城建税实行的是差别比例税率。按照纳税人所在地区的不同，设置了三档比例税率，具体如下：

①纳税人所在地区为市区的，税率为7%。

②纳税人所在地区为县城、镇的，税率为5%。

③纳税人所在地区不在市区、县城或者镇的，税率为1%。

（2）适用税率的确定。

①由受托方代扣代缴、代收代缴增值税、消费税的单位和个人，其代扣代缴、代收代缴的城市维护建设税按受托方所在地适用税率执行。

②流动经营等无固定纳税地点的单位和个人，在经营地缴纳增值税、消费税的，其城市维护建设税的缴纳按经营地适用税率执行。

4. 计税依据

城市维护建设税的计税依据，是纳税人实际缴纳的增值税、消费税税额。纳税人因违反增值税、消费税有关规定而加收的滞纳金和罚款，不作为城市维护建设税的计税依据，但纳税人在被查补增值税、消费税和被处以罚款时，应同时对其城市维护建设税进行补税、征收滞纳金和罚款。

5. 应纳税额的计算

城建税纳税人的应纳税额大小，取决于纳税人当期实际缴纳的增值税和消费税税额的多少，其计算公式为：

$$应纳税额＝实际缴纳的增值税、消费税税额之和 \times 适用税率$$

【例6-10·单选题】2016年10月甲公司向税务机关实际缴纳增值税70 000元、消费税50 000元；向海关缴纳进口环节增值税40 000元，消费税30 000元。已知城市维护建设税适用税率为7%，计算甲公司当月应缴纳城市维护建设税税额的下列算式中，正确的是（　　）。

A.（70 000＋50 000＋40 000＋30 000）×7%＝13 300（元）

B.（70 000＋40 000）×7%＝7 700（元）

C.（50 000＋30 000）×7%＝5 600（元）

D.（70 000＋50 000）×7%＝8 400（元）

答案及解析：D。城市维护建设税的计税依据是纳税人实际缴纳的增值税、消费税税额，但不包括海关代征的增值税和消费税。甲公司当月应缴纳城市维护建设税税额＝（70 000＋50 000）×7%＝8 400（元）。

6．税收优惠

由于城市维护建设税是在增值税、消费税税额基础上附加征收的，所以，原则上城建税不单独减免。如果税法规定减免增值税、消费税，也就相应地减免了城市维护建设税。城建税的税收减免具体规定有以下几种情况。

（1）海关对进口产品代征的增值税、消费税，不征收城市维护建设税。

（2）对由于减免增值税、消费税而发生退税的，可同时退还已征收的城市维护建设税。但对出口产品退还增值税、消费税的，不退还已缴纳的城市维护建设税。

（3）对增值税、消费税实行先征后返、先征后退、即征即退办法的，除另有规定外，对随增值税、消费税附征的城市维护建设税，一律不予退（返）还。

7．征收管理

（1）纳税义务发生时间。城市维护建设税以纳税人实际缴纳的增值税、消费税为计税依据，分别与增值税、消费税同时缴纳，说明城市维护建设税纳税义务发生时间基本上与增值税、消费税纳税义务发生时间一致，应该参照"销售货物或者提供应税劳务，为收讫销售款或者取得索取销售款凭据的当天"的原则确定。

（2）纳税地点。纳税人缴纳增值税、消费税的地点，就是该纳税人缴纳城市维护建设税的地点。有特殊情况的，按下列原则和办法确定纳税地点。

①代扣代缴、代收代缴增值税、消费税的单位和个人，同时也是城市维护建设税的代扣代缴、代收代缴义务人，其纳税地点为代扣代收地。

②对流动经营等无固定纳税地点的单位和个人，应随同增值税、消费税在经营地纳税。

（3）纳税期限。由于城市维护建设税是由纳税人在缴纳增值税、消费税的同时缴纳的，所以其纳税期限分别与增值税、消费税的纳税期限一致。根据增值税和消费税暂行条例规定，增值税、消费税的纳税期限均分别为1日、3日、5日、10日、15日、1个月或者1个季度。

城市维护建设税的纳税期限应比照上述增值税、消费税的纳税期限，由主管税务机关根据纳税人应纳税额大小分别核定；不能按照固定期限纳税的，可以按次纳税。

（二）教育费附加

1．征收范围

教育费附加的征收范围为税法规定征收增值税、消费税的单位和个人。自2010年12月1日起，对外商投资企业、外国企业及外籍个人征收教育费附加。

2．计征依据

教育费附加以纳税人实际缴纳的增值税、消费税税额之和为计征依据。

3．征收比率

按照1994年2月7日《国务院关于教育费附加征收问题的紧急通知》的规定，现行教育费附加征收比率为3%。

4．计算与缴纳

（1）计算公式。

$$应纳教育费附加 ＝（实际缴纳增值税＋消费税税额）×征收比率$$

（2）费用缴纳。教育费附加分别与增值税、消费税税款同时缴纳。

5. 减免规定

教育费附加的减免，原则上比照增值税、消费税的减免规定。如果税法规定增值税、消费税减免，则教育费附加也就相应地减免。主要的减免规定有：

（1）对海关进口产品征收的增值税、消费税，不征收教育费附加。

（2）对由于减免增值税、消费税而发生退税的，可同时退还已征收的教育费附加。但对出口产品退还增值税、消费税的，不退还已征的教育费附加。

二、关税法律制度

关税是对进出国境或关境的货物、物品征收的一种税。

关境又称税境，是指一国海关法规可以全面实施的境域。国境是一个主权国家的领土范围，在通常情况下，一国的关境与其国境的范围是一致的，关境即是国境。但由于自由港、自由区和关税同盟的存在，关境与国境有时不完全一致。

关税一般分为进口关税、出口关税和过境关税。我国目前对进出境货物征收的关税分为进口关税和出口关税两类。

我国关税的相关法律、法规主要包括国务院颁布的《中华人民共和国进出口关税条例》（以下简称《进出口关税条例》）、《中华人民共和国海关进出口税则》（以下简称《海关进出口税则》），以及1987年1月22日，第六届全国人民代表大会常务委员会第十九次会议通过，2000年7月8日，第九届全国人民代表大会常务委员会第十六次会议修正的《中华人民共和国海关法》（以下简称《海关法》）。

（一）关税纳税人

贸易性商品的纳税人是经营进出口货物的收、发货人。具体包括：

（1）外贸进出口公司。

（2）工贸或农贸结合的进出口公司。

（3）其他经批准经营进出口商品的企业。

物品的纳税人包括：

（1）入境旅客随身携带的行李、物品的持有人。

（2）各种运输工具上服务人员入境时携带自用物品的持有人。

（3）馈赠物品以及其他方式入境个人物品的所有人。

（4）个人邮递物品的收件人。

接受纳税人委托办理货物报关等有关手续的代理人，可以代办纳税手续。

（二）关税课税对象和税目

关税的课税对象是进出境的货物、物品。凡准许进出口的货物，除国家另有规定的以外，均应由海关征收进口关税或出口关税。对从境外采购进口的原产于中国境内的货物，也应按规定征收进口关税。

关税的税目、税率都由《海关进出口税则》规定。它包括三个主要部分：归类总规则、进口税率表、出口税率表，其中归类总规则是进出口货物分类的具有法律效力的原则和方法。

进出口税则中的商品分类目录为关税税目。按照税则归类总规则及其归类方法，每一种商品都能找到一个最适合的对应税目。

（三）关税税率

1. 税率的种类

关税的税率分为进口税率和出口税率两种。其中进口税率又分为普通税率、最惠国税率、协定税率、特惠税率、关税配额税率和暂定税率。进口货物适用何种关税税率是以进口货物的原产地为标准的。进口关税一般采用比例税率，实行从价计征的办法，但对啤酒、原油等少数货物则实行从量计征。对广播用录像机、放像机、摄像机等实行从价加从量的复合税率。

（1）普通税率。对原产于未与我国共同适用最惠国条款的世界贸易组织成员国或地区，未与我国订有相互给予最惠国待遇、关税优惠条款贸易协定和特殊关税优惠条款贸易协定的国家或者地区的进口货物，以及原产地不明的货物，按照普通税率征税。

（2）最惠国税率。对原产于与我国共同适用最惠国条款的世界贸易组织成员国或地区的进口货物，原产于与我国签订含有相互给予最惠国待遇的双边贸易协定的国家或者地区的进口货物，以及原产于我国的进口货物，按照最惠国税率征税。

（3）协定税率。对原产于与我国签订含有关税优惠条款的区域性贸易协定的国家或地区的进口货物，按协定税率征税。

（4）特惠税率。对原产于与我国签订含有特殊关税优惠条款的贸易协定的国家或地区的进口货物，按特惠税率征收。

（5）关税配额税率。是指关税配额限度内的税率。关税配额是进口国限制进口货物数量的措施，把征收关税和进口配额相结合以限制进口。对于在配额内进口的货物可以适用较低的关税配额税率，对于配额之外的则适用较高税率。

（6）暂定税率，是在最惠国税率的基础上，对于一些国内需要降低进口关税的货物，以及出于国际双边关系的考虑需要个别安排的进口货物，可以实行暂定税率。

2. 税率的确定

进出口货物应当依照《海关进出口税则》规定的归类原则归入合适的税号，按照适用的税率征税。其中：

（1）进出口货物，应当按照收发货人或者他们的代理人申报进口或者出口之日实施的税率征税。

（2）进口货物到达前，经海关核准先行申报的，应当按照装载此货物的运输工具申报进境之日实施的税率征税。

（3）进出口货物的补税和退税，适用该进出口货物原申报进口或者出口之日所实施的税率，但下列情况除外。

①按照特定减免税办法批准予以减免税的进口货物，后因情况改变经海关批准转让或出售需予补税的，应按其原进口之日实施的税率征税。

②加工贸易进口料、件等属于保税性质的进口货物，如经批准转为内销，应按向海关申报转为内销当日实施的税率征税；如未经批准擅自转为内销的，则按海关查获日期所施行的税率征税。

③对经批准缓税进口的货物以后交税时，不论是分期或一次交清税款，都应按货物原进口之日实施的税率计征税款。

④分期支付租金的租赁进口货物，分期付税时，都应按该项货物原进口之日实施的税率征税。

⑤溢卸、误卸货物事后确定需予征税时，应按其原运输工具申报进口日期所实施的税率征税。如原进口日期无法查明的，可按确定补税当天实施的税率征税。

⑥对由于《海关进出口税则》归类的改变、完税价格的审定或其他工作差错而需补征税款的，应按原征税日期实施的税率征税。

⑦查获的走私进口货物需予补税时，应按查获日期实施的税率征税。

⑧暂时进口货物转为正式进口需予补税时，应按其转为正式进口之日实施的税率征税。

（四）关税计税依据

我国对进出口货物征收关税，主要采取从价计征的办法，以商品价格为标准征收关税。因此，关税主要以进出口货物的完税价格为计税依据。

1. 进口货物的完税价格

（1）一般贸易项下进口的货物以海关审定的成交价格为基础的到岸价格作为完税价格。所谓成交价格是一般贸易项下进口货物的买方为购买该项货物向卖方实际支付或应当支付的价格。在货物成交过程中，进口人在成交价格外另支付给卖方的佣金，应计入成交价格，而向境外采购代理人支付的买方佣金则不能列入，如已包括在成交价格中应予以扣除；卖方付给进口人的正常回扣，应从成交价格中扣除。卖方违反合同规定延期交货的罚款，卖方在货价中冲减时，罚款则不能从成交价格中扣除。

到岸价格是指包括货价以及货物运抵我国关境内输入地点起卸前的包装费、运费、保险费和其他劳务费等费用构成的一种价格，其中还应包括为了在境内生产、制造、使用或出版、发行的目的而向境外支付的与该进口货物有关的专利、商标、著作权，以及专有技术、计算机软件和资料等费用。

为避免低报、瞒报价格偷逃关税，进口货物的到岸价格不能确定时，本着公正、合理原则，海关应当按照规定估定完税价格。

（2）特殊贸易下进口货物的完税价格。对于某些特殊、灵活的贸易方式（如寄售等）下进口的货物，在进口时没有"成交价格"可作依据，为此，《进出口关税条例》对这些进口货物制定了确定其完税价格的方法，主要有：

①运往境外加工的货物的完税价格，出境时已向海关报明，并在海关规定期限内复运进境的，以加工后货物进境时的到岸价格与原出境货物价格的差额作为完税价格。如无法得到原出境货物的到岸价格，可以用原出境货物相同或类似货物的在进境时的到岸价格，或用原出境货物申报出境时的离岸价格代替。如果两种方法都不行，则可用原出境货物在境外支付的工缴费加上运抵中国关境输入地点起卸前的包装费、运费、保险费和其他劳务费等作为完税价格。

②运往境外修理的机械器具、运输工具或者其他货物的完税价格出境时已向海关报明并在海关规定期限内复运进境的，以经海关审定的修理费和料件费作为完税价格。

③租借和租赁进口货物的完税价格。租借、租赁方式进境的货物，以海关审查确定的货物租金作为完税价格。

④对于国内单位留购的进口货样、展览品和广告陈列品，以留购价格作为完税价格。但对于留购货样、展览品和广告陈列品的买方，除按留购价格付款外，又直接或间接给卖方一定利益的，海关可以另行确定上述货物的完税价格。

⑤逾期未出境的暂进口货物的完税价格。对于经海关批准暂时进口的施工机械、工程车辆、供安装使用的仪器和工具、电视或电影摄制机械，以及盛装货物的容器等，如入境超过半年仍留在国内使用的，应自第7个月起，按月征收进口关税，其完税价格按原货进口时的到岸价格确定，每月的

税额计算公式为：

$$每月关税＝货物原到岸价格×关税税率×1/48$$

⑥转让出售进口减免税货物的完税价格。按照特定减免税办法批准予以减免税进口的货物，在转让或出售而需补税时，可按这些货物原进口时的到岸价格来确定其完税价格。其计算公式为：

$$完税价格＝原入境到岸价格×[1－实际使用月份÷（管理年限×12）]$$

管理年限是指海关对减免税进口的货物监督管理的年限。

2. 出口货物的完税价格

出口货物应当以海关审定的货物售予境外的离岸价格，扣除出口关税后作为完税价格。计算公式为：

$$出口货物完税价格＝离岸价格÷（1＋出口税率）$$

离岸价格应以该项货物运离关境前的最后一个口岸的离岸价格为实际离岸价格。若该项货物从内地起运，则从内地口岸至最后出境口岸所支付的国内段运输费用应予扣除。离岸价格不包括装船以后发生的费用。出口货物在成交价格以外支付给国外的佣金应予扣除，未单独列明的则不予扣除。出口货物在成交价格以外，买方还另行支付的货物包装费，应计入成交价格，当离岸价格不能确定时，完税价格由海关估定。

3. 进出口货物完税价格的审定

对于进出口货物的收发货人或其代理人向海关申报进出口货物的成交价格明显偏低，而又不能提供合法证据和正当理由的；申报价格明显低于海关掌握的相同或类似货物的国际市场上公开成交货物的价格，而又不能提供合法证据和正当理由的；申报价格经海关调查认定买卖双方之间有特殊经济关系或对货物的使用、转让互相订有特殊条件或特殊安排，影响成交价格的，以及其他特殊成交情况，海关认为需要估价的，则按以下方法依次估定完税价格。

（1）相同货物成交价格法，即以从同一出口国家或者地区购进的相同货物的成交价格作为该被估货物完税价格的价格依据。

（2）类似货物成交价格法，即以从同一出口国家或者地区购进的类似货物的成交价格作为被估货物的完税价格的依据。

（3）国际市场价格法，即以进口货物的相同或类似货物在国际市场上公开的成交价格为该进口货物的完税价格。

（4）国内市场价格倒扣法，即以进口货物的相同或类似货物在国内市场上的批发价格，扣除合理的税、费、利润后的价格。

（5）合理方法估定的价格。如果按照上述几种方法顺序估价仍不能确定其完税价格时，则可由海关按照合理方法估定。

（五）关税应纳税额的计算

1. 从价税计算方法

从价税是最普遍的关税计征方法，它以进（出）口货物的完税价格作为计税依据。进（出）口货物应纳关税税额的计算公式为：

$$应纳税额=应税进（出）口货物数量×单位完税价格×适用税率$$

2．从量税计算方法

从量税是以进口商品的数量为计税依据的一种关税计征方法其应纳关税税额的计算公式为：

$$应纳税额=应税进口货物数量×关税单位税额$$

3．复合税计算方法

复合税是对某种进口货物同时使用从价和从量计征的一种关税计征方法。其应纳关税税额的计算公式为：

$$应纳税额=应税进口货物数量×关税单位税额＋应税进口货物数量×单位完税价格×适用税率$$

4．滑准税计算方法

滑准税是指关税的税率随着进口商品价格的变动而反方向变动的一种税率形式，即价格越高，税率越低，税率为比例税率。因此，对实行滑准税率的进口商品应纳关税税额的计算方法与从价税的计算方法相同。

（六）关税税收优惠

关税的减税、免税分为法定性减免税、政策性减免税和临时性减免税。

《海关法》和《进出口关税条例》中规定的减免税，称为法定性减免税。主要有下列情形。

（1）一票货物关税税额、进口环节增值税或者消费税税额在人民币50元以下的。

（2）无商业价值的广告品及货样。

（3）国际组织、外国政府无偿赠送的物资。

（4）进出境运输工具装载的途中必需的燃料、物料和饮食用品。

（5）因故退还的中国出口货物，可以免征进口关税，但已征收的出口关税，不予退还。

（6）因故退还的境外进口货物，可以免征出口关税，但已征收的进口关税不予退还。

对有上述情况的货物，经海关审查无误后可以免税。

有下列情形之一的进口货物，海关可以酌情减免税。

（1）在境外运输途中或者在起卸时，遭受到损坏或者损失的。

（2）起卸后海关放行前，因不可抗力遭受损坏或者损失的。

（3）海关查验时已经破漏、损坏或者腐烂，经证明不是保管不慎造成的。

为境外厂商加工、装配成品和为制造外销产品而进口的原材料、辅料、零件、部件、配套件和包装物料，海关按照实际加工出口的成品数量免征进口关税；或者对进口料、件先征进口关税，再按照实际加工出口的成品数量予以退税。

中国缔结或参加的国际条约规定减征、免征关税的货物、物品，海关应当按照规定减免关税。

（七）关税征收管理

关税是在货物实际进出境时，即在纳税人按进出口货物通关规定向海关申报后、海关放行前一次性缴纳。进出口货物的收发货人或其代理人应当在海关签发税款缴款凭证次日起15日内（星期日和法定节假日除外），向指定银行缴纳税款。逾期不缴的，除依法追缴外，由海关自到期次日起至缴清税款之日止，按日征收欠缴税额0.5‰的滞纳金。

自2016年6月1日起，旅客携运进出境的行李物品有下列情形之一的，海关暂不予放行。

（1）旅客不能当场缴纳进境物品税款的。

（2）进出境的物品属于许可证件管理的范围，但旅客不能当场提交的。

（3）进出境的物品超出自用合理数量，按规定应当办理货物报关手续或其他海关手续，其尚未办理的。

（4）对进出境物品的属性、内容存疑，需要由有关主管部门进行认定、鉴定、验核的。

（5）按规定暂不予放行的其他物品。

对由于海关误征，多缴纳税款的；海关核准免验的进口货物在完税后，发现有短卸情况，经海关审查认可的；已征出口关税的货物，因故未装运出口申报退关，经海关查验属实的，纳税人可以从缴纳税款之日起的1年内，书面声明理由，连同纳税收据向海关申请退税，逾期不予受理。海关应当自受理退税申请之日起30日内做出书面答复并通知退税申请人。进出口货物完税后，如发现少征或漏征税款，海关有权在1年内予以补征；如因收发货人或其代理人违反规定而造成少征或漏征税款的，海关在3年内可以追缴。

三、环境保护税

环境保护税是为了保护和改善环境，减少污染物排放，推进生态文明建设而征收的种税。环境保护税的法律规范是于2016年12月25日，第十二届全国人民代表大会常务委员会第二十五次会议通过的《中华人民共和国环境保护税法》（以下简称《环境保护税法》）。

（一）纳税人

环境保护税的纳税人为在中华人民共和国领域和中华人民共和国管辖的其他海域，直接向环境排放应税污染物的企业事业单位和其他生产经营者。按照规定征收环境保护税，不再征收排污费。

（二）征税范围

环境保护税的征税范围是《环境保护税法》所附《环境保护税税目税额表》《应税污染物和当量值表》规定的物、水污染物、固体废物和噪声等应税污染物。

有下列情形之一的，不属于直接向环境排放污染物，不缴纳相应污染物的环境保护税。

（1）企业事业单位和其他生产经营者向依法设立的污水集中处理、生活垃圾集中处理场所排放应税污染物的。

（2）企业事业单位和其他生产经营者在符合国家和地方环境保护标准的设施、场所贮存或者处置固体废物的。

依法设立的城乡污水集中处理、生活垃圾集中处理场所超过国家和地方规定的排放标准向环境排放应税污染物的，应当缴纳环境保护税。

企业事业单位和其他生产经营者贮存或者处置固体废物不符合国家和地方环境保护标准的，应当缴纳环境保护税。

（三）税率

环境保护税实行定额税率。税目、税额依照《环境保护税税目税额表》执行，见表6-5。

表6-5 环境保护税税目税额表

税 目		计税单位	税 额	备注
大气污染物		每污染当量	1.2元至12元	
水污染物		每污染当量	1.4元至14元	
固体废物	煤矸石	每吨	5元	
	尾矿	每吨	15元	
	危险废物	每吨	1000元	
	冶炼渣、粉煤灰、炉渣、其他固体废物（含半固态、液态废物）	每吨	25元	
噪声	工业噪声	超标1~3分贝	每月350元	1.一个单位边界上有多处噪声超标，根据最高一处超标声级计算应纳税额；当沿边界长度超过100米有两处以上噪声超标，按照两个单位计算应纳税额 2.一个单位有不同地点作业场所的，应当分别计算应纳税额，合并计征 3.昼、夜均超标的环境噪声，昼、夜分别计算应纳税额，累计计征 4.声源一个月内超标不足15天的，减半计算应纳税额 5.夜间频繁突发和夜间偶然突发厂界超标噪声，按等效声级和峰值噪声两种指标中超标分贝值高的一项计算应纳税额
		超标4~6分贝	每月700元	
		超标7~9分贝	每月1 400元	
		超标10~12分贝	每月2 800元	
		超标13~15分贝	每月5 600元	
		超标16分贝以上	每月11 200元	

其中，应税污染物和当量值表见表6-5-1至表6-5-5。

表6-5-1 第一类水污染物污染当量值

污染物	污染当量值(千克)
1.总汞	0.000 5
2.总镉	0.005
3.总铬	0.04
4.六价铬	0.02
5.总砷	0.02

续表

污染物	污染当量值(千克)
6.总铅	0.025
7.总镍	0.025
8.苯并(a)芘	0.000 000 3
9.总铍	0.01
10.总银	0.02

表6-5-2　第二类水污染物污染当量值

污染物	污染当量值（千克）	备注
11.悬浮物(SS)	4	
12.生化需氧量(BOD₅)	0.5	同一排放口中的化学需氧量、生化需氧量和总有机碳，只征收一项
13.化学需氧量(CODcr)	1	
14.总有机碳（TOC）	0.49	
15.石油类	0.1	
16.动植物油	0.16	
17.挥发酚	0.08	
18.总氰化物	0.05	
19.硫化物	0.125	
20.氨氮	0.8	
21.氟化物	0.5	
22.甲醛	0.125	
23.苯胺类	0.2	
24.硝基苯类	0.2	
25.阴离子表面活性剂(LAS)	0.2	
26.总铜	0.1	
27.总锌	0.2	
28.总锰	0.2	
29.彩色显影剂(CD-2)	0.2	
30.总磷	0.25	
31.单质磷(以P计)	0.05	

污染物	污染当量值（千克）	备注
32.有机磷农药(以P计)	0.05	
33.乐果	0.05	
34.甲基对硫磷	0.05	
35.马拉硫磷	0.05	
36.对硫磷	0.05	
37.五氯酚及五氯酚钠(以五氯酚计)	0.25	
38.三氯甲烷	0.04	
39.可吸附有机卤化物(AOX)(以Cl计)	0.25	
40.四氯化碳	0.04	
41.三氯乙烯	0.04	
42.四氯乙烯	0.04	
43.苯	0.02	
44.甲苯	0.02	
45.乙苯	0.02	
46.邻－二甲苯	0.02	
47.对－二甲苯	0.02	
48.间－二甲苯	0.02	
49.氯苯	0.02	
50.邻二氯苯	0.02	
51.对二氯苯	0.02	
52.对硝基氯苯	0.02	
53.2，4－二硝基氯苯	0.02	
54.苯酚	0.02	
55.间－甲酚	0.02	
56.2，4－二氯酚	0.02	
57.2，4，6－三氯酚	0.02	
58.邻苯二甲酸二丁酯	0.02	
59.邻苯二甲酸二辛酯	0.02	

续表

污染物	污染当量值（千克）	备注
60.丙烯腈	0.125	
61.总硒	0.02	

表6-5-3　pH值、色度、大肠菌群数、余氯量水污染物污染当量值

污染物		污染当量值	备注
1.pH值	1.0-1，13-14	0.06吨污水	pH5-6指大于等于5，小于6；pH9-10指大于9，小于等于10，其余类推
	2.1-2，12-13	0.125吨污水	
	3.2-3，11-12	0.25吨污水	
	4.3-4，10-11	0.5吨污水	
	5.4-5，9-10	1吨污水	
	6.5-6	5吨污水	
2.色度		5吨水·倍	
3.大肠菌群数(超标)		3.3吨污水	大肠菌群数和余氯量只征收一项
4.余氯量(用氯消毒的医院废水)		3.3吨污水	

表6-5-4　禽畜养殖业、小型企业和第三产业水污染物污染当量值

类型		污染当量值	备注
禽畜养殖场	1.牛	0.1头	仅对存栏规模大于50头牛、500头猪、5 000羽鸡鸭等的禽畜养殖场征收
	2.猪	1头	
	3.鸡、鸭等家禽	30羽	
4.小型企业		1.8吨污水	
5.饮食娱乐服务业		0.5吨污水	
6.医院	消毒	0.14床	医院病床数大于20张的按照本表计算污染当量
		2.8吨污水	
	不消毒	0.07床	
		1.4吨污水	

注：本表仅适用于计算无法进行实际监测或者物料衡算的畜禽养殖业、小型企业和第三产业等小型排污者的水污染物污染当量数。

表6-5-5　大气污染物污染当量值

污染物	污染当量值（千克）
1. 二氧化硫	0.95

污染物	污染当量值（千克）
2. 氮氧化物	0.95
3. 一氧化碳	16.7
4. 氯气	0.34
5. 氯化氢	10.75
6. 氟化物	0.87
7. 氰化氢	0.005
8. 硫酸雾	0.6
9. 铬酸雾	0.000 7
10.汞及其化合物	0.000 1
11.一般性粉尘	4
12.石棉尘	0.53
13.玻璃棉尘	2.13
14.碳黑尘	0.59
15.铅及其化合物	0.02
16.镉及其化合物	0.03
17.铍及其化合物	0.000 4
18.镍及其化合物	0.13
19.锡及其化合物	0.27
20.烟尘	2.18
21.苯	0.05
22.甲苯	0.18
23.二甲苯	0.27
24.苯并(a)芘	0.000 002
25.甲醛	0.09
26.乙醛	0.45
27.丙烯醛	0.06
28.甲醇	0.67
29.酚类	0.35

污染物	污染当量值（千克）
30.沥青烟	0.19
31.苯胺类	0.21
32.氯苯类	0.72
33.硝基苯	0.17
34.丙烯腈	0.22
35.氯乙烯	0.55
36.光气	0.04
37.硫化氢	0.29
38.氨	9.09
39.三甲胺	0.32
40.甲硫醇	0.04
41.甲硫醚	0.28
42.二甲二硫	0.28
43.苯乙烯	25
44.二硫化碳	20

应税大气污染物和水污染物的具体适用税额的确定和调整，由省、自治区、直辖市人民政府统筹考虑本地区环境承载能力、污染物排放现状和经济社会生态发展目标要求，在《环境保护税税目税额表》规定的税额幅度内提出，报同级人民代表大会常务委员会决定，并报全国人民代表大会常务委员会和国务院备案。

（四）计税依据

应税污染物的计税依据，按照下列方法确定。

（1）应税大气污染物按照污染物排放量折合的污染当量数确定。

（2）应税水污染物按照污染物排放量折合的污染当量数确定。

（3）应税固体废物按照固体废物的排放量确定。

（4）应税噪声按照超过国家规定标准的分贝数确定。

（五）应纳税额的计算

（1）环境保护税应纳税额按照下列方法计算：

①应税大气污染物的应纳税额＝污染当量数×具体适用税额。

②应税水污染物的应纳税额＝污染当量数×具体适用税额。

③应税固体废物的应纳税额＝固体废物排放量×具体适用税额。

④应税噪声的应纳税额＝超过国家规定标准的分贝数对应的具体适用税额。

（2）应税大气污染物、水污染物、固体废物的排放量和噪声的分贝数，按照下列方法和顺序计算：

①纳税人安装使用符合国家规定和监测规范的污染物自动监测设备的，按照污染物自动监测数据计算。

②纳税人未安装使用污染物自动监测设备的，按照监测机构出具的符合国家相关规定和监测规范的监测数据计算。

③因排放污染物种类多等原因不具备监测条件的，按照国务院环境保护主管部门规定的排污系数、物料衡算方法计算。

不能按上述第1项至第3项规定的方法计算的，按照省、自治区、直辖市人民政府环境保护主管部门规定的抽样测算的方法核定计算。

（六）税收优惠

下列情形，暂予免征环境保护税。

（1）农业生产（不包括规模化养殖）排放应税污染物的。

（2）机动车、铁路机车、非道路移动机械、船舶和航空器等流动污染源排放应税污染物的。

（3）依法设立的城乡污水集中处理、生活垃圾集中处理场所排放相应应税污染物，不超过国家和地方规定的排放标准的。

（4）纳税人综合利用的固体废物，符合国家和地方环境保护标准的。

（5）国务院批准免税的其他情形。

纳税人排放应税大气污染物或者水污染物的浓度值低于国家和地方规定的污染物排放标准30%的，减按75%征收环境保护税。纳税人排放应税大气污染物或者水污染物的浓度值低于国家和地方规定的污染物排放标准50%的，减按50%征收环境保护税。

（七）征收管理

（1）环境保护税由税务机关依照《中华人民共和国税收征收管理法》（以下简称《征管法》）和《环境保护税法》的有关规定征收管理。

环境保护主管部门应当将排污单位的排污许可、污染物排放数据、环境违法和受行政处罚情况等环境保护相关信息，定期交送税务机关。税务机关应当将纳税人的纳税申报、税款入库、减免税额、欠缴税款以及风险疑点等环境保护税涉税信息，定期交送环境保护主管部门。

（2）纳税义务发生时间为纳税人排放应税污染物的当日。纳税人应当向应税污染物排放地的税务机关申报缴纳环境保护税。

（3）环境保护税按月计算，按季申报缴纳。不能按固定期限计算缴纳的，可以按次申报缴纳。

纳税人按季申报缴纳的，应当自季度终了之日起15日内，向税务机关办理纳税申报并缴纳税款。纳税人按次申报缴纳的，应当自纳税义务发生之日起15日内，向税务机关办理纳税申报并缴纳税款。

四、车辆购置税

车辆购置税，是对在中国境内购置规定车辆的单位和个人征收的一种税。车辆购置税的法律规范是2000年10月22日，国务院令第294号发布的《中华人民共和国车辆购置税暂行条例》（以下简称

《车辆购置税暂行条例》）。

（一）纳税人

在我国境内购置规定的车辆（以下简称"应税车辆"）的单位和个人，为个人车辆购置税的纳税人。

购置，包括购买、进口、自产、受赠、获奖或者以其他方式取得并自用应税车辆的行为。单位，包括国有企业、集体企业、私营企业、股份制企业、外商投资企业、外国企业以及其他企业和事业单位、社会团体、国家机关、部队以及其他单位；个人，包括个体工商户以及其他个人。

（二）征收范围

征收范围包括汽车、摩托车、电车、挂车、农用运输车。具体以下面列举的车辆作为征税对象，未列举的车辆不纳税。

值得注意的是：车辆购置税征收范围的调整由国务院决定，其他任何部门、单位和个人无权擅自扩大或缩小车辆购置税的征税范围。

1. 汽车

包括各类汽车。

2. 摩托车

（1）轻便摩托车：最高设计时速不大于50千米/小时，发动机气缸总排量不大于50立方厘米的两个或三个车轮的机动车。

（2）二轮摩托车：最高设计车速大于50千米/小时，或发动机气缸总排量大于50立方厘米的两个车轮的机动车。

（3）三轮摩托车：最高设计车速大于50千米/小时，发动机气缸总排量大于50立方厘米，空车质量不大于400千克的三个车轮的机动车。

3. 电车

（1）无轨电车：以电能为动力，由专用输电电缆供电的轮式公共车辆。

（2）有轨电车：以电能为动力，在轨道上行驶的公共车辆。

4. 挂车

（1）全挂车：无动力设备，独立承载，由牵引车辆牵引行驶的车辆。

（2）半挂车：无动力设备，与牵引车共同承载，由牵引车辆牵引行驶的车辆。

5. 农用运输车

（1）三轮农用运输车：柴油发动机，功率不大于7.4千瓦，载重量不大于500千克，最高车速不大于40千米/小时的三个车轮的机动车。

（2）四轮农用运输车：柴油发动机，功率不大于28千瓦，载重量不大于1 500千克，最高车速不大于50千米/小时的四个车轮的机动车。

（三）税率

车辆购置税采用10%的比例税率。

（四）计税依据

车辆购置税的计税依据为应税车辆的计税价格。计税价格根据不同情况，按照下列规定确定。

（1）纳税人购买自用的应税车辆的计税价格，为纳税人购买应税车辆而支付给销售者的全部价款和价外费用，不包括增值税税款。

价外费用是指销售方价外向购买方收取的基金、集资费、违约金（延期付款利息）和手续费、包装费、储存费、优质费、运输装卸费、保管费以及其他各种性质的价外收费，但不包括销售方代办保险等而向购买方收取的保险费，以及向购买方收取的代购买方缴纳的车辆购置税、车辆牌照费。

（2）纳税人进口自用的应税车辆的计税价格的计算公式为：

$$计税价格＝关税完税价格＋关税＋消费税$$

（3）纳税人自产、受赠、获奖或者以其他方式取得并自用的应税车辆的计税价格由主管税务机关参照国家税务总局规定的最低计税价格核定。

最低计税价格是指国家税务总局依据机动车生产企业或者经销商提供的车辆价格信息，参照市场平均交易价格核定的车辆购置税计税价格。

（4）纳税人购买自用或者进口自用应税车辆，申报的计税价格低于同类型应税车辆的最低计税价格，又无正当理由的，计税价格为国家税务总局核定的最低计税价格。

（5）国家税务总局未核定最低计税价格的车辆，计税价格为纳税人提供的有效价格证明注明的价格。有效价格证明注明的价格明显偏低的，主管税务机关有权核定应税车辆的计税价格。

（五）应纳税额的计算

车辆购置税实行从价定率的方法计算成纳税额。计算公式为：

$$应纳税额＝计税依据×税率$$

$$进口应税车辆应纳税额＝（关税完税价格＋关税＋消费税）×税率$$

（六）税收优惠

车辆购置税的免税、减税，按照下列规定执行。

（1）外国驻华使馆、领事馆和国际组织驻华机构及其外交人员自用的车辆，免税。

（2）中国人民解放军和中国人民武装警察部队列入军队武器装备订货计划的车辆，免税。

（3）设有固定装置的非运输车辆，免税。

（4）自2016年1月1日起至2020年12月31日止，对城市公交企业购置的公共汽电车免征车辆购置税。

（5）自2017年1月1日起至12月31日止，对购置1.6升及以下排量的乘用车减按7.5%的税率征收车辆购置税。自2018年1月1日起，恢复按10%的法定税率征收车辆购置税。

（6）自2014年9月1日至2017年12月31日，对购置的符合条件的纯电动汽车、插电式（含增程式）混合动力汽车、燃料电池汽车免征车辆购置税。

（7）有国务院规定予以免税或者减税的其他情形的，按照规定免税或者减税。

（七）征收管理

1. 纳税申报

车辆购置税实行一次征收制度，税款应当一次缴清。购置已征车辆购置税的车辆，不再征收车辆购置税。

车辆购置税由国家税务局征收。纳税人购买自用应税车辆的,应当自购买之日起60日内申报纳税;进口自用应税车辆的,应当自进口之日起60日内申报纳税;自产、受赠、获奖或者以其他方式取得并自用应税车辆的,应当自取得之日起60日内申报纳税。

纳税人以外汇结算应税车辆价款的,按照申报纳税之日中国人民银行公布的人民币基准汇价,折合成人民币计算应纳税额。

已缴纳车辆购置税的车辆,发生下列情形之一的,准予纳税人申请退税。

(1)车辆退回生产企业或者经销商的。

(2)符合免税条件的设有固定装置的非运输车辆但已征税的。

(3)其他依据法律法规规定应予退税的情形。

车辆退回生产企业或者经销商的,纳税人申请退税时,主管税务机关自纳税人办理纳税申报之日起,按已缴纳税款每满1年扣减10%计算退税额;未满1年的,按已缴纳税款全额退税。

2.纳税环节

纳税人应当在向公安机关车辆管理机构办理车辆登记注册前,缴纳车辆购置税。

纳税人应当持主管税务机关出具的完税证明或者免税证明,向公安机关车辆管理机构办理车辆登记注册手续;没有完税证明或者免税证明的,公安机关车辆管理机构不得办理车辆登记注册手续。

税务机关应当及时向公安机关车辆管理机构通报纳税人缴纳车辆购置税的情况。公安机关车辆管理机构应当定期向税务机关通报车辆登记注册的情况。

税务机关发现纳税人未按照规定缴纳车辆购置税的,有权责令其补缴;纳税人拒绝缴纳的,税务机关可以通知公安机关车辆管理机构暂扣纳税人的车辆牌照。

免税、减税车辆因转让、改变用途等原因不再属于免税、减税范围的,应当在办理车辆过户手续前或者办理变更车辆登记注册手续前缴纳车辆购置税。

3.纳税地点

纳税人购置应税车辆,应当向车辆登记注册地的主管税务机关申报纳税;购置不需要办理车辆登记注册手续的应税车辆,应当向纳税人所在地的主管税务机关申报纳税。

五、耕地占用税

耕地占用税,是为了合理利用土地资源,加强土地管理,保护耕地,对占用耕地建房或者从事非农业建设的单位或者个人,征收的一种税。耕地占用税的法律规范是《中华人民共和国耕地占用税暂行条例》(以下简称《耕地占用税暂行条例》)和《中华人民共和国耕地占用税暂行条例实施细则》(以下简称《耕地占用税暂行条例实施细则》)。

(一)纳税人

耕地占用税的纳税人为在我国境内占用耕地建房或者从事非农业建设的单位或者个人。所称单位,包括国有企业、集体企业、私营企业、股份制企业、外商投资企业、外国企业以及其他企业和事业单位、社会团体、国家机关、部队以及其他单位;所称个人,包括个体工商户以及其他个人。

(二)征税范围

耕地占用税的征税范围包括纳税人为建房或从事其他非农业建设而占用的国家所有和集体所有

的耕地。

耕地，是指用于种植农作物的土地，包括菜地、园地。其中，园地包括花圃、苗圃、茶园、果园、桑园和其他种植经济林木的土地。

占用鱼塘及其他农用土地建房或从事其他非农业建设，也视同占用耕地，必须依法征收耕地占用税。占用已开发从事种植、养殖的滩涂、草场、水面和林地等从事非农业建设，由省、自治区、直辖市本着有利于保护土地资源和生态平衡的原则，结合具体情况确定是否征收耕地占用税。

占用林地、牧草地、农田水利用地、养殖水面以及渔业水域滩涂等其他农用地建房或者从事非农业建设的，征收耕地占用税。

用于农业生产并已由相关行政主管部门发放使用权证的草地，以及用于种植芦苇并定期进行人工养护管理的苇田，属于耕地占用税的征税范围。

建设直接为农业生产服务的生产设施占用上述农用地的，不征收耕地占用税。

（三）税率

耕地占用税实行定额税率。根据不同地区的人均耕地面积和经济发展情况实行有地区差别的幅度税额标准，税率标准如下。

（1）人均耕地不超过1亩的地区（以县级行政区域为单位，下同），每平方米为10~50元。

（2）人均耕地超过1亩但不超过2亩的地区，每平方米为8~40元。

（3）人均耕地超过2亩但不超过3亩的地区，每平方米为6~30元。

（4）人均耕地超过3亩的地区，每平方米为5~25元。

国务院财政、税务主管部门根据人均耕地面积和经济发展情况确定各省、自治区、直辖市的税率。

各地适用税率，由省、自治区、直辖市人民政府在规定的税额幅度内，根据本地区情况核定。各省、自治区、直辖市人民政府核定的适用税率的平均水平，不得低于国务院财政、税务主管部门确定的平均税率。

经济特区、经济技术开发区和经济发达且人均耕地特别少的地区，适用税率可以适当提高。但是提高的部分最高不得超过国务院财政、税务主管部门确定的当地适用税率的50%。

占用基本农田的，适用税率应当在国务院财政、税务主管部门规定的当地适用税率的基础上提高50%。

（四）计税依据

耕地占用税以纳税人实际占用的耕地面积为计税依据，按照适用税额标准计算应纳税额，一次性缴纳。

纳税人实际占用耕地面积的核定以农用地转用审批文件为主要依据，必要的时候应当实地勘测。

（五）应纳税额的计算

耕地占用税应纳税额的计算公式为：

$$应纳税额＝实际占用耕地面积（平方米）×适用税率$$

（六）税收优惠

（1）下列项目占用耕地，可以免征耕地占用税。

①军事设施，包括地上、地下的军事指挥、作战工程；军用机场、港口、码头；营区、训练

场、试验场；军用洞库、仓库；军用通信、侦察、导航、观测台站和测量、导航、助航标志；军用公路、铁路专用线，输电线路，军用输油、输水管道；其他直接用于军事用途的设施。

②学校，包括县级以上人民政府教育行政部门批准成立的大学、中学、小学、学历性职业教育学校和特殊教育学校。学校内经营性场所和教职工住房占用耕地的，按照当地适用税率缴纳耕地占用税。

③幼儿园，包括在县级以上人民政府教育行政部门登记或者备案的幼儿园用于幼儿保育、教育的场所。

④养老院，包括经批准设立的养老院为老年人提供生活照顾的场所。

⑤医院，包括县级以上人民政府卫生行政单位部门批准设立的医院用于提供医疗服务的场所及其配套设施。医院内职工住房占用耕地的，按照当地适用税率缴纳耕地占用税。

（2）下列项目占用耕地，可以减按每平方米2元的税额标准征收耕地占用税。根据实际需要，国务院财政、税务主管部门商国务院有关部门并报国务院批准后，可以免征或者减征耕地占用税。

①铁路线路，包括铁路路基、桥梁、涵洞、隧道及其按照规定两侧留地，专用铁路和铁路专用线占用耕地的，按照当地适用税率缴纳耕地占用税。

②公路线路，包括经批准建设的国道、省道、县道、乡道和属于农村公路的村道的主体工程以及两侧边沟、截水沟。专用公路和城区内机动车道占用耕地的，按照当地适用税率缴纳耕地占用税。

③飞机场跑道、停机坪，包括经批准建设的民用机场专门用于民用航空器起降、滑行和停放的场所。

④港口，包括经批准建设的港口供船舶进出、停靠和旅客上下、货物装卸的场所。

⑤航道，包括在江、河、湖泊、港湾等水域供船舶安全航行的通道。

（3）农村居民经批准在户口所在地按照规定标准占用耕地，建设自用住宅，可以按照当地的适用税额标准减半征收耕地占用税。

（4）农村烈士家属、残疾军人、鳏寡孤独和革命老根据地、少数民族聚居区、边远贫困山区生活困难的农村居民，在规定用地标准以内新建住宅缴纳耕地占用税确有困难的，经所在地乡（镇）人民政府审核，报经县级人民政府批准以后，可以免征、减征耕地占用税。

按规定免征或者减征耕地占用税后，纳税人改变原占地用途，不再属于免征或者减征耕地占用税情形的，应补缴耕地占用税。

（七）征收管理

1. 纳税义务发生时间

经批准占用耕地的，耕地占用税纳税义务发生时间为纳税人收到土地管理部门办理占用农用地手续通知的当天。

未经批准占用耕地的，耕地占用税纳税义务发生时间为纳税人实际占用耕地的当天。

2. 纳税地点和征收机构

纳税人占用耕地或其他农用地，应当在耕地或其他农用地所在地申报纳税。

耕地占用税由地方税务机关负责征收。土地管理部门在通知单位或者个人办理占用耕地手续时，应当同时通知耕地所在地同级地方税务机关。获准占用耕地的单位或者个人应当在收到土地管理部门的通知之日起30日内缴纳耕地占用税。土地管理部门凭耕地占用税完税凭证或者免税凭证和其他有关文件发放建设用地批准书。

纳税人临时占用耕地，应当缴纳耕地占用税纳税人在批准临时占用耕地的期限内恢复所占耕地原状的，全额退还已经缴纳的耕地占用税。

六、烟叶税

烟叶税是向收购烟叶的单位征收的一种税。烟叶税的法律规范是2006年4月28日，国务院令第464号发布的《中华人民共和国烟叶税暂行条例》和财政部、国家税务总局于2006年5月18日印发的《关于烟叶税若干具体问题的规定》。

（一）纳税人

烟叶税的纳税人为在中华人民共和国境内收购烟叶的单位。因为我国实行烟草专卖制度，所以烟叶税的纳税人具有特定性，一般是有权收购烟叶的烟草公司或者受其委托收购烟叶的单位。

（二）征税范围

烟叶税的征税范围包括晾晒烟叶、烤烟叶。晾晒烟叶包括列入晾晒烟名录的晾晒烟叶和未列入晾晒烟名录的其他晾晒烟叶。

（三）税率

烟叶税实行比例税率，税率为20%。

（四）计税依据

烟叶税的计税依据是纳税人收购烟叶的收购金额，具体包括纳税人支付给烟叶销售者的烟叶收购价款和价外补贴。价外补贴统一暂按烟叶收购价款的10%计入收购金额。收购金额的计算公式为：

$$收购金额＝收购价款×（1＋10\%）$$

（五）应纳税额的计算

烟叶税应纳税额的计算公式为：

$$应纳税额＝烟叶收购金额×税率＝烟叶收购价款×（1＋10\%）×税率$$

（六）征收管理

烟叶税的纳税义务发生时间为纳税人收购烟叶的当天，具体指纳税人向烟叶销售者付讫收购烟叶款项或者开具收购烟叶凭证的当天。烟叶税在烟叶收购环节征收。纳税人收购烟叶即发生纳税义务。

纳税人应当自纳税义务发生之日起30日内申报纳税。具体纳税期限由主管税务机关核定。

对依照《中华人民共和国烟草专卖法》查处没收的违法收购的烟叶，由收购罚没烟叶的单位按照购买金额计算缴纳烟叶税，应纳税额以人民币计算。

烟叶税由地方税务机关征收。纳税人收购烟叶，应当向烟叶收购地的主管税务机关（指县级地方税务局或者其所指定的税务分局、所）申报纳税。

第七章 企业所得税、个人所得税法律制度

知识要求

1. 掌握企业所得税征税对象、应纳税所得额的计算
2. 掌握企业所得税资产税务处理、企业所得税应纳税额的计算
3. 掌握个人所得税应税所得项目、应纳税所得额的确定
4. 掌握个人所得税应纳税额的计算
5. 熟悉企业所得税纳税人、税收优惠
6. 熟悉个人所得税税收优惠、征收管理
7. 了解企业所得税税率、征收管理
8. 了解个人所得税纳税人和所得来源的确定、税率

第一节　企业所得税法律制度

企业所得税是以我国境内的企业和其他取得收入的组织为纳税人，以其生产经营所得和其他所得为征税对象而征收的一种所得税。《中华人民共和国企业所得税法》（以下简称《企业所得税法》）、《中华人民共和国企业所得税法实施条例》（以下简称《企业所得税法实施条例》），以及国家财政、税务主管部门制定、发布的一系列部门规章和规范性文件，构成了我国企业所得税法律制度的主要内容。

一、企业所得税纳税人

《企业所得税法》第一条规定，在中华人民共和国境内，企业和其他取得收入的组织（以下统称"企业"）为企业所得税的纳税人，依照本法的规定缴纳企业所得税。企业所得税纳税人包括各类企业、事业单位、社会团体、民办非企业单位和从事经营活动的其他组织。依照中国法律、行政法规成立的个人独资企业、合伙企业，不属于企业所得税纳税义务人，不缴纳企业所得税。

企业所得税采取收入来源地管辖权和居民管辖权相结合的双重管辖权，把企业分为居民企业和非居民企业，分别确定不同的纳税义务。

（一）居民企业

所谓"居民企业"，是指依法在中国境内成立，或者依照外国（地区）法律成立但实际管理机构在中国境内的企业。居民企业应当就其来源于中国境内、境外的所得缴纳企业所得税。

其中,"实际管理机构",是指对企业的生产经营、人员、账务、财产等实施实质性全面管理和控制的机构。

(二)非居民企业

所谓"非居民企业",是指依照外国(地区)法律成立且实际管理机构不在中国境内,但在中国境内设立机构、场所的,或者在中国境内未设立机构、场所,但有来源于中国境内所得的企业。

非居民企业委托营业代理人在中国境内从事生产经营活动的,包括委托单位或者个人经常代其签订合同,或者储存、交付货物等,该营业代理人视为非居民企业在中国境内设立的机构、场所。

【例7-1·单选题】根据企业所得税法律制度的规定,以下属于非居民企业的是(   )。

A. 根据我国法律成立,实际管理机构在我国的丙公司

B. 根据外国法律成立,实际管理机构在我国的甲公司

C. 根据外国法律成立且实际管理机构在国外,在我国设立机构场所的乙公司

D. 根据我国法律成立,在国外设立机构场所的丁公司

答案及解析:C。选项ABD均为居民企业。

二、企业所得税征税对象

(一)居民企业的征税对象

居民企业应当就其来源于中国境内、境外的所得缴纳企业所得税。包括销售货物所得、提供劳务所得、转让财产所得、股息红利等权益性投资所得、利息所得、租金所得、特许权使用费所得、接受捐赠所得和其他所得。

(二)非居民企业的征税对象

非居民企业在中国境内设立机构、场所的,应当就其所设机构、场所取得的来源于中国境内的所得,以及发生在中国境外但与其所设机构、场所有实际联系的所得,缴纳企业所得税。

非居民企业在中国境内未设立机构、场所的,或者虽设立机构、场所但取得的所得与其所设机构、场所没有实际联系的,应当就其来源于中国境内的所得缴纳企业所得税。实际联系,是指非居民企业在中国境内设立的机构、场所拥有据以取得所得的股权、债权,以及拥有、管理、控制据以取得所得的财产等。

(三)来源于中国境内、境外所得的确定原则

来源于中国境内、境外的所得,按照以下原则确定。

(1)销售货物所得,按照交易活动发生地确定。

(2)提供劳务所得,按照劳务发生地确定。

(3)转让财产所得,不动产转让所得按照不动产所在地确定,动产转让所得按照转让动产的企业或者机构、场所所在地确定,权益性投资资产转让所得按照被投资企业所在地确定。

(4)股息、红利等权益性投资所得,按照分配所得的企业所在地确定。

(5)利息所得、租金所得、特许权使用费所得,按照负担、支付所得的企业或者机构、场所所在地确定,或者按照负担、支付所得的个人的住所地确定。

（6）其他所得，由国务院财政、税务主管部门确定。

三、企业所得税税率

企业所得税实行比例税率，见表7-1。

表7-1 企业所得税的税率

种类	适用对象
25%	居民企业以及在中国境内设立机构、场所且取得的所得与其所设机构、场所有实际联系的非居民企业
20%	非居民企业在中国境内设立机构、场所的，或者虽设立机构、场所但取得的所得与其所设机构、场所没有实际联系的，应当就其来源于中国境内的所得缴纳企业所得税
两档优惠税率	（1）符合条件的小型微利企业：减按20% （2）国家重点扶持的高新技术企业：减按15%

1．基本税率25%

《企业所得税法》第四条规定：居民企业以及在中国境内设立机构、场所且取得的所得与其所设机构、场所有实际联系的非居民企业，应当就其来源于中国境内、境外的所得缴纳企业所得税，适用税率为25%。

2．低税率20%

《企业所得税法》第四条规定：非居民企业在中国境内未设立机构、场所的，或者虽设立机构、场所但取得的所得与其所设机构、场所没有实际联系的，应当就其来源于中国境内的所得缴纳企业所得税，适用税率为20%。

【例7-2·单选题】根据企业所得税法律制度的规定，下列选项中，适用25%税率的是（ ）。

A．在中国境内未设立机构、场所的非居民企业

B．在中国境内虽设立机构、场所但取得所得与其机构、场所没有实际联系的非居民企业

C．在中国境内设立机构、场所且取得所得与其机构、场所有实际联系的非居民企业

D．所有非居民企业

答案及解析：C。在中国境内设立机构、场所且取得所得与其机构、场所有实际联系的非居民企业，按照25%税率，缴纳企业所得税。

四、企业所得税应纳税所得额的计算

企业所得税的计税依据是应纳税所得额，即指企业每一纳税年度的收入总额，减除不征税收入、免税收入、各项扣除以及允许弥补的以前年度亏损后的余额。

应纳税所得额＝收入总额－不征税收入－免税收入－各项扣除－以前年度亏损

企业应纳税所得额的计算，以权责发生制为原则，属于当期的收入和费用，不论款项是否收付，均作为当期的收入和费用；不属于当期的收入和费用，即使款项已经在当期收付，均不作为当期的收入和费用。在计算应纳税所得额时，企业财务、会计处理办法与税收法律法规的规定不一致的，应当依照税收法律法规的规定计算。

（一）收入总额

企业收入总额是指以货币形式和非货币形式从各种来源取得的收入。包括：销售货物收入、提供劳务收入、转让财产收入、股息、红利等权益性投资收益，利息收入，租金收入，特许权使用费收入，接受捐赠收入以及其他收入。

企业取得收入的货币形式，包括现金、存款、应收账款、应收票据、准备持有至到期的债券投资以及债务的豁免等。

企业取得收入的非货币形式，包括固定资产、生物资产、无形资产、股权投资、存货、不准备持有至到期的债券投资、劳务以及有关权益等。非货币形式收入应当按照公允价值确定收入额。

1. 销售货物收入

销售货物收入，是指企业销售商品、产品、原材料、包装物、低值易耗品以及其他存货取得的收入。

除法律法规另有规定外，企业销售货物收入的确认，必须遵循权责发生制原则和实质重于形式原则。

（1）符合收入确认条件，采取下列商品销售方式的，应按以下规定确认收入实现时间。

①销售商品采用托收承付方式的，在办妥托收手续时确认收入。

②销售商品采用预收款方式的，在发出商品时确认收入。

③销售商品需要安装和检验的，在购买方接受商品以及安装和检验完毕时确认收入。如果安装程序比较简单，可在发出商品时确认收入。

④销售商品采用支付手续费方式委托代销的，在收到代销清单时确认收入。

（2）采用售后回购方式销售商品的，销售的商品按售价确认收入，回购的商品作为购进商品处理。有证据表明不符合销售收入确认条件的，如以销售商品方式进行融资，收到的款项应确认为负债，回购价格大于原售价的，差额应在回购期间确认为利息费用。

（3）销售商品以旧换新的，销售商品应当按照销售商品收入确认条件确认收入，回收的商品作为购进商品处理。

（4）企业为促进商品销售而在商品价格上给予的价格扣除属于商业折扣，商品销售涉及商业折扣的，应当按照扣除商业折扣后的金额确定销售商品收入金额。

债权人为鼓励债务人在规定的期限内付款而向债务人提供的债务扣除属于现金折扣，销售商品涉及现金折扣的，应当按扣除现金折扣前的金额确定销售商品收入金额，现金折扣在实际发生时作为财务费用扣除。

企业因售出商品的质量不合格等原因而在售价上给予的减让属于销售折让；企业因售出商品质量、品种不符合要求等原因而发生的退货属于销售退回。企业已经确认销售收入的售出商品发生销售折让和销售退回，应当在发生当期冲减当期销售商品收入。

2. 提供劳务收入

提供劳务收入，是指企业从事建筑安装、修理修配、交通运输、仓储租赁、金融保险、邮电通信、咨询经纪、文化体育、科学研究、技术服务、教育培训、餐饮住宿、中介代理、卫生保健、社区服务、旅游、娱乐、加工以及其他劳务服务活动取得的收入。

企业在各个纳税期末，提供劳务交易的结果能够可靠估计的，应采用完工进度（百分比）法确认提供劳务收入。

企业应按照从接受劳务方已收或应收的合同或协议价款确定劳务收入总额，根据纳税期末提供劳务收入总额乘以完工进度并扣除以前纳税年度累计已确认提供劳务收入后的金额，确认为当期劳务收入；同时，按照提供劳务估计总成本乘以完工进度扣除以前纳税期间累计已确认劳务成本后的金额，结转为当期劳务成本。

3. 转让财产收入

转让财产收入，是指企业转让固定资产、生物资产、无形资产、股权、债权等财产取得的收入。转让财产收入应当按照从财产受让方已收或应收的合同或协议价款确认收入。

4. 股息、红利等权益性投资收益

股息、红利等权益性投资收益，是指企业因权益性投资从被投资方取得的收入。股息、红利等权益性投资收益，除国务院财政、税务主管部门另有规定外，按照被投资方做出利润分配决定的日期确认收入的实现。

5. 利息收入

利息收入，是指企业将资金提供他人使用但不构成权益性投资，或者因他人占用本企业资金取得的收入，包括存款利息、贷款利息、债券利息、欠款利息等收入。利息收入，按照合同约定的债务人应付利息的日期确认收入的实现。

6. 租金收入

租金收入，是指企业提供固定资产、包装物或者其他有形资产的使用权取得的收入。租金收入，按照合同约定的承租人应付租金的日期确认收入的实现。如果交易合同或协议中规定租赁期限跨年度，且租金提前一次性支付的，出租人可对上述已确认的收入，在租赁期内，分期均匀计入相关年度收入。

7. 特许权使用费收入

特许权使用费收入，是指企业提供专利权、非专利技术、商标权、著作权以及其他特许权的使用权取得的收入。特许权使用费收入，按照合同约定的特许权使用人应付特许权使用费的日期确认收入的实现。

8. 接受捐赠收入

接受捐赠收入，是指企业接受的来自其他企业、组织或者个人无偿给予的货币性资产、非货币性资产。接受捐赠收入是按照实际收到捐赠资产的日期确认收入的实现。

企业以买一赠一等方式组合销售本企业商品的，不属于捐赠，应将总的销售金额按各项商品的公允价值的比例来分摊确认各项的销售收入。

9. 其他收入

其他收入，是指企业取得《企业所得税法》具体列举的收入外的其他收入，包括企业资产溢余收入、逾期未退包装物押金收入、确实无法偿付的应付款项、已作坏账损失处理后又收回的应收款项、债务重组收入、补贴收入、违约金收入、汇兑收益等。

10. 特殊收入的确认

（1）以分期收款方式销售货物的，按照合同约定的收款日期确认收入的实现。

（2）企业受托加工制造大型机械设备、船舶、飞机，以及从事建筑、安装、装配工程业务或者提供其他劳务等，持续时间超过12个月的，按照纳税年度内完工进度或者完成的工作量确认收入的实现。

（3）采取产品分成方式取得收入的，按照企业分得产品的日期确认收入的实现，其收入额按照产品的公允价值确定。

（4）企业发生非货币性资产交换，以及将货物、财产、劳务用于捐赠、偿债、赞助、集资、广告、样品、职工福利或者利润分配等用途的，应当视同销售货物、转让财产或者提供劳务，但国务院财政、税务主管部门另有规定的除外。

（二）不征税收入

不征税收入，是指从性质和根源上不属于企业营利性活动带来的经济利益、不作为应纳税所得额组成部分的收入，见表7-2。下列为不征税收入。

1. 财政拨款

财政拨款，是指各级人民政府对纳入预算管理的事业单位、社会团体等组织拨付的财政资金，但国务院和国务院财政、税务主管部门另有规定的除外。

县级以上人民政府将国有资产无偿划入企业，凡指定专门用途并按规定进行管理的，企业可作为不征税收入进行企业所得税处理。其中，该项资产属于非货币性资产的，应按政府确定的接收价值计算不征税收入。

2. 依法收取并纳入财政管理的行政事业性收费、政府性基金

行政事业性收费，是指依照法律法规等有关规定，按照国务院规定程序批准，在实施社会公共管理，以及在向公民、法人或者其他组织提供特定公共服务过程中，向特定对象收取并纳入财政管理的费用。政府性基金，是指企业依照法律、行政法规等有关规定，代政府收取的具有专项用途的财政资金。

3. 国务院规定的其他不征税收入

国务院规定的其他不征税收入，是指企业取得的，由国务院财政、税务主管部门规定专项用途并经国务院批准的财政性资金。

表7-2　不征税收入与免税收入

收入类别	具体项目
不征税收入	财政拨款
	依法收取并纳入财政管理的行政事业性收费、政府性基金
	国务院规定的其他不征税收入

收入类别	具体项目
免税收入	国债利息收入
	符合条件的居民企业之间的股息、红利等权益性投资收益
	在中国境内设立机构、场所的非居民企业从居民企业取得与该机构、场所有实际联系的股息、红利等权益性投资收益
	符合条件的非营利组织的收入

（三）税前扣除项目

企业实际发生的与取得收入有关的、合理的支出，包括成本、费用、税金、损失和其他支出，准予在计算应纳税所得额时扣除。合理的支出，是指符合生产经营活动常规，应当计入当期损益或者有关资产成本的必要和正常的支出。除另有规定外，企业实际发生的成本、费用、税金、损失和其他支出，不得重复扣除。

企业发生的支出应当区分收益性支出和资本性支出。收益性支出在发生当期直接扣除；资本性支出应当分期扣除或者计入有关资产成本，不得在发生当期直接扣除。

企业的不征税收入用于支出所形成的费用或者财产，不得扣除或者计算对应的折旧、摊销扣除。

1. 成本

成本是指企业在生产经营活动中发生的销售成本、销货成本、业务支出以及其他耗费，即企业销售商品（产品、材料、下脚料、废料、废旧物资等）、提供劳务、转让固定资产、无形资产的成本。

2. 费用

费用是指企业在生产经营活动中发生的销售费用、管理费用和财务费用，已经计入成本的有关费用除外。

销售费用，是指应由企业负担的为销售商品而发生的费用。

管理费用，是指企业的行政管理部门为管理组织经营活动提供各项支援性服务而发生的费用。

财务费用，是指企业筹集经营性资金而发生的费用。

3. 税金

税金是指企业发生的除企业所得税和允许抵扣的增值税以外的各项税金及其附加，即纳税人按照规定缴纳的消费税、资源税、土地增值税、关税、城市维护建设税、教育费附加及房产税、车船税、城镇土地使用税、印花税等。企业缴纳的增值税属于价外税，故不在扣除之列。

4. 损失

损失是指企业在生产经营活动中发生的固定资产和存货的盘亏、毁损、报废损失，转让财产损失，呆账损失，坏账损失，自然灾害等不可抗力因素造成的损失以及其他损失。

企业发生的损失，减除责任人赔偿和保险赔款后的余额，依照国务院财政、税务主管部门的规定扣除。企业已经作为损失处理的资产，在以后纳税年度又全部收回或者部分收回时，应当计入当期收入。

5. 其他支出

其他支出是指除成本、费用、税金、损失外，企业在生产经营活动中发生的与生产经营活动有关的、合理的支出。

（四）扣除标准

1. 工资、薪金支出

企业发生的合理的工资薪金支出，准予扣除。工资薪金，是指企业每一纳税年度支付给在本企业任职或者受雇的员工的所有现金形式或者非现金形式的劳动报酬，包括基本工资、奖金、津贴、补贴、年终加薪、加班工资，以及与员工任职或者受雇有关的其他支出。

2. 职工福利费、工会经费、职工教育经费

企业发生的职工福利费、工会经费、职工教育经费按标准扣除。未超过标准的按实际发生数额扣除，超过扣除标准的只能按标准扣除。

（1）企业发生的职工福利费支出，不超过工资薪金总额14%的部分，准予扣除。列入企业员工工资薪金制度、固定与工资薪金一起发放的福利性补贴，符合国家税务总局相关规定的，可作为企业发生的工资薪金支出，按规定在税前扣除。不能同时符合上述条件的福利性补贴，应按规定计算限额税前扣除。

企业的职工福利费，包括以下内容。

①尚未实行分离办社会职能的企业，其内设福利部门所发生的设备、设施和人员费用，包括职工食堂、职工浴室、理发室、医务所、托儿所、疗养院等集体福利部门的设备、设施及维修保养费用和福利部门工作人员的工资薪金、社会保险费、住房公积金、劳务费等。

②为职工卫生保健、生活、住房、交通等所发放的各项补贴和非货币性福利，包括企业向职工发放的因公外地就医费用、未实行医疗统筹企业职工医疗费用、职工供养直系亲属医疗补贴、供暖费补贴、职工防暑降温费、职工困难补贴、救济费、职工食堂经费补贴、职工交通补贴等。

③按照其他规定发生的其他职工福利费，包括丧葬补助费、抚恤费、安家费、探亲假路费等。

企业发生的职工福利费，应该单独设置账册，进行准确核算。没有单独设置账册准确核算的，税务机关应责令企业在规定的期限内进行改正。逾期仍未改正的，税务机关可对企业发生的职工福利费进行合理的核定。

（2）企业拨缴的工会经费，不超过工资薪金总额2%的部分，准予扣除。

（3）除国务院财政、税务主管部门另有规定外，企业发生的职工教育经费支出，不超过工资薪金总额2.5%的部分，准予扣除；超过部分，准予在以后纳税年度结转扣除。

3. 社会保险费

（1）企业依照国务院有关主管部门或者省级人民政府规定的范围和标准为职工缴纳的基本养老保险费、基本医疗保险费、失业保险费、工伤保险费、生育保险费等基本社会保险费和住房公积金，准予扣除。

（2）自2008年1月1日起，企业根据国家有关政策规定，为在本企业任职或者受雇的全体员工支付的补充养老保险费、补充医疗保险费，分别在不超过职工工资总额5%标准内的部分，在计算应纳税所得额时准予扣除；超过的部分，不予扣除。

企业职工因公出差乘坐交通工具发生的人身意外保险费支出，准予企业在计算应纳税所得额时

扣除。除企业依照国家有关规定为特殊工种职工支付的人身安全保险费和国务院财政、税务主管部门规定可以扣除的其他商业保险费外，企业为投资者或职工支付的商业保险费，不得扣除。

【例7-3·单选题】某居民企业，2017年计入成本、费用的实发工资总额为300万元，拨缴职工工会经费5万元，支出支付福利费45万元（不包括列入企业员工工资薪金制度、固定于工资薪金一起发放的福利性补贴）、职工教育经费15万元，该企业2017年计算应纳税所得额时准予在税前扣除的工资和三项经费合计为（　　　）万元。

A. 310　　　　　　　B. 349.84　　　　　　C. 394.84　　　　　　D. 354.5

答案及解析：D。企业发生的合理工资、薪金支出准予据实扣除。

福利费扣除限额＝300×14%＝42（万元），实际发生45万元，准予扣除42万元。

工会经费扣除限额＝300×2%＝6（万元），实际发生5万元，可以据实扣除。

职工教育经费扣除限额＝300×2.5%＝7.5（万元），实际发生15万元，准予扣除7.5万元。

税前准予扣除的工资和三项经费合计＝300＋42＋7.5＝354.5（万元）。

4. 借款费用

（1）企业在生产经营活动中发生的合理的不需要资本化的借款费用，准予扣除。

（2）企业为购置、建造固定资产、无形资产和经过12个月以上的建造才能达到预定可销售状态的存货发生借款的，在有关资产购置、建造期间发生的合理的借款费用，应当作为资本性支出计入有关资产的成本，并依照《企业所得税法实施条例》的有关规定扣除。

5. 利息费用

企业在生产经营活动中发生的下列利息支出，准予扣除。

（1）非金融企业向金融企业借款的利息支出。金融企业的各项存款利息支出和同业拆借利息支出、企业经批准发行债券的利息支出可据实扣除。

（2）非金融企业向非金融企业借款的利息支出，不超过按照金融企业同期同类贷款利率计算的数额部分可据实扣除，超过部分不许扣除。

金融企业，是指各类银行、保险公司及经中国人民银行批准从事金融业务的非银行金融机构。

（3）凡企业投资者在规定期限内未缴足其应缴资本额的，该企业对外借款所发生的利息，相当于投资者实缴资本额与在规定期限内应缴资本额的差额应计付的利息，其不属于企业合理的支出，应由企业投资者负担，不得在计算企业应纳税所得额时扣除。

（4）企业向股东或其他与企业有关联关系的自然人借款的利息支出，应根据《企业所得税法》及《财政部国家税务总局关于企业关联方利息支出税前扣除标准有关税收政策问题的通知》规定的条件，计算企业所得税扣除额。

企业向除股东或其他与企业有关联关系的自然人以外的内部职工或其他人员借款的利息支出，其借款情况同时符合以下条件的，其利息支出在不超过按照金融企业同期同类贷款利率计算的数额的部分，准予扣除。

①企业与个人之间的借贷是真实、合法、有效的，并且不具有非法集资目的或其他违反法律、法规的行为。

②企业与个人之间签订了借款合同。

6. 汇兑损失

企业在货币交易中，以及纳税年度终了时将人民币以外的货币性资产、负债按照期末即期人民币汇率中间价折算为人民币时产生的汇兑损失，除已经计入有关资产成本以及向所有者进行利润分配相关的部分外，准予扣除。

7. 公益性捐赠

企业发生的公益性捐赠支出，在年度利润总额12%以内的部分，准予在计算应纳税所得额时扣除；超过年度利润总额12%的部分，准予结转以后3年内在计算应纳税所得额时扣除。

年度利润总额，是指企业依照国家统一会计制度的规定计算的年度会计利润。

公益性捐赠，是指企业通过公益性社会团体或者县级以上人民政府及其部门，用于《公益事业捐赠法》规定的公益事业的捐赠。具体范围包括：

（1）救助灾害、救济贫困、扶助残疾人等困难的社会群体和个人的活动。

（2）教育、科学、文化、卫生、体育事业。

（3）环境保护、社会公共设施建设。

（4）促进社会发展和进步的其他社会公共和福利事业。

【例7-4·单选题】某企业财务资料显示，2017年会计利润为370万元，其中营业外支出100万元（其中90万元为公益性捐赠支出），上年度经税务机关核定的亏损为30万元。2017年企业在所得税前可以扣除的捐赠支出是（　　）万元。

A. 23.4万元　　　　　B. 40.8万元　　　　　C. 44.4万元　　　　　D. 90万元

答案及解析：C。本题知识点是企业所得税中公益性捐赠的扣除限额。捐赠扣除限额＝370×12%＝44.4（万元），实际发生90万元，按限额扣除。注意排除干扰条件。

8. 业务招待费

企业发生的与生产经营活动有关的业务招待费支出，按照发生额的60%扣除，但最高不得超过当年销售（营业）收入的5‰。

企业在筹建期间，发生的与筹办活动有关的业务招待费支出，可按实际发生额的60%计入企业筹办费，并按有关规定在税前扣除。

对从事股权投资业务的企业（包括集团公司总部、创业投资企业等），其从被投资企业所分配的股息、红利以及股权转让收入，可以按规定的比例计算业务招待费扣除限额。

9. 广告费和业务宣传费

企业发生的符合条件的广告费和业务宣传费支出，除国务院财政、税务主管部门另有规定外，不超过当年销售（营业）收入15%的部分，准予扣除；超过部分，准予在以后纳税年度结转扣除。企业在筹建期间，发生的广告费和业务宣传费，可按实际发生额计入企业筹办费，并按有关规定在税前扣除。

自2016年1月1日起至2020年12月31日，对化妆品制造或销售、医药制造和饮料制造（不含酒类制造）企业发生的广告费和业务宣传费支出，不超过当年销售（营业）收入30%的部分，准予扣除；超过部分，准予在以后纳税年度结转扣除。

烟草企业的烟草广告费和业务宣传费支出，一律不得在计算应纳税所得额时扣除。

10. 环境保护专项资金

企业依照法律、行政法规有关规定提取的用于环境保护、生态恢复等方面的专项资金，准予扣除。上述专项资金提取后改变用途的，不得扣除。

11. 保险费

企业参加财产保险，按照规定缴纳的保险费，准予扣除。

12. 租赁费

企业根据生产经营活动的需要租入固定资产支付的租赁费，按照以下方法扣除。

（1）以经营租赁方式租入固定资产发生的租赁费支出，按照租赁期限均匀扣除经营性租赁是指所有权不转移的租赁。

（2）以融资租赁方式租入固定资产发生的租赁费支出，按照规定构成融资租入固定资产价值的部分应当提取折旧费用分期扣除。融资租赁是指在实质上转移与一项资产所有权有关的全部风险和报酬的一种租赁。

13. 劳动保护费

企业发生的合理的劳动保护支出，准予扣除。

14. 有关资产的费用

企业转让各类固定资产发生的费用，允许扣除。企业按规定计算的固定资产折旧费、无形资产和递延资产的摊销费，准予扣除。

15. 总机构分摊的费用

非居民企业在中国境内设立的机构、场所，就其中国境外总机构发生的与该机构、场所生产经营有关的费用，能够提供总机构出具的费用汇集范围、定额、分配依据和方法等证明文件，并合理分摊的，准予扣除。

16. 手续费及佣金支出

（1）保险企业：财产保险企业按照全部保费收入扣除退保金等后余额的15%计算限额；人身保险企业按当年全部保费收入扣除退保金等后余额的10%计算限额。

（2）其他企业：按与具有合法经营资格的中介服务机构或个人（不含交易双方及其雇员、代理人和代表人等）所签订服务协议或合同确认的收入金额的5%计算限额。

（3）从事代理服务、主营业务收入为手续费、佣金的企业（证券、期货、保险代理等企业），其为取得该类收入而实际发生的营业成本（包括手续费及佣金支出），准予在企业所得税前据实扣除。

企业应与具有合法经营资格的中介服务企业或个人签订代办协议或合同，并按规定支付手续费及佣金。除委托个人代理外，企业以现金等非转账方式支付的手续费及佣金不得在税前扣除，企业为发行权益性证券支付给有关证券承销机构的手续费及佣金不得在税前扣除。企业不得将手续费及佣金支出计入回扣、业务提成、返利、进场费等费用。企业已计入固定资产、无形资产等相关资产的手续费及佣金支出，应当通过折旧、摊销等方式分期扣除，不得在发生当期直接扣除。企业支付的手续费及佣金不得直接冲减服务协议或合同金额，并如实入账。企业应当如实向当地主管税务机关提供当年手续费及佣金计算分配表和其他相关资料，并依法取得合法真实凭证。

17. 依照有关法律、行政法规和国家有关税法规定准予扣除的其他项目

如会员费、合理的会议费、差旅费、违约金、诉讼费用等。

【例7-5·不定项选择题】某自行车厂为增值税一般纳税人，主要生产"动力"牌自行车，同时提供运输服务。2017年度实现会计利润600万元。该厂财务人员对2017年度企业所得税进行汇算清缴，发现部分财务资料如下。

1. 销售自行车取得不含增值税销售收入5 950万元，同时收取送货运费含税收入55.5万元。取得

到期国债利息收入25万元、企业债券利息收入12万元。

2. 发生财务费用125万元，其中：支付银行借款利息54万元，支付因向某商场借款1 000万元而发生的利息71万元。

3. 发生销售费用1 400万元，其中：广告费用750万元，业务宣传费186万元。

4. 发生管理费用320万元，其中：业务招待费55万元。

5. 发生营业外支出91万元，其中：通过当地市政府捐赠85万元，用于该市所属某边远山区饮水工程建设。当年因拖欠应缴税款，被税务机关加收滞纳金6万元。

已知：增值税税率为17%，企业所得税税率为25%，同期银行贷款利率为6.1%。

要求：根据上述资料，不考虑其他因素，分析回答下列小题。

(1) 下列表述中，不正确的是（　　　）。

A. 支付银行的借款利息54万元可以税前全额扣除

B. 支付商场的利息71万元可以税前全额扣除

C. 通过当地市政府捐赠85万元可以税前全额扣除

D. 企业缴纳的税收滞纳金6万元可以税前扣除

答案及解析：BCD。选项B，根据规定，非金融企业向非金融企业借款的利息支出，不超过按照金融企业同期同类贷款利率计算的数额部分准予扣除。向某商场借款1 000万元而发生的利息71万元，超过按照金融企业同期同类贷款利率计算的数额部分不得扣除，本题中，应调增所得额＝（71－1 000×6.1%）＝10（万元）；选项C，企业发生的公益性捐赠支出，在年度利润总额12%以内的部分，准予在计算应纳税所得额时扣除，超过的部分，可以在未来3年内结转扣除。本题中，会计利润为600万元，其12%为72万元，而实际捐赠额为85万元，因此应调增应纳税所得额＝85－72＝13（万元）；选项D，税收滞纳金属于企业所得税税前不得扣除的项目，选项D错误。

(2) 对2017年度企业所得税进行汇算清缴时，可以税前扣除的销售费用为（　　　）万元。

A. 900　　　　　　　B. 936　　　　　　　C. 1 364　　　　　　　D. 1 400

答案及解析：C。根据规定，企业发生的符合条件的广告费和业务宣传费支出，除国务院财政、税务主管部门另有规定外，不超过当年销售（营业）收入15%的部分，准予扣除；超过部分，准予在以后纳税年度结转扣除。本题中，广告费用和业务宣传费超过扣除标准部分的数额不得扣除，所以税前可以扣除的销售费用＝1 400－[750＋186－（5 950＋55.5÷1.11）×15%]＝1 364（万元）。

(3) 下列关于在计算企业应纳税所得额时业务招待费调整的表述中，正确的是（　　　）。

A. 业务招待费税前可以扣除30万元

B. 业务招待费55万元可以全额税前扣除

C. 业务招待费应调增应纳税所得额25万元

D. 业务招待费应调增应纳税所得额22万元

答案及解析：AC。企业发生的与生产经营活动有关的业务招待费支出，按照发生额的60%扣除，但最高不得超过当年销售（营业）收入的5‰。本题中企业营业收入为5 950＋55.5/（1＋11%）＝6 000（万元），6 000×5‰＝30（万元），业务招待费发生额为55万，55×60%＝33（万元），可以扣除的业务招待费为30万元，应调增应纳税所得额＝55－30＝25（万元）。

(4) 企业当年应缴纳的企业所得税为（　　　）。

A. 163.75　　　　　B. 166.25　　　　　C. 172.5　　　　　D. 175

答案及解析：B：①国债利息收入应调减应纳税所得额25万元。

②向某商场借款1 000万元的利息支出应调增应纳税所得额的数额10万元。

③广告费用和业务宣传费应调增应纳税所得额的数额36万元。

④业务招待费应调增应纳税所得额的数额25万元。

⑤捐赠支出应调增应纳税所得额的数额13万元。

⑥被税务机关加收滞纳金应调增应纳税所得额的数额6万元。

全年应纳税所得额＝600－25＋10＋36＋25＋13＋6＝665（万元）

全年应纳企业所得税税额＝665×25%＝166.25（万元）

（五）不得扣除项目

在计算应纳税所得额时，下列支出不得扣除。

（1）向投资者支付的股息、红利等权益性投资收益款项。

（2）企业所得税税款。

（3）税收滞纳金。具体是指纳税人违反税收法规，被税务机关处以的滞纳金。

（4）罚金、罚款和被没收财物的损失，是指纳税人违反国家有关法律、法规规定，被有关部门处以的罚款，以及被司法机关处以的罚金和被没收的财物。

（5）超过规定标准的捐赠支出。

（6）赞助支出。具体是指企业发生的与生产经营活动无关的各种非广告性质支出。

（7）未经核定的准备金支出。具体是指不符合国务院财政、税务主管部门规定的各项资产减值准备、风险准备等准备金支出。

（8）企业之间支付的管理费、企业内营业机构之间支付的租金和特许权使用费，以及非银行企业内营业机构之间支付的利息，不得扣除。

（9）与取得收入无关的其他支出。

（六）亏损弥补

亏损，是指企业将每一纳税年度的收入总额减除不征税收入、免税收入和各项扣除后小于零的数额。税法规定，企业某一纳税年度发生的亏损可以用下一年度的所得弥补。

下一年度的所得不足以弥补的，可以逐年延续弥补，但最长不得超过5年。企业在汇总计算缴纳企业所得税时，其境外营业机构的亏损不得抵减境内营业机构的盈利。

（七）非居民企业的应纳税所得额

在中国境内未设立机构、场所的，或者虽设立机构、场所但取得的所得与其所设机构、场所没有实际联系的非居民企业，其取得来源于中国境内的所得，按照下列方法计算其应纳税所得额。

（1）股息、红利等权益性投资收益和利息、租金、特许权使用费所得，以收入全额为应纳税所得额。

（2）转让财产所得，以收入全额减除财产净值后的余额为应纳税所得额。

财产净值，是指有关资产、财产的计税基础减除已经按照规定扣除的折旧、折耗、摊销、准备金等后的余额。

（3）其他所得，参照前两项规定的方法计算应纳税所得额。

非居民企业在中国境内设立的机构、场所，就其中国境外总机构发生的与该机构、场所生产经营有关的费用，能够提供总机构出具的费用汇集范围、定额、分配依据和方法等证明文件并合理分摊的，准予扣除。

五、资产的税务处理

企业资产，是指企业拥有或者控制的、用于经营管理活动且与取得应税收入有关的资产。企业的各项资产，主要有固定资产、生产性生物资产、无形资产、长期待摊费用、投资资产、存货等，均以历史成本为计税基础。所谓"历史成本"，是指企业取得该项资产时实际发生的支出。企业持有各项资产期间资产增值或者减值，除国务院财政、税务主管部门规定可以确认损益外，不得调整该资产的计税基础。

企业转让资产的净值和在转让过程中发生的各项税金、费用，准予在计算应纳税所得额时扣除。资产的净值，是指有关资产、财产的计税基础减除已经按照规定扣除的折旧、折耗、摊销、准备金等后的余额，除另有规定外，企业在重组过程中，应当在交易发生时确认有关资产的转让所得或者损失，相关资产应当按照交易价格重新确定计税基础。

（一）固定资产

固定资产，是指企业为生产产品、提供劳务、出租或者经营管理而持有的、使用时间超过12个月的非货币性资产，包括房屋、建筑物、机器、机械、运输工具以及其他与生产经营活动有关的设备、器具、工具等。在计算应纳税所得额时，企业按照规定计算的固定资产折旧，准予扣除。

1. 下列固定资产不得计算折旧扣除

（1）房屋、建筑物以外未投入使用的固定资产。

（2）以经营租赁方式租入的固定资产。

（3）以融资租赁方式租出的固定资产。

（4）已足额提取折旧仍继续使用的固定资产。

（5）与经营活动无关的固定资产。

（6）单独估价作为固定资产入账的土地。

（7）其他不得计算折旧扣除的固定资产。

2. 固定资产按照以下方法确定计税基础

（1）外购的固定资产，以购买价款和支付的相关税费以及直接归属于使该资产达到预定用途发生的其他支出为计税基础。

（2）自行建造的固定资产，以竣工结算前发生的支出为计税基础。

（3）融资租入的固定资产，以租赁合同约定的付款总额和承租人在签订租赁合同过程中发生的相关费用为计税基础，租赁合同未约定付款总额的，以该资产的公允价值和承租人在签订租赁合同过程中发生的相关费用为计税基础。

（4）盘盈的固定资产，以同类固定资产的重置完全价值为计税基础。

（5）通过捐赠、投资、非货币性资产交换、债务重组等方式取得的固定资产，以该资产的公允价值和支付的相关税费为计税基础。

（6）改建的固定资产，除法定的支出外，以改建过程中发生的改建支出增加计税基础。

3. 固定资产按照直线法计算的折旧，准予扣除

企业应当自固定资产投入使用月份的次月起计算折旧；停止使用的固定资产，应当自停止使用月份的次月起停止计算折旧。企业应当根据固定资产的性质和使用情况，合理确定固定资产的预计

净残值。固定资产的预计净残值一经确定，不得变更。

4. 除国务院财政、税务主管部门另有规定外，固定资产计算折旧的最低年限

（1）房屋、建筑物，为20年。

（2）飞机、火车、轮船、机器、机械和其他生产设备，为10年。

（3）与生产经营活动有关的器具、工具、家具等，为5年。

（4）飞机、火车、轮船以外的运输工具，为4年。

（5）电子设备，为3年。

【例7-6·单选题】根据企业所得税法律制度的规定，下列各项中，应以同类固定资产的重置完全价值为计税基础的是（　　）万元。

A. 盘盈的固定资产　　　　　　　　B. 自行建造的固定资产

C. 外购的固定资产　　　　　　　　D. 通过捐赠取得的固定资产

答案及解析：A。选项B，以竣工结算前发生的支出为计税基础；选项C，以购买价款和支付的相关税费以及直接归属于使该资产达到预定用途发生的其他支出为计税基础；选项D，以该资产的公允价值和支付的相关税费为计税基础。

（二）生产性生物资产

生产性生物资产，是指企业为生产农产品、提供劳务或者出租等而持有的生物资产，包括经济林、薪炭林、产畜和役畜等。

1. 生产性生物资产按照以下方法确定计税基础

（1）外购的生产性生物资产，以购买价款和支付的相关税费为计税基础。

（2）通过捐赠、投资、非货币性资产交换、债务重组等方式取得的生产性生物资产，以该资产的公允价值和支付的相关税费为计税基础。

2. 生产性生物资产按照直线法计算的折旧，准予扣除

企业应当自生产性生物资产投入使用月份的次月起计算折旧；停止使用的生产性生物资产，应当自停止使用月份的次月起停止计算折旧。企业应当根据生产性生物资产的性质和使用情况，合理确定生产性生物资产的预计净残值。生产性生物资产的预计净残值一经确定，不得变更。

3. 生产性生物资产计算折旧的最低年限

（1）林木类生产性生物资产，为10年。

（2）畜类生产性生物资产，为3年。

（三）无形资产

无形资产，是指企业为生产产品、提供劳务、出租或者经营管理而持有的、没有实物形态的非货币性长期资产，包括专利权、商标权、著作权、土地使用权、非专利技术、商誉等。在计算应纳税所得额时，企业按照规定计算的无形资产摊销费用，准予扣除。

1. 下列无形资产不得计算摊销费用扣除

（1）自行开发的支出已在计算应纳税所得额时扣除的无形资产。

（2）自创商誉。

（3）与经营活动无关的无形资产。

（4）其他不得计算摊销费用扣除的无形资产。

2．无形资产按照以下方法确定计税基础

（1）外购的无形资产，以购买价款和支付的相关税费以及直接归属于使该资产达到预定用途发生的其他支出为计税基础。

（2）自行开发的无形资产，以开发过程中该资产符合资本化条件后至达到预定用途前发生的支出为计税基础。

（3）通过捐赠、投资非货币性资产交换、债务重组等方式取得的无形资产，以该资产的公允价值和支付的相关税费为计税基础。

3．无形资产按照直线法计算的摊销费用，准予扣除

无形资产的摊销年限不得低于10年。

作为投资或者受让的无形资产，有关法律规定或者合同约定了使用年限的，可以按照规定或者约定的使用年限分期摊销，外购商誉的支出。在企业整体转让或者清算时，准予扣除。

（四）长期待摊费用

长期待摊费用，是指企业发生的应在1个年度以上或几个年度进行摊销的费用。在计算应纳税所得额时，企业发生的下列支出作为长期待摊费用，按照规定摊销的，准予扣除。

（1）已足额提取折旧的固定资产的改建支出，按照固定资产预计尚可使用的年限分期摊销。

（2）租入固定资产的改建支出，按照合同约定的剩余租赁期限分期摊销。

所谓固定资产的改建支出，是指改变房屋或者建筑物结构、延长使用年限等发生的支出。

改建的固定资产延长使用年限的，除前述规定外，应当适当延长折旧年限。

（3）固定资产的大修理支出，按照固定资产尚可使用年限分期摊销，是指同时符合下列条件的支出。

①修理支出达到取得固定资产时计税基础的50%以上。

②修理后固定资产的使用年限延长2年以上。

（4）其他应当作为长期待摊费用的支出，自支出发生月份的次月起，分期摊销，摊销年限不得低于3年。

（五）投资资产

投资资产，是指企业对外进行权益性投资和债权性投资形成的资产。企业对外投资期间，投资资产的成本在计算应纳税所得额时不得扣除，企业在转让或者处置投资资产时，投资资产的成本，准予扣除。投资资产按照以下方式确定成本。

（1）通过支付现金方式取得的投资资产，以购买价款为成本。

（2）通过支付现金以外的方式取得的投资资产，以该资产的公允价值和支付的相关税费为成本。

（六）存货

存货，是指企业持有以备出售的产品或者商品、处在生产过程中的在产品、在生产或者提供劳务过程中耗用的材料和物料等。存货按照以下方法确定成本。

（1）通过支付现金方式取得的存货，以购买价款和支付的相关税费为成本。

（2）通过支付现金以外的方式取得的存货，以该存货的公允价值和支付的相关税费为成本。

（3）生产性生物资产收获的农产品，以产出或者采收过程中发生的材料费、人工费和分摊的间接费用等必要支出为成本。

企业使用或者销售存货，按照规定计算的存货成本，准予在计算应纳税所得额时扣除。

企业使用或者销售存货的成本计算方法，可以在先进先出法、加权平均法、个别计价法中选用一种。计价方法一经选用，不得随意变更。

（七）资产损失

资产损失，是指企业在生产经营活动中实际发生的、与取得应税收入有关的资产损失，包括现金损失，存款损失，坏账损失，贷款损失，股权投资损失，固定资产和存货的盘亏、毁损、报废、被盗损失，自然灾害等不可抗力因素造成的损失以及其他损失。企业发生上述资产损失，应在按税法规定实际确认或者实际发生的当年申报扣除。

企业以前年度发生的资产损失未能在当年税前扣除的，可以按照规定，向税务机关说明并进行专项申报扣除。其中，属于实际资产损失，准予追补至该项损失发生年度扣除，其追补确认期限一般不得超过五年。企业因以前年度实际资产损失未在税前扣除而多缴的企业所得税税款，可在追补确认年度企业所得税应纳税款中予以抵扣，不足抵扣的，向以后年度递延抵扣。

六、企业所得税应纳税额的计算

企业所得税的应纳税额的计算公式为：

$$应纳税额＝应纳税所得额×适用税率－减免税额－抵免税额$$

其中的减免税额和抵免税额，是指依照《企业所得税法》和国务院的税收优惠规定减征、免征和抵免的应纳税额。

企业取得的下列所得已在境外缴纳的所得税税额，可以从其当期应纳税额中抵免，抵免限额为该项所得依照规定计算的应纳税额；超过抵免限额的部分，可以在以后5个年度内，用每年抵免限额抵免当年应抵税额后的余额进行抵补。

（1）居民企业来源于中国境外的应税所得。

（2）非居民企业在中国境内设立机构、场所，取得发生在中国境外但与该机构、场所有实际联系的应税所得。

已在境外缴纳的所得税税额，是指企业来源于中国境外的所得依照中国境外税收法律以及相关规定应当缴纳并已经实际缴纳的企业所得税性质的税款。

抵免限额，是指企业来源于中国境外的所得，依照规定计算的应纳税额。除国务院财政、税务主管部门另有规定外，该抵免限额应当分国（地区）不分项计算，计算公式如下：

$$抵免限额＝中国境内、境外所得的应纳税总额×$$
$$来源于某国（地区）的应纳税所得额÷中国境内、境外应纳税所得总额$$

所谓5个年度，是指从企业取得的来源于中国境外的所得，已经在中国境外缴纳的企业所得税性质的税额超过抵免限额的当年的次年起连续5个纳税年度。

居民企业从其直接或间接控制的外国企业分得的来源于中国境外的股息、红利等权益性投资收益，外国企业在境外实际缴纳的所得税税额中属于该项所得负担的部分，可以作为该居民企业的可抵免境外所得税税额，在规定的抵免限额内抵免。

直接控制是指居民企业直接持有外国企业20%以上股份。间接控制是指居民企业以间接持股方式持有外国企业20%以上股份，具体认定办法由国务院财政、税务主管部门另行制定。企业按规定抵免企业所得税税额时，应当提供中国境外税务机关出具的税款所属年度的有关纳税凭证。

【例7-7·单选题】假设我国居民公司在2017年度来自境内所得8万元，来自境外税后收益2万元。已经在境外缴纳所得税0.5万元。境内外所得税税率分别为25%和20%，则2017年该公司在我国应纳企业所得税为（　　）万元。

A. 2　　　　　　　　B. 2.125　　　　　　　C. 2.5　　　　　　　D. 2.9

答案及解析：B。该公司2017年境内外应纳税所得额＝8＋2＋0.5＝10.5（万元），境外已纳税额0.5万元，抵免限额＝境外税前所得额×25%＝（2＋0.5）×25%＝0.625（万元）>0.5（万元），该公司2017年应在我国应纳企业所得税＝10.5×25%－0.5＝2.125（万元）。

七、企业所得税税收优惠

我国企业所得税的税收优惠包括免税收入、可以减免税的所得、优惠税率、民族自治地方的减免税、加计扣除、抵扣应纳税所得额、加速折旧、减计收入、抵免应纳税额和其他专项优惠政策。企业同时从事适用不同企业所得税待遇的项目的，其优惠项应当单独计算所得，并合理分摊企业的期间费用；没有单独计算的，不得享受企业所得税优惠。

（一）免税收入

免税收入，是指属于企业的应税所得，但是按照税法规定免予征收企业所得税的收入。企业的免税收入包括：

1. 国债利息收入

国债利息收入，是指企业持有国务院财政部门发行的国债取得的利息收入。

2. 符合条件的居民企业之间的股息、红利等权益性投资收益

符合条件的居民企业之间的股息、红利等权益性投资收益，是指居民企业直接投资于其他居民企业取得的投资收益。

3. 在中国境内设立机构、场所的非居民企业从居民企业取得与该机构、场所有实际联系的股息、红利等权益性投资收益

股息、红利等权益性投资收益，不包括连续持有居民企业公开发行并上市流通的股票不足12个月取得的投资收益。

4. 符合条件的非营利组织的收入

符合条件的非营利组织的收入，不包括非营利组织从事营利性活动取得的收入，但国务院财政、税务主管部门另有规定的除外。对非营利组织从事非营利性活动取得的收入给予免税，但从事营利性活动取得的收入则要征税。

（二）减、免税所得

1. 企业从事下列项目的所得，免征企业所得税

（1）蔬菜、谷物、薯类、油料、豆类、棉花、麻类、糖料、水果、坚果的种植。

（2）农作物新品种的选育。

（3）中药材的种植。

（4）林木的培育和种植。

（5）牲畜、家禽的饲养。

（6）林产品的采集。

（7）灌溉、农产品初加工、兽医、农技推广、农机作业和维修等农、林、牧、渔服务业项目。

（8）远洋捕捞。

2．企业从事下列项目的所得，减半征收企业所得税

（1）花卉、茶以及其他饮料作物和香料作物的种植。

（2）海水养殖、内陆养殖。

3．从事国家重点扶持的公共基础设施项目投资经营的所得

国家重点扶持的公共基础设施项目，是指《公共基础设施项目企业所得税优惠目录》规定的港口码头、机场、铁路、公路、城市公共交通、电力、水利等项目。

（1）企业从事上述国家重点扶持的公共基础设施项目的投资经营的所得，自项目取得第1笔生产经营收入所属纳税年度起，第1年至第3年免征企业所得税，第4年至第6年减半征收企业所得税。

（2）企业承包经营、承包建设和内部自建自用上述项目，不得享受上述企业所得税优惠。

4．从事符合条件的环境保护、节能节水项目的所得

符合条件的环境保护、节能节水项目，包括公共污水处理、公共垃圾处理、沼气综合开发利用、节能减排技术改造、海水淡化等。项目的具体条件和范围由国务院财政、税务主管部门会商国务院有关部门制定，报国务院批准后公布施行。

企业从事上述规定的符合条件的环境保护、节能节水项目的所得，自项目取得第1笔生产经营收入所属纳税年度起，第1年至第3年免征企业所得税，第4年至第6年减半征收企业所得税。

5．符合条件的技术转让所得

符合条件的技术转让所得免征、减征企业所得税，是指一个纳税年度内，居民企业技术转让所得不超过500万元的部分，免征企业所得税；超过500万元的部分，减半征收企业所得税。其计算公式为：

$$技术转让所得＝技术转让收入－技术转让成本－相关税费$$

6．非居民企业所得

在中国境内未设立机构、场所的，或者虽设立机构、场所但取得的所得与其所设机构、场所没有实际联系的非居民企业，其取得的来源于中国境内的所得，减按10%的税率征收企业所得税。下列所得可以免征企业所得税。

（1）外国政府向中国政府提供贷款取得的利息所得。

（2）国际金融组织向中国政府和居民企业提供优惠贷款取得的利息所得。

（3）经国务院批准的其他所得。

7．从2014年11月17日起，对合格境外机构投资者（QFII）、人民币合格境外机构投资者（RQFII）取得来源于中国境内的股票等权益性投资资产转让所得，暂免征收企业所得税

（三）小型微利企业和高新技术企业税收优惠

1.小型微利企业

符合条件的小型微利企业，减按20%的税率征收企业所得税。

符合条件的小型微利企业，是指从事国家非限制和禁止行业，并符合下列条件的企业：

（1）工业企业，年度应纳税所得额不超过50万元，从业人数不超过100人，资产总额不超过3 000万元。

（2）其他企业，年度应纳税所得额不超过50万元，从业人数不超过80人，资产总额不超过1 000万元。

从业人数，包括与企业建立劳动关系的职工人数和企业接受的劳务派遣用工人数。

从业人数和资产总额指标，应按企业全年的季度平均值确定。具体计算公式如下：

$$季度平均值＝（季初值＋季末值）÷2$$

$$全年季度平均值＝全年各季度平均值之和÷4$$

年度中间开业或者终止经营活动的，以其实际经营期作为一个纳税年度确定上述相关指标。

自2017年1月1日至2019年12月31日，对年应纳税所得额低于50万元（含50万元）的小型微利企业，其所得减按50%计入应纳税所得额，按20%的税率缴纳企业所得税。

2.高新技术企业

国家需要重点扶持的高新技术企业，减按15%的税率征收企业所得税。

国家需要重点扶持的高新技术企业，是指拥有核心自主知识产权，并同时符合下列条件的企业。

（1）产品（服务）属于《国家重点支持的高新技术领域》规定的范围。

（2）研究开发费用占销售收入的比例不低于规定比例。

（3）高新技术产品（服务）收入占企业总收入的比例不低于规定比例。

（4）科技人员占企业职工总数的比例不低于规定比例。

（5）高新技术企业认定管理办法规定的其他条件。

（四）民族自治地方的减免税

民族自治地方的自治机关对本民族自治地方的企业应缴纳的企业所得税中属于地方分享的部分，可以决定减征或者免征。自治州、自治县决定减征或者免征的，须报省、自治区、直辖市人民政府批准。

对民族自治地方内国家限制和禁止行业的企业，不得减征或者免征企业所得税。

（五）加计扣除

企业的下列支出，可以在计算应纳税所得额时加计扣除：

1.研究开发费用

研究开发费用的加计扣除，是指企业为开发新技术、新产品、新工艺发生的研究开发费用，未形成无形资产计入当期损益的，在按照规定据实扣除的基础上，按照研究开发费用的50%加计扣除；形成无形资产的，按照无形资产成本的150%摊销。

科技型中小企业开展研发活动中实际发生的研发费用，未形成无形资产计入当期损益的，在按规定据实扣除的基础上，在2017年1月1日至2019年12月31日期间，再按照实际发生额的75%在税前加计扣除；形成无形资产的，在上述期间按照无形资产成本的175%在税前摊销。科技型中小企业条件和管理办法由科技部、财政部和国家税务总局发布。

2. 安置残疾人员及国家鼓励安置的其他就业人员所支付的工资

企业安置残疾人员所支付的工资的加计扣除，是指企业安置残疾人员的，在按照支付给残疾职工工资据实扣除的基础上，按照支付给残疾职工工资的100%加计扣除。企业安置国家鼓励安置的其他就业人员所支付的工资的加计扣除办法，由国务院另行规定。

（六）应纳税所得额抵扣

创业投资企业采取股权投资方式投资于未上市的中小高新技术企业2年以上的，可以按照其投资额的70%在股权持有满2年的当年抵扣该创业投资企业的应纳税所得额；当年不足抵扣的，可以在以后纳税年度结转抵扣。

有限合伙制创业投资企业采取股权投资方式投资于未上市的中小高新技术企业满2年（24个月）的，其法人合伙人可按照对未上市中小高新技术企业投资额的70%抵扣，该法人合伙人从该有限合伙制创业投资企业分得的应纳税所得额，当年不足抵扣的，可以在以后纳税年度结转抵扣。

（七）加速折旧

企业的固定资产由于技术进步等原因，确需加速折旧的，可以缩短折旧年限或者采取加速折旧的方法。可以采取缩短折旧年限或者采取加速折旧的方法的固定资产，包括：

（1）由于技术进步，产品更新换代较快的固定资产。

（2）常年处于强震动、高腐蚀状态的固定资产。

采取缩短折旧年限方法的，最低折旧年限不得低于税法规定折旧年限的60%；采取加速折旧方法的，可以采取双倍余额递减法或者年数总和法。

对符合相关条件的生物药品制造业，专用设备制造业，铁路、船舶、航空航天和其他运输设备制造业，计算机、通信和其他电子设备制造业，仪器仪表制造业，信息传输、软件和信息技术服务等行业企业，2014年1月1日后购进的固定资产（包括自行建造），对符合相关条件的轻工、纺织、机械、汽车等4个领域重点行业的企业，2015年1月1日后新购进的固定资产，允许按不低于企业所得税法规定折旧年限的60%缩短折旧年限，或选择采取双倍余额递减法或年数总和法进行加速折旧。上述重点行业企业是指以上述行业业务为主营业务，其固定资产投入使用当年的主营业务收入占企业收入总额50%（不含）以上的企业。

企业在2014年1月1日后购进并专门用于研发活动的仪器、设备，单位价值不超过100万元的，可以一次性在计算应纳税所得额时扣除；单位价值超过100万元的，允许按不低于企业所得税法规定折旧年限的60%缩短折旧年限，或选择采取双倍余额递减法或年数总和法进行加速折旧。

（八）减计收入

企业以《资源综合利用企业所得税优惠目录》规定的资源作为主要原材料，生产国家非限制和禁止并符合国家和行业相关标准的产品取得的收入，减按90%计入收入总额。原材料占生产产品材料的比例不得低于优惠目录规定的标准。

（九）应纳税额抵免

企业购置并实际使用《环境保护专用设备企业所得税优惠目录》《节能节水专用设备企业所得税

优惠目录》《安全生产专用设备企业所得税优惠目录》规定的环境保护、节能节水、安全生产等专用设备的，该专用设备的投资额的10%可以从企业当年的应纳税额中抵免；当年不足抵免的，可以在以后5个纳税年度结转抵免。享受上述规定的企业所得税优惠的企业，应当实际购置并自身实际投入使用上述规定的专用设备；企业购置上述专用设备在5年内转让、出租的，应当停止享受企业所得税优惠，并补缴已经抵免的企业所得税税款。

购置并实际使用的环境保护、节能节水和安全生产专用设备，包括承租方企业以融资租赁方式租入的、并在融资租赁合同中约定租赁期届满时租赁设备所有权转移给承租方企业且符合规定条件的上述专用设备。凡融资租赁期届满后租赁设备所有权未转移至承租方企业的，承租方企业应停止享受抵免企业所得税优惠，并补缴已经抵免的企业所得税税款。

（十）西部地区的减免税

对设在西部地区以《西部地区鼓励类产业目录》中新增鼓励类产业项目为主营业务，且其当年度主营业务收入占企业收入总额70%以上的企业，自2014年10月1日起，可减按15%税率缴纳企业所得税。

八、企业所得税征收管理

（一）纳税地点

1. 居民企业的纳税地点

除税收法律、行政法规另有规定外，居民企业以企业登记注册地为纳税地点；但登记注册地在境外的，以实际管理机构所在地为纳税地点。

2. 非居民企业的纳税地点

非居民企业在中国境内设立机构、场所的，以机构、场所所在地为纳税地点。非居民企业在中国境内设立两个或者两个以上机构、场所的，经税务机关审核批准，可以选择由其主要机构、场所汇总缴纳企业所得税。

在中国境内未设立机构、场所的，或者虽设立机构、场所但取得的所得与其所设机构、场所没有实际联系的非居民企业，以扣缴义务人所在地为纳税地点。

非居民企业经批准汇总缴纳企业所得税后，需要增设、合并、迁移、关闭机构、场所或者停止机构、场所业务的，应当事先由负责汇总申报缴纳企业所得税的主要机构、场所向其所在地税务机关报告；需要变更汇总缴纳企业所得税的主要机构、场所的，依照前述规定办理。

（二）纳税期限

企业所得税按年计征，分月或者分季预缴，年终汇算清缴，多退少补。纳税年度自公历1月1日起至12月31日止。

企业在一个纳税年度中间开业，或者终止经营活动，使该纳税年度的实际经营期不足12个月的，应当以其实际经营期为1个纳税年度。企业依法清算时，应当以清算期间作为1个纳税年度。

企业应当自年度终了之日起5个月内，向税务机关报送年度企业所得税纳税申报表，并汇算清缴，结清应缴应退税款。

企业在年度中间终止经营活动的，应当自实际经营终止之日起60日内，向税务机关办理当期企业所得税汇算清缴。

（三）纳税申报

按月或按季预缴的，应当自月份或者季度终了之日起15日内，向税务机关报送预缴企业所得税纳税申报表，预缴税款。

企业在报送企业所得税纳税申报表时，应当按照规定附送财务会计报告和其他有关资料。

企业应当在办理注销登记前，就其清算所得向税务机关申报并依法缴纳企业所得税。

企业分月或者分季预缴企业所得税时，应当按照月度或者季度的实际利润额预缴；按照月度或者季度的实际利润额预缴有困难的，可以按照上一纳税年度应纳税所得额的月度或者季度平均额预缴，或者按照经税务机关认可的其他方法预缴。预缴方法一经确定，该纳税年度内不得随意变更。

企业在纳税年度内无论盈利或者亏损，都应当依照规定期限，向税务机关报送预缴企业所得税纳税申报表、年度企业所得税纳税申报表、财务会计报告和税务机关规定应当报送的其他有关资料。

企业所得税以人民币计算。所得以人民币以外的货币计算的，应当折合成人民币计算并缴纳税款。

企业所得以人民币以外的货币计算的，预缴企业所得税时，应当按照月度或者季度最后1日的人民币汇率中间价，折合成人民币计算应纳税所得额。

年度终了汇算清缴时，对已经按照月度或者季度预缴税款的，不再重新折合计算，只就该纳税年度内未缴纳企业所得税的部分，按照纳税年度最后1日的人民币汇率中间价，折合成人民币计算应纳税所得额。

经税务机关检查确认，企业少计或者多计前述规定的所得的，应当按照检查确认补税或者退税时的上一个月最后1日的人民币汇率中间价，将少计或者多计的所得折合成人民币计算应纳税所得额，再计算应补缴或者应退的税款。

第二节　个人所得税法律制度

个人所得税是以自然人取得的各项应税所得为征税对象所征收的一种税，是政府利用税收对个人收入进行调节的一种手段。《中华人民共和国个人所得税法》（以下简称《个人所得税法》）、《中华人民共和国个人所得税法实施条例》（以下简称《个人所得税法实施条例》），以及国家财政、税务主管部门又制定了一系列部门规章和规范性文件。这些法律法规、部门规章及规范性文件构成了我国的个人所得税法律制度。

一、个人所得税纳税人和所得来源的确定

个人所得税的纳税义务人包括在中国境内有住所，或者虽无住所但在中国境内居住满1年的个人，以及无住所又不居住或居住不满1年但有从中国境内取得所得的个人。具体包括中国公民，个体工商户，外籍个人以及中国香港、澳门、台湾同胞等。

个人独资企业和合伙企业不缴纳企业所得税，只对投资者个人或自然人合伙人取得的生产经营所得征收个人所得税。

个人独资企业和合伙企业分别是指依照我国相关法律登记成立的个人独资、合伙性质的企业以

及其他相关机构或组织。个人独资企业以投资者个人为纳税义务人，合伙企业以每一个合伙人为纳税义务人。

个人独资企业投资人以其个人财产对企业债务承担无限责任。普通合伙企业合伙人对合伙企业债务承担无限连带责任。有限合伙企业由普通合伙人和有限合伙人组成，普通合伙人对合伙企业债务承担无限连带责任，有限合伙人以其认缴的出资额为限对合伙企业债务承担责任。

（一）居民纳税人和非居民纳税人

各国对个人所得税的纳税人的界定通常有两种管辖权，即来源地税收管辖权和居民税收管辖权。在界定两者管辖权的标准上，通常采用住所标准和居住时间标准。我国的个人所得税制在纳税人的界定上既行使来源地税收管辖权，又行使居民税收管辖权，即把个人所得税的纳税义务人划分为居民和非居民两类。居民纳税义务人承担无限纳税义务（来源于境内外的全部所得都应纳税），非居民纳税义务人承担有限纳税义务（只限来源于境内的所得纳税）。

1. 住所标准

住所通常是指公民长期生活和活动的主要场所。我国《民法通则》规定："公民以他的户籍所在地的居住地为住所"。

住所分为永久性住所和习惯性住所。永久性住所通常指《民法通则》上规定的住所，具有法律意义。习惯性住所则是指经常居住地，它与永久性住所有时是一致的，有时又不一致。我国个人所得税法律制度采用习惯性住所的标准，将在中国境内有住所的个人界定为：因户籍、家庭、经济利益关系而在中国境内习惯性居住的个人。这样就将中、外籍人员，以及港、澳、台同胞与内地公民区别开来。

所谓习惯性居住或住所，是在税收上判断居民和非居民的一个法律意义上的标准。

不是指实际居住或在某一特定时期内的居住地。例如，个人因学习、工作、探亲、旅游等在中国境外居住的，当其在境外居住的原因消除后，则必须回到中国境内居住。那么，即使该人并未居住在中国境内，仍应将其判定为在中国习惯性居住。

2. 居住时间标准

居住时间是指个人在一国境内实际居住的时间天数。在实际生活中，有时个人在一国境内并无住所，又无经常性居住地，但是却在该国内停留的时间较长，从该国取得了收入，应对其行使税收管辖权，甚至视为该国的居民征税。各国在对个人所得征税的实践中，以个人居住时间长短作为衡量居民与非居民的居住时间标准，我国《个人所得税法》也采用了这一标准。

我国《个人所得税法》规定，一个纳税年度内在中国境内居住满365日，即以居住满1年为时间标准，达到这个标准的个人即为居民纳税人。在居住期间内临时离境的，即在一个纳税年度中一次离境不超过30日或者多次离境累计不超过90日的，不扣减日数，连续计算。

我国税法规定的住所标准和居住时间标准，是判定居民身份的两个要件，只要符合或达到其中任何一个条件，就可以被认定为居民纳税人。因此，根据以上两个标准，可以将居民和非居民纳税人定义为：在中国境内有住所，或者无住所但在境内居住满1年的个人，属于我国的居民纳税人；在中国境内无住所又不居住，或者无住所而在境内居住不满1年的个人，属于我国的非居民纳税人。

（二）居民纳税人和非居民纳税人的纳税义务

1. 居民纳税人的纳税义务

居民纳税人（在中国境内有住所，或者无住所而在境内居住满1年的个人）。应就其来源于中国境内和境外的所得，依照个人所得税法律制度的规定向中国政府履行全面纳税义务，缴纳个人所得税。

对于在中国境内无住所，但居住1年以上而未超过5年的个人，其来源于中国境内的所得应全部依法缴纳个人所得税。对于其来源于中国境外的各种所得，经主管税务机关批准，可以只就由中国境内公司、企业以及其他经济组织或个人支付的部分缴纳个人所得税。如果上述个人在居住期间临时离境，在临时离境工作期间的工资、薪金所得，仅就由中国境内企业或个人雇主支付的部分纳税。对于居住超过5年的个人，从第6年起，以后的各年度中，凡在境内居住满1年的，就其来源于中国境内、境外的全部所得缴纳个人所得税。

个人在中国境内居住满5年，是指个人在中国境内连续居住满5年，即在连续5年中的每一个纳税年度内均居住满1年。个人从第6年起在以后的各年度中，凡在境内居住满1年的，应当就其来源于境内、境外的所得申报纳税；凡在境内居住不满1年的，仅就其该年内来源于境内的所得申报纳税，如某一个纳税年度内在境内居住不足90日，其来源于中国境内的所得，由境外雇主支付并且不由该雇主在中国境内的机构、场所负担的部分，免予缴纳个人所得税，并从再次居住满1年的年度起计算5年期限。

2. 非居民纳税人的纳税义务

非居民纳税人（在中国境内无住所又不居住，或者无住所而在境内居住不满1年的个人），仅就其来源于中国境内取得的所得，向我国政府履行有限纳税义务，缴纳个人所得税。

（1）对于在中国境内无住所且一个纳税年度内在中国境内连续或累计工作不超过90日，或者在税收协定规定的期间内，在中国境内连续或累计居住不超过183日的个人，其来源于中国境内的所得，由中国境外雇主支付并且不是由该雇主设在中国境内机构负担的工资、薪金所得，免予缴纳个人所得税，仅就其实际在中国境内工作期间由中国境内企业或个人雇主支付或者由中国境内机构负担的工资、薪金所得纳税。不过，如果该中国境内企业、机构属于采取核定利润方法计征企业所得税，在该企业、机构任职、受雇的个人实际在中国境内工作期间取得的工资、薪金，不论是否在该企业、机构会计账簿中记载，均应视为该中国境内企业、机构支付或负担的工资、薪金，应予以征税。

（2）对于在中国境内无住所，但在一个纳税年度中在中国境内连续或累计工作超过90日，或在税收协定规定的期间内，在中国境内连续或累计居住超过183日但不满1年的个人，其来源于中国境内的所得，无论是由中国境内企业或个人雇主支付还是由境外企业或个人雇主支付，均应缴纳个人所得税。个人在中国境外取得的工资、薪金所得，除担任中国境内企业董事或高层管理人员，并在境外履行职务而由境内企业支付董事费或工资、薪金所得之外，不缴纳个人所得税。担任中国境内企业董事或高层管理人员取得的由中国境内企业支付的董事费或工资、薪金，不论个人是否在中国境外履行职务，均应申报缴纳个人所得税。对于上述涉及的境外雇主支付并且不是由中国境内机构负担工资、薪金所得的个人，如事先可预定在一个纳税年度中连续或累计居住超过90日或183日的，其每月应纳税额按期申报缴纳。事先不能预定的，可以待达到90日或183日后的次月15日内，就以前月份应纳的税款一并申报纳税。

具体判定标准及征收范围见表7-3。

表7-3　个人所得税的纳税人

纳税人	判定标准	征收范围
居民纳税人	（1）在中国境内有住所的个人 （2）在中国境内无住所且在中国境内居住满一年的个人	来源于中国境内的全部所得纳税
非居民纳税人	（1）在中国境内无住所且不居住的个人 （2）在中国境内无住所且居住不满一年的个人	仅就其来源于中国境内的所得，在我国纳税

（三）扣缴义务人

我国实行个人所得税代扣代缴和个人申报纳税相结合的征收管理制度。税法规定，凡支付应纳税所得的单位或个人，都是个人所得税的扣缴义务人。扣缴义务人在向纳税人支付各项应纳税所得（个体工商户的生产、经营所得和对企事业单位的承包经营、承租经营所得除外）时，必须履行代扣代缴税款的义务。

（四）所得来源的确定

下列所得，不论支付地点是否在中国境内，均为来源于中国境内的所得。

（1）因任职、受雇、履约等而在中国境内提供劳务取得的所得。

（2）将财产出租给承租人在中国境内使用而取得的所得。

（3）转让中国境内的建筑物、土地使用权等财产或者在中国境内转让其他财产取得的所得。

（4）许可各种特许权在中国境内使用而取得的所得。

（5）从中国境内的公司、企业以及其他经济组织或者个人取得的利息、股息、红利所得。

二、个人所得税应税所得项目

按应纳税所得的来源划分，现行个人所得税共分为11个应税项目。

（一）工资、薪金所得

1. 关于工资、薪金所得的一般规定

工资、薪金所得，是指个人因任职或者受雇而取得的工资、薪金、奖金、年终加薪、劳动分红、津贴、补贴以及与任职或者受雇有关的其他所得。工资薪金所得属于非独立个人劳动所得。

除工资、薪金以外，奖金、年终加薪、劳动分红、津贴、补贴也被列入"工资、薪金所得"项目。其中，年终加薪、劳动分红不分种类和取得情况，一律按"工资、薪金所得"项目课税。

下列项目不属于工资、薪金性质的补贴、津贴，不予征收个人所得税，这些项目包括：

（1）独生子女补贴。

（2）执行公务员工资制度未纳入基本工资总额的补贴、津贴差额和家属成员的副食补贴。

（3）托儿补助费。

（4）差旅费津贴、误餐补助。误餐补助是指按照财政部规定，个人因公在城区、郊区工作，不能在工作单位或返回就餐的，根据实际误餐顿数，按规定的标准领取的误餐费。单位以误餐补助名义发给职工的补助、津贴不包括在内。

2. 关于工资、薪金所得的特殊规定

（1）内部退养取得一次性收入征税问题。内部退养是未办理退休手续，只是提前离开工作岗位。

企业减员增效和行政、事业单位、社会团体在机构改革过程中实行内部退养的人员，在办理内部退养手续后从原任职单位取得的一次性收入，应按办理内部退养手续至法定离退休年龄之间的所属月份进行平均，并与领取当月的工资、薪金所得合并后减除当月费用扣除标准，以余额为基数确定适用税率，再将当月工资、薪金加上取得的一次性收入，减去费用扣除标准，按适用税率计征个人所得税。

个人在办理内部退养手续后至法定退休年龄之间重新就业取得的工资、薪金所得，应与其从原任职单位取得的同一月份的工资、薪金所得合并，并依法自行向主管税务机关申报个人所得税。

（2）提前退休取得一次性补贴收入征税问题。机关、企事业单位对未达到法定退休年龄、正式办理提前退休手续的个人，按照统一标准向提前退休工作人员支付一次性补贴，不属于免税的离退休工资收入，应按照"工资、薪金所得"项目征收个人所得税。

个人因办理提前退休手续而取得的一次性补贴收入，应按照办理提前退休手续至法定退休年龄之间所属月份平均分摊计算个人所得税。计税公式为：

$$应纳所得税额 = \{[（一次性补贴收入 \div 办理提前退休手续至法定退休年龄的实际月份数）- 费用扣除标准] \times 适用税率 - 速算扣除数\} \times 提前办理退休手续至法定退休年龄的实际月份数$$

（3）个人因与用人单位解除劳动关系而取得的一次性补偿收入征税问题。个人因与用人单位解除劳动关系而取得的一次性补偿收入（包括用人单位发放的经济补偿金、生活补助费和其他补助费用），其收入超过当地上年职工平均工资3倍数额部分的一次性补偿收入，可视为一次取得数月的工资、薪金收入，允许在一定期限内平均计算，方法为：以超过3倍数额部分的一次性补偿收入，除以个人在本企业的工作年限数（超过12年的按12年计算），以其商数作为个人的月工资、薪金收入，按照税法规定计算缴纳个人所得税。

个人领取一次性补偿收入时，按照国家和地方政府规定的比例实际缴纳的住房公积金、医疗保险费、基本养老保险费、失业保险费可以在计征其一次性补偿收入的个人所得税时予以扣除。

（4）退休人员再任职取得的收入征税问题。退休人员再任职取得的收入，符合相关条件的，在减除按税法规定的费用扣除标准后，按"工资、薪金所得"项目缴纳个人所得税。

（5）离退休人员从原任职单位取得补贴等征税问题。离退休人员除按规定领取离退休工资或养老金外，另从原任职单位取得的各类补贴、奖金、实物，不属于免税的退休工资、离休工资、离休生活补助费，应按"工资、薪金所得"项目缴纳个人所得税。

（6）个人取得公务交通、通信补贴收入征税问题。个人因公务用车和通信制度改革而取得的公务用车、通信补贴收入，扣除一定标准的公务费用后，按照"工资、薪金所得"项目计征个人所得税。按月发放的，并入当月工资、薪金所得计征个人所得税；不按月发放的，分解到所属月份并与该月份工资、薪金所得合并后计征个人所得税。

公务费用的扣除标准，由省级地方税务局根据纳税人公务交通、通信费用的实际发生情况调查测算，报经省级人民政府批准后确定，并报国家税务总局备案。

（7）公司职工取得的用于购买企业国有股权的劳动分红征税问题。公司职工取得的用于购买企业国有股权的劳动分红按"工资、薪金所得"项目计征个人所得税。

（8）个人取得股票增值权所得和限制性股票所得征税问题。个人因任职、受雇从上市公司取得的股票增值权所得和限制性股票所得，由上市公司或其境内机构按照"工资、薪金所得"项目和股票期权所得个人所得税计税方法，依法扣缴其个人所得税。

（9）关于失业保险费征税问题。城镇企业事业单位及其职工个人实际缴付的失业保险费，超过《失业保险条例》规定比例的，应将其超过规定比例缴付的部分计入职工个人当期的工资薪金收入，依法计征个人所得税。

（10）关于保险金征税问题。企业为员工支付各项免税之外的保险金，应在企业向保险公司缴付时（该保险落到被保险人的保险账户）并入员工当期的工资收入，按"工资、薪金所得"项目计征个人所得税，税款由企业负责代扣代缴。

（11）企业年金、职业年金征税问题。企业和事业单位超过国家有关政策规定的标准，为在本单位任职或者受雇的全体职工缴付的企业年金或职业年金（以下统称年金）单位缴费部分，应并入个人当期的工资、薪金所得，依法计征个人所得税。税款由建立年金的单位代扣代缴，并向主管税务机关申报解缴。

个人根据国家有关政策规定缴付的年金个人缴费部分，超过本人缴费工资计税基数的4%的部分，应并入个人当期的工资、薪金所得，依法计征个人所得税。税款由建立年金的单位代扣代缴，并向主管税务机关申报解缴。

个人达到国家规定的退休年龄之后按月领取的年金，按照"工资、薪金所得"项目适用的税率，计征个人所得税；按年或按季领取的年金，平均分摊计入各月，每月领取额按照"工资、薪金所得"项目适用的税率，计征个人所得税。

（12）对在中国境内无住所的个人一次取得数月奖金或年终加薪、劳动分红（以下简称奖金，不包括应按月支付的奖金）的计算征税问题。对在中国境内无住所的个人取得的奖金，可单独作为一个月的工资、薪金所得计算纳税、由于对每月的工资、薪金所得计税时已按月扣除了费用，因此，对奖金不再减除费用，全额作为应纳税所得额直接按适用税率计算应纳税款，并且不再按居住天数进行划分计算。上述个人应在取得奖金月份的次月15日内申报纳税。但有一种特殊情况，即在中国境内无住所的个人在担任境外企业职务的同时，兼任该外国企业在华机构的职务，但并不实际或不经常到华履行该在华机构职务，对其一次取得的数月奖金中属于全月未在华的月份奖金，依照劳务发生地原则，可不作为来源于中国境内的奖金收入计算纳税。

（13）特定行业职工取得的工资、薪金所得的计税问题。为了照顾采掘业、远洋运输业、远洋捕捞业因季节、产量等因素的影响，职工的工资、薪金收入呈现较大幅度波动的实际情况，对这三个特定行业的职工取得的工资、薪金所得，可按月预缴，年度终了后30日内，合计其全年工资、薪金所得，再按12个月平均，并计算实际应纳的税款，多退少补，用公式表示为：

应纳所得税额＝[（全年工资、薪金收入÷12－费用扣除标准）×税率速算扣除数]×12

（14）兼职律师从律师事务所取得工资、薪金性质的所得征税问题。兼职律师是指取得律师资格和律师执业证书，不脱离本职工作从事律师职业的人员兼职律师并从律师事务所取得工资、薪金性质的所得，律师事务所在代扣代缴其个人所得税时，不再减除个人所得税法规定的费用扣除标准，以收入全额（取得分成收入的为扣除办理案件支出费用后的余额）直接确定适用税率，计算扣缴个人所得税。兼职律师应自行向主管税务机关申报两处或2处以上取得的工资、薪金所得，合并计算缴纳个人所得税。

（二）个体工商户的生产、经营所得

个体工商户的生产、经营所得包括：

（1）个体工商户从事工业、手工业、建筑业、交通运输业、商业、饮食业、服务业、修理业以及其他行业取得的所得。

（2）个人经政府有关部门批准，取得执照，从事办学、医疗、咨询以及其他有偿服务活动取得的所得。

（3）其他个人从事个体工商业生产、经营取得的所得。

（4）个体工商户和个人取得的与生产、经营有关的各项应税所得。

（5）实行查账征税办法的个人独资企业和合伙企业的个人投资者的生产经营所得比照执行。

个体工商户和从事生产经营的个人，取得与生产、经营活动无关的其他各项应税所得，应分别按照有关规定，计算征收个人所得税。

个人因从事彩票代销业务而取得所得，应按照"个体工商户的生产、经营所得"项目计征个人所得税。

（三）对企事业单位的承包经营、承租经营所得

对企事业单位的承包经营、承租经营所得，是指个人承包经营或承租经营以及转包、转租取得的所得，还包括个人按月或按次取得的工资、薪金性质的所得。承包经营、承租经营形式较多，分配方式各有不同，主要分为两类。

（1）个人对企事业单位承包、承租经营后，工商登记改变为个体工商户的。这类承包、承租经营所得，实际上属于个体工商户的生产、经营所得，应按"个体工商户的生产、经营所得"项目征收个人所得税，不再征收企业所得税。

（2）个人对企事业单位承包、承租经营后，工商登记仍为企业的，不论其分配方式如何，均应先按照企业所得税的有关规定缴纳企业所得税，然后根据承包、承租经营者按合同（协议）规定取得的所得，依照（个人所得税法）有关规定缴纳个人所得税，具体包括以下两种情况。

①承包、承租人对企业经营成果不拥有所有权，仅按合同（协议）规定取得一定所得的，应按"工资、薪金所得"项目征收个人所得税。

②承包、承租按合同（协议）规定只向发包方、出租方缴纳一定的费用，缴纳承包，承租费后的企业的经营成果归承包、承租人所有的，其取得的所得，按"对企事业单位的承包经营、承租经营所得"项目征收个人所得税。

（四）劳务报酬所得

劳务报酬所得，是指个人独立从事非雇佣的各种劳务所取得的所得。内容包括：设计、装潢、安装、制图、化验、测试、医疗、法律、会计、咨询、讲学、新闻、广播、翻译、审稿、书画、雕刻、影视、录音、录像、演出、表演、广告、展览、技术服务、介绍服务、经纪服务、代办服务、其他劳务。

区分"劳务报酬所得"和"工资、薪金所得"，主要看是否存在雇佣与被雇佣的关系。"工资、薪金所得"是个人从事非独立劳动，从所在单位（雇主）领取的报酬，存在雇佣与被雇佣的关系，

即在机关、团体、学校、部队、企事业单位及其他组织中任职、受雇而得到的报酬。而"劳务报酬所得"则是指个人独立从事某种技艺，独立提供某种劳务而取得的报酬，一般不存在雇佣关系。个人所得税所列各项"劳务报酬所得"一般属于个人独立从事自由职业取得的所得或属于独立个人劳动所得。如果从事某项劳务活动取得的报酬是以工资、薪金形式体现的，如演员从其所属单位领取工资，教师从学校领取工资，就属于"工资、薪金所得"，而不属于"劳务报酬所得"。如果从事某项劳务活动取得的报酬不是来自聘用、雇佣或工作单位，如演员"走穴"演出取得的报酬，教师自行举办学习班、培训班等取得的收入，就属于"劳务报酬所得"或"个体工商户的生产、经营所得"。

（1）个人兼职取得的收入应按照"劳务报酬所得"项目缴纳个人所得税。

（2）律师以个人名义再聘请其他人员为其工作而支付的报酬，应由该律师按"劳务报酬所得"项目负责代扣代缴个人所得税。为了便于操作，税款可由其任职的律师事务所代为缴入国库。

（3）证券经纪人从证券公司取得的佣金收入，应按照"劳务报酬所得"项目缴纳个人所得税证券经纪人佣金收入由展业成本和劳务报酬构成，对展业成本部分不征收个人所得税。根据目前实际情况，证券经纪人展业成本的比例暂定为每次收入额的40%。

（4）个人保险代理人以其取得的佣金、奖励和劳务费等相关收入（不含增值税）减去地方税费附加及展业成本，按照规定计算个人所得税。展业成本，是指佣金收入减去地方税费附加余额的40%。个人保险代理人，是指根据保险企业的委托，在保险企业授权范围内代为办理保险业务的自然人，不包括个体工商户。

（五）稿酬所得

稿酬所得，是指个人因其作品以图书、报刊形式出版、发表而取得的所得。作品包括文学作品、书画作品、摄影作品以及其他作品。作者去世后，财产继承人取得的遗作稿酬，也应征收个人所得税。

（六）特许权使用费所得

特许权使用费所得，是指个人提供专利权、商标权、著作权、非专利技术以及其他特许权的使用权取得的所得。

（1）我国个人所得税法律制度规定，提供著作权的使用权取得的所得，不包括稿酬所得，对于作者将自己的文字作品手稿原件或复印件公开拍卖（竞价）取得的所得，属于提供著作权的使用所得，故应按"特许权使用费所得"项目征收个人所得税。

（2）个人取得特许权的经济赔偿收入，应按"特许权使用费所得"项目缴纳个人所得税，税款由支付赔偿的单位或个人代扣代缴。

（3）从2002年5月1日起，编剧从电视剧的制作单位取得的剧本使用费，不再区分剧本的使用方是否为其任职单位，统一按"特许权使用费所得"项目征收个人所得税。

【例7-8·单选题】作家马某2017年12月从某电视剧制作中心取得剧本使用费50 000元。下列关于马某该项收入计缴个人所得税的表述中，正确的是（   ）。

A. 应按"稿酬所得"计缴个人所得税

B. 应按"工资、薪金所得"计缴个人所得税

C. 应按"劳务报酬所得"计缴个人所得税

D. 应按"特许权使用费所得"计缴个人所得税

答案：D。

（七）利息、股息、红利所得

利息、股息、红利所得，是指个人拥有债权、股权而取得的利息、股息、红利所得。其中，利息一般是指存款、贷款和债券的利息。股息、红利是指个人拥有股权取得的公司、企业分红。按照一定的比率派发的每股息金，称为股息。根据公司、企业应分配的超过股息部分的利润，按股派发的红股，称为红利。

（1）个人投资者收购企业股权后，将企业原有盈余积累转增股本个人所得税问题。

一名或多名个人投资者以股权收购方式取得被收购企业100%的股权，股权收购前，被收购企业原账面金额中的"资本公积、盈余公积、未分配利润"等盈余积累未转增股本，而在股权交易时将其一并计入股权转让价格并履行了所得税纳税义务。股权收购后，企业将原账面金额中的盈余积累向个人投资者（新股东，下同）转增股本，有关个人所得税问题区分以下情形处理。

①新股东以不低于净资产价格收购股权的，企业原盈余积累已全部计入股权交易价格，新股东取得盈余积累转增股本的部分，不征收个人所得税。

②新股东以低于净资产价格收购股权的，企业原盈余积累中，对于股权收购价格减去原股本的差额部分已经计入股权交易价格，新股东取得盈余积累转增股本的部分，不征收个人所得税；对于股权收购价格低于原所有者权益的差额部分未计入股权交易价格，新股东取得盈余积累转增股本的部分，应按照"利息、股息、红利所得"项目征收个人所得税。

新股东以低于净资产价格收购企业股权后转增股本，应按照下列顺序进行，即先转增应税的盈余积累部分，然后再转增免税的盈余积累部分。

（2）个人从公开发行和转让市场取得的上市公司股票，持股期限在1个月以内（含1个月）的，其股息红利所得全额计入应纳税所得额；持股期限在1个月以上至1年（含1年）的，暂减按50%计入应纳税所得额；持股期限超过1年的，暂减按25%计入应纳税所得额。上述所得统一适用20%的税率计征个人所得税。

对个人持有上市公司股票，解禁后取得的股息红利，按照上市公司股息红利差别化个人所得税政策规定计算纳税，持股时间自解禁日起计算；解禁前取得的股息红利继续暂减按50%计入应纳税所得额，适用20%的税率计征个人所得税。

个人从公开发行和转让市场取得的上市公司股票包括：

①通过证券交易所集中交易系统或大宗交易系统取得的股票。

②通过协议转让取得的股票。

③因司法扣划取得的股票。

④因依法继承或家庭财产分割取得的股票。

⑤通过收购取得的股票。

⑥权证行权取得的股票。

⑦使用可转换公司债券转换的股票。

⑧取得发行的股票、配股、股份股利及公积金转增股本。

⑨持有从代办股份转让系统转到主板市场（或中小板、创业板市场）的股票。

⑩上市公司合并，个人持有的被合并公司股票转换的合并后公司股票。

⑪上市公司分立，个人持有的被分立公司股票转换的分立后公司股票。

⑫其他从公开发行和转让市场取得的股票。

（八）财产租赁所得

财产租赁所得，是指个人出租建筑物、土地使用权、机器设备、车船以及其他财产取得的所得。

（1）个人取得的房屋转租收入，属于"财产租赁所得"项目。取得转租收入的个人向房屋出租方支付的租金，凭房屋租赁合同和合法支付凭据允许在计算个人所得税时，从该项转租收入中扣除。

（2）房地产开发企业与商店购买者个人签订协议，以优惠价格出售其商店给购买者个人，购买者个人在一定期限内必须将购买的商店无偿提供给房地产开发企业对外出租使用，该行为实质上是购买者个人以所购商店交由房地产开发企业出租而取得的房屋租赁收入支付了部分购房价款。对购买者个人少支出的购房价款，应视同个人财产租赁所得，按照"财产租赁所得"项目征收个人所得税。每次财产租赁所得的收入额，按照少支出的购房价款和协议规定的租赁月份数平均计算确定。

（九）财产转让所得

财产转让所得，是指个人转让有价证券、股权、建筑物、土地使用权、机器设备、车船以及其他财产取得的所得。

（1）个人将投资于在中国境内成立的企业或组织（不包括个人独资企业和合伙企业）的股权或股份，转让给其他个人或法人的行为，按照"财产转让所得"项目，依法计算缴纳个人所得税，具体包括以下情形。

①出售股权。

②公司回购股权。

③发行人首次公开发行新股时，被投资企业股东将其持有的股份以公开发行方式一并向投资者发售。

④股权被司法或行政机关强制过户。

⑤以股权对外投资或进行其他非货币性交易。

⑥以股权抵偿债务。

⑦其他股权转移行为。

（2）个人因各种原因终止投资、联营、经营合作等行为，从被投资企业或合作项目、被投资企业的其他投资者以及合作项目的经营合作人取得股权转让收入、违约金、补偿金、赔偿金及以其他名目收回的款项等，均属于个人所得税应税收入，应按照"财产转让所得"项目适用的规定计算缴纳个人所得税。

（3）个人以非货币性资产投资，属于个人转让非货币性资产和投资同时发生，对个人转让非货币性资产的所得，应按照"财产转让所得"项目，依法计算缴纳个人所得税。

（4）纳税人收回转让的股权征收个人所得税的方法。

①股权转让合同履行完毕、股权已作变更登记，且所得已经实现的，转让人取得的股权转让收入应当依法缴纳个人所得税。转让行为结束后，当事人双方签订并执行解除原股权转让合同、退回股权的协议，是另一次股权转让行为，对前次转让行为征收的个人所得税款不予退回。

②股权转让合同未履行完毕，因执行仲裁委员会做出的解除股权转让合同及补充协议的裁决、停止执行原股权转让合同，并原价收回已转让股权的，由于其股权转让行为尚未完成、收入未完全实现，随着股权转让关系的解除，股权收益不复存在，纳税人不应缴纳个人所得税。

（5）自2010年1月1日起，对个人转让限售股取得的所得，按照"财产转让所得"项目征收个人所得税。

个人转让限售股，以每次限售股转让收入，减除股票原值和合理税费后的余额，为应纳税所得额。即：

$$应纳税所得额＝限售股转让收入－（限售股原值＋合理税费）$$

$$应纳税额＝应纳税所得额×20\%$$

限售股转让收入，是指转让限售股股票实际取得的收入。限售股原值，是指限售股买入时的买入价及按照规定缴纳的有关费用。合理税费，是指转让限售股过程中发生的印花税、佣金、过户费等与交易相关的税费。

（6）个人通过招标、竞拍或其他方式购置债权以后，通过相关司法或行政程序主张债权而取得的所得，应按照"财产转让所得"项目缴纳个人所得税。

（7）个人通过网络收购玩家的虚拟货币，加价后向他人出售取得的收入，应按照"财产转让所得"项目计算缴纳个人所得税。

（十）偶然所得

偶然所得，是指个人得奖、中奖、中彩以及其他偶然性质的所得。得奖是指参加各种有奖竞赛活动，取得名次得到的奖金；中奖、中彩是指参加各种有奖活动，如有奖储蓄，或者购买彩票，经过规定程序，抽中、摇中号码而取得的奖金。

（1）企业对累积消费达到一定额度的顾客，给予额外抽奖机会，个人的获奖所得，按照"偶然所得"项目，全额缴纳个人所得税。

（2）个人取得单张有奖发票奖金所得超过800元的，应全额按照"偶然所得"项目征收个人所得税。税务机关或其指定的有奖发票兑奖机构，是有奖发票奖金所得个人所得税的扣缴义务人。

（十一）经国务院财政部门确定征税的其他所得

除上述列举的各项个人应税所得外，其他确有必要征税的个人所得，由国务院财政部门确定。例如个人为单位或他人提供担保获得报酬；房屋产权所有人将房屋产权无偿赠与他人的，受赠人因无偿受赠房屋取得的受赠所得；企业在业务宣传、广告等活动中，随机向本单位以外的个人赠送礼品，对个人取得的礼品所得；企业在年会、座谈会、庆典以及其他活动中向本单位以外的个人赠送礼品，对个人取得的礼品所得等按照"经国务院财政部门确定征税的其他所得"项目，全额适用20%的税率缴纳个人所得税。

个人取得的所得，难以界定应纳税所得项目的，由主管税务机关确定。

三、个人所得税税率

（一）工资、薪金所得适用税率

工资、薪金所得适用3%~45%的超额累进税率，计算缴纳个人所得税。具体税率和速算扣除数见表7-4。

表7-4　个人所得税税率表

级数	全月应纳税所得额	税率（%）	速算扣除数
1	不超过1 500元的	3	0
2	超过1 500元至4 500元的部分	10	105
3	超过4 500元至9 000元的部分	20	555
4	超过9 000元至35 000元的部分	25	1 005
5	超过35 000元至55 000元的部分	30	2 755
6	超过55 000元至80 000元的部分	35	5 505
7	超过80 000元的部分	45	13 505

注：（1）本表所列含税级距与不含税级距，均为按照税法规定减除有关费用后的所得额。

（2）含税级距适用于由纳税人负担税款的工资、薪金所得；不含税级距适用于由他人（单位）代付税款的工资、薪金所得。

（二）个体工商户的生产、经营所得和对企事业单位的承包经营、承租经营所得适用税率

个体工商户的生产、经营所得和对企事业单位的承包经营、承租经营所得适用5%~35%的超额累进税率，计算缴纳个人所得税。具体税率和速算扣除数见表7-5。

表7-5　个人所得税税率表
（个体工商户的生产、经营所得和对企事业单位的承包经营、承租经营所得适用）

级数	全年应纳税所得额	税率（%）	速算扣除数
1	不超过15 000元的	5	0
2	超过15 000元到30 000元的部分	10	750
3	超过30 000元至60 000元的部分	20	3 750
4	超过60 000元至100 000元的部分	30	9 750
5	超过100 000元的部分	35	14 750

注：（1）本表所列含税级距与不含税级距，均为按照税法规定以每一纳税年度的收入总额减除成本、费用以及损失后的所得额。

（2）含税级距适用于个体工商户的生产、经营所得和由纳税人负担税款的对企事业单位的承包经营、承租经营所得；不含税级距适用于由他人（单位）代付税款的对企事业单位的承包经营、承租经营所得。

实行查账征税办法的个人独资企业和合伙企业，其税率比照"个体工商户的生产、经营所得"项目，适用5%~35%的五级超额累进税率，计算征收个人所得税；实行核定应税所得率征收方式的，先按照应税所得率计算其应纳税所得额，再按其应纳税所得额的大小，适用5%~35%的五级超额累进

税率计算征收个人所得税。

投资者兴办两个或两个以上企业，并且企业性质全部是独资的，年度终了后汇算清缴时，应纳税款的计算按以下方法进行：汇总其投资兴办的所有企业的经营所得作为应纳税所得额，以此确定适用税率，计算出全年经营所得的应纳税额，再根据每个企业的经营所得占所有企业经营所得的比例，分别计算出每个企业的应纳税额和应补缴税额。

（三）稿酬所得适用税率

稿酬所得适用比例税率，税率为20%，并按应纳税额减征30%，即只征收70%的税额，其实际税率为14%。

（四）劳务报酬所得适用税率

劳务报酬所得适用比例税率，税率为20%。对劳务报酬所得一次收入畸高的，可以实行加成征收。所谓"劳务报酬所得一次收入畸高的"，是指个人一次取得劳务报酬，其应纳税所得额超过20 000元。劳务报酬所得加成征税采取超额累进办法，即个人取得劳务报酬收入的应纳税所得额一次超过20 000~50 000元的部分，按照税法规定计算应纳税额后，再按照应纳税额加征五成；超过50 000元的部分，加征十成。具体税率及速算扣除数见表7-6。

表7-6　个人所得税税率表（劳务报酬所得适用）

级数	每次应纳税所得额	税率（%）	速算扣除数
1	不超过20 000元的	20	0
2	超过20 000元至50 000元的部分	30	2 000
3	超过50 000元的部分	40	7 000

注：本表所称"每次应纳税所得额"，是指每次收入额减除费用800元（每次收入额不超过4 000元时）或者减除20%的费用（每次收入额超过4 000元时）后的余额。

（五）特许权使用费所得，利息、股息、红利所得，财产租赁所得，财产转让所得，偶然所得和经国务院财政部门确定征税的其他所得适用税率

特许权使用费所得，利息、股息、红利所得，财产租赁所得，财产转让所得，偶然所得和经国务院财政部门确定征税的其他所得适用比例税率，税率为20%。

自2001年1月1日起，对个人出租住房取得的所得暂减按10%的税率征收个人所得税。

四、个人所得税应纳税所得额的确定

（一）计税依据

个人所得税的计税依据是纳税人取得的应纳税所得额，应纳税所得额为个人取得的各项收入减去税法规定的费用扣除金额和减免税收入后的余额。由于个人所得税的应税项目不同，扣除费用标准也各不相同，需要按不同应税项目分项计算。

1. 收入的形式

个人取得的应纳税所得形式，包括现金、实物、有价证券和其他形式的经济利益纳税人所得为

实物的，应按照取得的凭证上的价格计算应纳税所得额；无凭证的实物或者凭证上所注明的价格明显偏低的，由主管税务机关参照当地的市场价格核定应纳税所得额；纳税人所得为有价证券的，根据票面价格和市场价格核定应纳税所得额；纳税人所得为其他形式经济利益的，参照市场价格核定应纳税所得额。

2．费用扣除的方法

在计算应纳税所得额时，一般允许从个人的应税收入中减去税法规定的费用扣除金额，仅就扣除费用后的余额征税。

我国现行的个人所得税采取分项确定、分类扣除，根据其所得的不同情况分别实行定额、定率和限额内据实扣除三种扣除办法。

（1）对工资、薪金所得涉及的个人生计费用，采取定额扣除的办法。

（2）对个体工商户的生产、经营所得和对企事业单位的承包经营、承租经营所得及财产转让所得，涉及生产、经营有关成本或费用的支出，采取限额内据实扣除有关成本、费用或规定的必要费用的办法。

（3）对劳务报酬所得、稿酬所得、特许权使用费所得、财产租赁所得，采取定额和定率两种扣除办法。

（4）利息、股息、红利所得、偶然所得和经国务院财政部门确定征税的其他所得，不得扣除任何费用。

（二）个人所得项目的具体扣除标准

1．工资、薪金所得

以每月收入额减除费用3 500元后的余额，为应纳税所得额。在中国境内的外商投资企业和外国企业中工作取得工资、薪金所得的外籍人员，应聘在中国境内的企业、事业单位、社会团体、国家机关中工作取得工资、薪金所得的外籍专家，在中国境内有住所而在中国境外任职或者受雇取得工资、薪金所得的个人，每月在减除3 500元费用的基础上，再减除1 300元的附加减除费用，费用扣除总额为4 800元。

2．个体工商户的生产、经营所得

以每一纳税年度的收入总额，减除成本、费用、税金、损失、其他支出以及允许弥补的以前年度亏损后的余额，为应纳税所得额。

成本是指个体工商户在生产经营活动中发生的销售成本、销货成本、业务支出以及其他耗费。

费用是指个体工商户在生产经营活动中发生的销售费用、管理费用和财务费用，已经计入成本的有关费用除外。

税金是指个体工商户在生产经营活动中发生的除个人所得税和允许抵扣的增值税以外的各项税金及其附加。

损失是指个体工商户在生产经营活动中发生的固定资产和存货的盘亏、毁损、报废损失，转让财产辑失，坏账损失，自然灾害等不可抗力因素造成的损失以及其他损失。个体工商户发生的损失，减除责任人赔偿和保险赔款后的余额，参照财政部、国家税务总局有关企业资产损失税前扣除的规定扣除。

其他支出是指除成本、费用、税金、损失外，个体工商户在生产经营活动中发生的与生产经营活动有关的、合理的支出。

允许弥补的以前年度亏损，是指个体工商户依照规定计算的应纳税所得额小于零的数额。

个体工商户已经作为损失处理的资产，在以后纳税年度又全部收回或者部分收回时，应当计入收回当期的收入。

（1）个体工商户的下列支出不得扣除。

①个人所得税税款。

②税收滞纳金。

③罚金、罚款和被没收财物的损失。

④不符合扣除规定的捐赠支出。

⑤赞助支出。

⑥用于个人和家庭的支出。

⑦与取得生产经营收入无关的其他支出。

⑧国家税务总局规定不准扣除的支出。

（2）个体工商户生产经营活动中，应当分别核算生产经营费用和个人、家庭费用。对于生产经营与个人、家庭生活混用难以分清的费用，其40%视为与生产经营有关的费用，准予扣除。

（3）个体工商户纳税年度发生的亏损，准予向以后年度结转，用以后年度的生产经营所得弥补，但结转年限最长不得超过5年。

（4）个体工商户实际支付给从业人员的、合理的工资薪金支出，准予扣除。

个体工商户业主的费用扣除标准统一确定为42 000元/年，即3 500元/月。

个体工商户业主的工资薪金支出不得税前扣除。

（5）个体工商户按照国务院有关主管部门或者省级人民政府规定的范围和标准为其业主和从业人员缴纳的基本养老保险费、基本医疗保险费、失业保险费、生育保险费、工伤保险费和住房公积金，准予扣除。

个体工商户为从业人员缴纳的补充养老保险费、补充医疗保险费，分别在不超过从业人员工资总额5%标准内的部分据实扣除；超过部分，不得扣除。

个体工商户业主本人缴纳的补充养老保险费、补充医疗保险费，以当地（地级市）上年度社会平均工资的3倍为计算基数，分别在不超过该计算基数5%标准内的部分据实扣除；超过部分，不得扣除。

除个体工商户依照国家有关规定为特殊工种从业人员支付的人身安全保险费和财政部、国家税务总局规定可以扣除的其他商业保险费外，个体工商户业主本人或者为从业人员支付的商业保险费，不得扣除。

（6）个体工商户在生产经营活动中，发生的合理的不需要资本化的借款费用，准予扣除。

（7）个体工商户在生产经营活动中发生的下列利息支出，准予扣除。

①向金融企业借款的利息支出。

②向非金融企业和个人借款的利息支出，不超过按照金融企业同期同类贷款利率计算的数额的部分。

（8）个体工商户向当地工会组织拨缴的工会经费、实际发生的职工福利费支出、职工教育经费支出分别在工资薪金总额的2%、14%、2.5%的标准内据实扣除。

工资薪金总额是指允许在当期税前扣除的工资薪金支出数额。

职工教育经费的实际发生数额超出规定比例当期不能扣除的数额，准予在以后纳税年度结转扣除。

个体工商户业主本人向当地工会组织缴纳的工会经费、实际发生的职工福利费支出、职工教育经费支出，以当地（地级市）上年度社会平均工资的3倍为计算基数，在规定比例内据实扣除。

（9）个体工商户发生的与生产经营活动有关的业务招待费，按照实际发生额的60%扣除，但最高不得超过当年销售（营业）收入的5‰。

业主自申请营业执照之日起至开始生产经营之日止所发生的业务招待费，按照实际发生额的60%计入个体工商户的开办费。

（10）个体工商户每一纳税年度发生的与其生产经营活动直接相关的广告费和业务宣传费不超过当年销售（营业）收入15%的部分，可以据实扣除；超过部分，准予在以后纳税年度结转扣除。

（11）个体工商户代其从业人员或者他人负担的税款，不得税前扣除。

（12）个体工商户按照规定缴纳的摊位费、行政性收费、协会会费等，按实际发生数额扣除。

（13）个体工商户参加财产保险，按照规定缴纳的保险费，准予扣除。

（14）个体工商户发生的合理的劳动保护支出，准予扣除。

（15）个体工商户自申请营业执照之日起至开始生产经营之日止所发生符合规定的费用，除为取得固定资产、无形资产的支出，以及应计入资产价值的汇兑损益、利息支出外，作为开办费，个体工商户可以选择在开始生产经营的当年一次性扣除，也可自生产经营月份起在不短于3年期限内摊销扣除，但一经选定，不得改变。

开始生产经营之日为个体工商户取得第一笔销售（营业）收入的日期。

（16）个体工商户通过公益性社会团体或者县级以上人民政府及其部门，用于《中华人民共和国公益事业捐赠法》规定的公益事业的捐赠，捐赠额不超过其应纳税所得额30%的部分可以据实扣除。

财政部、国家税务总局规定可以全额在税前扣除的捐赠支出项目，按有关规定执行。

个体工商户直接对受益人的捐赠不得扣除。

（17）个体工商户研究开发新产品、新技术、新工艺所发生的开发费用，以及研究开发新产品、新技术而购置单台价值在10万元以下的测试仪器和试验性装置的购置费准予直接扣除；单台价值在10万元以上（含10万元）的测试仪器和试验性装置，按固定资产管理，不得在当期直接扣除。

查账征收的个人独资企业和合伙企业的扣除项目比照《个体工商户个人所得税计税办法》的规定确定。

个人独资企业的投资者以全部生产经营所得为应纳税所得额；合伙企业的投资者按照合伙企业的全部生产经营所得和合伙协议约定的分配比例确定应纳税所得额，合伙协议没有约定分配比例的，以全部生产经营所得和合伙人数量平均计算每个投资者的应纳税所得额。生产经营所得，包括企业分配给投资者个人的所得和企业当年留存的所得利润。

投资者兴办两个或两个以上企业的，其投资者个人费用扣除标准由投资者选择在其中一个企业的生产经营所得中扣除。

计提的各种准备金不得扣除。

企业与其关联企业之间的业务往来，应当按照独立企业之间的业务往来收取或者支付价款、费用，不按照独立企业之间的业务往来收取或者支付价款、费用，而减少其应纳税所得额的，主管税务机关有权进行合理调整。

国家对下列情形的个人独资企业和合伙企业实行核定征收个人所得税，具体包括：依照国家有关规定应当设置但未设置账簿的；虽设置账簿，但账目混乱或者成本资料、收入凭证、费用凭证残缺不全，难以查账的；纳税人发生纳税义务，未按照规定的期限办理纳税申报，经税务机关责令限期申报，逾期仍不申报的。

核定征收方式包括定额征收、核定应税所得率征收以及其他合理的征收方式。

3. 对企事业单位的承包经营、承租经营所得

以每一纳税年度的收入总额，减除必要费用后的余额，为应纳税所得额。每一纳税年度的收入总额，是指纳税义务人按照承包经营、承租经营合同规定分得的经营利润和工资、薪金性质的所得；减除必要费用，是指按月减除3 500元。

4. 劳务报酬所得、稿酬所得

特许权使用费所得、财产租赁所得每次收入不超过4 000元的，减除费用800元；4 000元以上的，减除20%的费用，其余额为应纳税所得额。

5. 财产转让所得

以转让财产的收入额减除财产原值和合理费用后的余额，为应纳税所得额。财产原值是指：有价证券，为买入价以及买入时按照规定交纳的有关费用；机器设备、车船，为购进价格、运输费、安装费以及其他有关费用；建筑物，为建造费或者购进价格以及其他有关费用；土地使用权，为取得土地使用权所支付的金额、开发土地的费用以及其他有关费用；其他财产，参照以上方法确定。

6. 利息、股息、红利所得

偶然所得和经国务院财政部门确定征税的其他所得，以每次收入额为应纳税所得额。

（三）其他费用扣除规定

（1）对个人将其所得通过中国境内非营利的社会团体、国家机关向教育、公益事业和遭受严重自然灾害地区、贫困地区的捐赠，捐赠额不超过应纳税所得额的30%的部分，可以从其应纳税所得额中扣除。

（2）个人通过非营利性的社会团体和国家机关向红十字事业的捐赠，在计算缴纳个人所得税时，准予在税前的所得额中全额扣除。

（3）个人通过非营利的社会团体和国家机关向农村义务教育的捐赠，在计算缴纳个人所得税时，准予在税前的所得额中全额扣除。

农村义务教育的范围是指政府和社会力量举办的农村乡镇（不含县和县级市政府所在地的镇）、村的小学和初中以及属于这一阶段的特殊教育学校。纳税人对农村义务教育与高中在一起的学校的捐赠，也享受规定的所得税前扣除政策。

接受捐赠或办理转赠的非营利的社会团体和国家机关，应按照财务隶属关系分别使用由中央或省级财政部门统一印（监）制的捐赠票据，并加盖接受捐赠或转赠单位的财务专用印章。税务机关据此对捐赠个人进行税前扣除。

（4）个人通过非营利性社会团体和国家机关对公益性青少年活动场所（其中包括新建）的捐赠，在计算缴纳个人所得税时，准予在税前的所得额中全额扣除。

公益性青少年活动场所，是指专门为青少年学生提供科技、文化、德育、爱国主义教育、体育活动的青少年官，青少年活动中心等校外活动的公益性场所。

（5）个人的所得（不含偶然所得，经国务院财政部门确定征税的其他所得）用于对非关联的科研机构和高等学校研究开发新产品、新技术、新工艺所发生的研究开发经费的资助，可以全额在下月（工资、薪金所得）或下次（按次计征的所得）或当年（按年计征的所得）计征个人所得税时，

从应纳税所得额中扣除，不足抵扣的，不得结转抵扣。

（6）根据财政部、国家税务总局有关规定，个人通过非营利性的社会团体和政府部门向福利性、非营利性老年服务机构捐赠、通过宋庆龄基金会等6家单位、中国医药卫生事业发展基金会、中国教育发展基金会、中国老龄事业发展基金会等8家单位、中华健康快车基金会等5家单位用于公益救济性的捐赠，符合相关条件的，准予在缴纳个人所得税税前全额扣除。

（7）自2017年7月1日起，对个人购买符合规定的商业健康保险产品的支出，允许在当年（月）计算应纳税所得额时予以税前扣除，扣除限额为2 400元/年（200元/月），单位统一为员工购买符合规定的商业健康保险产品的支出，应分别计入员工个人工资薪金，视同个人购买，按上述限额予以扣除。2 400元/年（200元/月）的限额扣除为个人所得税法规定减除费用标准之外的扣除，适用商业健康保险税收优惠政策的纳税人，是指取得工资薪金所得、连续性劳务报酬所得的个人，以及取得个体工商户生产经营所得、对企事业单位的承包承租经营所得的个体工商户业主、个人独资企业投资者、合伙企业合伙人和承包承租经营者。

（四）每次收入的确定

《个人所得税法》对纳税义务人取得的劳务报酬所得，稿酬所得，特许权使用费所得，利息、股息、红利所得，财产租赁所得，偶然所得和经国务院财政部门确定征税的其他所得等7项所得，都按每次取得的收入计算征税。《个人所得税法实施条例》对"每次"的界定做了明确规定，具体如下：

（1）劳务报酬所得，根据不同劳务项目的特点，分别规定为：

①只有一次性收入的，以取得该项收入为一次，例如，从事设计、安装、装潢、制图、化验、测试等劳务，往往是接受客户的委托，按照客户的要求，完成一次劳务后取得收入，因此，属于只有一次性的收入，应以每次提供劳务取得的收入为一次。

②属于同一事项连续取得收入的，以1个月内取得的收入为一次。例如，某歌手与一音乐酒吧签约，在2016年1年内每天到音乐酒吧演唱一次，每次演出后付酬300元。在计算其劳务报酬所得时，应视为同一事项的连续性收入，以其1个月内取得的收入为一次计征个人所得税，而不能以每天取得的收入为一次。

（2）稿酬所得，以每次出版、发表取得的收入为一次。具体又可细分为：

①同一作品再版取得的所得，应视作另一次稿酬所得计征个人所得税。

②同一作品先在报刊上连载，然后再出版，或先出版，再在报刊上连载的，应视为两次稿酬所得征税，即连载作为一次，出版作为另一次。

③同一作品在报刊上连载取得收入的，以连载完成后取得的所有收入合并为一次，计征个人所得税。

④同一作品在出版和发表时，以预付稿酬或分次支付稿酬等形式取得的稿酬收入，应合并计算为一次。

⑤同一作品出版、发表后，因添加印数而追加稿酬的，应与以前出版、发表时取得的稿酬合并计算为一次，计征个人所得税。

（3）特许权使用费所得，以一项特许权的一次许可使用所取得的收入为一次。一个纳税义务人可能不仅拥有一项特许权利，每一项特许权的使用权也可能不止一次地向他人提供。因此，对特许权使用费所得的"次"的界定，明确为每一项使用权的每次转让所取得的收入为一次。如果该次转让取得的收入是分笔支付的，则应将各笔收入相加为一次的收入，计征个人所得税。

（4）财产租赁所得，以一个月内取得的收入为一次。

（5）利息、股息、红利所得，以支付利息、股息、红利时取得的收入为一次。

（6）偶然所得，以每次收入为一次。

（7）经国务院财政部门确定征税的其他所得，以每次收入为一次。

五、个人所得税应纳税额的计算

（一）应纳税额的计算

1. 工资、薪金所得应纳税额的计算

（1）一般工资、薪金所得应纳税额的计算公式为：

$$应纳税额＝应纳税所得额×适用税率－速算扣除数＝$$
$$（每月收入额－减除费用标准）×适用税率－速算扣除数$$

公式中的速算扣除数具体见表7-4。

（2）纳税人取得含税全年一次性奖金计算征收个人所得税的方法。全年一次性奖金，是指行政机关、企事业单位等扣缴义务人根据其全年经济效益和对雇员全年工作业绩的综合考核情况，向雇员发放的一次性奖金。一次性奖金也包括年终加薪、实行年薪制和绩效工资办法的单位根据考核情况兑现的年薪和绩效工资。

纳税义务人取得全年一次性奖金，单独作为1个月工资、薪金所得计算纳税，由扣缴义务人发放时代扣代缴，具体计税办法如下：

先将雇员当月内取得的全年一次性奖金，除以12个月，按其商数确定适用税率和速算扣除数。

如果在发放年终一次性奖金的当月，雇员当月工资薪金所得高于（或等于）税法规定的费用扣除数（3 500元或4 800元），计算公式如下：

$$应纳税额＝雇员当月取得全年一次性奖金×适用税率－速算扣除数$$

如果在发放年终一次性奖金的当月，雇员当月工资薪金所得低于税法规定的费用扣除数（3 500元或4 800元）。应将全年一次性奖金减除"雇员当月工资薪金所得与费用扣除额的差额"后的余额，按上述办法确定全年一次性奖金的适用税率和速算扣除数。

计算公式如下：

$$应纳税额＝（雇员当月取得全年一次性奖金－$$
$$雇员当月工资薪金所得与费用扣除额的差额）×适用税率－速算扣除数$$

【例7-9】王某为中国公民。2015年7月取得工资10 000元，当月又取得了半年度奖金6 000元，那么依照规定，半年奖金应该并入当月工资一并征税，即王某当月应缴纳个人所得税＝（10 000＋6 000－3 500）×25%－1 005＝2 120（元）。

（3）纳税人取得除全年一次性奖金以外的其他各种名目奖金，如半年奖、季度奖、加班奖、先进奖、考勤奖等，一般应将全部奖金与当月工资、薪金收入合并，按税法规定缴纳个人所得税。

（4）纳税人取得不含税全年一次性奖金计算征收个人所得税的方法。

按照不含税的全年一次性奖金收入除以12的商数，查找相应适用税率A和速算扣除数A。

含税的全年一次性奖金收入＝（不含税的全年一次性奖金收入－速算扣除数A）÷
（1－适用税率A）

按含税的全年一次性奖金收入除以12的商数，重新查找适用税率B和速算扣除数B。

应的税额＝含税的全年一次性奖金收入×适用税率B－速算扣除数B

如果纳税人取得不含税全年一次性奖金收入的当月工资薪金所得，低于税法规定的费用扣除额，应先将不含税全年一次性奖金减去当月工资薪金所得低于税法规定费用扣除额的差额部分后，再按上述规定处理。

个人独资和合伙企业、个体工商户为个人支付的个人所得税税款，不得在所得税前扣除。

【例7－10·单选题】2016年6月张某从本单位取得工资4 000元，加班费1 000元，季度奖金2 100元，已知工资、薪金所得减除费用标准为每月3 500元，全月应纳税所得额不超过1 500元的，适用税率为3%，全月应纳税所得额超过1 500元至4 500元的部分，适用税率为10%，速算扣除数105。计算张某当月工资、薪金所得应缴纳个人所得税税额的下列算式中，正确的是（   ）。

A．（4 000＋1 000＋2 100－3 500）×10%－105＝255（元）

B．（4 000－3 500）×3%＝15（元）

C．（4 000＋1 000＋2 100/3－3 500）×10%－105＝115（元）

D．（4 000＋1 000－3 500）×3%＝45（元）

答案及解析：A：①纳税人取得除全年一次性奖金以外的其他各种名目奖金，如半年奖、季度奖、加班奖、先进奖、考勤奖等，一般应将全部奖金与当月工资、薪金收入合并，计算缴纳个人所得税。

②张某当月工资、薪金所得应缴纳个人所得税税额＝（4 000＋1 000＋2 100－3 500）×10%－105＝255（元）。

2．个体工商户的生产、经营所得应纳税额的计算

个体工商户的生产、经营所得应纳税额的计算公式为：

应纳税额＝应纳税所得额×适用税率－速算扣除数＝（全年收入总额－
成本、费用、税金、损失、其他支出及以前年度亏损）×适用税率－速算扣除数

公式中的速算扣除数具体见表7-5。

个体工商户因在纳税年度中间开业、合并、注销及其他原因，导致该纳税年度的实际经营期不足1年的，对个体工商户业主的生产经营所得计算个人所得税时，以其实际经营期为1个纳税年度。投资者本人的费用扣除标准，应按照其实际经营月份数，以每月3 500元的减除标准确定。

个体工商户和从事生产、经营的个人，取得与生产、经营活动无关的其他各项应税所得，应分别按照有关规定，计算征收个人所得税。

3．对企事业单位的承包经营、承租经营所得应纳税额的计算

对企事业单位的承包经营、承租经营所得应纳税的计算公式为：

$$应纳税额＝应纳税所得额×适用税率－速算扣除数＝$$
$$（纳税年度收入总额－必要费用）×适用税率－速算扣除数$$

公式中的速算扣除数具体见表7-5。

4. 劳务报酬所得应纳税额的计算

劳务报酬所得应纳税额的计算公式为：

（1）每次收入不足4 000元的。

$$应纳税额＝应纳税所得额×适用税率＝（每次收入额－800）×20\%$$

（2）每次收入在4 000元以上的。

$$应纳税额＝应纳税所得额×适用税率＝每次收入额×（1－20\%）×20\%$$

（3）每次收入的应纳税所得额超过20 000元的。

$$应纳税额＝应纳税所得额×适用税率－速算扣除数$$
$$＝每次收入额×（1－20\%）×适用税率－速算扣除数$$

公式中的速算扣除数具体见表7-6。

5. 稿酬所得应纳税额的计算

稿酬所得应纳税额的计算公式为：

（1）每次收入不足4 000元的。

$$应纳税额＝应纳税所得额×适用税率×（1－30\%）＝$$
$$（每次收入额－800）×20\%×（1－30\%）$$

（2）每次收入在4 000元以上的。

$$应纳税额＝应纳税所得额×适用税率×（1－30\%）＝$$
$$每次收入额×（1－20\%）×20\%×（1－30\%）$$

6. 特许权使用费所得应纳税额的计算

特许权使用费所得应纳税额的计算公式为：

（1）每次收入不足4 000元的。

$$应纳税额＝应纳税所得额×适用税率＝（每次收入额－800）×20\%$$

（2）每次收入在4 000元以上的。

$$应纳税额＝应纳税所得额×适用税率＝每次收入额×（1－20\%）×20\%$$

7. 利息、股息、红利所得应纳税额的计算

利息、股息、红利所得应纳税额的计算公式为：

$$应纳税额＝应纳税所得额×适用税率＝每次收入额×适用税率$$

8. 财产租赁所得应纳税额的计算

财产租赁所得应纳税额的计算公式为：

（1）每次（月）收入不足4 000元的。

$$应纳税额＝[每次（月）收入额－财产租赁过程中缴纳的税费－$$
$$由纳税人负担的租赁财产实际开支的修缮费用（800元为限）－800元]×20\%$$

（2）每次（月）收入在4 000元以上的。

$$应纳税额＝[每次（月）收入额－财产租赁过程中缴纳的税费－$$
$$由纳税人负担的租赁财产实际开支的修缮费用（800元为限）]×（1－20\%）×20\%$$

个人出租房屋的个人所得税应税收入不含增值税，计算房屋出租所得可扣除的税费不包括本次出租缴纳的增值税。个人转租房屋的，其向房屋出租方支付的租金及增值税额，在计算转租所得时予以扣除。

9. 财产转让所得应纳税额的计算

（1）一般情况下财产转让所得应纳税额的计算。

财产转让所得应纳税额的计算公式为：

$$应纳税额＝应纳税所得额×适用税率＝（收入总额－财产原值－合理费用）×20\%$$

个人转让房屋的个人所得税应税收入不含增值税，其取得房屋时所支付价款中包含的增值税计入财产原值，计算转让所得时可扣除的税费不包括本次转让缴纳的增值税。

（2）个人销售无偿受赠不动产应纳税额的计算。

受赠人转让受赠房屋的，以其转让受赠房屋的收入减除原捐赠人取得该房屋的实际购置成本以及赠与和转让过程中受赠人支付的相关税费后的余额，为受赠人的应纳税所得额，依法计征个人所得税。受赠人转让受赠房屋价格明显偏低且无正当理由的，税务机关可以依据该房屋的市场评估价格或其他合理方式确定的价格核定其转让收入。

10. 偶然所得应纳税额的计算

偶然所得应纳税额的计算公式为：

$$应纳税额＝应纳税所得额×适用税率＝每次收入额×20\%$$

11. 经国务院财政部门确定征税的其他所得应纳税额的计算

经国务院财政部门确定征税的其他所得应纳税额的计算公式为：

$$应纳税额＝应纳税所得额×适用税率＝每次收入额×20\%$$

（二）应纳税额计算的特殊规定

（1）出租汽车经营单位对出租车驾驶员采取单车承包或承租方式运营，出租车驾驶员从事客货营运取得的收入，按"工资、薪金所得"项目征税。

出租车属于个人所有，但挂靠出租汽车经营单位或企事业单位，驾驶员向挂靠单位缴纳管理费的，或出租汽车经营单位将出租车所有权转移给驾驶员的，出租车驾驶员从事客货运营取得的收入，比照"个体工商户的生产、经营所得"项目征税。

从事个体出租车运营的出租车驾驶员取得的收入，按"个体工商户的生产、经营所得"项目缴纳个人所得税。

（2）对商品营销活动中，企业和单位对营销成绩突出的雇员以培训班、研讨会、工作考察等名义组织旅游活动，通过免收差旅费、旅游费对个人实行的营销业绩奖励（包括实物、有价证券等），应根据所发生费用的全额并入营销人员当期的工资、薪金所得，按照"工资、薪金所得"项目征收个人所得税，并由提供上述费用的企业和单位代扣代缴；对营销成绩突出的非雇员实行的上述奖励，应根据所发生费用的全额作为该营销人员当期的劳务收入，按照"劳务报酬所得"项目征收个人所得税，并由提供上述费用的企业和单位代扣代缴。

（3）关于企业改组改制过程中个人取得的量化资产征税问题。

根据国家有关规定，集体所有制企业在改制为股份合作制企业时，可以将有关资产量化给职工个人。为了支持企业改组改制的顺利进行，对于企业在改制过程中个人取得量化资产的征税问题，税法做出了如下规定。

对职工个人以股份形式取得的仅作为分红依据，不拥有所有权的企业量化资产，不征收个人所得税。

对职工个人以股份形式取得的拥有所有权的企业量化资产，暂缓征收个人所得税；待个人将股份转让时，就其转让收入额，减除个人取得该股份时实际支付的费用支出和合理转让费用后的余额，按"财产转让所得"项目计征个人所得税。

对职工个人以股份形式取得的企业量化资产参与企业分配而获得的股息、红利，应按"利息、股息、红利所得"项目征收个人所得税。

（4）个人担任公司董事、监事，且不在公司任职、受雇的，其担任董事职务所取得的董事费收入，属于劳务报酬性质，按"劳务报酬所得"项目征税。

个人在公司（包括关联公司）任职、受雇，同时兼任董事、监事的，应将董事费、监事费与个人工资收入合并，统一按"工资、薪金所得"项目缴纳个人所得税。

（5）任职、受雇于报纸、杂志等单位的记者、编辑等专业人员，因在本单位的报纸、杂志上发表作品取得的所得，属于因任职、受雇而取得的所得，应与其当月工资收入合并，按"工资、薪金所得"项目征收个人所得税。

除上述专业人员以外，其他人员在本单位的报纸、杂志上发表作品取得的所得，应按"稿酬所得"项目征收个人所得税。

出版社的专业作者撰写、编写或翻译的作品，由本社以图书形式出版而取得的稿费收入，应按"稿酬所得"项目征收个人所得税。

（6）符合以下情形的房屋或其他财产，不论所有权人是否将财产无偿或有偿交付企业使用，其实质均为企业对个人进行了实物性质的分配，应依法计征个人所得税。

①企业出资购买房屋及其他财产，将所有权登记为投资者个人、投资者家庭成员或企业其他人员的。

②企业投资者个人、投资者家庭成员或企业其他人员向企业借款用于购买房屋及其他财产，将所有权登记为投资者、投资者家庭成员或企业其他人员，且借款年度终了后未归还借款的。

③对个人独资企业、合伙企业的个人投资者或其家庭成员取得的上述所得，视为企业对个人投资者的利润分配，按照"个体工商户的生产、经营所得"项目计征个人所得税；对除个人独资企业、合伙企业以外其他企业的个人投资者或其家庭成员取得的上述所得，视为企业对个人投资者的

红利分配，按照"利息、股息、红利所得"项目计征个人所得税；对企业其他人员取得的上述所得，按照"工资、薪金所得"项目计征个人所得税。

企业和个人取得的收入和所得为美元、日元、港币的，仍统一使用中国人民银行公布的人民币对上述三种货币的基准汇价，折合成人民币计算缴纳税额；企业和个人取得的收入和所得为上述三种货币以外的其他货币的，应根据美元对人民币的基准汇价和国家外汇管理局提供的纽约外汇市场美元对上要外币的汇价进行套算，按套算后的汇价作为折合汇率计算缴纳税款。

某种货币对人民币的汇价＝美元对人民币的基准汇价÷纽约外汇市场美元对该种货币的汇价

六、个人所得税税收优惠

（一）免税项目

（1）省级人民政府、国务院部委和中国人民解放军军以上单位，以及外国组织、国际组织颁发的科学、教育、技术、文化、卫生、体育、环境保护等方面的奖金。

（2）国债和国家发行的金融债券利息。其中，国债利息，是指个人持有中华人民共和国财政部发行的债券而取得的利息；国家发行的金融债券利息，是指个人持有经国务院批准发行的金融债券而取得的利息所得。

（3）按照国家统一规定发给的补贴、津贴，是指按照国务院规定发给的政府特殊津贴、院士津贴、资深院士津贴，以及国务院规定免纳个人所得税的其他补贴、津贴。

（4）福利费、抚恤金、救济金。其中，福利费是指根据国家有关规定，从企业、事业单位、国家机关、社会团体提留的福利费或者从工会经费中支付给个人的生活补助费；救济金是指国家民政部门支付给个人的生活困难补助费。

（5）保险赔款。

（6）军人的转业费、复员费。

（7）按照国家统一规定发给干部、职工的安家费、退职费、退休工资、离休工资、离休生活补助费。其中，退职费是指符合《国务院关于工人退休、退职的暂行办法》规定的退职条件，并按该办法规定的退职费标准所领取的退职费。

（8）依照我国有关法律规定应予免税的各国驻华使馆、领事馆的外交代表、领事官员和其他人员的所得。

（9）中国政府参加的国际公约、签订的协议中规定免税的所得。

（10）在中国境内无住所，但是在一个纳税年度中在中国境内连续或者累计居住不超过90日的个人，其来源于中国境内的所得，由境外雇主支付并且不由该雇主在中国境内的机构、场所负担的部分，免予缴纳个人所得税。

（11）对外籍个人取得的探亲费免征个人所得税，可以享受免征个人所得税优惠待遇的探亲费，仅限于外籍个人在我国的受雇地与其家庭所在地（包括配偶或父母居住地）之间搭乘交通工具且每年不超过2次的费用。

（12）按照国家规定，单位为个人缴付和个人缴付的住房公积金、基本医疗保险费、基本养老保险费、失业保险费，从纳税义务人的应纳税所得额中扣除。

（13）个人取得的拆迁补偿款按有关规定免征个人所得税。

（14）经国务院财政部门批准免税的其他所得。

（二）减税项目

（1）残疾、孤老人员和烈属的所得。

（2）因严重自然灾害造成重大损失的。

（3）其他经国务院财政部门批准减免的。

上述减税项目的减征幅度和期限，由省、自治区、直辖市人民政府规定。

对残疾人个人取得的劳动所得适用减税规定，具体所得项目为：工资、薪金所得，个体工商户的生产、经营所得，对企事业单位的承包经营，承租经营所得，劳务报酬所得，稿酬所得和特许权使用费所得。

（三）暂免征税项目

根据《财政部国家税务总局关于个人所得税若干政策问题的通知》和有关文件的规定，对下列所得暂免征收个人所得税。

（1）外籍个人以非现金形式或实报实销形式取得的住房补贴、伙食补贴、搬迁费、洗衣费。

（2）外籍个人按合理标准取得的境内、境外出差补贴。

（3）外籍个人取得的语言训练费、子女教育费等，经当地税务机关审核批准为合理的部分。

（4）外籍个人从外商投资企业取得的股息、红利所得。

（5）凡符合下列条件之一的外籍专家取得的工资、薪金所得，可免征个人所得税。

①根据世界银行专项借款协议，由世界银行直接派往我国工作的外国专家。

②联合国组织直接派往我国工作的专家。

③为联合国援助项目来华工作的专家。

④援助国派往我国专为该国援助项目工作的专家。

⑤根据两国政府签订的文化交流项目来华工作两年以内的文教专家，其工资、薪金所得由该国负担的。

⑥根据我国大专院校国际交流项目来华工作两年以内的文教专家，其工资、薪金所得由该国负担的。

⑦通过民间科研协定来华工作的专家，其工资、薪金所得由该国政府机构负担的。

（6）对股票转让所得暂不征收个人所得税。

（7）个人举报、协查各种违法、犯罪行为而获得的奖金。

（8）个人办理代扣代缴手续，按规定取得的扣缴手续费。

（9）个人转让自用达5年以上，并且是唯一的家庭生活用房取得的所得，暂免征收个人所得税。

（10）对个人购买福利彩票、赈灾彩票、体育彩票，一次中奖收入在1万元以下的（含1万元）暂免征收个人所得税，超过1万元的，全额征收个人所得税。

（11）个人取得单张有奖发票奖金所得不超过800元（含800元）的，暂免征收个人所得税。

（12）达到离休、退休年龄，但确因工作需要，适当延长离休、退休年龄的高级专家（指享受国家发放的政府特殊津贴的专家、学者），其在延长离休、退休期间的工资、薪金所得，视同离休、退休工资免征个人所得税。

（13）对国有企业职工，因企业依照《中华人民共和国企业破产法（试行）》宣告破产，从破产企业取得的一次性安置费收入，免予征收个人所得税。

（14）职工与用人单位解除劳动关系取得的一次性补偿收入（包括用人单位发放的经济补偿金、

生活补助费和其他补助费用），在当地上年职工年平均工资3倍数额内的部分，可免征个人所得税。

（15）个人领取原提存的住房公积金、基本医疗保险金、基本养老保险金，以及失业保险金，免予征收个人所得税。

（16）对工伤职工及其近亲属按照《工伤保险条例》规定取得的工伤保险待遇，免征个人所得税。

（17）企业和事业单位根据国家有关政策规定的办法和标准，为在本单位任职或者受雇的全体职工缴付的企业年金或职业年金单位缴费部分，在计个人账户时，个人暂不缴纳个人所得税。

个人根据国家有关政策规定缴付的年金个人缴费部分，在不超过本人缴费工资计税基数的4%标准内的部分，暂从个人当期的应纳税所得额中扣除。

年金基金投资运营收益分配计入个人账户时，个人暂不缴纳个人所得税。

（18）自2008年10月9日（含）起，对储蓄存款利息所得暂免征收个人所得税。

（19）自2015年9月8日起，个人从公开发行和转让市场取得的上市公司股票，持股期限超过1年的，股息红利所得暂免征收个人所得税。

（20）2009年5月25日（含）起，以下情形的房屋产权无偿赠与的，对当事双方不征收个人所得税。

①房屋产权所有人将房屋产权无偿赠与配偶、父母、子女、祖父母、外祖父母、孙子女、外孙子女、兄弟姐妹。

②房屋产权所有人将房屋产权无偿赠与对其承担直接抚养或者赡养义务的抚养人或者赡养人。

③房屋产权所有人死亡，依法取得房屋产权的法定继承人、遗嘱继承人或者受遗赠人。

（21）个体工商户、个人独资企业和合伙企业或个人从事种植业、养殖业、饲养业、捕捞业取得的所得，暂不征收个人所得税。

（22）企业在销售商品（产品）和提供服务过程中向个人赠送礼品，属于下列情形之一的，不征收个人所得税。

①企业通过价格折扣、折让方式向个人销售商品（产品）和提供服务。

②企业在向个人销售商品（产品）和提供服务的同时给予赠品，如通信企业对个人购买手机赠话费、入网费，或者购话费赠手机等。

③企业对累积消费达到一定额度的个人按消费积分反馈礼品。

税收法律、行政法规、部门规章和规范性文件中未明确规定纳税人享受减免税必须经税务机关审批，且纳税人取得的所得完全符合减免税条件的，无须经主管税务机关审核，纳税人可自行享受减免税。

税收法律、行政法规、部门规章和规范性文件中明确规定纳税人享受减免税必须经税务机关审批的，或者纳税人无法准确判断其取得的所得是否应享受个人所得税减免的，必须经主管税务机关按照有关规定审核或批准后，方可减免个人所得税。

【例7-11·不定项选择题】中国公民郭某就职于国内某会计师事务所。2017年除薪金收入外，其他收入情况如下：

1. 1月将新的1套公寓住房出租，租期半年，一次性收取租金3 000元，7月将该套公寓以市场价出售，扣除购房成本及相关交易税费后取得50 000元。

2. 为某报社财经专栏撰稿，该稿件以连载形式刊登，8月刊登3次，9月刊登2次，每次收入600元。

3. 11月为一家培训机构授课2次，每次收入1 000元。

4. 担任甲公司独立董事，取得董事津贴20 000元。

已知：财产转让所得，劳务报酬所得适用的个人所得税税率均为20%，个人出租住房所得适用的个人所得税税率为10%。

要求：根据上述资料，不考虑其他因素，分析回答下列小题。

(1) 下列关于计算缴纳郭某个人所得税的表述，正确的是（　　）。

A. 出售公寓收入按照"财产转让所得"计缴

B. 董事津贴按照"劳务报酬所得"计缴

C. 撰稿收入按照"稿酬所得"计缴

D. 授课收入按照"劳务报酬所得"计缴

答案及解析：ABCD。选项A，财产转让所得，是指个人转让有价证券、股权、建筑物、土地使用权、机器设备、车船以及其他财产取得的所得；选项B，个人担任董事职务所取得的董事费收入，属于劳务报酬性质，按"劳务报酬所得"项目征税；选项C，稿酬所得，是指个人因其作品以图书、报刊形式出版、发表而取得的所得；选项D，讲学收入属于劳务报酬所得。

(2) 郭某出租公寓的租金收入应缴纳的税有（　　）。

A. 房产税　　　　　　　B. 个人所得税　　　　　　C. 增值税　　　　　　D. 土地增值税

答案及解析：AC。选项A，房产出租的以房屋出租取得的租金收入为计税依据，计缴房产税；选项B，个人出租房屋取得收入应按财产租赁所得计征个人所得税，但本题每月的租金为3 000÷6＝500（元）；扣除费用800元后小于零，所以不用计算缴纳个人所得税；选项C，其他个人出租不动产应缴纳增值税；选项D，出租公寓不涉及权属转移，不缴纳土地增值税。

(3) 下列关于报社代扣代缴郭某个人所得税的方式，正确的是（　　）。

A. 按每次支付金额600元分别计算缴纳

B. 以每月支付金额为一次计算缴纳

C. 以达到扣除标准的累积支付金额为一次计算缴纳

D. 以连载完成后支付的总金额为一次计算缴纳

答案及解析：D。同一作品在报刊上连载取得收入的，以连载完成后取得的所有收入合并为一次，计征个人所得税。

(4) 关于郭某缴纳的个人所得税，下列计算中，正确的是（　　）。

A. 出租公寓收入应缴纳的个人所得税税额＝3 000×（1－20%）×10%＝240元

B. 出售公寓收入应缴纳的个人所得税税额＝50 000×20%＝10 000元

C. 董事津贴应缴纳的认识所得税税额＝20 000×（1－20%）＝3 200元

D. 授课收入应缴纳的个人所得税税额＝（2 000－800）×20%＝240元

答案及解析：BCD。选项A，财产租赁所得，以一个月内取得的收入为一次计算纳税。则每月的租金为3 000÷6＝500（元）；扣除费用800元后小于零，所以不用计算缴纳个人所得税。

七、个人所得税征收管理

（一）纳税申报

个人所得税的征收方式主要有两种：一是代扣代缴；二是自行纳税申报。此外，一些地方为了提高征管效率，方便纳税人，对个别应税所得项目，采取了委托代征的方式。

1．代扣代缴方式

以支付所得的单位或者个人为扣缴义务人。

税务机关应根据扣缴义务人所扣缴的税款，付给2%的手续费，由扣缴义务人用于代扣代缴费用开支和奖励代扣代缴工作做得较好的办税人员。

2．自行纳税申报

纳税义务人有下列情形之一的，应当按照规定到主管税务机关办理纳税申报。

（1）年所得12万元以上的。

（2）从中国境内两处或者两处以上取得工资、薪金所得的。

（3）从中国境外取得所得的。

（4）取得应纳税所得，没有扣缴义务人的。

（5）国务院规定的其他情形。

（二）纳税期限

1．代扣代缴期限

扣缴义务人每月扣缴的税款，应当在次月15日内缴入国库，并向主管税务机关报送《扣缴个人所得税报告表》、代扣代收税款凭证和包括每一纳税人姓名、单位、职务、收入、税款等内容的支付个人收入明细表，以及税务机关要求报送的其他有关资料。

2．自行申报纳税期限

一般情况下，纳税人应在取得应纳税所得的次月15日内向主管税务机关申报所得并缴纳税款，具体规定如下。

（1）工资、薪金所得的纳税期限：工资、薪金所得的纳税期限，实行按月计征，在次月15日内缴入国库，并向税务机关报送个人所得税纳税申报表。对特定行业（采掘业、远洋运输业、远洋捕捞业）的纳税人，可以实行按年计算，分月预缴的方式计征，自年度终了后30日内，合计全年工资、薪金所得，再按12个月平均计算实际应缴纳的税款，多退少补。

（2）个体工商户的生产、经营所得的纳税期限。对账册健全的个体工商户，其纳税期限实行按年计算、分月预缴，并在次月15日内申报预缴，年终后3个月汇算清缴，多退少补。对账册不健全的个体工商户，其纳税期限由税务机关确定。

（3）对企事业单位的承包经营、承租经营所得的纳税期限。对年终一次性取得承包经营、承租经营所得的，自取得所得之日起30日内申报纳税；对在1年内分次取得承包经营、承租经营所得的，应在每次取得所得后的15日内预缴税款，年终后3个月汇算清缴，多退少补。

（4）劳务报酬、稿酬、特许权使用费、利息、股息、红利、财产租赁及转让、偶然所得等的纳税期限，实行按次计征，并在次月15日内预缴税款并报送个人所得税纳税申报表。

（5）从境外取得所得的纳税期限。若在境外以纳税年度计算缴纳个人所得税的，应在所得来源国的纳税年度终了、结清税款后的30日内，向中国主管税务机关申报纳税；若在取得境外所得时结清税款的，或者在境外按所得来源国税法规定免予缴纳个人所得税的，应当在次年1月1日起30日内，向主管税务机关申报纳税。

（6）年所得额12万元以上的纳税义务人，在年度终了后3个月内到主管税务机关办理纳税申报。

纳税期限的最后一日是法定休假日的，以休假日的次日为期限的最后一日。对纳税人确有困难，不能按期办理纳税申报的，经主管税务机关核准，可以延期申报。

3. 个人独资企业和合伙企业投资者个人所得税的纳税期限

（1）投资者应纳的个人所得税税款，按年计算，分月或者分季预缴，由投资者在每月或者每季度终了后15日内预缴，年度终了后3个月内汇算清缴，多退少补。

（2）企业在年度中间合并、分立、终止时，投资者应当在停止生产经营之日起60日内，向主管税务机关办理当期个人所得税汇算清缴。

（3）企业在纳税年度的中间开业，或者由于合并、关闭等原因，使该纳税年度的实际经营期不足12个月的，应当以其实际经营期为一个纳税年度。

（4）投资者在预缴个人所得税时，应向主管税务机关报送《个人独资企业和合伙企业投资者个人所得税申报表》，并附送会计报表。

年度终了后30日内，投资者应向主管税务机关报送《个人独资企业和合伙企业投资者个人所得税申报表》，并附送年度会计决算报表和预缴个人所得税纳税凭证。

（三）纳税地点

（1）个人所得税自行申报的，其申报地点一般应为收入来源地的主管税务机关。

（2）纳税人从两处或两处以上取得工资、薪金的，可选择并固定在其中一地税务机关申报纳税。

（3）境外取得所得的，应向其境内户籍所在地或经营居住地税务机关申报纳税。

（4）扣缴义务人应向其主管税务机关进行纳税申报。

（5）纳税人要求变更申报纳税地点的，须经原主管税务机关批准。

（6）个人独资企业和合伙企业投资者个人所得税纳税地点。

投资者应向企业实际经营管理所在地主管税务机关申报缴纳个人所得税＝投资者兴办两个或两个以上企业的，应分别向企业实际经营管理所在地主管税务机关预缴税款。

投资者的个人所得税征收管理工作由地方税务局负责。

第八章 税收征收管理法律制度

知识要求

1. 掌握税务登记、账簿和凭证管理、发票管理、纳税申报
2. 掌握税款征收、税务检查
3. 熟悉税务行政复议范围、税务行政复议管辖
4. 熟悉税务行政复议申请与受理、税务行政复议审查和决定
5. 了解税务管理的概念、涉税专业服务
6. 了解税务行政复议的概念
7. 了解税务管理相对人实施税收违法行为、税务行政主体实施税收违法行为的法律责任

第一节 税务管理

一、税务管理的概念

税务管理，是指税收征收管理机关为了贯彻执行国家税收法律制度，加强税收工作，协调征税关系而对纳税人和扣缴义务人实施的基础性的管理制度和管理行为。税务管理是税收征收管理的重要内容，是税款征收的前提和基础。税务管理主要包括税务登记管理、账簿和凭证管理、发票管理、纳税申报管理和涉税专业服务管理等。

我国现行税收征收管理法律体系的核心是《中华人民共和国税收征收管理法》（以下简称《征管法》），是我国税收征管的基本法，也是新中国成立后第一部税收程序法。此外，我国税收征收管理法律制度还包括：《中华人民共和国税收征收管理法实施细则》《中华人民共和国发票管理办法》《税务登记管理办法》《中华人民共和国发票管理办法实施细则》等。在全国范围内推行营业税改征增值税试点后，国家税务总局又发布了《关于全面推开营业税改征增值税试点有关税收征收管理事项的公告》《关于增值税发票开具有关问题的公告》等。

二、税务登记

税务登记是税务机关对纳税人的基本情况及生产经营项目进行登记管理的一项基本制度，是整个税收征收管理的起点。税务登记的作用在于掌握纳税人的基本情况和税源分布情况。从税务登记开始，纳税人的身份及征纳双方的法律关系即得到确认。

（一）税务登记申请人

企业，企业在外地设立的分支机构和从事生产、经营的场所，个体工商户和从事生产、经营的事业单位，都应当办理税务登记（统称从事生产、经营的纳税人）。

前述规定以外的纳税人，除国家机关、个人和无固定生产经营场所的流动性农村小商贩外，也应当办理税务登记（统称非从事生产经营但依照规定负有纳税义务的单位和个人）。

根据税收法律、行政法规的规定，负有扣缴税款义务的扣缴义务人（国家机关除外），应当办理扣缴税款登记。

（二）税务登记主管机关

县以上（含本级，下同）国家税务局（分局）、地方税务局（分局）是税务登记的主管机关，负责税务登记的设立登记、变更登记、注销登记以及非正常户处理、报验登记等有关事项。

国家税务局（分局）、地方税务局（分局）按照国务院规定的税收征收管理范围，实施属地管理，采取联合登记或者分别登记的方式办理税务登记。在有条件的城市，国家税务局（分局）、地方税务局（分局）可以按照"各区分散受理、全市集中处理"的原则办理税务登记。国家税务局（分局）、地方税务局（分局）之间对纳税人税务登记的主管税务机关发生争议的，由其上一级国家税务局、地方税务局共同协商解决。

（三）"多证合一"登记制度改革

为提升政府行政服务效率，降低市场主体创设的制度性交易成本，激发市场活力和社会创新力，自2015年10月1日起，登记制度改革在全国推行。随着国务院简政放权、放管结合、优化服务的"放管服"改革不断深化，登记制度改革从"三证合一"推进为"五证合一"，又进一步推进为"多证合一、一照一码"，即在全面实施企业、农民专业合作社工商营业执照、组织机构代码证、税务登记证、社会保险登记证、统计登记证"五证合一、一照一码"登记制度改革和个体工商户工商营业执照、税务登记证"两证整合"的基础上，将涉及企业、个体工商户和农民专业合作社（以下统称企业）登记、备案等有关事项和各类证照进一步整合到营业执照上，实现"多证合一、一照一码"。使"一照一码"营业执照成为企业唯一"身份证"，使统一社会信用代码成为企业唯一身份代码，实现企业"一照一码"走天下。

【例8-1·多选题】根据企业登记制度改革相关规定，下列执照和单证中，属于"五证合一、一照一码"登记制度改革范围的有（　　）。

A．组织机构代码证　　B．统计登记证　　　　C．社会保险登记证　　D．统一社会信用代码

答案及解析：ABCD。"五证"，是指工商营业执照、组织机构代码证、税务登记证、社会保险登记证和统计登记证。"一码"，是指统一社会信用代码。

三、账簿和凭证管理

账簿和凭证是纳税人进行生产经营活动和核算财务收支的重要资料，也是税务机关对纳税人进行征税、管理、核查的重要依据。纳税人所使用的凭证、登记的账簿、编制的报表及其所反映的内容是否真实可靠，直接关系到计征税款依据的真实性，从而影响应纳税款及时足额入库。账簿、凭证管理是税收管理的基础性工作。

（一）账簿的设置

纳税人、扣缴义务人应按照有关法律、行政法规和国务院财政、税务主管部门的规定设置账簿，根据合法、有效凭证记账，进行核算。所谓账簿，是指纳税人连续地登记各种经济业务的账册或簿籍，包括总账、明细账、日记账以及其他辅助性账簿。总账、日记账应当采用订本式。所谓凭证，是指记录经济业务、明确经济责任的书面证明。

（1）从事生产、经营的纳税人应当自领取营业执照或者发生纳税义务之日起15日内，按照国家有关规定设置账簿。

（2）生产、经营规模小又确无建账能力的纳税人，可以聘请经批准从事会计代理记账业务的专业机构或者经税务机关认可的财会人员代为建账和办理账务。聘请上述机构或者人员有实际困难的，经县以上税务机关批准，可以按照税务机关的规定，建立收支凭证粘贴簿、进货销货登记簿或者使用税控装置。

（3）扣缴义务人应当自税收法律、行政法规规定的扣缴义务发生之日起10日内，按照所代扣、代收的税种，分别设置代扣代缴、代收代缴税款账簿。

纳税人、扣缴义务人会计制度健全，能够通过计算机正确、完整计算其收入和所得或者代扣代缴、代收代缴税款情况的，其计算机输出的完整的书面会计记录，可视同会计账簿。

纳税人、扣缴义务人会计制度不健全，不能通过计算机正确、完整计算其收入和所得或者代扣代缴、代收代缴税款情况的，应当建立总账及与纳税或者代扣代缴、代收代缴税款有关的其他账簿。

（二）纳税人财务会计制度及其处理办法

纳税人的财务会计制度及其处理办法，是其进行会计核算的依据，直接关系到计税依据是否真实合理。

（1）纳税人使用计算机记账的，应当在使用前将会计电算化系统的会计核算软件、使用说明书及有关资料报送主管税务机关备案。

（2）纳税人、扣缴义务人的财务、会计制度或者财务、会计处理办法与国务院或者国务院财政、税务主管部门有关税收的规定抵触的，依照国务院或者国务院财政、税务主管部门有关税收的规定计算应纳税款、代扣代缴和代收代缴税款。

（3）账簿、会计凭证和报表，应当使用中文。民族自治地方可以同时使用当地通用的一种民族文字，外商投资企业和外国企业可以同时使用一种外国文字。

（三）账簿、凭证等涉税资料的保存

从事生产、经营的纳税人、扣缴义务人必须按照国务院财政、税务主管部门规定的保管期限保管账簿、记账凭证、完税凭证及其他有关资料。账簿、记账凭证、报表、完税凭证、发票、出口凭证以及其他有关涉税资料应当保存10年，但是法律、行政法规另有规定的除外。账簿、记账凭证、完税凭证及其他有关资料不得伪造、变造或者擅自损毁。

【例8-2·单选题】根据税收征管法律制度的规定，下列各项财务资料中，除另有规定外，至少应保存10年的有（　　）。

A. 账簿　　　　　　B. 出口凭证　　　　　C. 完税凭证　　　　D. 报表

答案及解析：ABCD。账簿、记账凭证、报表、完税凭证、发票、出口凭证以及其他有关涉税资料应当保存10年，但是法律行政法规另有规定的除外。

四、发票管理

发票是指在购销商品、提供或者接受服务以及从事其他经营活动中，开具、收取的收付款凭证。它是确定经济收支行为发生的法定凭证，是会计核算的原始依据。

（一）发票的类型和适用范围

1. 发票的类型

全国范围内全面推行"营改增"试点后，发票的类型主要是增值税专用发票和增值税普通发票，还有特定范围继续使用的其他发票。

（1）增值税专用发票，包括增值税专用发票和机动车销售统一发票。

（2）增值税普通发票，包括增值税普通发票、增值税电子普通发票和增值税普通发票（卷票）。

（3）其他发票，包括农产品收购发票、农产品销售发票、门票、过路（过桥）费发票、定额发票、客运发票和二手车销售统一发票等。

2. 发票适用的范围

（1）增值税一般纳税人销售货物、提供加工修理修配劳务和发生应税行为，使用增值税发票管理新系统（以下简称新系统）开具增值税专用发票、增值税普通发票、机动车销售统一发票、增值税电子普通发票。

（2）增值税小规模纳税人销售货物、提供加工修理修配劳务月销售额超过3万元（按季纳税9万元），或者销售服务、无形资产月销售额超过3万元（按季纳税9万元），使用新系统开具增值税普通发票、机动车销售统一发票、增值税电子普通发票。

（3）自2017年1月1日起启用增值税普通发票（卷票），分为两种规格如图8-1所示。增值税普通发票（卷票）由纳税人自愿选择使用，重点在生活性服务业纳税人中推广。纳税人可依法书面向国税机关要求使用印有本单位名称的增值税普通发票（卷票），国税机关按规定确认印有该单位名称发票的种类和数量。纳税人通过新系统开具印有本单位名称的增值税普通发票（卷票）。

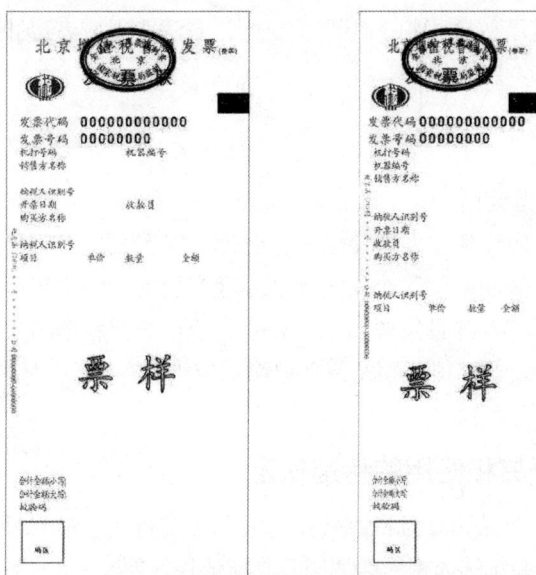

图8-1 增值税普通发票（卷票）票样

（4）门票、过路（过桥）费发票、定额发票、客运发票和二手车销售统一发票继续使用。

（5）餐饮行业增值税一般纳税人购进农业生产者自产农产品，可以使用国税机关监制的农产品收购发票，按照现行规定计算抵扣进项税额。

（6）采取汇总纳税的金融机构，省、自治区所辖地市以下分支机构可以使用地市级机构统一领取的增值税专用发票、增值税普通发票、增值税电子普通发票；直辖市、计划单列市所辖区县及以下分支机构可以使用直辖市、计划单列市机构统一领取的增值税专用发票、增值税普通发票、增值税电子普通发票。

（7）国税机关、地税机关使用新系统代开增值税专用发票和增值税普通发票。

（二）发票的开具和使用

1．发票的开具

销售商品、提供服务以及从事其他经营活动的单位和个人，对外发生经营业务收取款项，收款方应当向付款方开具发票；特殊情况下，由付款方向收款方开具发票。特殊情况是指：收购单位和扣缴义务人支付个人款项时；国家税务总局认为其他需要由付款方向收款方开具发票的。

所有单位和从事生产、经营活动的个人在购买商品、接受服务以及从事其他经营活动支付款项，应当向收款方取得发票。取得发票时，不得要求变更品名和金额。

开具发票应当按照规定的时限、顺序、栏目，全部联次一次性如实开具，并加盖发票专用章。不符合规定的发票，不得作为财务报销凭证，任何单位和个人有权拒收。

任何单位和个人不得有下列虚开发票行为。

（1）为他人、为自己开具与实际经营业务情况不符的发票。

（2）让他人为自己开具与实际经营业务情况不符的发票。

（3）介绍他人开具与实际经营业务情况不符的发票。

2．发票的使用和保管

任何单位和个人应当按照发票管理规定使用发票，不得有下列行为。

（1）转借、转让、介绍他人转让发票、发票监制章和发票防伪专用品。

（2）知道或者应当知道是私自印制、伪造、变造、非法取得或者废止的发票而受让、开具、存放、携带、邮寄、运输。

（3）拆本使用发票。

（4）扩大发票使用范围。

（5）以其他凭证代替发票使用。

开具发票的单位和个人应当建立发票使用登记制度，设置发票登记簿，并定期向主管税务机关报告发票使用情况。开具发票的单位和个人应当在办理变更或者注销税务登记的同时，办理发票和发票领购簿的变更、缴销手续。开具发票的单位和个人应当按照税务机关的规定存放和保管发票，不得擅自损毁。已经开具的发票存根联和发票登记簿，应当保存5年。保存期满，报经税务机关查验后销毁。

（三）增值税发票开具和使用的特别规定

（1）税务总局编写了《商品和服务税收分类与编码（试行）》，并在新系统中增加了编码相关功能。增值税纳税人应使用新系统选择相应的编码开具增值税发票。

（2）自2017年7月1日起，购买方为企业（包括公司、非公司制企业法人、企业分支机构、个人独资企业、合伙企业和其他企业）的，索取增值税普通发票时，应向销售方提供纳税人识别号或统一社会信用代码；销售方为其开具增值税普通发票时，应在"购买方纳税人识别号"栏填写购买方的纳税人识别号或统一社会信用代码。不符合规定的发票，不得作为税收凭证。

（3）销售方开具增值税发票时，发票内容应按照实际销售情况如实开具，不得根据购买方要求填开与实际交易不符的内容。销售方开具发票时，通过销售平台系统与增值税发票税控系统后台对接，导入相关信息开票的，系统导入的开票数据内容应与实际交易相符，如不相符应及时修改完善销售平台系统。

（四）发票的检查

税务机关在发票管理中有权进行下列检查。

（1）检查印制、领购、开具、取得、保管和缴销发票的情况。

（2）调出发票查验。

（3）查阅、复制与发票有关的凭证、资料。

（4）向当事各方询问与发票有关的问题和情况。

（5）在查处发票案件时，对与案件有关的情况和资料，可以记录、录音、录像、照相和复制。

印制、使用发票的单位和个人，必须接受税务机关依法检查，如实反映情况，提供有关资料，不得拒绝、隐瞒。税务人员进行检查时，应当出示税务检查证。

税务机关需要将已开具的发票调出查验时，应当向被查验的单位和个人开具发票换票证。发票换票证与所调出查验的发票有同等的效力。被调出查验发票的单位和个人不得拒绝接受。税务机关需要将空白发票调出查验时，应当开具收据；经查无问题的，应当及时返还。

五、纳税申报

纳税申报，是指纳税人按照税法规定，定期就计算缴纳税款的有关事项向税务机关提交书面报告的法定手续。纳税申报是确定纳税人是否履行纳税义务，界定法律责任的主要依据。

（一）纳税申报的内容

纳税人、扣缴义务人的纳税申报或者代扣代缴、代收代缴税款报告表的主要内容包括税种、税目；应纳税项目或者应代扣代缴、代收代缴税款项目；计税依据；扣除项目及标准；适用税率或者单位税额；应退税项目及税额、应减免税项目及税额；应纳税额或者应代扣代缴、代收代缴税额；税款所属期限、延期缴纳税款、欠税、滞纳金等。

（二）纳税申报的方式

纳税申报方式是指纳税人和扣缴义务人在纳税申报期限内，依照规定到指定税务机关进行申报纳税的形式。纳税申报的方式主要有以下几种。

1. 自行申报

自行申报也称直接申报，是指纳税人、扣缴义务人在规定的申报期限内，自行直接到主管税务机关指定的办税服务场所办理纳税申报手续。这是一种传统的申报方式。

2. 邮寄申报

邮寄申报，是指经税务机关批准，纳税人、扣缴义务人使用统一的纳税申报专用信封，通过邮政部门办理交寄手续，并以邮政部门收据作为申报凭据的纳税申报方式。邮寄申报以寄出的邮戳日期为实际申报日期。

3. 数据电文申报

数据电文申报，是指经税务机关批准，纳税人、扣缴义务人以税务机关确定的电话语音、电子数据交换和网络传输等电子方式进行纳税申报。这种方式运用了新的电子信息技术，代表着纳税申报方式的发展方向，使用范围逐渐扩大。纳税人、扣缴义务人采取数据电文方式办理纳税中报的，其申报日期以税务机关计算机网络系统收到该数据电文的时间为准，与数据电文相对应的纸质申报资料的报送期限由税务机关确定。

4. 其他方式

实行定期定额缴纳税款的纳税人，可以实行简易申报、简并征期等方式申报纳税。

（三）纳税申报其他要求

（1）纳税人在纳税期内没有应纳税款的，也应当按照规定办理纳税申报。

（2）纳税人享受减税、免税待遇的，在减税、免税期间应当按照规定办理纳税申报。

（3）纳税人、扣缴义务人按照规定的期限办理纳税申报或者报送代扣代缴、代收代缴税款报告表确有困难，需要延期的，应当在规定的期限内向税务机关提出书面延期申请，经税务机关核准，在核准的期限内办理。

纳税人、扣缴义务人因不可抗力，不能按期办理纳税申报或者报送代扣代缴、代收代缴税款报告表的，可以延期办理；但是，应当在不可抗力情形消除后立即向税务机关报告税务机关应当查明事实，予以核准。

经核准延期办理纳税申报、报送事项的，应当在纳税期内按照上期实际缴纳的税额或者税务机关核定的税额预缴税款，并在核准的延期内办理税款结算。

【例8-3·判断题】纳税人在减免税期间不需办理纳税申报（　　）。

答案及解析：×。根据规定，纳税人享受减税、免税待遇的，在减税、免税期间仍应当按照规定办理纳税申报。

六、涉税专业服务

涉税专业服务是指涉税专业服务机构接受委托，利用专业知识和技能，就涉税事项向委托人提供的税务代理等服务。

（一）涉税专业服务机构

涉税专业服务机构是指税务师事务所和从事涉税专业服务的会计师事务所、律师事务所、代理记账机构、税务代理公司、财税类咨询公司等机构。

税务机关对税务师事务所实施行政登记管理。未经行政登记不得使用"税务师事务所"名称，不能享有税务师事务所的合法权益。税务师事务所合伙人或者股东由税务师、注册会计师、律师担任，税务师占比应高于50%，国家税务总局另有规定的除外。税务师事务所办理商事登记后，应当向省税务机关办理行政登记。省税务机关准予行政登记的，颁发《税务师事务所行政登记证书》并将相关资料报送国家税务总局，抄送省税务师行业协会。不予行政登记的，书面通知申请人，说明不予行政登记的理由。

从事涉税专业服务的会计师事务所和律师事务所，依法取得会计师事务所执业证书或律师事务所执业许可证，视同行政登记。

（二）涉税专业服务的业务范围

涉税专业服务机构可以从事下列涉税业务。

（1）纳税申报代理。对纳税人、扣缴义务人提供的资料进行归集和专业判断，代理纳税人、扣缴义务人进行纳税申报准备和签署纳税申报表、扣缴税款报告表以及相关文件。

（2）一般税务咨询。对纳税人、扣缴义务人的日常办税事项提供税务咨询服务。

（3）专业税务顾问。对纳税人、扣缴义务人的涉税事项提供长期的专业税务顾问服务。

（4）税收策划。对纳税人、扣缴义务人的经营和投资活动提供符合税收法律法规及相关规定的纳税计划、纳税方案。

（5）涉税鉴证。按照法律、法规以及依据法律、法规制定的相关规定要求，对涉税事项真实性和合法性出具鉴定和证明。

（6）纳税情况审查。接受行政机关、司法机关委托，依法对企业纳税情况进行审查，做出专业结论。

（7）其他税务事项代理。接受纳税人、扣缴义务人的委托，代理建账记账、发票领用、减免退税申请等税务事项。

（8）其他涉税服务。

（三）涉税专业服务机构从事涉税专业服务的要求

涉税专业服务机构从事涉税业务，应当遵守税收法律、法规及相关税收规定，遵循涉税专业服务业务规范。

1. 涉税专业服务的限制

前述列举涉税专业服务业务范围中的第3、4、5、6项涉税业务，应当由具有税务师事务所、会计师事务所、律师事务所资质的涉税专业服务机构从事，相关文书应由税务师、注册会计师、律师签字，并承担相应的责任。

税务机关所需的涉税专业服务，应当通过政府采购方式购买。

2. 税务代理委托协议

涉税专业服务关系的确立应当以委托人自愿委托和涉税专业服务机构自愿受理为前提。双方达成一致意见后，签订税务代理委托协议。

税务代理委托协议应当包括以下内容。

（1）委托人及涉税专业服务机构名称和住址。

（2）委托代理项目和范围。

（3）委托代理的方式。

（4）委托代理的期限。

（5）双方的义务及责任。

（6）委托代理费用、付款方式及付款期限。

（7）违约责任及赔偿方式。

（8）争议解决方式。

（9）其他需要载明的事项税务代理委托协议自双方签字、盖章时起即具有法律效力。

税务代理委托协议中的当事人一方必须是涉税专业服务机构，税务代理执业人员不得以个人名义直接接受委托。税务代理执业人员承办税务代理业务由涉税专业服务机构委派。

税务代理执业人员应严格按照税务代理委托协议约定的范围和权限开展工作。代理项目实施中的责任，应根据协议的约定确定。凡是由于委托方未及时提供真实的、完整的、合法的生产经营情况、财务报表及有关纳税资料造成代理工作失误的，由委托方承担责任。执业人员违反国家法律、法规进行代理或未按协议约定进行代理，给委托人造成损失的，由涉税专业服务机构和执业人员个人承担相应的赔偿责任。

3．涉税报告和文书

涉税专业服务机构为委托人出具的各类涉税报告和文书，由双方留存备查，其中，税收法律、法规及国家税务总局规定报送的，应当向税务机关报送。

涉税专业服务机构所承办代理业务必须建立档案管理制度，保证税务代理档案的真实、完整。税务代理业务档案是如实记载代理业务始末、保存计税资料、涉税文书的案卷。代理业务完成后，应及时将有关代理资料按要求整理归类、装订、立卷，保存归档。税务代理业务档案需妥善保存，专人负责，税务代理业务档案保存应不少于5年。

（四）税务机关对涉税专业服务机构的监管

税务机关对涉税专业服务机构在中华人民共和国境内从事涉税专业服务进行监管。税务机关通过建立行政登记、实名制管理、业务信息采集、检查和调查、信用评价、公告与推送等制度，同时加强对税务师行业协会的监督指导，形成较为完整的涉税专业服务机构监管体系。

对违反法律法规及相关规定的涉税专业服务机构及其涉税服务人员，税务机关可以视情节采取下列措施：责令限期改正或予以约谈；列为重点监管对象；降低信用等级或纳入信用记录；暂停受理其所代理的涉税业务；纳入涉税服务失信名录，予以公告并向社会信用平台推送，不受理其所代理的涉税业务；提请其他行业主管部门及行业协会予以相应处理。

对违反法律法规及相关规定的税务师事务所，省税务机关还可以视情节宣布《税务师事务所行政登记证书》无效；提请工商部门吊销其营业执照；提请全国税务师行业协会取消税务师职业资格证书登记、收回其职业资格证书并向社会公告。

【例8-4·多选题】涉税专业服务的业务范围包括（　　）。

A．纳税申报代理　　　B．专业税务顾问　　　C．税收策划　　　D．一般税务咨询

答案及解析：ABCD。四个选项均属于涉税专业服务的业务范围。

第二节　税款征收与税务检查

一、税款征收

税款征收是税务机关依照税收法律、法规的规定，将纳税人依法应当缴纳的税款组织入库的一系列活动的总称。它是税收征收管理工作的中心环节，是全部税收征管工作的目的和归宿。

（一）税款征收的方式

税款征收方式，是指税务机关根据各税种的不同特点和纳税人的具体情况而确定的计算、征收

税款的形式和方法，包括确定征收方式和缴纳方式。

由于纳税人的情况千差万别，税款征收方式也不可能统一固定，必须根据不同情况，采取相应的征收方式。我国现行《征管法》及其实施细则未对税款征收方式做具体规定，只是明确税务机关要根据保证国家税款及时足额入库、方便纳税人、降低税收成本的原则，确定税款征收方式。

1．查账征收

查账征收，是指针对财务会计制度健全的纳税人，税务机关依据其报送的纳税申报表、财务会计报表和其他有关纳税资料，依照适用税率，计算其应缴纳税款的税款征收方式。这种征收方式较为规范，符合税收法定的基本原则，适用于财务会计制度健全，能够如实核算和提供生产经营情况，并能正确计算应纳税款和如实履行纳税义务的纳税人。扩大查账征收纳税人的范围，一直是税务管理的努力方向。

2．查定征收

查定征收，是指针对账务不全，但能控制其材料、产量或进销货物的纳税单位或个人，税务机关依据正常条件下的生产能力对其生产的应税产品查定产量、销售额并据以确定其应缴纳税款的税款征收方式。这种征收方式适用于生产经营规模较小、产品零星、税源分散、会计账册不健全，但能控制原材料或进销货的小型厂矿和作坊。

3．查验征收

查验征收，是指税务机关对纳税人的应税商品、产品，通过查验数量，按市场一般销售单价计算其销售收入，并据以计算其应缴纳税款的税款征收方式。这种征收方式适用于纳税人财务制度不健全，生产经营不固定，零星分散、流动性大的税源。

4．定期定额征收

定期定额征收，是指税务机关对小型个体工商户在一定经营地点、一定经营时期、一定经营范围内的应纳税经营额（包括经营数量）或所得额进行核定，并以此为计税依据，确定其应缴纳税额的一种税款征收方式。这种征收方式适用于经主管税务机关认定和县以上税务机关（含县级）批准的生产、经营规模小，达不到《个体工商户建账管理暂行办法》规定设置账簿标准，难以查账征收，不能准确计算计税依据的个体工商户（包括个人独资企业，简称定期定额户）。

【例8-5·单选题】税务机关针对纳税人的不同情况可以采取不同的税款征收方式。对于财务制度不健全，生产经营不固定，零星分散、流动性大的税源，适用的税款征收方式是（　　）。

A．查账征收　　　　B．查定征收　　　　C．查验征收　　　　D．定期定额征收

答案：C。

（二）应纳税额的核定与调整

1．核定应纳税额的情形

纳税人有下列情形之一的，税务机关有权核定其应纳税额。

（1）依照法律、行政法规的规定可以不设置账簿的。

（2）依照法律、行政法规的规定应当设置但未设置账簿的。

（3）擅自销毁账簿或者拒不提供纳税资料的。

（4）虽设置账簿，但账目混乱或者成本资料、收入凭证、费用凭证残缺不全，难以查账的。

（5）发生纳税义务，未按照规定的期限办理纳税申报，经税务机关责令限期申报，逾期仍不申报的。

（6）纳税人申报的计税依据明显偏低，又无正当理由的。

2. 核定应纳税额的方法

为了减少核定应纳税额的随意性，使核定的税额更接近纳税人实际情况和法定负担水平，税务机关有权采用下列任何一种方法核定应纳税额。

（1）参照当地同类行业或者类似行业中经营规模和收入水平相近的纳税人的税负水平核定。

（2）按照营业收入或者成本加合理的费用和利润的方法核定。

（3）按照耗用的原材料、燃料、动力等推算或者测算核定。

（4）按照其他合理方法核定。

当其中一种方法不足以正确核定应纳税额时，可以同时采用两种以上的方法核定。纳税人对税务机关采取上述方法核定的应纳税额有异议的，应当提供相关证据，经税务机关认定后，调整应纳税额。

【例8-6·多选题】根据《征管法》的规定，下列情形中，税务机关有权核定纳税人应纳税额的有（　　）。

A. 有偷税、骗税前科的

B. 依照法律、行政法规的规定可以不设置账簿的

C. 按规定应设置账簿而未设置的

D. 虽设置账簿，但账目混乱，难以查账的

答案及解析：BCD。根据税收征收管理法律制度的规定，税务机关主要根据纳税人的财务管理状况确定是否对纳税人核定应纳税额。选项A不属于税务机关核定应纳税额的情形。

（三）税款征收措施

为了保证税款征收的顺利进行，《征管法》及其实施细则赋予了税务机关在税款征收过程中针对不同情况可以采取相应征收措施的职权。

1. 责令缴纳

（1）纳税人未按照规定期限缴纳税款的，扣缴义务人未按照规定期限解缴税款的，税务机关可责令限期缴纳，并从滞纳税款之日起，按日加收滞纳税款万分之五的滞纳金。逾期仍未缴纳的，税务机关可以采取税收强制执行措施。

加收滞纳金的起止时间，为法律、行政法规规定或者税务机关依照法律。行政法规的规定确定的税款缴纳期限届满次日起至纳税人、扣缴义务人实际缴纳或者解缴税款之日止。

（2）对未按照规定办理税务登记的从事生产、经营的纳税人，以及临时从事经营的纳税人，税务机关核定其应纳税额，责令其缴纳应纳税款。

纳税人不缴纳的，税务机关可以扣押其价值相当于应纳税款的商品、货物。扣押后缴纳应纳税款的，税务机关必须立即解除扣押，并归还所扣押的商品、货物；扣押后仍不缴纳应纳税款的，经县以上税务局（分局）局长批准，依法拍卖或者变卖所扣押的商品、货物，以拍卖或者变卖所得抵缴税款。

（3）税务机关有根据认为从事生产、经营的纳税人有逃避纳税义务行为，可在规定的纳税期之前责令其限期缴纳应纳税款。逾期仍未缴纳的，税务机关有权采取其他税款征收措施。

（4）纳税担保人未按照规定的期限缴纳所担保的税款，税务机关可责令其限期缴纳应纳税款。逾期仍未缴纳的，税务机关有权采取其他税款征收措施。

【例8-7·判断题】根据税收征收管理法律制度的规定，纳税人未按照规定期限缴纳税款的，税务机关可责令限期缴纳，并从滞纳之日起，按日加收滞纳税款万分之五的滞纳金（　　）。

答案：√。

2. 责令提供纳税担保

纳税担保，是指经税务机关同意或确认，纳税人或其他自然人、法人、经济组织以保证、抵押、质押的方式，为纳税人应当缴纳的税款及滞纳金提供担保的行为。包括经税务机关认可的有纳税担保能力的保证人为纳税人提供的纳税保证，以及纳税人或者第三人以其未设置或者未全部设置担保物权的财产提供的担保。

（1）适用纳税担保的情形。

①税务机关有根据认为从事生产、经营的纳税人有逃避纳税义务行为，在规定的纳税期之前责令其限期缴纳应纳税款，在限期内发现纳税人有明显的转移、隐匿其应纳税的商品、货物，以及其他财产或者应纳税收入的迹象，责成纳税人提供纳税担保的。

②欠缴税款、滞纳金的纳税人或者其法定代表人需要出境的。

③纳税人同税务机关在纳税上发生争议而未缴清税款，需要申请行政复议的。

④税收法律、行政法规规定可以提供纳税担保的其他情形。

（2）纳税担保的范围。纳税担保范围包括税款、滞纳金和实现税款、滞纳金的费用。费用包括抵押、质押登记费用，质押保管费用，以及保管、拍卖、变卖担保财产等相关费用支出。

用于纳税担保的财产、权利的价值不得低于应当缴纳的税款、滞纳金，并考虑相关的费用。纳税担保的财产价值不足以抵缴税款、滞纳金的，税务机关应当向提供担保的纳税人或纳税担保人继续追缴。用于纳税担保的财产、权利的价格估算，除法律、行政法规另有规定外，参照同类商品的市场价、出厂价或者评估价估算。

【例8-8·单选题】根据税收征收管理法律制度的规定，下列各项中，不属于税务担保范围的是（　　）。

A. 罚款　　　　　　B. 滞纳金　　　　　　C. 抵押登记费　　　　　D. 质押保管费

答案及解析：A。纳税担保范围包括税款、滞纳金和实现税款、滞纳金的费用。选项CD，为实现税款、滞纳金的费用。

3. 采取税收保全措施

（1）适用税收保全的情形及措施。税务机关责令具有税法规定情形的纳税人提供纳税担保而纳税人拒绝提供纳税担保或无力提供纳税担保的，经县以上税务局（分局）局长批准，税务机关可以采取下列税收保全措施。

①书面通知纳税人开户银行或者其他金融机构冻结纳税人的金额相当于应纳税款的存款。

②扣押、查封纳税人的价值相当于应纳税款的商品、货物或者其他财产。其他财产包括纳税人的房地产、现金、有价证券等不动产和动产。

（2）不适用税收保全的财产。个人及其所扶养家属维持生活必需的住房和用品，不在税收保全措施的范围之内。需要注意的是，个人及其所扶养家属维持生活必需的住房和用品不包括机动车辆、金银饰品、古玩字画、豪华住宅或者一处以外的住房。个人所扶养家属，是指与纳税人共同居住生活的配偶、直系亲属以及无生活来源并由纳税人扶养的其他亲属。

税务机关对单价5 000元以下的其他生活用品，不采取税收保全措施。

【例8-9·单选题】根据税收征收管理法律制度的规定，下列个人财产中，不属于税收保全措施范围的是（　　）。

A．纳税人的越野跑车

B．纳税人价值1 000元的项链

C．纳税人的股票

D．维持生活必需的住房

答案及解析：D。选项A，属于机动车辆；选项B，属于金银饰品；选项C，不属于生活必需品。

4．采取强制执行措施

（1）适用强制执行的情形及措施。从事生产、经营的纳税人、扣缴义务人未按照规定的期限缴纳或者解缴税款，纳税担保人未按照规定的期限缴纳所担保的税款，由税务机关责令限期缴纳，逾期仍未缴纳的，经县以上税务局（分局）局长批准，税务机关可以采取下列强制执行措施。

①强制扣款，即书面通知其开户银行或者其他金融机构从其存款中扣缴税款。

②拍卖变卖，即扣押、查封、依法拍卖或者变卖其价值相当于应纳税款的商品、货物或者其他财产，以拍卖或者变卖所得抵缴税款。

税务机关采取强制执行措施时，对上述纳税人、扣缴义务人、纳税担保人未缴纳的滞纳金同时强制执行。个人及其所扶养家属维持生活必需的住房和用品，不在强制执行措施的范围之内。税务机关对单价5 000元以下的其他生活用品，不采取强制执行措施。

（2）抵税财物的拍卖与变卖。抵税财物，是指被税务机关依法实施税收强制执行而扣押、查封或者按照规定应强制执行的已设置纳税担保物权的商品、货物、其他财产或者财产权利。拍卖，是指税务机关将抵税财物依法委托拍卖机构，以公开竞价的形式，将特定财物转让给最高应价者的买卖方式。变卖，是指税务机关将抵税财物委托商业企业代为销售、责令纳税人限期处理或由税务机关变价处理的买卖方式。国家税务总局发布的《抵税财物拍卖、变卖试行办法》对抵税财物的拍卖与变卖行为进行规范，以保障国家税收收入并保护纳税人的合法权益。

①适用拍卖、变卖的情形包括：

第一，采取税收保全措施后，限期期满仍未缴纳税款的。

第二，设置纳税担保后，限期期满仍未缴纳所担保的税款的。

第三，逾期不按规定履行税务处理决定的。

第四，逾期不按规定履行复议决定的。

第五，逾期不按规定履行税务行政处罚决定的。

第六，其他经责令限期缴纳，逾期仍未缴纳税款的。

对上述第三项至第六项情形进行强制执行时，在拍卖、变卖之前（或同时）进行扣押、查封，办理扣押、查封手续。

②拍卖、变卖执行原则与顺序。税务机关按照拍卖优先的原则确定抵税财物拍卖、变卖的顺序包括：

第一，委托依法成立的拍卖机构拍卖。

第二，无法委托拍卖或者不适于拍卖的，可以委托当地商业企业代为销售，或者责令被执行人限期处理。

第三，无法委托商业企业销售，被执行人也无法处理的，由税务机关变价处理。

国家禁止自由买卖的商品、货物、其他财产，应当交由有关单位按照国家规定的价格收购。

【例8-10·多选题】根据税收征收管理法律制度的规定，下列各项中，属于税收保全措施的有（　　）。

A．书面通知纳税人开户银行从存款中直接扣缴税款

B．拍卖纳税人的价值相当于应纳税款的商品、货物或其他财产

C．书面通知纳税人开户银行冻结纳税人的金额相当于应纳税款的存款

D．扣押、查封纳税人的价值相当于应纳税款的商品、货物或者其他财产

答案及解析：CD。选项AB，属于税收强制执行措施。

【例8-11·单选题】甲公司应于5月30日前完成上年度企业所得税汇算清缴，但其一直未缴纳税款，税务机关向其发出责令限期缴纳通知书，要求其于6月20日前补缴上年度所得税税款及滞纳金共计68万元，至限期满，甲公司仍未缴纳，则税务机关可以采取的税款征收措施是（　　）。

A．核定甲公司应纳税额

B．采取税收保全措施

C．采取税收强制执行措施

D．对甲公司处理罚款

答案及解析：C。纳税担保人未按照规定的期限缴纳所担保的税款，由税务机关责令限期缴纳，逾期仍未缴纳的，经县以上税务局（分局）局长批准，税务机关可以采取强制执行措施。

5. 阻止出境

欠缴税款的纳税人或者其法定代表人在出境前未按规定结清应纳税款、滞纳金或者提供纳税担保的，税务机关可以通知出境管理机关阻止其出境。

【例8-12·单选题】税务机关在查阅甲公司公开披露的信息时发现，其法定代表人张某有一笔股权转让收入未申报缴纳个人所得税，要求张某补缴税款80万元，滞纳金3.8万元，张某为结清应纳税款、滞纳金的情况下，拟出国考察，税务机关知道后对张某可以采取的税款征收措施是（　　）。

A．查封住房

B．查封股票交易账户

C．通知出境管理机关阻止出境

D．冻结银行存款

答案及解析：C。出境前税务机关可以责令提供纳税担保；如果不提供纳税担保，则税务机关可通知出境管理机关阻止其出境。

二、税务检查

税务检查又称纳税检查，是指税务机关根据税收法律、行政法规的规定，对纳税人、扣缴义务人履行纳税义务、扣缴义务及其他有关税务事项进行审查、核实、监督活动的总称。它是税收征收管理工作的一项重要内容，是确保国家财政收入和税收法律法规贯彻落实的重要手段。

（一）税务机关在税务检查中的职权和职责

（1）税务机关有权进行下列税务检查。

①检查纳税人的账簿、记账凭证、报表和有关资料，检查扣缴义务人代扣代缴、代收代缴税款账簿、记账凭证和有关资料。

②到纳税人的生产、经营场所和货物存放地检查纳税人应纳税的商品、货物或者其他财产，检查扣缴义务人与代扣代缴、代收代缴税款有关的经营情况。

③责成纳税人、扣缴义务人提供与纳税或者代扣代缴、代收代缴税款有关的文件、证明材料和有关资料。

④询问纳税人、扣缴义务人与纳税或者代扣代缴、代收代缴税款有关的问题和情况。

⑤到车站、码头、机场、邮政企业及其分支机构检查纳税人托运、邮寄应纳税商品、货物或者其他财产的有关单据、凭证和有关资料。

⑦经县以上税务局（分局）局长批准，指定专人负责，凭全国统一格式的检查存款账户许可证明，查询从事生产、经营的纳税人、扣缴义务人在银行或者其他金融机构的存款账户，并有责任为被检查人保守秘密。税务机关在调查税收违法案件时，经设区的市、自治州以上税务局（分局）局长批准，可以查询案件涉嫌人员的储蓄存款。税务机关查询所获得的资料，不得用于税收以外的用途。

（2）税务机关对从事生产、经营的纳税人以前纳税期的纳税情况依法进行税务检查时，发现纳税人有逃避纳税义务行为，并有明显的转移、隐匿其应纳税的商品、货物以及其他财产或者应纳税的收入迹象的，可以按照《征管法》规定的批准权限采取税收保全措施或者强制执行措施。

税务机关采取税收保全措施的期限一般不得超过6个月；重大案件需要延长的，应当报国家税务总局批准。

（3）税务机关调查税务违法案件时，对与案件有关的情况和资料，可以记录、录音、录像、照相和复制。

（4）税务机关依法进行税务检查时，有权向有关单位和个人调查纳税人、扣缴义务人和其他当事人与纳税或者代扣代缴、代收代缴税款有关的情况。

（5）税务机关派出的人员进行税务检查时，应当出示税务检查证和税务检查通知书，并有责任为被检查人保守秘密；未出示税务检查证和税务检查通知书的，被检查人有权拒绝检查。

（二）被检查人的义务

（1）纳税人、扣缴义务人必须接受税务机关依法进行的税务检查，如实反映情况，提供有关资料，不得拒绝、隐瞒。

（2）税务机关依法进行税务检查，向有关单位和个人调查纳税人、扣缴义务人和其他当事人与纳税或者代扣代缴、代收代缴税款有关的情况时，有关单位和个人有义务向税务机关如实提供有关资料及证明材料。

第三节　税务行政复议

一、税务行政复议的概念

税务行政复议，是指纳税人和其他税务当事人对税务机关的税务行政行为不服，依法向上级税务机关提出申诉，请求上一级税务机关对原具体行政行为的合理性、合法性做出审议；复议机关依法对原行政行为的合理性、合法性做出裁决的行政司法活动。

2010年2月10日，国家税务总局令第21号公布了《税务行政复议规则》，为进一步发挥行政复议解决税务行政争议的作用，监督和保障税务机关依法行使职权，有效地防止和纠正了违法的或者不当的行政行为，保护公民、法人和其他组织的合法权益。

二、税务行政复议范围

纳税人及其他当事人（以下简称申请人）认为税务机关（以下简称被申请人）的具体行政行为侵犯其合法权益，可依法向税务行政复议机关申请行政复议。税务行政复议机关（以下简称复议机关），是指依法受理税务行政复议申请，对具体行政行为进行审查并做出行政复议决定的税务机关。

申请人对税务机关下列具体行政行为不服的，可以提出行政复议申请。

（1）税务机关做出的征税行为，包括确认纳税主体、征税对象、征税范围、减税、免税、退税、抵扣税款、适用税率、计税依据、纳税环节、纳税期限、纳税地点和税款征收方式等具体行政行为，征收税款、加收滞纳金，扣缴义务人、受税务机关委托的单位和个人做出的代扣代缴、代收代缴、代征行为等。

（2）行政许可、行政审批行为。

（3）发票管理行为，包括发售、收缴、代开发票等。

（4）税收保全措施、强制执行措施。

（5）行政处罚行为：①罚款。②没收财物和违法所得。③停止出口退税权。

（6）税务机关不依法履行下列职责的行为：①开具、出具完税凭证。②行政赔偿。③行政奖励。④其他不依法履行职责的行为。

（7）资格认定行为。

（8）不依法确认纳税担保行为。

（9）政府公开信息工作中的具体行政行为。

（10）纳税信用等级评定行为。

（11）税务机关通知出入境管理机关阻止出境行为。

（12）税务机关做出的其他具体行政行为。

申请人认为税务机关的具体行政行为所依据的下列规定不合法，对具体行政行为申请行政复议时，可以一并向复议机关提出对该规定（不含规章）的审查申请：①国家税务总局和国务院其他部门的规定。②其他各级税务机关的规定。③地方各级人民政府的规定。④地方人民政府工作部门的规定。

申请人对具体行政行为提出行政复议申请时不知道该具体行政行为所依据的规定的，可以在行政复议机关做出行政复议决定以前提出对该规定的审查申请。

【例8-13·单选题】根据税收征收管理法律制度的规定，税务机关做出的下列行政行为中，不属于税务行政复议范围的是（　　）。

A．调整税收优惠政策　　　　　　　　B．做出征收税款的决定
C．税务机关不依法进行行政奖励　　　D．确认纳税环节

答案及解析：A。根据税务行政复议规则的规定，复议机关只受理对具体行政行为不服提出的行政复议申请。换言之，即对抽象行政行为（规章、制定等）不服，不属于行政复议的受理范围。选项A，属于具有普遍性质的法规调整，不属于税务行政复议范围。

三、税务行政复议管辖

（一）复议管辖的一般规定

（1）对各级国家税务局的具体行政行为不服的，向其上一级国家税务局申请行政复议。

（2）对各级地方税务局的具体行政行为不服的，可以选择向其上一级地方税务局或者该税务局的本级人民政府申请行政复议。

（3）省、自治区、直辖市人民代表大会及其常务委员会、人民政府对地方税务局的行政复议管辖另有规定的，从其规定。

（4）对国家税务总局的具体行政行为不服的，向国家税务总局申请行政复议，对行政复议决定不服，申请人可以向人民法院提起行政诉讼，也可以向国务院申请裁决。国务院的裁决为最终裁决。

（二）复议管辖的特殊规定

（1）对计划单列市国家税务局的具体行政行为不服的，向国家税务总局申请行政复议；对计划单列市地方税务局的具体行政行为不服的，可以选择向省地方税务局或者本级人民政府申请行政复议。

（2）对税务所（分局）、各级税务局的稽查局的具体行政行为不服的，向其所属税务局申请行政复议。

（3）对两个以上税务机关共同做出的具体行政行为不服的，向共同上一级税务机关申请行政复议；对税务机关与其他行政机关共同做出的具体行政行为不服的，向其共同上一级行政机关申请行政复议。

（4）对被撤销的税务机关在撤销以前所做出的具体行政行为不服的，向继续行使其职权的税务机关的上一级税务机关申请行政复议。

（5）对税务机关做出逾期不缴纳罚款加处罚款的决定不服的，向做出行政处罚决定的税务机关申请行政复议，但是对已处罚款和加处罚款都不服的，一并向做出行政处罚决定的税务机关的上一级税务机关申请行政复议。

有上述第（2）、（3）、（4）、（5）项所列情形之一的，申请人也可以向具体行政行为发生地的县级地方人民政府提交行政复议申请，由接受申请的县级地方人民政府依法转送。

四、税务行政复议申请与受理

（一）税务行政复议申请

申请人可以在知道税务机关做出具体行政行为之日起60日内提出行政复议申请。因不可抗力或者被申请人设置障碍等原因耽误法定申请期限的，申请期限的计算应当扣除被耽误时间。

申请人对复议范围中第（1）项规定的行为不服的，应当先向复议机关申请行政复议，对行政复议决定不服的，可以再向人民法院提起行政诉讼。

申请人按前述规定申请行政复议的，必须依照税务机关根据法律、行政法规确定的税额、期限，先行缴纳或者解缴税款及滞纳金，或者提供相应的担保，方可在实际缴清税款和滞纳金后或者所提供的担保得到做出具体行政行为的税务机关确认之日起60日内提出行政复议申请。

申请人对复议范围中第（1）项规定以外的其他具体行政行为不服的，可以申请行政复议，也可以直接向人民法院提起行政诉讼。

申请人对税务机关做出逾期不缴纳罚款加处罚款的决定不服的，应当先缴纳罚款和加处罚款，再申请行政复议。

申请人申请行政复议，可以书面申请，也可以口头申请。书面申请的，可以采取当面递交、邮寄、传真或者电子邮件等方式提出行政复议申请。口头申请的，复议机关应当当场制作行政复议申请笔录，交申请人核对或者向申请人宣读，并由申请人确认。

（二）税务行政复议受理

复议机关收到行政复议申请后，应当在5个工作日内进行审查，决定是否受理。对符合规定的行政复议申请，自行政复议机构收到之日起即为受理，应当书面告知申请人对不符合规定的行政复议申请，决定不予受理，并书面告知申请人。对不属于本机关受理的行政复议申请，应当告知申请人向有关行政复议机关提出。复议机关收到行政复议申请以后未按照规定期限审查并做出不予受理决定的，视为受理。

对应当先向复议机关申请行政复议，对行政复议决定不服再向人民法院提起行政诉讼的具体行政行为，复议机关决定不予受理或者受理以后超过行政复议期限不作答复的，申请人可以自收到不予受理决定书之日起或者行政复议期满之日起15日内，依法向人民法院提起行政诉讼。

申请人向复议机关申请行政复议，复议机关已经受理的，在法定行政复议期限内申请人不得向人民法院提起行政诉讼；申请人向人民法院提起行政诉讼，人民法院已经依法受理的，不得申请行政复议。

行政复议期间具体行政行为不停止执行。但有下列情形之一的，可以停止执行。

（1）被申请人认为需要停止执行的。

（2）复议机关认为需要停止执行的。

（3）申请人申请停止执行，复议机关认为其要求合理，决定停止执行的。

（4）法律规定停止执行的。

【例8-14·多选题】根据税收征收管理法律制度的规定，税务机关做出的下列具体行政行为中，纳税人不服时可以选择申请税务行政复议或者直接提起行政诉讼的有（　　）。

A. 征收税款　　　　　　　　　　B. 税收保全行为

C. 代开发票　　　　　　　　　　D. 纳税信用等级评定

答案及解析：BCD。选项A，属于征税行为，纳税人不服的，必须先申请行政复议，对行政复议决定不服的，可以向人民法院提起行政诉讼；选项BCD，不属于征税行为，纳税人不服的，可以申请行政复议，也可以直接向人民法院提起行政诉讼。

五、税务行政复议审查和决定

（一）税务行政复议审查

行政复议机构审理行政复议案件，应当由2名以上行政复议工作人员参加。

行政复议原则上采用书面审查的办法，但是申请人提出要求或者行政复议机构认为有必要时，应当听取申请人、被申请人和第三人的意见，并可以向有关组织和人员调查了解情况。

对重大、复杂的案件，申请人提出要求或者行政复议机构认为必要时，可以采取听证的方式审理。听证应当公开举行，但是涉及国家秘密、商业秘密或者个人隐私的除外。行政复课听证人员不得少于2人，听证主持人由行政复议机构指定，听证应当制作笔录，申请人、被申请人和第三人应当确认听证笔录内容第三人不参加听证的，不影响听证的举行。

行政复议机关应当全面审查被申请人的具体行政行为所依据的事实证据、法律程序、法律依据和设定的权利义务内容的合法性、适当性。

申请人在行政复议决定做出以前撤回行政复议申请的，经行政复议机构同意，可以撤回。申请人撤回行政复议申请的，不得再以同一事实和理由提出行政复议申请。但是，申请人能够证明撤回行政复议申请违背其真实意思表示的除外。

行政复议期间被申请人改变原具体行政行为的，不影响行政复议案件的审理。但是，申请人依法撤回行政复议申请的除外。

行政复议机关审查被申请人的具体行政行为时，认为其依据不合法，本机关有权处理的，应当在30日内依法处理；无权处理的，应当在7个工作日内按照法定程序逐级转送有权处理的国家机关依法处理。处理期间，中止对具体行政行为的审查。

（二）税务行政复议决定

行政复议机构应当对被申请人的具体行政行为提出审查意见，经复议机关负责人批准，按照下列规定做出行政复议决定。

（1）具体行政行为认定事实清楚，证据确凿，适用依据正确，程序合法，内容适当的，决定维持。

（2）被申请人不履行法定职责的，决定其在一定期限内履行。

（3）具体行政行为有下列情形之一的，决定撤销、变更或者确认该具体行政行为违法。

①主要事实不清、证据不足的。

②适用依据错误的。

③违反法定程序的。

④超越或者滥用职权的。

⑤具体行政行为明显不当的。

决定撤销或者确认该具体行政行为违法的，可以责令被申请人在一定期限内重新做出具体行政行为。复议机关责令被申请人重新做出具体行政行为的，被申请人不得以同一事实和理由做出与原具体行政行为相同或者基本相同的具体行政行为；但复议机关以原具体行政行为违反法定程序而决定撤销的，被申请人重新做出具体行政行为的除外。

复议机关责令被申请人重新做出具体行政行为的，被申请人不得做出对申请人更为不利的决定；但是复议机关以原具体行政行为主要事实不清、证据不足或适用依据错误决定撤销的，被申请人重新做出具体行政行为的除外。

复议机关责令被申请人重新做出具体行政行为的，被申请人应当在60日内重新做出具体行政行为；情况复杂，不能在规定期限内重新做出具体行政行为的，经复议机关批准，可以适当延期，但是延期不得超过30日。

申请人对被申请人重新做出的具体行政行为不服，可以依法申请行政复议，或者提起行政诉讼。

（4）被申请人不按照规定提出书面答复，提交当初做出具体行政行为的证据、依据和其他有关材料的，视为该具体行政行为没有证据、依据，决定撤销该具体行政行为。

复议机关应当自受理申请之日起60日内做出行政复议决定。情况复杂，不能在规定期限内做出行政复议决定的，经复议机关负责人批准，可以适当延期，并告知申请人和被申请人，但延期不得超过30日。

复议机关做出行政复议决定，应当制作行政复议决定书，并加盖印章。行政复议书一经送达，即发生法律效力。

第四节　税收法律责任

一、税务管理相对人实施税收违法行为的法律责任

（一）违反税务管理规定的法律责任

（1）纳税人有下列行为之一的，由税务机关责令限期改正，可以处2 000元以下的罚款；情节严重的，处2 000元以上1万元以下的罚款。

①未按照规定设置、保管账簿或者保管记账凭证和有关资料的。

②未按照规定将财务、会计制度或者财务、会计处理办法和会计核算软件报送税务机关备查的。

③未按照规定将其全部银行账号向税务机关报告的。

④未按照规定安装、使用税控装置，或者损毁或者擅自改动税控装置的。

（2）扣缴义务人未按照规定设置、保管代扣代缴、代收代缴税款账簿或者保管代扣代缴、代收代缴税款记账凭证及有关资料的，由税务机关责令限期改正，可以处2 000元以下的罚款；情节严重的，处2 000元以上5 000元以下的罚款。

（3）纳税人未按照规定的期限办理纳税申报和报送纳税资料的，或者扣缴义务人未按照规定的期限向税务机关报送代扣代缴、代收代缴税款报告表和有关资料的，由税务机关责令限期改正，可以处2 000元以下的罚款；情节严重的，处2 000元以上1万元以下的罚款。

（4）非法印制、转借、倒卖、变造或者伪造完税凭证的，由税务机关责令改正，处2 000元以上1万元以下的罚款；情节严重的，处1万元以上5万元以下的罚款；构成犯罪的，依法追究刑事责任。

（5）银行和其他金融机构未依照税收征管法的规定在从事生产、经营的纳税人的账户中登录税务登记证件号码，或者未按规定在税务登记证件中登录从事生产、经营的纳税人的账户账号的，由税务机关责令其限期改正，处2 000元以上2万元以下的罚款；情节严重的，处2万元以上5万元以下的罚款。

（6）税务代理人违反税收法律、行政法规，造成纳税人未缴或者少缴税款的，除由纳税人缴纳或者补缴应纳税款、滞纳金外，对税务代理人处纳税人未缴或者少缴税款50%以上3倍以下的罚款。

（二）逃避税务机关追缴欠税行为的法律责任

纳税人欠缴应纳税款，采取转移或者隐匿财产的手段，妨碍税务机关追缴欠缴的税款的，由税务机关追缴欠缴的税款、滞纳金，并处罚款；构成犯罪的，依法追究刑事责任。

扣缴义务人应扣未扣、应收而不收税款的，由税务机关向纳税人追缴税款，对扣缴义务人处以应扣未扣、应收而未收税款50%以上3倍以下的罚款。

（三）偷税行为的法律责任

偷税，是指纳税人采取伪造、变造、隐匿、擅自销毁账簿、记账凭证，或者在账簿上多列支出或者不列、少列收入，或者经税务机关通知申报而拒不申报或者进行虚假的纳税申报的手段，不缴或者少缴应纳税款的行为。

纳税人偷税的，由税务机关追缴其不缴或者少缴的税款、滞纳金，并处罚款；构成犯罪的，依法追究刑事责任。

扣缴义务人采取上述偷税手段，不缴或者少缴已扣、已收税款，由税务机关追缴其不缴或者少缴的税款、滞纳金，并处罚款；构成犯罪的，依法追究刑事责任。

纳税人、扣缴义务人编造虚假计税依据的，由税务机关责令限期改正，并处罚款。

为纳税人、扣缴义务人非法提供银行账户、发票、证明或者其他方便，导致未缴、少缴税款的，税务机关除没收其违法所得外，可处以罚款。

（四）抗税行为的法律责任

抗税，是指纳税人、扣缴义务人以暴力、威胁方法拒不缴纳税款的行为。

对抗税行为，除由税务机关追缴其拒缴的税款、滞纳金外，依法追究刑事责任。情节轻微，未构成犯罪的，由税务机关追缴其拒缴的税款、滞纳金，并处罚款。

（五）骗税行为的法律责任

骗税行为，是指纳税人以假报出口或者其他欺骗手段，骗取国家出口退税款的行为。

纳税人有骗税行为，由税务机关追缴其骗取的退税款，并处骗取税款1倍以上5倍以下的罚款；构成犯罪的，依法追究刑事责任。

对骗取国家出口退税款的，税务机关可以在规定期间内停止为其办理出口退税。

为纳税人、扣缴义务人非法提供银行账户、发票、证明或者其他方便，骗取国家出口退税款的，税务机关除没收其违法所得外，可以处未缴、少缴或者骗取的税款1倍以下的罚款。

（六）纳税人、扣缴义务人不配合税务检查的法律责任

税务检查期间，纳税人、扣缴义务人发生不配合税务机关进行税务检查的下列行为，由税务机关责令改正，可以处1万元以下的罚款；情节严重的，处1万元以上5万元以下的罚款。

（1）逃避、拒绝或者以其他方式阻挠税务机关检查的。

（2）提供虚假资料，不如实反映情况，或者拒绝提供有关资料的。

（3）拒绝或者阻止税务机关记录、录音、录像、照相和复制与案件有关的情况和资料的。

（4）转移、隐匿、销毁有关资料的。

（5）有不依法接受税务检查的其他情形的。

二、税务行政主体实施税收违法行为的法律责任

（一）渎职行为的法律责任

（1）税务人员徇私舞弊，对依法应当移交司法机关追究刑事责任的不移交，情节严重的，依法追究刑事责任。

（2）税务人员利用职务上的便利，收受或者索取纳税人、扣缴义务人财物或者牟取其他不正当利益，构成犯罪的，依法追究刑事责任；未构成犯罪的，依法给予行政处分。

（3）税务人员徇私舞弊或者玩忽职守，不征或者少征应征税款，致使国家税收遭受重大损失，构成犯罪的，依法追究刑事责任；未构成犯罪的，依法给予行政处分。

（4）税务人员滥用职权，故意刁难纳税人、扣缴义务人的，调离税收工作岗位，并依法给予行政处分。

（5）税务人员对控告、检举税收违法行为的纳税人、扣缴义务人以及其他检举人进行打击报复的，依法给予行政处分；构成犯罪的，依法追究刑事责任。

（二）其他违法行为的法律责任

（1）税务机关违反规定擅自改变税收征收管理范围和税款入库预算级次的，责令限期改正，对直接负责的主管人员和其他直接责任人员依法给予降级或者撤职的行政处分。

（2）税务人员在征收税款或者查处税收违法案件时，未按照《征管法》的规定进行回避的，对直接负责的主管人员和其他直接责任人员，依法给予行政处分。未按照《征管法》的规定为纳税人、扣缴义务人、检举人保密的，对直接负责的主管人员和其他直接责任人员，由所在单位或者有关单位依法给予行政处分。

（3）税务人员与纳税人、扣缴义务人勾结，唆使或者协助纳税人、扣缴义务人实施税收违法行为，构成犯罪的，依法追究刑事责任；未构成犯罪的，依法给予行政处分。

（4）税务人员私分扣押、查封的商品、货物或者其他财产，情节严重，构成犯罪的，依法追究刑事责任；未构成犯罪的，依法给予行政处分。

（5）违反法律、行政法规的规定提前征收、延缓征收或者摊派税款的，由其上级机关或者行政监察机关责令改正，对直接负责的主管人员和其他直接责任人员依法给予行政处分。

（6）反法律、行政法规的规定，擅自做出税收的开征、停征或者减税、免税、退税、补税以及其他同税收法律、行政法规相抵触的决定的，除按《征管法》的规定撤销其擅自做出的决定外，补征应征未征税款，退还不应征收而征收的税款，并由上级机关追究直接负责的主管人员和其他直接责任人员的行政责任；构成犯罪的，依法追究刑事责任。

参考文献

［1］ 财政部会计资格评价中心. 全国会计专业技术资格考试参考法规汇编［M］. 北京：经济科学出版社，2017.

［2］ 财政部会计资格评价中心. 经济法基础［M］. 北京：经济科学出版社，2017.

［3］ 徐丽，单莹，李艳. 税法［M］. 北京：清华大学出版社，2016.

［4］ 范亚东. 税法［M］. 北京：中国人民大学出版社，2016.

［5］ 全国会计从业资格考试辅导教材编写组. 财经法规与会计职业道德［M］. 北京：经济科学出版社，2017.

［6］ 王艳. 财经法规［M］. 北京：北京理工大学出版社，2015.

［7］ 赵旭等. 经济法［M］. 湖南：湖南师大出版社，2017.

［8］ 刘文华. 经济法［M］. 北京：中国人民大学出版社，2017.